SIR ALEX 26
CHAMPION

アレックス・ファーガソン自伝

ALEX FERGUSON
MY AUTOBIOGRAPHY

マンチェスター・ユナイテッド元監督
アレックス・ファーガソン著
小林玲子訳

日本文芸社

ALEX FERGUSON

MY AUTOBIOGRAPHY

アレックス・ファーガソン自伝

ブリジットへ

キャシーの姉にして心の支え、そして親友

CONTENTS | 目次 |

アレックス・ファーガソン自伝――目次

CONTENTS | 目次 |

翻訳協力　株式会社トランネット
装幀・本文デザイン　仲亀　徹（BE. TO BEARS）

謝辞

本書の出版にあたっては、多くの方々に感謝を申し上げたいと思います。

まず編集者のロディ・ブルームフィールドとアシスタントのケイト・マイルズには、大変お世話になりました。ロディの豊富な経験とアドバイスは、執筆する上でこれ以上ない助けでした。彼と勤勉なケイトのコンビは本当に頼りがいがありました。

ポール・ヘイワードとは非常に仕事がしやすく、また彼は真のプロフェッショナルでした。私に道筋を示して、構想をまとめ、十二分に納得のいく仕上がりになるよう導いてくれました。

カメラマンのショーン・ポロックは四年近い月日の間、さまざまな場面を捉え、素晴らしい写真を残してくれました。穏やかで控えめなポールは、決して誰の邪魔にもならずに、必要な材料を手に入れていきました。

弁護士のレス・ダルガーノは、執筆にあたって貴重なアドバイスをくれました。誰よりも信頼できる誠実なアドバイザーで、大切な友人です。

本書を世に送り出されるまでには、多くの方々が長い時間を割いてくれました。皆さんの努力に深く感謝します。皆さんのような優秀なチームに支えてもらえたのは、私の喜びです。

写真著作権

著者と出版社は次の団体に、写真の掲載を許可してくださったことへの感謝を申し上げます。

アクション・イメージ
ロイ・ビアーズワース、オフサイド
サイモン・ベリス、ロイター通信、アクション・イメージ
ジェイソン・ケインダフ、ライヴピク、アクション・イメージ
クリス・コールマン、マンチェスター・ユナイテッド、ゲッティイメージズ
デイヴ・ホッジス、スポーティング・ピクチャー、アクション・イメージ
イアン・ホジソン、ロイター通信、アクション・イメージ
エディー・キーオー、ロイター通信、アクション・イメージ
マーク・リーチ、オフサイド
アレックス・リヴシー、ゲッティイメージズ
クライヴ・メイソン、ゲッティイメージズ
ミラーピックス
ゲリー・ペニー、AFP、ゲッティイメージズ
ジョン・ピータース、マンチェスター・ユナイテッド、ゲッティイメージズ
マシュー・ピータース、マンチェスター・ユナイテッド、ゲッティイメージズ
カイ・ファッフェンバッハ、ロイター通信、アクション・イメージ
ポッパーフォト、ゲッティイメージズ
ニック・ポッツ、プレス・アソシエーション
ジョン・パウエル、リヴァプールFC、ゲッティイメージズ

トム・パースロー、マンチェスター・ユナイテッド、ゲッティイメージズ
ベン・ラドフォード、ゲッティイメージズ
カール・レシーネ、ライヴピク、アクション・イメージ
ロイター通信、アクション・イメージ
レックス・フィーチャース
マーティン・リケット、プレス・アソシエーション
マット・ロバーツ、オフサイド
ニール・シンプソン、エムピクス・スポーツ、プレス・アソシエーション
SMG、プレス・アソシエーション
SNSグループ
サイモン・スタックプール、オフサイド
ダレン・ステープルス、ロイター通信、アクション・イメージ
ボブ・トーマス、ゲッティイメージズ
グリン・トーマス、オフサイド
ジョン・ウォルトン、エムピクス・スポーツ、プレス・アソシエーション
カースティ・リグルズワース、プレス・アソシエーション

その他の写真の著作権はすべてショーン・ポロックに帰属します。

はじめに

今から数年前、私は本書の内容を考え始めて、仕事が許すかぎりメモを取るようになった。サッカーに関心のある人もない人も興味を持てる本を書くというのが、私の目標だった。

私の引退はサッカー界を驚かせたが、この自伝は長いこと頭の中にあった。昔出版された『マネージング・マイ・ライフ　知将：アレックス・ファーガソン自伝』（邦訳・日刊スポーツ出版社）を補完するものだ。前の本の内容を踏まえて、グラスゴーでの若き日とアバディーンで出会った一生の友人たちについては短く留め、マンチェスター・ユナイテッドで過ごした魔法のような日々に重点を置いている。私自身も読書が好きなので、自分の仕事に関する知られざる側面をぜひ書きたいと思っていた。

一生を通してサッカーに関わっていれば、不調に陥ったり、苦しんだり、敗戦したり、失望を味わったりするものだ。アバディーンとマンチェスター・ユナイテッドのどちらのチームに行ったときも、選手と信頼関係を築き、私のために全力でプレーしてもらうには、私自身がまず信頼と忠誠を示さなければいけないとすぐに気づいた。そうした絆《きずな》こそ、優れた組織を維持するために必要とされるものだ。私が観察力を備えていたのは幸いだった。世の中には部屋に入っても何ひとつ気づかない人間がいる。自分の目を使うのだ。すべては目の前にある。私はそのスキルを使って、選手の練習態度や気分、行動パターンを把握した。

いつか私はドレッシングルームの大騒ぎや、ライバルの監督たちを懐かしむようになるだろう。彼らは昔ながらの素晴らしい人々で、私が1986年にユナイテッドの監督に就任したときには第一線の選手たちだった。ロン・アトキンソンはクラブを去ったあとも恨《うら》みごとを口にすることなく、心からユナイテッドを称賛した。ジム・スミスは素晴らしい男で、いい友人だ。一晩中でももてなしてくれる。家に帰ってみると、私のシャツには点々とタバコの灰が散っていた。

コヴェントリー・シティの元監督のビッグ・ジョン・シレットも素晴らしい友人で、故ジョン・ライアルも忘れられない。駆け出しの頃の私に助言をくれて、惜しみなく自分の時間を割いてくれた。ボビー・ロブソンと出会ったのは1981年、アバディーンがUEFAカップでイプスウィッチに勝利したときだ。ロブソンは我々のドレッシングルームにやって来て、選手全員と握手をかわした。まさしく紳士だ。その温かい友情は決して忘れない。彼の死は私たちにとって大きな打撃だった。

他にもサバイバーという名に値する往年の名監督がいる。彼らの仕事に対する姿勢は尊敬に値した。リザーブチームの練習を見に行くと、ジョン・ラッジとレニー・ローレンス、そして当時のサッカー界のビッグネームの一人がいた。ジョー・ロイルのことだ。彼の率いるオールダムは、決して真似《まね》のできないやり方で存在感を示した。オールダムには何度もひやりとさせられた。きっとそのうち懐かしくなるだろう。ハリー・レドナップとトニー・ピュリスも私の世代の名物監督で、サム・アラダイスは今では親友だ。

ユナイテッドでは素晴らしい忠実なスタッフに恵まれた。二十年以上、私のもとで働いてくれたスタッフもいる。個人秘書のリン・ラフィンは私の引退とともにユナイテッドを去り、今でも私の新しいオフィスで秘書を務めている。レス・カーショー、デイヴ・ブッシェル、トニー・ウィーラン、ポール・マクギネス。受付担当のキャス・フィップスは、オールド・トラッフォードで試合後に設けられる歓談の席を準備する係で、ユナイテッドで四十年以上過ごした。元アシスタントコーチのジム・ライアン、国外で十七年間もスカウティングという難しい仕事を続けた弟のマーティン、ブライアン・マックレアも大事な一員だ。

用具係のノーマン・デイヴィスも忘れられない。大切な友人だったが、数年前に世を去った。後任のアルバート・モーガンも立派な男で、ユナイテッドへの忠誠を貫いた。チームドクターのスティーヴ・マクナリー、フィジオ責任者のロブ・スワイアと全スタッフ、トニー・ストラドウィック、エネルギッシュなスポーツ科学者たち、洗濯担当の女性たち、食堂のスタッフ。事務局トップのジョン・アレクサンダー、アン・ワイリーと女性スタッフ。ジム・ローラーとスカウティングチーム。GKコーチのエリック・スティール。ビデオ分析チームのサイモン・ウェルズとスティーヴ・ブラウン。ジョー・ペンバートンとトニー・シンクレア率いるグラウンド管理スタッフ。保守整備チームのスチュアート、グラハム、トニー。皆、労を惜しまずに働いてくれた。数人、名前が挙がっていないかもしれないが、私の感謝の気持ちはわかってくれているだろう。

アシスタントとコーチも長年私の大きな力になってくれた。アーチー・ノックスは私が就任したばかりの頃の真の戦友で、ブライアン・キッド、ノビー・スタイルズ、エリック・ハリソンはユースチームで素晴らしい仕事をした。スティーヴ・マクラーレンは先進的でエネルギッシュなコーチだ。カルロス・ケイロスとレネ・メウレンステーンは超一流で、アシスタントコーチのミック・フェランも敏腕で観察力に優れた、まさにサッカーのために生まれてきた男だ。

私がこれだけ長いこと監督を続けられたのはボビー・チャールトンとマーティン・エドワーズのおかげだ。彼らにもらったもので最もありがたかったのは、ただ単にサッカーチームを一つ作るのではなく、サッカークラブを丸ごと一つ作り上げる時間だった。彼らのあとはデイヴィッド・ギルと十年にわたって素晴らしい関係を築いた。

本書では触れなければならない話題がたくさんあった。私の足跡をたどるのを一緒に楽しんでいただければと思う。

序文

もう三十年近く前になるが、私はユナイテッドの監督として初めてのホームゲームを迎え、トンネルをくぐってピッチに足を踏み出した。すっかり緊張していて、皆の視線に射抜かれているような気がした。西スタンド、通称ストレットフォード・エンドに手を振ってからセンターサークルに立ち、ユナイテッドの新しい監督として紹介を受けた。今、私は胸を張って同じピッチに登場し、別れの挨《あい》拶《さつ》をしようとしていた。

マンチェスター・ユナイテッドの歴史の中でも、私ほど自由にやらせてもらえた監督はごく一握りだろう。1986年の秋にアバディーンから移ってきた時点では、もちろん自分の能力を信じてはいたが、これほどうまくいくとは思いもしなかった。

2013年5月に別れの挨拶をしたあとは、印象的な場面が脳裏を駆けめぐった。1990年1月にはFAカップ三回戦のノッティンガム・フォレスト戦に勝った。当時は私の首が危ないと言われていたのだが、マーク・ロビンスのゴールが決勝への道を開いた。それまで丸一カ月勝ちがなかったことで、私の自信は揺らいでいた。

就任からもう四年近く経っていたので、仮にクリスタルパレス戦で負けてFAカップの優勝を逃していたら、私の手腕を問う声が続出していたはずだ。実際どのくらい立場が危うかったのか、私に知る由はない。ユナイテッドの役員会はまだ決断を迫られていなかった。しかしあのウェンブリーでの勝利がなければ、観客は失望していただろう。不信感がクラブを包んでいたかもしれない。

ボビー・チャールトンなら私を追い出そうという動きに真っ向から反対しただろう。私が今どんな仕事をしているか、どうやって若手育成の土台を作ろうとしているのか、どれだけ骨を折り、長い時間を費やしてユナイテッドを立て直そうとしているのか、よくわかってくれていた。CEOのマーティン・エドワーズにも理解があった。あの暗い日々に私を支えてくれた二人には感謝する。エドワーズのもとには、私の解任を求める怒りの手紙が何通も届いていたのではないか。

1990年のFAカップで優勝したことで一息つけた。私がいるのはトロフィーを獲得する力のある素晴らしいクラブなのだ、とあらためて思った。ウェンブリーでFAカップを勝ち取ったことで、いい流れが始まった。しかし勝利の翌朝、ある新聞はこう書いた。

「君がFAカップで勝てることはわかった。さあ、故郷のスコットランドに帰れ」

これを忘れることは一生ないだろう。

第1章 回想

これぞマンチェスター・ユナイテッドという試合を挙げるなら、私は監督としての千五百試合目――最終試合を挙げるだろう。ウェスト・ブロムウィッチ・アルビオン対マンチェスター・ユナイテッド、5対5。クレイジー。最高。エンタメ性抜群。規格外。

マンチェスター・ユナイテッドの試合の観戦に行けば、待っているのはゴールとドラマだ。サポーターは心臓の強さが試される。5対2でウェスト・ブロムウィッチに勝っていたはずが、五分弱で振り出しに戻ってしまっても、私は文句を言う気になれなかった。一応、腹を立てているという身ぶりをしたが、選手にはあっさり見抜かれていた。私は言った。「ありがとう、皆。とんでもない別れの挨拶《あいさつ》をしてくれたな！」

後任は既にデイヴィッド・モイーズに決定していた。試合後、ドレッシングルームで一息ついていると、ライアン・ギグスが私をからかった。「たった今、デイヴィッド・モイーズが辞任しましたよ。

あなたの引退は取り消しだ」

この日のユナイテッドは守備が脆《もろ》かったが、私は優秀な選手とスタッフをデイヴィッド・モイーズに引き渡せることを誇りに思っていたし、安堵《あんど》の気持ちもあった。私の仕事は終わった。家族はスタジアムの特別席で観戦していて、目の前には新しい人生が広がっていた。


夢の中にいるような一日があるとしたら、まさにこの日がそうだった。ウェスト・ブロムウィッチは正真正銘の紳士で、私を存分にもてなしてくれた。後日、両チームの選手のサインが入ったメンバー表まで送られてきたほどだ。家族のほとんど――三人の息子、八人の孫、数人の親しい友人――が私と一日を共にした。皆が一緒にいてくれたのは幸せなことで、最後のときを分かち合えたのは本当に嬉《うれ》しかった。私は一人で引退したのではなかった。

ウェスト・ブロムウィッチのスタジアムに到着したチームバスを降りながら、私は一瞬一瞬を心に刻もうと思っていた。辞《や》めるなら今だとわかっていたので、監督業に未練はなかった。前日の夜、引退を記念して贈呈式を行うと選手から申し出があった。最もスペシャルな記念品は、私が生まれた1941年製の美しいロレックスで、針は午後3時3分を指していた。1941年12月31日のグラスゴーで、私が産声を上げた瞬間だ。私のユナイテッドでの年月を一冊にまとめたアルバムも用意されていて、中央の見開きページには孫と家族の写真が載っていた。ロレックスの贈呈を企画したのは、腕時計を愛してやまないリオ・ファーディナンドだった。

アルバムと腕時計が私の手に渡って部屋が拍手に包まれたあと、一部の選手は複雑な表情をしていた。ずっと私と過ごしてきたので、この瞬間をどう受け止めたらいいのかわからなかったのだろう。

二十年を共にした選手もいる。うつろな顔はこう言っているようだった——この先、どうなるんだろう？　私以外の監督を知らない選手もいた。

残り一試合をおろそかにするつもりはなかった。三十分間で3対0にしたが、それでもウェスト・ブロムウィッチは私を楽に引退させてくれなかった。私が指揮を執り始めたユナイテッドで最初のゴールを決めたのはヨン・シヴェベークで、1986年11月22日のことだった。最後のゴールを記録したのはハビエル・エルナンデス、2013年5月19日。5対2の時点では、ユナイテッドが20対2で試合を終えてもおかしくなかった。同点にされてからは5対20で負けるかもしれなかった。守備は穴だらけだった。ウェスト・ブロムウィッチは五分間で3点を決めて、ロメル・ルカクはハットトリックを達成した。

試合終盤、怒濤《どとう》のようにゴールを攻め立てられたが、それでもチームの空気は明るかった。終了の笛が鳴ったあと、私は選手たちとピッチに残って、ユナイテッドのサポーターが集まった一角に手を振った。ギグスが私を前に押し出し、選手たちはその場に留まった。私は一人で、ずらりと並んだ笑顔と向かい合った。歌とチャントが止むことはなく、サポーターはいつまでも飛び跳ねていた。もちろん5対2で勝ちたかったが、ある意味では5対5も別れにふさわしかった。こんなスコアでの引き分けはプレミアリーグ史上初で、私の監督人生でも初めてだった。最後の九十分間で、ささやかな歴史がもう一つ刻まれたというわけだ。

マンチェスターの私のオフィスには、山のような郵便物が届いた。レアル・マドリードは素晴らしい記念品をくれた。マドリードにあるシベーレス広場の、噴水の中央にある女神像の銀製レプリカだ。彼らはリーグで優勝すると、その広場に集まって祝う。レアル・マドリードのフロレンティーノ・ペレス会長の丁重な手紙も添えられていた。アヤックスの会長とエドウィン・ファン・デル・サールからも、それぞれ贈りものが届いた。個人秘書のリンは、どっさり積まれた手紙の返事に追われていた。前の週末、ホームでスウォンジー・シティと対戦したときは――私のオールド・トラッフォードでの最終戦だ――選手が花道を作ってくれるのは予想できても、それ以上のことはわからなかった。その一週間はずっと家族や友人、選手、スタッフに、人生の次の段階に進むことにしたと告げるので大忙しだった。

引退という考えが心に芽生えたのは2012年の後半だ。クリスマスの頃には、はっきりと気持ちが決まっていた――「監督を引退しよう」。

「どういうつもりなの？」と、妻のキャシーには訊《き》かれた。

「昨シーズン、最終節でリーグ優勝を逃しただろう。もう、あんなことには耐えられないんだ」と、私は言った。「今シーズンは必ず優勝して、チャンピオンズリーグかFAカップの決勝にも進出したい。有終の美を飾るのさ」

10月に姉のブリジットを亡くして、まだ悲しみが癒《い》えていないキャシーだったが、すぐに賛成してくれた。私の年齢なら、サッカー以外のことに取り組む時間がまだ残っているというのだ。クラブとの契約では、夏に退任する場合は3月31日までに申告するよう義務づけられていた。

偶然とはあるもので、2月の日曜に当時のユナイテッドCEOのデイヴィッド・ギルが電話をかけてきた。私の家で話がしたいという。なんだって日曜の午後に？「CEOを辞めるつもりなんだろう」と、私は言った。「それか、あなたクビになるのかもね」と、キャシー。果たしてギルは、今シーズンかぎりでCEOを退任すると言った。「たまげたな、デイヴィッド」。同じ決意をしている、と私は打ち明けた。

数日後、ふたたびギルから電話があった。ユナイテッドのオーナーのグレイザー・ファミリーが、私と話をしたがっているという。私はジョエル・グレイザーからの電話に応えて、ギルという後ろ盾がなくなるから引退するわけではないと説明した。クリスマスの頃には心を決めていたのだ。決断の理由も明かした。キャシーの姉が10月に亡くなったことで、私たちの人生は一変した。キャシーを一人にしておくことはできなかった。グレイザーは私たちの気持ちを察してくれた。それでもニューヨークで顔を合わせたとき、私を引き留めようとしたので、あなたの尽力に感謝する、支えてくれてありがとうと私は言った。グレイザーは私の長年の功績を称えてくれた。

私に翻意する気はまったくなかったので、話し合いは後任選びに移った。私とグレイザーの意見は一致していた――デイヴィッド・モイーズこそが適任だ。

モイーズ本人もニューヨークにやって来て、就任の可能性について話し合った。グレイザー・ファミリーが絶対に避けたかったのは、私が引退を公表したあと、長い空白の期間ができることだった。数日以内には新監督を発表したかったのだ。

スコットランド人の多くは「ドゥアネス」、すなわち強い意志を持っている。生まれ故郷を去るとしたら、理由はだいたい一つしかない。成功を収めるためだ。過去から逃れようとして土地を離れたりしない。離れるのはただ野心を実現するためだけだ。そんなスコットランド人が世界中、特にアメリカとカナダに多く住んでいる。異郷の地で暮らす人々は、ある種の覚悟を持っている。世間に対する仮面ではなく、ひとかどの人物になってみせるという固い決意だ。よく語られるスコットランド人のドゥアネスについては、私自身にも思い当たる節がある。

スコットランド人は故郷を離れてもユーモアを忘れない。モイーズも同様だ。ただし仕事をする段になると、スコットランド人は並外れた勤勉さという長所を発揮する。私はよく言われた。「試合中、絶対に笑わないんですね」。私の答えはこうだ。「笑うのが仕事じゃなくて、試合に勝つのが仕事だからね」

モイーズにもスコットランド人特有の気質がある。私は彼がどんな家庭で育ったのか知っている。私は十代の頃、グラスゴーのドラムチャペル・アマチュアズというクラブに所属していたが、モイーズの父親はそこのコーチの一人だった。父親の名前もデイヴィッド・モイーズという。仲のいい家族だ。それだけで監督に指名するというわけではないが、重要なポジションを任せるならば、落ち着いた環境で育った人間が望ましい。私がドラムチャペルを去った1957年にはモイーズの父親もまだ若かったので、深い付き合いがあったわけではない。とはいえ家庭の雰囲気はわかっていた。

グレイザー・ファミリーもモイーズを気に入っていた。初対面で好感を持ったという。モイーズと顔を合わせてすぐに、率直な物言いをする男だと気づいたのだろう。自分を飾らないのはいいことだ。一つ断っておきたいが、私にはモイーズに指図する気などさらさらない。二十七年も監督を務めたというのに、これ以上サッカーに首を突っ込んでもしかたがないだろう。私にはそれまでの人生に別れを告げるときが来ていた。いちいち口を出さなくても、モイーズはユナイテッドの伝統をきちんと継いでくれるだろう。彼には才能を見抜く目があって、エヴァートン時代にも優秀な選手の補強が認められると、その機会を生かして素晴らしいサッカーをした。

引退を後悔することはない、と私は自分に言い聞かせた。後悔する日など来ないはずだ。七十代に差しかかれば、肉体的にも精神的にもあっという間に下り坂を転がり落ちてしまうことがある。しかし私は引退したその日から、アメリカや他の国でプロジェクトに関わったので、めりはりのない生活に陥る危険はなかった。新しい挑戦が待っていたのだ。

引退の発表前後に苦労したのは、ユナイテッドの練習場〈キャリントン〉のスタッフとどんな顔をして付き合うかということだった。人生を変える選択をしたことと、キャシーの姉の死について話すと、皆が心のこもった言葉をかけてくれた。そのときはさすがに自分を支えていたものが崩れて、思わず胸が熱くなった。

公式発表の前日、噂《うわさ》が流れ始めた。その時点ではまだ弟のマーティンにも告げていなかった。うかつに動くことはできず、特にニューヨーク株式市場の反応を考えると、非常に対応が難しかった。情報が一部洩《も》れたせいで、何人かに打ち明けるつもりだったのを断念しなければいけなかった。

5月8日水曜の朝、コーチングスタッフには全員ビデオ分析ルームに、事務スタッフには食堂に、選手にはドレッシングルームに集まってもらった。選手に告げるのと同時に、公式サイトで発表した。ドレッシングルームへの携帯電話の持ち込みは禁止した。私自身の口からキャリントンにいる全員に告げる前に、情報が伝わってしまうのを避けたかったのだ。どちらにしても、選手は噂のせいで重大発表があることをうすうす察していたようだ。

私は選手に語りかけた。「不満に思っている者がいないといいのだが。君たちの何人かは、私が辞めたりしないと思って入団したかもしれないからな」。例えばそのシーズンに加入したロビン・ファン・ペルシーと香川真司《かがわしんじ》には、当分引退するつもりはないと話していた。あの時点では、それが真実だった。

「人生は移り変わるんだ」と、私は言った。「義理の姉が亡くなったのは、私にとって一大事だった。それに私は勝者として去りたい。今ならそうできる」

何人かの選手はショックを隠せずにいた。「競馬場で羽根を伸ばしてこい」と、私は言った。「また木曜に会おう」。選手にはあらかじめ、チェスターの競馬場に行けるよう水曜の午後にオフを与えていた。外部の人間も知っていたことで、私の計画の一端だった。ファーガソンが監督人生に幕を下ろした日に競馬場に行くなんて冷淡だ、と選手が非難を受けてはたまらない。だから一週間も前に、この日は選手が外出すると公言しておいた。

それから上の階に行って、コーチングスタッフに打ち明けた。彼らは拍手をしてくれた。「せいせいしますよ」と、何人かが軽口を叩いた。

コーチングスタッフと比べると、選手のほうがより動揺していた。無理もないだろう。こうした状況では、たちまち疑問で頭がいっぱいになるはずだ――「新しい監督は自分を評価してくれるだろうか？　来シーズンもこのチームにいられるだろうか？」コーチにしてもこんなふうに考えるはずだが――「ここでの日々は終わりかもしれない」。私には矢継ぎ早の発表と説明を終えて、考えをまとめる時間が迫っていた。

発表したらすぐさま帰宅することは、最初から決めていた。メディアが食いついてくるのはわかっていたからだ。キャリントンを一歩出たところで、報道陣とフラッシュの嵐に囲まれるのはごめんだった。

私は自宅にこもった。弁護士のジェイソンと秘書のリンは、公式発表と同時にメールの送信を始めた。リンは十五分近くも送信を続けていたはずだ。世界中で三十八の新聞が私の引退を一面トップで報じたそうで、その中には高級紙として知られる『ニューヨーク・タイムズ』もあった。国内では10ページ近い特集号が出た。

これだけ大きな特集が組まれたのは名誉なことだった。長年の間には新聞記事をめぐってジャーナリストと揉《も》めたこともあったが、私にわだかまりはなかった。ジャーナリストは大きな重圧にさらされている。テレビやインターネット、フェイスブック、ツイッターなどと競争しなければいけないし、編集者が絶えず目を光らせているのだ。厳しい世界だ。

他にも引退報道からはっきりしたのは、たびたび衝突したにも拘わらず、ジャーナリストも私を恨《うら》んではいないということだった。彼らは私の功績を認めていたし、これまでの記者会見での発言も評価していた。送別会までしてくれたのだ。ヘアドライヤーをかたどった飾りが載ったケーキと、上質な赤ワインが用意されていた。気が利《き》いているではないか（「ヘアドライヤー」はファーガソンのあだ名。相手に顔を近づけて激怒する様子が、熱風を吹き出すヘアドライヤーを思わせることから）。

オールド・トラッフォードでの最終戦では、スタジアムＤＪがフランク・シナトラの「マイ・ウェイ」とナット・キング・コールの「アンフォゲッタブル」を流した。この日のユナイテッドの勝ち方は、私が指揮して白星を得た八百九十五試合の多くと共通していた。すなわち八十七分というぎりぎりの時間帯に、リオ・ファーディナンドが得点して勝ったのだ。

ピッチ上での私の引退スピーチは、原稿の準備のない完全なアドリブだった。あらかじめ決めていたのは、個人を誉《ほ》めないということだけだった。肝心なのは役員でも、サポーターでも、選手でもなく、マンチェスター・ユナイテッドというクラブだ。

新監督のモイーズを支持するよう、私は観客に訴えた。「思い出してほしい。私の在任中にも、苦しい時期はあった」と、マイクを通して呼びかけた。「クラブは私を支えてくれた。スタッフは全員、私を支えてくれた。選手も私を支えてくれた。だからこれからの皆さんの役目は、新しい監督の味方をすることだ。どうか忘れないでほしい」

モイーズの名前を出さなかったら、いろいろと言われていただろう。「おかしいな。ファーガソンは本当にモイーズを後任にしたかったのか？」新監督には、無条件に受け入れられていると感じてもらわなくてはならない。ユナイテッドの義務は勝ち続けることだ。その思いが私たちを一つにしている。私はクラブの役員として、今の成功が長く続くことを心から願っている。ようやく私にも、純粋に試合を楽しむチャンスがめぐってきたのだ――ボビー・チャールトンは、引退してからずっとそんな日々を送っている。試合に勝ったあとで彼の顔を見ると、目をらんらんと輝かせて、両手をこすり合わせている。楽しくてしかたがないのだ。私もそんな気分を味わいたい。チャンピオンズリーグを観戦して、皆に言いたい――ユナイテッドを誇りに思う、素晴らしいクラブだ、と。

スピーチを続けるうちに、私はポール・スコールズの名前を口にしていた。彼が嫌がるのはわかっていたが、言わずにはいられなかった。スコールズも引退のときを迎えていたのだ。ダレン・フレッチャーがクローン病を克服できるよう応援している、とも言ったが、その発言にはほとんど注目が集まらなかった。

数日後、空港で一人のファンが封筒を手に近づいてきた。「郵便で送るつもりだったんです」。中身はアイルランドの新聞の記事で、ファーガソンはクラブを率いてきたのと同じやり方で引退した、と書いてあった。すなわち、何もかも自分の望みどおりに。実にファーガソンらしい、と記者は述べていた。読みごたえのある記事だった。私自身もユナイテッドで過ごした年月をそう捉えていたので、誰かが気づいてくれたのは嬉しかった。

私が去るのと入れ替わりに、モイーズは三人のコーチングスタッフを連れてきた。スティーヴ・ラウンド、クリス・ウッズ、ジミー・ラムズデンだ。ライアン・ギグスとフィル・ネヴィルもコーチ陣に名を連ねた。それはつまり私が信頼していたレネ・メウレンステーン、ミック・フェラン、エリック・スティールの三人が仕事を失うことを意味していた。すべては新監督の判断だ。私はモイーズに、今までのコーチングスタッフを引き続き使ってくれたら嬉しいが、自分のスタッフを連れてくるのに口を出したり反対したりする気はない、と伝えていた。

ジミー・ラムズデンはモイーズの長年の相棒だ。私と同じグラスゴーの出身で、子どもの頃は私の家から2キロほどしか離れていない、ゴヴァンの隣の地区に住んでいた。きちんとした男で、コーチとしても一流だ。三人の優秀なスタッフが仕事を失うのは残念だったが、それがサッカーの世界で、彼らが不平不満を言うことはなかった。こうした事態を招いて申し訳ない、と私は三人に詫《わ》びた。二十年の付き合いのフェランは、謝る必要はないと言って、素晴らしい思い出を共にしたことへの感謝の念を述べてくれた。

過去を振り返ると、勝利ばかりではなく敗戦の記憶も甦ってくる。FAカップでは三度決勝で敗れた。相手はエヴァートン、アーセナル、チェルシーだ。シェフィールド・ウェンズデイ、アストン・ヴィラ、リヴァプールに負けてリーグカップ優勝を逃した。チャンピオンズリーグ決勝ではバルセロナに二度敗れた。挫折の克服――それもまた、マンチェスター・ユナイテッドという歴史的な織物の絵柄だ。勝利とオープンバスの優勝パレードだけに気を取られてはいけない、とは常々思っていた。1995年のFAカップ決勝でエヴァートンに敗れたあと、私は言った。「もうたくさんだ。今すぐ変わらなくてはいけない」。そして言葉どおりにした。いわゆる92年組の若手を起用したのだ。彼らをこれ以上控えにしておく理由はなかった。特別な輝きを持つ青年たちだった。

マンチェスター・ユナイテッドほどのチームが敗戦するのは衝撃的なことだ。しかし私にとって、落ち込んだあとに今までと同じ方法で指揮をするという選択肢は存在しなかった。決勝戦で敗れるのはつらいものだ。とりわけユナイテッドの枠内シュートが二十三本で、相手はわずか二本だったり、PK戦で負けたりした場合などは。そんなとき、私は真っ先に考えた。「これからどうしたらいいのか、すぐに答えを出すんだ」。そしてチームの改善と回復という作業に没頭した。頭を抱えているほうがよほど楽なときに、素早く計算できるのが私の強みだった。

敗戦がベストの結果だという場合もある。失意に打ち勝つのは、誰にでもできることではない。どん底にいるときこそ、強さが問われるのだ。こんな格言がある――すべてはマンチェスター・ユナイテッドの歴史の一日に過ぎない。言い換えるなら、負けを乗り越えることもこのクラブのアイデンティティーなのだ。敗戦から目をそらしていたら、次々と黒星を重ねてしまう。ユナイテッドは残り一秒で同点ゴールを決められて勝ち点2を落としたあと、六、七連勝することが珍しくない。ただの偶然とはいえないだろう。

ユナイテッドのファンには週末の試合で感情を高ぶらせて、その勢いのまま月曜の仕事に行くという習慣がある。2010年1月、ある男は私にこんな手紙をよこした。「日曜に払った41ポンドを返してくれ。あんたが約束したはずの興奮を、俺は味わえなかった。41ポンドを返してもらおうか」。なかなかの強者だ。こう返事を書こうかと思った。「その41ポンドは、私の二十四年間の稼ぎから引き落としてもらおうか」

ユヴェントスやレアル・マドリードといった相手にことごとく勝利しても、少しでも日曜の試合が盛り上がりに欠けると払い戻しを迫られるのだ。世界中にマンチェスター・ユナイテッドほど心臓に悪いクラブがあるだろうか？　マッチデープログラムには洩れなく警告文を載せるべきだったのかもしれない。1対0でリードされて残り二十分になったら、家にお帰りください。さもないと担架で運び出されます。マンチェスター王立病院に入院する羽目になるかもしれません。

以下のセリフには皆が賛成してくれるだろう——損をさせられた観客などいない。ユナイテッドの辞書に、退屈という言葉は存在しないのだから。

第2章 私の原点——グラスゴー

スコットランドにルーツを持つファーガソン一族のモットーは〈ドゥルキウス・エクス・アスペリス〉——ラテン語で「困難の先の甘美」という意味だ。

私にとっても、この前向きな考え方は三十九年間の監督人生を乗り切る支えになった。１９７４年に四カ月だけイースト・スターリングシャーを率いたところから始めて、２０１３年にマンチェスター・ユナイテッドで幕を下ろすまで、いつも困難を越えた先にある成功を見据えてきた。毎年毎年、劇的な変化に見舞われながらも切り抜けられたのは、ユナイテッドはどんな試練も乗り越えられるという信念のおかげだ。

ずいぶん昔、こんな記事を読んだ。「アレックス・ファーガソンはゴヴァン出身だというのに、よくやっている」。何という言い草だろう。私がサッカーの世界で成功したのは、他でもないグラスゴーの造船業が盛んな地域で育ったからだ。出身地が成功の妨《さまた》げになることなどない。恵まれない環境に生まれたくらいのほうが、かえって根性がつくのだ。成功者と呼ばれる人物がいたら、その母親や父親に注目してみるといい。本人がどんな考え方をするのかも調べて、エネルギーとモチベーションの出どころをつかむべきだ。私が出会った偉大なサッカー選手の多くは労働者階級の出身だったが、それは彼らにとって障壁ではなかった。むしろ成功の秘密でさえあったのだ。

駆け出しの頃はイースト・スターリングシャーの選手に週給6ポンドを与えるのがやっとだったが、後にはクリスティアーノ・ロナウドを8000万ポンドでレアル・マドリードに売却するまでになった。セント・ミレンの選手は週給15ポンドで、プロ契約ではなかったため、オフシーズンは別の仕事をしなければならなかった。アバディーンの本拠地ピットドリーで過ごした八年間は、トップチームで最も稼いでいた選手でも週給200ポンドだった。オーナーのディック・ドナルドが上限を定めていたのだ。私は四十年近い監督人生を通して何千人もの選手と関わるうちに、週給6ポンドから年俸600万ポンドまで、金銭的な旅をしたことになる。

私はある男からの手紙をファイルに綴《と》じている。1959年から60年にかけてゴヴァンで船の修理をしながら、お気に入りのパブに通っていたという男だ。あるとき募金箱を抱えた若いアジテーターがパブに現れて、見習工のストライキのために資金が必要だ、と煽《あお》り文句を並べたという。その若者について彼が知っていたのは、セント・ジョンストンの選手だということだけだった。手紙は質問で締めくくられていた。「あれは、あんただったのか?」

それまで政治的な活動に関わったことはすっかり忘れていたのだが、手紙に刺激されて思い出した。地元のパブを回って、ストライキの資金を集めたのだ。政治の道を志していたわけではない。ただ単に大声を張り上げていただけで、どれだけ美化しても演説と呼ぶには値しない代物だった。資金集めの理由を説明するように言われて、タガが外れたようにまくし立てたのを覚えている。パブの客はほどよく酔っていて、若い資金調達係が一席ぶちたいのなら聞いてやるか、という気分だったのだろう。

若き日の私とパブは切っても切り離せない。どんな仕事をしようかと考えるうちに、ささやかな収入でパブを開いて、将来の備えにしようと思い立ったのだ。初めての店はゴヴァン・ロードとペイズリー・ロードが交差する角にあり、港で働く男たちの溜まり場だった。私はパブの経営を通じて人間というものに触れた。彼らが何を夢見て、何に怒りを覚えるのか学んだことは、サッカーというビジネスを理解する上でも助けになった。そんなことの役に立つとは、当時は知る由もなかったが。

例えば私が経営していたパブの一軒には〈ウェンブリー・クラブ〉という集まりがあった。ウェンブリーで行われるイングランドとスコットランドの代表戦を観に行くために、客が二年間かけて金を積み立てるのだ。最後に経営者の私が資金を足して積立金を二倍にして、皆で四～五日のロンドン旅行に出かけた。四～五日というのはあくまで建て前だったが。私は試合の当日に合流したが、親友のビリーは木曜にウェンブリーに出発して、七日後まで帰宅しなかった。勝手に旅行を延長するので、当然ながら家族とは揉《も》めた。

土曜にウェンブリーで代表戦が行われたあと、木曜に私の家に電話がかかってきた。ビリーの妻のアンナだ。「キャシー、ウチの人がどこに行ったのか、アレックスに訊《き》いてちょうだい」。私は知らないふりをした。もしビリーがパブの客と一緒に世界貿易センタービルの観光旅行に出かけていたのだとしたら、なぜ黙って旅行を続けるのか、理解に苦しんだだろう。だが私の世代の労働者にとって、ビッグゲームの観戦は聖地巡礼に等しいのだ。仲間との連帯感を深めることも、試合と同じくらい大切だった。

店を構えていたブリッジトンのメイン・ストリートは、グラスゴーで最もプロテスタント系住民が多い地区の一つだった。オレンジ・ウォークの前の土曜、郵便配達員のビッグ・タムに声をかけられた（オレンジ・ウォークは街を行進してプロテスタントの優位を主張する行事。オレンジはプロテスタントを象徴する色）。「アレックス、土曜の朝は何時からパブを開けるのか、皆が知りたがってるぜ。オレンジ・ウォークの日だからな。アードロサーンまで行進するんだ」。アードロサーンはスコットランドの西海岸の地名だ。「バスは10時に出るからな」と、タム。「よその店は早くから開けるらしいぞ。お前も開けなきゃまずいだろ」

私は慌《あわ》てふためいた。「何時に開ければいいんだ？」

「7時だ」と、タムが言った。

こうして私は6時15分に父と弟のマーティン、店で雇っていたちびのイタリア人バーテンと一緒に準備を始めた。タムから聞いていたおかげで用意は万端だった。「どっさり仕入れておくんだぜ。ヤツら、底なしに飲むからな」。7時に開店すると、たちまちプロテスタントが押しかけてきてどんちゃん騒ぎが始まった。警官が大勢通りかかったが、誰も何も言わなかった。

開店から9時半までの間に４０００ポンドの売り上げがあった。ダブル・ウォッカなどが飛ぶように売れたのだ。父は椅子《いす》に座って、信じられないというように首を振っていた。9時半頃には、もう次の客を迎えるために店の大掃除を始めた。くたくたになるまで壁や床を磨いたが、レジに４０００ポンドが入っていると思うとつらくなかった。

パブの経営には苦労も多かった。１９７８年になると、二軒の酒場を切り盛りする上でのこまごまとした面倒はもうたくさんだ、という気になっていた。アバディーンの監督を務めていると、酔っ払いの相手をしたり、きちんと帳簿をつけたりしている暇がない。だがパブを開いていた年月は、かけがえのない思い出を残してくれた。本が一冊書けるくらいだ。港で働く男たちは、土曜の朝になると妻を連れて店にやってきた。金曜の晩にもらった給料を、カウンターの中にある金庫に預けているのだ。金曜の夜にかぎって私は億万長者だった。金庫やレジの中身が自分のものなのか、はたまた他人のものなのか、区別がつかなくなってくる。あの頃、キャシーはよくカーペットの上に金を並べて数えていた。土曜の朝、男たちが受け取りにやってくると、金はきれいさっぱりなくなった。金の出し入れを記録した帳簿は〈ティック・ブック〉と呼ばれていた。

ナンという女の常連客は、とりわけ夫の金の出入りに敏感だった。口の悪さでは港の男たちに引けを取らない。「バカにするんじゃないよ」と言って、私をじろりと睨《にら》む。

「何だって?」私は時間稼ぎをする。

「バカにするんじゃないよ。ティック・ブックだよ。見せてもらおうじゃないの」

「ああ、そりゃダメだ」。私は出まかせを口にする。「ありゃ、門外不出だ。税務署のお役人に叱《しか》られちまうよ。毎週、調べに来るんだ。あんたには見せられないな」

ナンは夫のほうを向いて、とたんに意気消沈した様子で言う。「本当かい?」

「よく知らねえな」と、夫が言う。

嵐は去った。「ティック・ブックにウチの人の名前があったら、この店には金輪際《こんりんざい》足を踏み入れないからね」と、ナンが捨てゼリフを吐く。

若い頃に出会った強烈な個性と気骨の持ち主たちは、私の脳裏に焼きついている。荒っぽい連中でもあった。私は頭から流血したり、目の周りを黒くしたりして家に帰ることもあった。それがパブの日常だ。度を越した騒ぎが始まったり、喧嘩《けんか》が起きたりしたら、飛んでいって場を収めなければいけない。だが当事者たちを引き離そうとしても、なかなかうまくいかないのだった。それでも振り返れば最高の思い出だ。忘れられない人々と、彼らが引き起こす喜劇を堪能した。

今でも思い出すのは、ジミー・ウェストウォーターという男が窒息寸前になって店に現れたことだ。顔が灰色だった。「おい、大丈夫かよ」と、私は訊いた。どうやら上質の絹を体に巻きつけて、仲間の目を盗んで造船所を抜け出そうとしたらしい。一箱分の絹だ。きつく巻きすぎて、息が詰まりそうになっていたのだ。

パブで雇っていた男の名前もジミーといって、店内を塵《ちり》ひとつなく磨《みが》き上げていた。ある晩、ジミーは蝶ネクタイをして現れた。常連客の一人が目を剝《む》いた。「ゴヴァンで蝶ネクタイ？　どうかしちまったんじゃないか」

金曜の夜、外出から戻るとパブの横で袋詰めの鳥の餌《えさ》を売っている男がいた。グラスゴーのこのあたりでは、皆が鳩を飼っている。

「そりゃ何だ？」と、私は尋《たず》ねた。

「鳥の餌だよ」。他に何だというのか、と言わんばかりの答えが返ってきた。

マーティン・コリガンというアイルランド人の男は、ありとあらゆる家庭用品を売っているのが自慢だった。瀬戸物、ナイフやフォーク類、冷蔵庫――お望み次第だ。別の男は、店に入ってくるなり言った。「双眼鏡を買い取ってくれよ。金欠なんだ」。男は包み紙を開けて、きれいな双眼鏡を出してみせた。「5ポンドでどうだ」

「一つ条件がある」と、私は言った。「5ポンド出してやるが、この店で飲んでいくんだぜ。バクスターのところには行くなよ」。感じのいい男で、少し吃音《きつおん》があった。私が双眼鏡を買い取ると、あっという間に3ポンド分の酒を飲んでしまった。

私が物を買って帰ると、キャシーはいつも腹を立てた。あるときはイタリア製の美しい花瓶を手に入れたが、キャシーは同じ品物が10ポンドで店に並んでいるのを見た。まずいことに私は、パブで25ポンド払ったのだった。ある日私は真新しいスエードのジャケットを着て、肩をそびやかして帰った。我ながら、よく似合っていた。

「いくらしたの?」と、キャシーが訊く。

「たった7ポンド」と、私は顔を輝かせて言った。

ジャケットはハンガーに掛けておいた。二週間後、キャシーの姉が自宅でのミニパーティに招待してくれたので、私は自慢の品に身を包んだ。鏡の前に立って、カットに惚《ほ》れ惚《ぼ》れする。ジャケットを着るときは両袖《そで》をちょっと引っ張って、体に合わせるものだ。私もそうした――そのとたん、両袖がぽろりと取れた。私は袖なしのジャケットを着て突っ立っていた。

キャシーは笑い転げ、私は喚《わめ》いた。「あの野郎、タダじゃおかないぞ!」ジャケットには裏地さえついていなかったのだ。

自宅の遊戯室の壁には、親友のビリーの写真を飾っている。とぼけた男だった。ろくに紅茶も淹《い》れられないのだ。ある日一緒に食事をしたあと、ビリーの家に上がり込んだ私は言った。「湯を沸かしてこいよ」。ビリーが席を立った。ところが十五分経っても戻ってこない。あいつめ、どこに消えたんだ？　なんと、妻のアンナに電話で尋ねていたのだ。「紅茶を淹れるってどうするんだ？」

ある晩アンナが、オーブンにステーキパイを入れて外出した。ビリーは『タワーリング・インフェルノ』（1974年のアメリカ映画。超高層ビルの大火災に巻き込まれた人々の脱出劇）をテレビで観ていた。二時間後にアンナが帰ってくると、台所からもうもうと煙が出ていた。

「あんた、どうしてオーブンを消してくれないのよ。ひどい煙じゃないの」。アンナはかっかと怒った。

「煙はテレビから出てるんじゃないのか」と、ビリーが大声を上げた。超高層ビルが燃え上がるときの特殊効果だと思っていたのだ。

ビリーの家は友人たちの溜まり場だった。光に引き寄せられる蛾《が》のようなものだ。皆ビリーではなく、マッケクニーと呼んでいた。息子のスティーヴンとダレンはマッケクニー夫妻の誇りで、今でも私の息子たちととても仲がいい。ビリーはもうこの世を去ってしまったが、一緒に過ごした愉快な時間のことは忘れられない。

当時の厚い友情は今も続いている。ダンカン・ピーターセン、トミー・ヘンドリー、ジム・マクミランは、四歳で保育園《ナーサリー》に入ったときからの幼なじみだ。ダンカンはグレンジマウスの大手化学工業会社で配管工として働き、早々に退職した。今はフロリダ州クリアウォーターでゆったり暮らしながら、妻と旅行を楽しんでいる。トミーはあまり心臓がよくなかったが、エンジニアになった。ジムも同業だった。アンガス・ショーは病気の妻の世話をしている。かけがえのない友人のジョン・グラントは、1960年代に南アフリカに移住した。妻と娘が卸売をやっている。

まだ若かった私がハーモニー・ロー（ゴヴァンのアマチュアサッカーチーム）を退団すると、地元の友人との間には深い溝ができてしまった。仲間を捨ててドラムチャペル・アマチュアズに加入するなんてとんでもないと思われたのだ。ハーモニー・ローのオーナーのミック・マゴーワンは、二度と私と口を利《き》こうとしなかった。恐るべき頑固さだ。ミック・マゴーワン、あだ名は〈片目《ワン・アイ》〉。ハーモニー・ローが生きがいだという男で、チームを去った私を徹底的に無視した。それでも私は十九歳か二十歳になるまで、地元の友人と一緒にパーティに行った。皆がガールフレンドを作ったのも、その頃だった。

それから別れと旅立ちのときが訪れた。私はキャシーと結婚して、グラスゴー南部のシムシルに引っ越した。友人たちも身を固めた。私たちの友情は色あせて、連絡も途絶えがちになってしまった。ジョンとダンカンとは、1958年から60年にかけてクイーンズ・パーク・レンジャーズで一緒にプレーした。監督業を始めると、仕事をこなすのが精いっぱいで、他のことをする余裕はほとんどなくなってしまう。セント・ミレンでの私がまさにそうだった。それでも完全に絆《きずな》が断たれたわけではなかった。私は1986年にアバディーンを去ったが、その二カ月前にダンカンが電話をかけてきて、10月に銀婚式を迎えるからキャシーと二人で来てくれないだろうか、と言った。喜んで、と私は答えた。それが人生の転換点だった。昔の仲間が勢揃《せいぞろ》いしていて、友情が復活した。全員がしっかりとした家庭を築いていた。皆、大人になったのだ。私は翌月マンチェスターに引っ越したが、彼らとはずっと親しい間柄だ。

十九歳か二十歳にもなれば、いつしか互いに別々の道を歩き出すものだが、私の友人たちは結束していた。違う人生を選んだ私だけが離れていった。決して距離を置いていたわけではなく、ただそうした人生を歩む運命だったのだ。私は二軒のパブの経営者で、セント・ミレンの監督を務めていた。その後、1978年にアバディーンから誘いを受けた。

ゴヴァンの友人たちは、マンチェスター・ユナイテッド時代の私の支えだった。皆がチェシャーの私の家に遊びに来ると、軽く食事をしたり、交代で歌ったりした。そんなときは古いレコードを次々とかけた。友人たちは皆、歌がうまかった。順番がくる頃、すっかり酔いが回った私は、自分が甘い美声の持ち主だと信じ込んでいた。フランク・シナトラにだって引けを取らない。私の見事な「ムーン・リバー」は、聴衆の心をとろかすだろう。ところが、ほんの一節歌って目を開けてみると部屋は空《から》っぽだ。「ウチに来てメシを食って、俺が歌い始めると隣の部屋でテレビを観るんだからな」。私はふてくされた。

「お前の歌なんか誰が聴くものか。耳が腐る」。そんな答えが返ってきた。私の友人たちは皆、地に足がついている。ほぼ全員、結婚して四十年近く経っているはずだ。ずけずけ物を言う、遠慮もへったくれもない連中だ。そんなことができるのは私と気質がそっくりで、同じ種類の人間だからだ。私たちは兄弟のようにして育った。だが彼らも言いたい放題というわけではなかった。友人たちが遊びに来ると、自然とユナイテッドは勝ったが、たまに黒星を食らうと彼らは慰《なぐさ》めてくれた。「難しい試合だったな」。「ひどかったな」ではなく、「難しい試合だったな」だ。

アバディーン時代の友人とも、欠かさず連絡を取っている。スコットランドについて言えるのは、北部の人間ほど物静かだということだ。親しくなるのに時間がかかるが、ひとたび打ち解ければ絆は深い。私はスコットランド人の政治家ゴードン・キャンベルや、弁護士のレス・ダルガーノ、アラン・マクレー、ジョージ・ラムジー、ゴードン・ハッチョンと休暇を過ごした。

ユナイテッドの仕事にのめりこむにつれて、友人たちと付き合う時間は減り、土曜の夜に外出することもなくなった。サッカーだけで消耗してしまったのだ。15時キックオフの試合が終了しても、21時半まで帰宅しなかった。ユナイテッドの人気の代償だ。七万六千人の観客がいっせいに街に繰り出しているのだから、たとえ望んでも私の外出は難しかった。それでも私は確かな友情に恵まれた。オルダリー・エッジ・ホテルを経営するアーメット・カーサー、ソティリオス、ミモ、マリウス、ティム、ロン・ウッド、ピーター・ダン、ジャック・ハンソン、パット・マーフィー、ピート・モーガン、ゲド・メイソン。大親友のハロルド・ライリー。言うまでもないが、私のために熱心に働いてくれたスタッフ。ジェームス・モーティマーとウィリー・ホーウィーの二人は、地元の古い友人だ。ニューヨークにはマーティン・オコナーとチャーリー・スティリターノが、ドイツにはエクハルト・クラウツンがいる。いい仲間たちだ。元気が残っている夜には、皆で外出して羽根を伸ばした。

ユナイテッドの監督に就任したばかりの頃は、マンチェスター・シティの監督のメル・マシーンと親しくしていた。マシーンは5対1で我々に大勝したが、まもなく解任されてしまった。私の記憶が正しければ、いつも仏頂面《ぶっちょうづら》をしているというのが理由だった。ユナイテッドにその尺度が持ち込まれたら、私などとっくの昔にクビになっていただろう。ウェストハムの監督のジョン・ライアルも頼れる友人だった。当時の私にはイングランドの選手全員について情報があったわけではなく、ユナイテッドのスカウティングチームの能力にも疑問を持っていた。そこでライアルに電話をかけては、選手のレポートを送ってもらい、手持ちの情報と突き合わせた。信頼の置ける男で、私はいつも腹を割って話した。ユナイテッドの調子がよくないと感じると、ライアルはこんな言い方をした。「今のユナイテッドにはアレックス・ファーガソンがいない」

グラスゴー・レンジャーズの元監督で熱血漢のジョック・ウォレスも、ある晩ホテルで同じことを言った。「今のユナイテッドにはアレックス・ファーガソンがいない。アレックス・ファーガソンを呼び戻したほうがいいぞ」。彼らは頼まなくてもアドバイスをくれた。手厳しいことを言っても、今までの関係があるので問題ないとわかっていたのだ。これこそが理想の友情というものだろう。ボビー・ロブソンはイングランド代表監督だったので、さすがに最初はぎこちない付き合いだったが、やがて親しくなった。プレミアリーグのクラブを渡り歩いたレニー・ローレンスと知り合ったのもその頃で、今でも友人だ。

ボビー・ロブソンとは、エウゼビオの生誕五十年を記念する親善試合がポルトガルで行われたのをきっかけに、ふたたび密に連絡を取るようになった。当時ロブソンはポルトやスポルティング・リスボンを指揮していた。その親善試合でエリック・カントナが、マンチェスター・ユナイテッドの選手としてのデビューを飾った。ロブソンは私たちの泊まっていたホテルに来てくれた。彼がスティーヴ・ブルースを探し出して、こう言ったのは忘れられない。「スティーヴ、私が間違っていた。君をイングランド代表に招集するべきだった。君に謝りたい」。選手全員が見ている前でのことだ。

キャリアを通して身につけたことの大半は、実のところ駆け出しの頃に身につけたものだ。大事な教訓を得ているのと気がつかないこともあった。人間の性質については、ユナイテッドから声がかかるずっと前に学んでいた。

試合にしてても世の中のことにしても、自分とは物の見かたが異なる人間がいる。時には黙ってその現実を受け入れなければいけない。デイヴィー・キャンベルは、私がセント・ミレンで指導した選手の一人だ。猟犬のように走るが、獲物を捕まえることができなかった。あるときハーフタイムに彼をどやしつけていると、ドアが開いて父親が顔を出した。「デイヴィー、よくやっているぞ。その調子だ！」父親は大声で言って、立ち去った。

イースト・スターリングシャーの選手を連れてカウデンビースに遠征したときは、天候を調べ忘れるというミスを犯した。ピッチはレンガのように固かった。私たちは町に出かけて、野球用のスパイクを十二足買った。ラバーソールがない時代だったのだ。前半が終わった時点で、3対0で負けていた。試合の後半、誰かが肩を叩くので振り返ると、昔のチームメイトのビリー・レントンが立っていた。「アレックス、ちょっと俺の息子に会ってくれないか」

私は言った。「冗談はよしてくれ。3対0で負けているんだぞ」

カウデンビースの監督のフランク・コナーはいい男だが、恐るべきかんしゃくの持ち主だった。自分のチームが反則を取られたのに納得できず、ベンチを抱え上げてピッチに投げつけた。私は言った。「おいおい、フランク。そっちは3対0で勝っているんだぜ」

「恥知らずの審判だ」と、フランクが吐き捨てた。私は四六時中、こんな熱い人間たちに囲まれていたのだ。

元セルティック監督のジョック・スタインと、セルティックのエースのジミー・ジョンストンの争いも語り草だ。ジョンストンは素晴らしい選手で、伝説的な酒豪だった。ある日の試合中、スタインはジョンストンを途中交代させた。ヨーロッパでのアウェイの試合に出場したくない、と言ったことへの罰だ。ピッチをあとにするなり、ジョンストンは毒づいた。「こん畜生《ちくしょう》の老いぼれ野郎」。そしてベンチを蹴《け》りつけた。一目散にドレッシングルームに向かうジョンストンを、スタインが追いかける。ジョンストンはドレッシングルームに駆け込んで鍵をかけた。

「ドアを開けろ」と、スタインが怒鳴る。

「嫌だね。俺を殴《なぐ》るんだろ」と、ジョンストン。

「開けろ！」と、スタインが喚《わめ》く。「監督命令だ！」

ジョンストンはドアを開けたが、自分は一目散に室内のバスタブに飛び込んだ。煮えたぎるほど熱い湯が張られている。

スタインが怒鳴る。「そこから出てこい！」

「誰が出るか」と、ジョンストン。この間、外のピッチでは試合が続いていた。

監督という稼業は、果てしなく降りかかる試練との戦いだ。煎《せん》じ詰めればそれは、人間の愚かさと向き合うことに他ならない。あるときはスコットランド代表選手が大勢で一晩飲み明かした挙句、ボート漕ぎに飛び入り参加した。その結果ジミー・ジョンストン、愛称ジンキーが、オールをなくしてボートごと沖に流される騒ぎになった。ジョンストンはのんきに歌っていた。やがてセルティック・パークに話が伝わった。スタインが聞いたところでは、ジョンストンはクライド湾で沿岸警備隊に救助されたという。スタインは冗談を飛ばした。「いっそ溺《おぼ》れてくれればよかったな。追悼試合をやって、奥さんの生活を支えてやったのに。私の頭にも髪が残っていただろうよ」

スタインは愉快な男だった。彼がスコットランド代表監督で、私がアシスタントコーチを務めていた1985年5月、我々はウェンブリーでイングランド代表を1対0で下した。次はアイスランド代表との試合だったので、すぐさまレイキャビクに飛んだ。私たちは大いに満足していた。現地に到着した夜、スタッフは食事会を開いてエビやサーモン、キャビアに舌鼓《したつづみ》を打った。スタインは普段から酒を口にしなかったが、私はイングランド戦の勝利を祝って一杯だけ白ワインを飲むよう強引に勧めた。

アイスランド代表戦は1対0で辛勝した。最悪の内容だった。試合後、スタインが私の顔を見て言った。「だからあれほど、白ワインはよしておけと」

私は先人たちから多くのことを学んだが、ユナイテッドでは最初から自分の流儀を貫いた。気が短いのも利点だった。頭に血がのぼると、素の自分に立ち返れたからだ。ライアン・ギグスも熱い男だが、沸騰《ふっとう》するのに時間がかかる。私のかんしゃくは使い勝手のいい武器で、ためらわず相手にぶつかるのに役立った。かんしゃくを爆発させるのは、誰が権力を持っているのかわからせる手段でもあった。選手もスタッフも、うかつに私を刺激しないほうがいいと知っていた。

目上の人間に逆らったり、一泡吹かせたがったりする連中はどこにでもいる。私はイースト・スターリングシャーを指揮した短い間にも、センターフォワードと真っ向から対決しなければならなかった。ジム・ミーキンというその選手は、役員の一人ボブ・ショーの義理の息子だった。

9月の週末に一度家族旅行をする予定がある、とミーキンが言ってきた。長年の習慣らしい。

「つまり、どういうことだ?」と、私は訊いた。

「俺は土曜の試合に出ないってことです」と、ミーキン。

「よし、わかった」と、私は言った。「土曜の試合は忘れろ。このチームにいたことも忘れていいぞ」

ミーキンは試合に出場して、その後すぐに車を飛ばしてブラックプールにいた家族と合流した。月曜に電話がかかってきた。「監督、車が故障したから帰れません」。おおかたカーライルあたりに遊びに行っていたのだろう。舐《な》められたものだ。すかさず私は言った。「よく聞こえないから、電話番号を教えろ。私からかけ直そう」

沈黙。

「二度と顔を見せるな」と、私は言った。

ボブ・ショーは私のやり方に大いに不満だった。問題は何週間も続いた。会長が私に言った。「参ったよ、アレックス。ボブ・ショーがうるさくてかなわん。ミーキンを出場させてくれ」

私は言った。「いや、ダメだ。ミーキンは終わりだ。選手が勝手に休みを取るような状態で、監督ができると思うか?」

「それはそうだが、三週間も謹慎させたら十分だろう」

翌週、会長はフォファー・アスレティックのスタジアムのトイレの中までついてきて、隣に立って懇願した。「頼む、アレックス。君にクリスチャンの心があるのなら」

一呼吸置いてから、私は言った。「わかった」

会長が私にキスをした。「よしてくれ、ボケたのか」と、私は言った。「トイレでキスするとはな」

1974年10月、監督修業の次の段階として、私はセント・ミレンに乗り込んだ。初日の練習写真が『ペイズリー・エクスプレス』に載ったが、よく見るとキャプテンが私の背後でVサインをしているではないか。次の月曜、私は彼を呼び出して告げた。「自由移籍がしたければさせてやる。このチームにお前の居場所はない。出場機会は与えない」

「どうしてですか？」と、彼が訊いた。

「当たり前だが、監督の後ろでVサインをするようなヤツは自覚が足りないし、精神的にも幼い。私がキャプテンに指名するのは、大人の選手だけだ。お前がしたことは小学生並みの悪ふざけだ。とっとと出ていけ」

監督としての立場はきちんと示さなければいけない。ジョック・スタインに教わったことだ——選手とべったりの関係にはなるな。必ず痛い目を見る。


アバディーンでは、あらゆる規律違反に対処しなければならなかった。私は次々と選手の尻尾をつかんだ。あとになって、彼らの慌てぶりを思い出しては腹を抱えて笑った。

「俺ですか？」と言って、選手は俳優のように傷ついた表情を浮かべてみせる。

「ああ、お前だ」

「友人に会いに行っただけですよ」

「おやおや、三時間もか？　そしてベロベロに酔ったのか？」マーク・マッギーとジョー・ハーパーの二人には、散々手を焼いた。セント・ミレンにはフランク・マッガーベイという悪童がいた。1977年のある日曜、我々はマザーウェルの本拠地フィア・パークで、一万五千人の観客が見守る中カップ戦に挑んだが、2対1で敗れた。フィア・パークからすごすご退散する羽目になり、おまけに審判が弱腰だと言ったとして、私はスコットランドサッカー協会に通告された。

その夜、自宅の電話が鳴った。友人のジョン・ドナキーからだった。「お前を怒らせたくないから、試合の前には言わなかったんだが、金曜の夜にマッガーベイがパブで酔いつぶれているのを見たぜ」。

私はマッガーベイの家に電話をした。母親が出た。「息子さんはいますか？」

「いいえ、あの子は出かけていますよ。伝言しましょうか？」

「帰ってきたら私に電話するよう言ってください。それまで起きています。息子さんと話をするまで、今日は眠りません」。23時45分に電話が鳴った。ピーという音がしたので、公衆電話からかけているとわかった。「今、帰りました」と、マッガーベイ。「音がしたじゃないか」と、私は言った。「いや、アパートの中に公衆電話があるんですよ」。それは本当だろうが、やはり自宅からかけているとは思えなかった。

「金曜の夜はどこにいた？」

「覚えてないです」

「そうか、じゃあ教えてやろう。お前はウォータールーのパブにいたんだ。本当だぞ。お前は二度と試合に出さない。もうチームに戻ってくるな。U-21スコットランド代表からも追放だ。どうなろうと知ったことか。死ぬまでボールは蹴るな」。私は電話を切った。

翌朝、マッガーベイの母親が電話をかけてきた。「うちの子はお酒なんて飲みません。人違いでしょ」。私は言った。「あいにく事実ですよ。母親ってのは、息子のことを太陽みたいに思うもんですが、もう一度訊いてごらんなさい」

それから三週間、私はマッガーベイを試合に出さなかった。ドレッシングルームには不穏な空気が漂っていた。

クライドバンクとの首位決戦が迫っていた。私はアシスタントコーチのデイヴィー・プロヴァンに言った。「この試合にはマッガーベイが必要だ」。試合の一週間前、ペイズリーの市役所でパーティが開かれることになり、私が妻のキャシーと一緒に建物に入ると、柱の陰からマッガーベイが飛び出してきて懇願した。「もう一度だけチャンスをください」。天の助けだった。どうしたら自分の面子《メンツ》を潰さずに彼をチームに復帰させられるか、私はずっと悩んでいたのだが、そんなときにマッガーベイが柱の陰から飛び出してきたのだ。キャシーを先に行かせてから、私はにべもなく言った。「わかっているだろう。お前は二度と出場させない」。すると様子を見ていたトニー・フィッツパトリックが近寄ってきた。「監督、こいつにチャンスをやってください。俺が責任を持ちます」「話は明日の朝だ」と、私は声を荒らげた。「今は何も聞きたくない」。私はキャシーを追って会場に入った。快哉《かいさい》を叫びたかった。クライドバンクとの試合は3対1での勝利で、マッガーベイも得点した。

若い選手には責任感を植えつけなくてはならない。彼らのエネルギーと才能に人一倍の自覚が加われば、輝かしいキャリアは約束されたようなものだ。

監督を始めたときから持っていた武器の一つが、決断力だった。小学校の体育の授業でチームのメンバーを選んでいた頃から、私は決断を恐れなかった。そのときから既に、チームメイトに指示を出していたのだ。「お前はここ、お前はあっちでプレーしろ」。そんなふうに命令していた。十代の頃に世話になった監督の一人、ウィリー・カニンガムはよく私に言った。「まったく、癇《かん》にさわるヤツだ」。私は監督に戦術論を吹っかけては尋ねた。「監督、本当にそんなやり方でいいんですか?」「お前ほど癇にさわるヤツはいないよ」と、カニンガムは言うのだった。

私が監督の邪魔をしている間、チームメイトは座って待っていた。あんな反抗的な態度を取ったらどうせ罰を受ける、と思っていただろう。私は決断したくてうずうずしていただけなのだ。どうしてそうなったのかはわからないが、幼い頃から仕切り屋で、リーダーで、チームのメンバーを選ぶ役目を担っていた。父は平凡な勤め人で、頭はとてもよかったが、およそリーダーという役柄には縁遠かったので、両親が手本だったというわけではない。

その一方で私には人と距離を置きたがる、孤独な一面がある。グラスゴーの選抜チームでプレーしていた十五歳の頃、エディンバラの選抜チーム相手にゴールを決めた。人生最高の日だった。帰宅すると父が、ビッグクラブが私に興味を示していると言った。だが私の反応は両親を驚かせた。「俺、出かけてくるよ。映画を観たいんだ」

「どういうつもりだ？」と、父が訊いた。

一人になりたかったのだ。理由はわからない。いったい何がしたかったのか、今日になってもよくわからない。ただ誰もいないところに行きたかった。父は鼻高々で、母も舞い上がっていた。「よくやったね、アレックス」。祖母は興奮状態だった。エディンバラ選抜相手に得点するのはちょっとしたことだ。それなのに私ときたら、自分の小さな世界に引きこもろうとしたのだ。

あの日と今日の間には、気が遠くなるほどの距離がある。1986年にマンチェスター・ユナイテッドの監督に就任したとき、ニューカッスルの監督はウィリー・マクファウルだった。マンチェスター・シティの監督はジミー・フリッツェル、アーセナルはジョージ・グラハム。グラハムとはいい関係を築いた――立派な男で、大切な友人だ。私が契約をめぐってマーティン・エドワーズと揉めていた頃、イングランドサッカー協会の会長はサー・ローランド・スミスだった。協会が介入すると問題がこじれる場合がある。あるときスミスの提案で、ユナイテッドの会長のエドワーズ、顧問弁護士のモーリス・ワトキンスと一緒にマン島に行って、契約更新の話し合いをすることになった。アーセナルでグラハムは私の二倍の年俸を受け取っていた。

「なんなら私の契約書を貸してやろう」と、グラハムが言った。

「本当にいいのか？」と、私は尋ねた。

こうして私はグラハムの契約書を携《たずさ》えてマン島に向かった。エドワーズは有能でタフな会長だったが、問題は恐ろしく財布の紐《ひも》が固く、払う金額をすっかり自分で決めたことだった。私だけではなく、皆に対してそうだった。

グラハムの契約書を見せても、エドワーズは信用しなかった。「デイヴィッド・デインに電話してください」と、私は頼んだ。するとアーセナルの会長のデインは、契約書の額の年俸など払っていないと言った。とんだ茶番だ。グラハムはデインの署名が入った書類を貸してくれたのだから。ワトキンスとスミスがいなければ、私はその場で辞任していただろう。どのみち辞めかかっていたのだ。

第一線で戦ってきた三十九年間の日々の例に洩《も》れず、ここにも教訓がある。自分の身は自分で守るのだ。他に方法はない。

第3章 引退撤回

2001年のクリスマスの夜、私はテレビを観ながらうつらうつらしてしまった。

その隙《すき》にキッチンには反乱軍が集結していた。いつもは一家団欒《だんらん》に使うキッチンで、それぞれの人生を変える話し合いが行われていたのだ。反乱軍の首謀者が部屋に入ってきて、足を蹴《け》って私を起こした。ドアのところには三人の姿が見えた。私の息子たちで、横一列に並んで揺るぎない団結を示していた。

「皆で話し合っていたの」と、妻のキャシー。「結論が出たわ。あなたは引退させません」。私は妻の言葉の意味を考えたが、ただちに反論しようとは思わなかった。「一つ、あなたの健康状態に問題はない。二つ、あなたに家の中をうろうろされてはたまらない。三つ、どのみち引退には若すぎる」。

話の口火を切ったのはキャシーだったが、息子たちも援護射撃の準備をしていた。見事な結束ぶりだ。

「父さん、バカな真似《まね》はやめろよ」と、息子たちが言った。「引退しちゃダメだ。まだやることはたくさんあるじゃないか。チームを一新することだってできる」。五分間の居眠りは高くついた。十一年間、余計に働くことになったのだ。

引退を考えたきっかけの一つが、1999年にバルセロナで行われたチャンピオンズリーグ決勝後のマーティン・エドワーズの発言だった。ファーガソンが監督を辞《や》めたら何らかの地位を与えるのかと訊《き》かれて、マーティンは答えた。「いや、マット・バスビーの二の舞はごめんだね」（マット・バスビーは1969年にいったん引退したが、その後も多大な影響力を保ち、後任の監督を悩ませた）。不快な発言だった。バスビーと私の時代を比較することはできない。代理人、契約問題、メディアといった要素のおかげで、現代サッカーの状況はより複雑になっている。まともな人間なら、引退したのにわざわざこうした世界に首を突っ込みたいとは思わないだろう。私自身にしても、試合そのものはもちろん、サッカーという複雑怪奇なビジネスに関わろうという気を起こすとは到底考えられなかった。

引退を決意した理由は他にもあった。バルセロナで魔法のような夜を体験したあとでは、燃え尽きたという思いがついて回った。それまでのユナイテッドは、チャンピオンズリーグでは敗退続きで、私は見果てぬ夢を追っていた。人生の目標を達成してしまえば、ふたたびその高みを目指すことができるのか、自問自答しないわけにはいかない。マーティン・エドワーズがマット・バスビー症候群を語るのを聞いて、私は反射的にこう思った。「くだらない」。それから——「六十歳は引退にふさわしい年齢だ」

こうして三つの感情が私の心を占めるようになった。エドワーズがバスビーの名前を出したことへの落胆、もう一度チャンピオンズリーグで優勝できるのかという疑問、そして六十という数字が引き起こす不安。なにせ三十二歳から監督を続けてきたのだ。

六十歳を迎えると、精神的に大きな変化が起きる。未知の領域に足を踏み入れるようなものだ。五十歳の誕生日は半世紀という節目だが、まだ実感はわかない。それが六十歳になると、こんなふうにしみじみと思うのだ。「ああ、六十歳になった。本当に六十歳なんだな」。意識の変化であり、数字の上の変化でもある。今となってはそこまで気にならないが、あの頃六十歳は見えない壁として私の前に立ちはだかっていた。若々しい気分で過ごせなくなり、自分自身の体力や健康状態との向き合い方が変わってしまった。チャンピオンズリーグで優勝するという最大の夢をかなえたのだから、心穏やかに引退できるのではないか、とも思った。いろいろな考えが頭の中で渦巻いていた。そんなときエドワーズに、新監督の肩にのしかかる厄介《やっかい》な亡霊のように言われて、つい独りごとが洩《も》れた。「やってられるか」

もちろん現場に戻れるのは嬉《うれ》しかったが、実際的な問題をキャシーや息子たちと話し合わなければいけなかった。

「今さら撤回するのは無理だろう。クラブに申し出たんだから」

キャシーが言った。「あら、向こうだって考えを変える余地くらいくれるわよ。それがあなたへの礼儀でしょ」

「もう新監督が決定しているかもしれない」

「でもあなたの功績を考えたら、撤回のチャンスをくれたっていいはずよ」と、キャシーが食いさがった。

次の日モーリス・ワトキンスに電話して、続投するつもりだと告げると、ワトキンスは笑い出した。

翌週にはヘッドハンターたちが集まって、後任者と面談する予定だった。おそらくスヴェン・ゴラン・エリクソンが新監督の候補だったではないか。あくまで私の想像に過ぎず、ワトキンスは決して認めなかったが。「なぜ、エリクソンだったんだ?」と、あとになって私は訊いた。

「それも一つの可能性だが、違うかもしれない」というのがワトキンスの答えだった。

私はポール・スコールズにも尋《たず》ねてみた。「スコールズ、エリクソンのどこがよかったんだろう?」

スコールズも首をひねるだけだった。私の電話を受けたワトキンスは、当時のイングランドサッカー協会の会長のローランド・スミスに連絡した。スミスは私に言った。「それ見ろ。バカな真似だと言っただろう。落ち着いて話し合おうじゃないか」

スミスは老獪《ろうかい》な男だ。何不自由ない満ち足りた人生を送ってきた。ありとあらゆる経験をしていて、愉快な話のタネが尽きない。一度など、マーガレット・サッチャー元首相とエリザベス女王の会食に同席したという話を聞かせてくれた。女王陛下は王室専用機の改装を望んでいた。ローランドが車で到着したとき、二人はそっぽを向いていた。

「ローランド」と、女王が呼んだ。「こちらの女性に、わたくしの飛行機は修理が必要だと伝えてくださらない?」

「かしこまりました」と、スミス。「ただちにお伝えいたします」

私の心変わりに対しても、スミスには「ただちに」対応してもらった。まず新しい契約を結びたいと私は言った。当時の契約は夏に期限が切れる予定だった。ぐずぐずしている暇《ひま》はなかった。

引退の具体的な日付けを発表したとたんに、しまったという気持ちになった。周りも気づいていた。ボビー・ロブソンは口癖のように言っていた。「引退なんてよせ」。素晴らしい男だった。ある日の午後、家にいると電話が鳴った。

「やあ、ボビーだ。忙しいか?」

「今、どこにいる?」と、私は尋ねた。

「ウィンズローだ」。近くではないか。

「ウチに寄っていかないか?」

「玄関の前にいるぞ」と、ロブソンが言った。

ロブソンにはいつも元気をもらった。彼は2004—05シーズンの序盤にニューカッスルの監督を解任されてしまったが、七十歳を超えても復帰を諦《あきら》めていなかった。だらだらと過ごすのは性に合わず、ニューカッスルの仕事が突然、自分の手に負えないものになってしまったなどとは決して認めなかった。彼は一生、その反骨心とサッカーへの深い愛情を失わなかった。

引退を決めると同時に、私は将来のことを考えるのをやめてしまった。しかし撤回するやいなや、ふたたび戦略を練り始めた。私は自分に言い聞かせた。「新しいチームを作るんだ」。エネルギーが甦って血が騒ぎ始めた。私はスカウティングチームに言った。「また全力でやろう」。世界がふたたび動き出したのは、気分のいいことだった。

私は引退を余儀なくされる健康上の問題や、不調を抱えているわけではなかった。それでも監督をしていると、時としてひどく心細い気分になる。自分が認められているのか不安になるのだ。友人のヒュー・マッキルヴァニーは『アリーナ』というテレビ番組で、スタイン、シャンクリー、バスビーについてのドキュメンタリー三部作を放送した。マッキルヴァニーの分析によると、三人はクラブにとって大きすぎる存在になってしまったために、それぞれ頭を押さえつけられたという。クラブのオーナーや役員について、スタインに言われたことは忘れられない。「いいか、アレックス。私たちは向こう側の人間じゃない。勘違いするな。向こうはクラブを運営する。私たちは雇われの身だ」。それがスタインの実感だった。「向こう側」対「私たち」、地主対小作人。

ジョック・スタインに対するセルティックの態度はひどく敬意を欠いていたし、何よりバカげていた。スタインをクラブの賭博部門の責任者にしようとしたのだ。セルティックに二十五個のトロフィーをもたらした人間を賭博部門に回すとは。ビル・シャンクリーはいつまで経ってもリヴァプールの役員に選ばれず、わだかまりを募らせた。やがて彼はユナイテッドやトレンメア・ローヴァーズの試合に足を運ぶようになった。ユナイテッドの旧練習場〈クリフ〉や、エヴァートンの練習場にも現れた。


どれだけ輝かしい経歴があっても、時には心細くなったり、守られていないと感じたりするものだ。デイヴィッド・ギルと過ごした最後の数年間は、何ひとつ心配なく仕事ができた。素晴らしい信頼関係だった。だがそれでも監督という人種は、絶えず失敗への不安を抱えていて、結局のところ孤独だ。一人で考えにふけるのはもううんざりだ、という気分になることもあった。私の邪魔をしてはならないと、誰ひとりオフィスに来なかったが、実は午後いっぱい退屈していたこともあった。ドアをノックする音が聞きたかった。ミック・フェランかレネ・メウレンステーンが顔を出して「一休みしないか?」と声をかけてくれるのを待ちわびていた。だが自分から出かけていって、彼らの領分に乗り込み、お茶を飲む相手を探さなければならなかったのだ。監督をするなら、その種の孤独に耐えなくてはいけない。人との関わりが欲しいのに、周りは私が重大な案件を抱えて忙しいのだろうと決めつけて、遠巻きにしているのだ。

13時過ぎまではひっきりなしに訪問者があった。アカデミーの関係者、ケン・ラムズデン、秘書、トップチームの選手。信頼されている証《あかし》なので、私は彼らを歓迎した。よく持ち込まれたのが家族の問題だった。選手が相談に来たらきちんと耳を傾けるようにしていた。疲れが溜まったからオフが欲しいという話でも、契約の問題でも。

選手がオフを要求するときは、きちんとした理由があるはずだった。みすみすトレーニング・セッションを逃す選手はいない。私はいつも黙って許可を与えた。彼らを信頼していたし、うかつに理由を尋ねると話が面倒になることもある――「ダメだ、なぜ休みが必要なんだ?」「ええと、祖母が亡くなったんです」。問題を抱えている選手には、いつも手を差しのべた。

私の周りにはアレックス・ファーガソン一筋の人間がいた。例を挙げるならレス・カーショー、ジム・ライアン、デイヴ・ブッシェルだ。カーショーは1987年に採用した。私が雇った最高のスタッフの一人で、ボビー・チャールトンの推薦だった。まだイングランドのサッカー事情に疎《うと》かった私にとって、彼のアドバイスは貴重だった。カーショーはチャールトンのサッカースクールで働いた経験があり、クリスタルパレスのスカウティングもしていた。ジョージ・グラハムやテリー・ヴェナブルズと仕事をしたこともある。チャールトンの見立てでは、カーショーはユナイテッドでの任務にぴったりだった。そこで彼を採用した。カーショーは夢中で働いた。まさに一心不乱で、四六時中しゃべっていた。毎週日曜の18時半に電話をかけてきて、最新のスカウティング・レポートを読み上げてくれた。一時間ほどするとキャシーが顔を出した。「まだ電話しているの?」

カーショーは話の腰を折られると、いっそう熱心に語った。恐るべき仕事人だ。マンチェスター大学の化学の教授でもあった。デイヴ・ブッシェルは校長で、イングランドの学校の選抜メンバーで構成したU-15代表を率いていた。彼にはジョー・ブラウンのあとを継いでもらった。ジム・ライアンは1991年から働き始めた。ミック・フェランは私のもとでプレーしていた元選手で、アシスタントとして貴重な戦力になってくれた。1995年にいったんユナイテッドを離れたが、2000年にコーチとして戻ってきた。ポール・マクギネスは私が就任したときからの戦友だ。ユナイテッドの元選手で監督のウィルフ・マクギネスの息子で、彼自身も選手としてプレーしていた。彼にはアカデミーのコーチを任せた。

この世界では新監督が自分のアシスタントを連れてきて、退任するとき一緒に連れていくのが普通だ。しかしユナイテッドは違う。私のアシスタントたちは注目を集めて、他のクラブの誘いを受けた。アーチー・ノックスは1991年のUEFAカップウィナーズカップ決勝の二週間前、レンジャーズに引き抜かれた。ノックスの代役として、私はブライアン・ホワイトハウスを決勝の地のロッテルダムに同行させた。他の裏方のスタッフにもまんべんなく目を配るよう気をつけた。

その後アシスタントコーチの人材探しを始めると、ノビー・スタイルズが言った。「ブライアン・キッドを昇進させたらどうですか？」確かにキッドはクラブの事情に通じていたし、古い知り合いやユナイテッドの関係者、地元の選手に詳しい学校の教員の協力を取りつけて、スカウティングのネットワークを一新したこともあった。そのことはキッドの最大の功績で、素晴らしい成果が挙がった。そこで私はキッドにアシスタントコーチの役職を与えた。選手と信頼関係を築き、彼らの満足するトレーニングをしたという点では、手腕を発揮した。またイタリアでセリエAの試合を観戦して、多くの情報を持ち帰ってくれた。

1998年にキッドがブラックバーンの監督を引き受けたとき、私は言った。「それが正しい道ならいいんだが」。辞めることになったコーチは決まったように尋ねる。「うまくいくと思いますか？」

ノックスの場合はレンジャーズのオファーを上回る契約を結ぶよう、マーティン・エドワーズを説得することができなかった。キッドについては、監督の器ではないと私は思っていた。スティーヴ・マクラーレンは心配ない。生まれながらの監督だ。私はマクラーレンに言った。「きちんとしたクラブと、きちんとした会長を選ぶんだ」。それが鉄則だ。あの時点でマクラーレンを欲しがっていたのは、ウェストハムとサウサンプトンだった。

まったく思いがけないことに、ミドルズブラの会長のスティーヴ・ギブソンからマクラーレンに連絡があった。私は言った。「これ以上の話はない。すぐ引き受けるんだ」。解任の憂《う》き目《め》にあったとはいえ、若く意欲的で金を惜しまないと、ブライアン・ロブソンはギブソンを高く評価していた。立派な練習場もあった。「君のための仕事だ」と、私はマクラーレンに言った。

やるべきことがわかっていて、芯が強く、新しいアイデアを積極的に取り入れるマクラーレンは監督におあつらえむきだった。意欲とエネルギーにあふれていて、人柄もよかった。

別のアシスタントコーチ、カルロス・ケイロスも超一流だった。まさに超一流、別格だ。インテリジェンスにあふれて、どんな細かいことも見逃さない。彼を雇うよう勧めてくれたのはアンディ・ロクスバラだった。当時ユナイテッドは南半球の選手に注目するようになり、ヨーロッパの外からコーチを招く必要性も感じ始めていた。数カ国語を操れるのが望ましかった。ケイロス以上の人材はいないとロクスバラは断言した。ケイロスは南アフリカ代表監督を務めた経験があるので、私はユナイテッド所属の南アフリカ代表、クイントン・フォーチュンを呼び出して意見を求めた。「最高です」と、彼は言った。「どれくらい最高なんだ?」「これ以上なく」。「なるほど」と、私は考えた。「それならうまくいくだろう」

２００2年、交渉のためイングランドにやってきたケイロスを出迎えたとき、私はジャージ姿だったが、彼は一部の隙もない服装をしていた。誠実な印象だった。私はすっかり心を動かされたので、その場で採用を約束した。実際の肩書きがない人間としては最もマンチェスター・ユナイテッドの監督という存在に近かっただろう。本来は関わらなくていい問題も、責任を持って対処してくれた。

「お話があります」。２００3年のある日、南フランスで休暇を楽しんでいると、ケイロスが電話をかけてきた。どうしたというのだ？　どこのチームに狙われているのだろう？「お話があるんです」と、ケイロスは繰り返した。

ケイロスは飛行機でニースにやってきた。私はタクシーで空港に行って、人のいない一角で顔を合わせた。

「レアル・マドリードから監督就任を打診されました」と、彼が言った。

「二つ言いたいことがある。まずそのオファーを断るのは不可能だ。次に君は最高のクラブを去ろうとしている。レアル・マドリードでは一年ももたないだろう。ユナイテッドなら一生働けるぞ」

「わかっています」と、ケイロス。「ただ、またとない機会だと思うんです」

「カルロス、君の邪魔をするつもりはない。そんなことをして一年以内にレアル・マドリードがチャンピオンズリーグで優勝したら、君は言うだろうからな――あの場にいたかもしれないのに、と。ただ、私の話を聞いてほしい。レアル・マドリードで監督を務めるのは地獄だ」

三カ月後、ケイロスはレアル・マドリードを出たがっていた。私は彼をなだめた。スペインの自宅を訪ねて、昼食を共にした。私は言った――すぐに辞めるな。しばらく我慢して、来年ユナイテッドに戻ってこい。そのシーズン、やがてケイロスが戻ってくると信じていたので、私はアシスタントコーチを雇わなかった。ジム・ライアンとミック・フェランという優秀な二人と仕事をしていたが、ケイロスの帰還を待っていたので、焦って契約しようとはしなかった。スペインで問題を抱えているとケイロスから連絡をもらう一週間ほど前、私はマルティン・ヨルと面談していた。ヨルは素晴らしい仕事ぶりで、アシスタントコーチにふさわしかった。だが直後にケイロスから電話が入ったので、私はしかたなくヨルを訪ねていった。「悪いが、この話はいったん保留させてくれ」。理由を明かすことはできなかった。

マンチェスター・ユナイテッドのアシスタントコーチは、注目を浴びる立場だ。特別な職務なのだ。ケイロスは母国の代表チームに貢献したいと考えるようになり、2008年7月にふたたびユナイテッドを離れた。ポルトガルに帰りたいと思う気持ちは、私にもよく理解できた。だがケイロスは替えの利《き》かない男だった。ユナイテッドの次期監督を務めるだけの資質を、ほぼ完璧に備えていた。少し感情的なところはあるかもしれないが、それでも私が一緒に働いた人間の中では、間違いなくベストだ。まったく隠しごとをしない男で、オフィスに入ってきて単刀直入に言うのだった——この点やあの点について不満があります、と。

彼は最高の相棒だった。まるでロットワイラーだ。大股でオフィスに入ってきて、やらなければいけないことがあると言い、ホワイトボードにさらさらと書き出してみせる。「ああ、うん、わかった、カルロス」と言いながら、私は内心ぼやいていた。「こっちは忙しいんだ」。しかし問題を先延ばしにしないというのは、大事な資質だ。

私が続投を表明したシーズン、チームには信頼できるメンバーが揃《そろ》っていたが、ゴールキーパーのピーター・シュマイケルとサイドバックのデニス・アーウィンが抜けたのは痛かった。デニス・アーウィンは特筆に値する。通称「八十点のデニス」。身軽でキレがよく、頭の回転も速い選手で、決して失望させられることがなかった。ピッチ外で問題を起こしたこともない。ある年アーセナルとの一戦で、アーウィンは終了間際にデニス・ベルカンプに抜かれてゴールを許してしまった。メディアは訊いた。「アーウィンにがっかりされたでしょう」。私は答えた。「いや、ヤツは私のもとで何年もプレーしてきたが、いっぺんもミスをしたことがない。今回一度くらいは許してやろう」

最大の難関はゴールキーパーだった。シュマイケルが1999年にスポルティング・リスボンに移籍してから――そしてファン・デル・サールの獲得に失敗してから――私はたとえるなら空中にボールを放り投げて、いいところに着地するのを待っている状態だった。レイモンド・ファン・デル・ホウは優秀なキーパーで、安定感があり、練習態度も模範的だったが、ファーストチョイスにするには物足りなかった。マーク・ボスニッチは、私が見るかぎり完全にプロ意識に欠けていた。もっと早く気づくべきだった。マッシモ・タイービはどうしてもうまくいかず、イタリアに帰って輝きを取り戻した。ファビアン・バルテズはフランスがW杯で優勝したときのキーパーだが、母国で子どもが生まれたせいで集中しきれていなかった節がある。なにせ、しょっちゅう帰国していたのだ。しっかりとした男で、シュートへの反応が速く、フィードもうまかった。だがキーパーが集中力を欠くのを見過ごすわけにはいかない。

私の退任が知れ渡るとチームは弛緩《しかん》した。私はいつでも選手を張りつめた精神状態に置いて、勝利か死かと考えるように仕向けていた。何が何でも勝たなければいけない、と。ところが私は足もとの問題から目を離し、先のことに思いを馳《は》せて、後継者は誰になるのかと考えてばかりになってしまった。人間とはそういうものだろう。こうした状況が訪れたら、つい緊張を緩めてしまうのだ。「来年はもういないのだから」

ユナイテッドは私がいるのが当たり前という状態だったので、新時代がどんな様子になるのか誰もわかっていなかった。それが間違いだった。私は前年の2000年10月の時点で気づいていた。その段階で早くシーズンが終わることを願っていた。ちっとも楽しくなかったのだ。私は自分を呪った。「バカ野郎め。どうして辞めるなんて言ったんだ？」チームは以前と同じパフォーマンスを見せられていなかった。私は自分自身の将来にも不安を覚え始めていた。どこに行って何をするのだろうか？ユナイテッドでの日々は負担が大きいが、それさえ懐かしくなるのはわかりきっていた。

2001―02シーズンは空白の一年間だった。リーグは三位で、チャンピオンズリーグは準決勝まで駒を進めたが、バイヤー・レバークーゼンに敗れた。私が留任を決めたというのに、無冠に終わったのだ。それもプレミアリーグを三連覇した直後に。

その夏ユナイテッドは、ルート・ファン・ニステルローイとファン・セバスティアン・ベロンに多額の投資をした。ヤープ・スタムと引き換えにローラン・ブランも加入した。だがスタムの放出が間違いだったのは何度でも認めよう。ブランが欲しかったのは、当時も言ったように、若い選手に声をかけてチームをまとめる選手が必要だったからだ。シーズン序盤で最も話題を呼んだのは、ロイ・キーンがアラン・シアラーにボールを投げつけて（そして退場になった）4対3の敗戦に終わったニューカッスル戦、それから9月29日に5対3の驚異的な逆転勝利を収めたトッテナム戦だ。トッテナムはディーン・リチャーズ、レス・ファーディナンド、クリスティアン・ツィーゲが得点したが、ユナイテッドは歴史的な逆転劇を演じた。

あの試合のことは、今でも鮮やかに記憶している。ハーフタイム、3点のリードを許してドレッシングルームに戻ってきた選手たちは、罵倒《ばとう》されるのを覚悟していたはずだ。そうする代わりに、私は落ち着いて語りかけた。「いいか、これからのことを話そう。後半最初の得点を決めるのは我々だ。そうしたらどうなるか見てみようじゃないか。すぐに切り込んで、最初のゴールを奪うんだ」

トッテナムのキャプテンはテディ・シェリンガムだった。両チームがトンネルを通ってピッチに戻る途中、シェリンガムが足を止めて仲間に声をかけた。「いいか、始まってすぐに失点するんじゃないぞ」。その言葉は忘れられない。ユナイテッドは後半開始一分に得点した。

トッテナムが意気消沈し、ユナイテッドが圧力を増すのがわかった。後半の残り時間は四十四分。我々は攻め込んで、さらに4得点した。嘘《うそ》のようだ。トッテナムを負かすのは、例えばウィンブルドン相手に5点取って逆転することよりも価値がある。こんなふうに強力なライバルを叩きのめすのは、歴史に残る偉業だ。試合後のドレッシングルームはただならぬ雰囲気だった。自分たちのしたことが信じられないというように、選手たちは首を振っていた。

シェリンガムの警告の裏には、ユナイテッドが絶妙な時間帯に痛烈な一撃を食らわせるチームだという事情があった。世間で言われていたのは（そして我々は積極的に噂《うわさ》を広めた）、生意気にもユナイテッド相手に得点するようなチームは恐ろしい目に遭うということだった。たいていのチームが、我々の前では縮み上がった。カウンターパンチが飛んでくるのを待っていたのだ。

私は試合中、よく大げさな身ぶりで腕時計を指した。ユナイテッドを鼓舞するためというよりは、相手の気勢を削《そ》ぐためだった。マンチェスター・ユナイテッドで監督を務める醍醐味《だいごみ》を問われたら、私は後半三十分以降の十五分間について語るだろう。時には超自然的な力が働いているように、ボールが相手ゴールに吸い込まれていった。そこに上げれば吸い込まれると、選手もわかっているようだった。皆が得点を確信していた。いつもうまくいくわけではなかったが、チームは勝利を心から信じていた。それは素晴らしいことだった。

私はリスクを恐れなかった。プランはこうだ――残り十五分まで焦るな。十五分まで辛抱して、そこからやりたい放題やる。

ある年のウィンブルドン相手のカップ戦では、ゴールキーパーのシュマイケルがボールを追って上がっていった。デニス・アーウィンがハーフウェイライン付近に残って、敵のストライカーと対面した。シュマイケルは二分近くゴールを離れていた。ウィンブルドンは長身のストライカーにロングボールを送り続けたが、小柄なアーウィンが奪っては相手ゴール前に蹴《け》り返した。何とも見ものだった。シュマイケルはフィジカルが強い。彼とバルテズは前に出るのが好きだ。バルテズは優れたキーパーだが、自分の力を過信する嫌いがあった。タイでツアーを行ったとき、ゴールを離れてプレーしたいとしつこく頼むので、後半だけそれを許した。すると相手チームは次々とコーナーキックを獲得した。ボールを追っていたバルテズは、犬のように舌を出して戻ってくるのだった。体力の限界だった。

ユナイテッドがやすやすと勝利を譲ると思って、オールド・トラッフォードを訪れるチームなどない。我々の士気を下げられたと思ったところで、安心はできなかっただろう。1対0か2対0でリードしていても、相手チームの監督は残り十五分で怒濤《どとう》の攻撃が始まることを知っていた。我々は常に恐怖を与え続けた。めいっぱい攻め込みながら、敵に問いかけていたのだ。最後まで耐えきれるのかな？　猛攻を仕掛けながら、守勢に回った相手の精神力を試していた。小さなひびがいつしか巨大な割れ目になることを、相手もよくわかっていた。いつもうまくいくわけではなかったが、うまくいくと土壇場での勝利という喜びが訪れる。これはギャンブルに値した。我々が追う展開になると、ほとんど誰もブレーキをかけられない。リヴァプールに敗れたときは、ルーク・チャドウィックが懸命の守備をして退場になった。チームメイトは全員、敵陣のペナルティエリア内にいた。我々を相手にするときは、大半のチームが守備を固めるので、そこを崩すのは難しかった。

トッテナム戦のハーフタイムを迎えたとき、ユナイテッドは虫の息だった。しかし私はシーズン終了後に言ったものだ――「危機の最中では、周りを落ち着かせるだけで意義がある」。我々は5得点して勝ち、最後の2点はベロンとデイヴィッド・ベッカムが決めた。だがその頃、チームはキーパーが安定しないという問題を抱えていた。10月、ファビアン・バルテズは目を疑うようなミスを二度犯した。さらにホームのボルトン戦で2対1、アウェイのリヴァプール戦で3対1で負けたが、そこでも失点につながるパンチングのミスがあった。11月25日のアーセナル戦ではティエリ・アンリにボールを渡してしまい、得点を許した。その後も処理を誤ったボールをさらわれて、ふたたびアンリに決められた。3対1だ。

12月もチームの調子は上がらず、ホームでチェルシーに3対0の負けを喫した。リーグ戦十試合で五敗目だ。だがそこから巻き返しが始まった。オーレ・グンナー・スールシャールとファン・ニステルローイのコンビが熟成し（アンディ・コールは1月にブラックバーンに移籍した）、年明け早々にリーグ首位に立った。ブラックバーンに2対1で勝利した試合ではファン・ニステルローイが十試合連続得点を決めて、1月下旬には二位に勝ち点4の差をつけていた。

そして2002年2月、私は宣言した。いろいろあったが、引退は取り消しだ。

私の進退問題が解決するとチームの調子はよりいっそう上向きになり、十五試合中十三試合で勝利を収めた。グラスゴーで開催される2002年チャンピオンズリーグ決勝には、是《ぜ》が非《ひ》でも進出したかった。勝ち抜く自信があったので、ホテルの下見をしたほどだ。頭を冷やそうとしても、選手を率いてハムデン・パークのピッチに進み出る場面を思い描かずにいられなかった。

バイヤー・レバークーゼンとの準決勝セカンドレグでは、ゴールライン上で三度シュートをクリアされて、二試合合計3対3、アウェイゴールの差で敗退した。オールド・トラッフォードで行われたファーストレグでは、ミヒャエル・バラックとオリバー・ノイビルにゴールを許していた。レバークーゼンには後にトッテナムを経由してユナイテッドに加入する、若き日のディミタール・ベルバトフがいた。

だが私には、これからも監督としての日々が待っていた。私の誕生日でもある大晦日《おおみそか》には、家族が全員揃ってオルダリー・エッジ・ホテルに行った。皆で顔を合わせるのは久しぶりだった。ロンドンに住むマークを筆頭に、ダレン、ジェイソン、キャシー。反乱軍がずらりと揃っていたわけだ。

態度を変えて留任することにしたと告げたときには、選手からの厳しいコメントを覚悟していた。これだけ周りを振り回して、無傷で済むはずがない。

誰よりも気の利いた冗談を言ったのはライアン・ギグスだった。「いやあ、これは参ったな」と、ギグスは言った。「契約延長のサインをしちゃったよ」

第4章

心機一転

2002—03シーズンの開幕を目前に、私はフレッシュなエネルギーに満ちていた。まったく新しい仕事の初日を迎えるような気分だった。引退宣言のせいで生まれた疑問や疑惑はすべて解消されていたし、1998—99シーズン以降初めて無冠に終わった昨シーズンからチームを一新するつもりだった。大きな変化の訪れに胸が躍った。チームにはしっかりとした土台があったので、その上に新しい勝者の軍団を作ろうと思っていた。

1995年から2001年にかけてはユナイテッドの黄金時代で、六年間で五度リーグを制覇し、私のキャリアの中で二度目となるチャンピオンズリーグ優勝を果たした。夢のような六年間の幕が上がったのは、ユナイテッド生え抜きの若手を先発に抜擢したときだった。デイヴィッド・ベッカム、ガリー・ネヴィル、ポール・スコールズがレギュラーに定着した。アストン・ヴィラに3対1で負けたとき、サッカー解説者のアラン・ハンセンはテレビでこう言ったものだが——「こんなガキどもで勝てるわけがない」

リーグを三連覇したあと、我々はヤープ・スタムを手放すという失策を犯した。私は1650万ポンドという移籍金に納得していたし、アキレス腱を手術してからスタムのプレーの質は落ちたとも思っていた。しかし、それは見込み違いだった。はっきりさせておきたいが、彼の自伝が物議を醸したことと、私が売却を決断したことはまったく関係がない。出版の直後に彼をオフィスに呼び出したのは事実だとしても。自伝にはユナイテッドがPSVの了承なしに直接スタムと交渉するという、不正な手段を取ったと書かれていた。

「いったい何を考えているんだ?」と、私は尋《たず》ねた。だが、そのことはまったく判断に影響しなかった。まもなくある代理人を通じて、セリエAのローマの会長が連絡を取りたがっているという話が伝わってきた。先方が提示した移籍金の額は1200万ポンドだった。断る、と私は返答した。週が明けると、今度はラツィオから打診があった。最初は無視していたが、1650万ポンドのオファーともなれば話は別だった。スタムは当時三十歳で、アキレス腱の怪我《けが》からどこまで回復できるか心配されていた。だがどちらにしてもみじめな失敗だった。彼にガソリンスタンドで放出を告げる羽目になったのは、痛恨の極みだ。スタムはどこまでも誠実で、ユナイテッドでプレーできることを誇りに思い、ファンからも愛されていた。私の大失敗の一つだ。移籍市場が閉まる二日前、私は練習場でスタムの姿を探した。携帯電話にかけると、既に帰宅する途中だとわかった。練習場と彼の家の中間地点は、高速道路を下りたところにあるガソリンスタンドだったので、そこを話し合いの場に選んだ。

当時はローラン・ブランを移籍金ゼロで獲得することが決まっていた。素晴らしい選手で、獲得するのが遅すぎたくらいだ。常に冷静で、後方からボールを持って攻め上がるのがうまかったし、彼のように経験豊富な選手がいれば若いジョン・オシェイやウェズ・ブラウンの成長の助けになると思った。だがスタムを手放したのは私の大きな判断ミスだ。

私の戦術ではセンターバックが非常に重要で、その夏の移籍市場ではリオ・ファーディナンドという大型補強をした。本当ならそのシーズンは、私の出身地グラスゴーのハムデン・パークで開催されたチャンピオンズリーグ決勝に進出していなければならなかった。生まれ故郷でレアル・マドリードと対戦するのは、忘れがたい経験になるはずだった。ハムデン・パークは私が初めてチャンピオンズリーグの決勝を観戦したスタジアムで、そのときレアル・マドリードはアイントラハト・フランクフルトを7対3で叩きのめした。当時クイーンズ・パークの選手だった私は学生用の席を与えられていた。おかげで選手が使うトンネルを通って、その一角まで歩いていくことができた。だが翌朝は仕事があったので、試合終了の三分前に席を立ってバスに乗らなければならなかった。あの頃はまだ珍しかった優勝セレモニーも、当然見ることができなかった。レアル・マドリードが優勝杯を掲げて盛大なパレードを行い、公園を練り歩くのを見逃したというわけだ。翌朝、私は新聞を広げて、写真を食い入るように眺めた。「畜生《ちくしょう》、もったいないことをした」

あの日のハムデン・パークには十二万八千人が詰めかけていた。ビッグゲームのあとでスタジアムから吐き出される大群衆を避けて帰るには、数キロの距離を一気に駆け抜けるしかない。スタジアムからバス停まで一目散に走って、バスに飛び乗るのだ。6～7キロあったが、そうすればひとまず乗り損なうことはなかった。ぐずぐずしていると、バスを待つ何キロもの列ができてしまう。何キロもだ！　トラックで来ている友人の父親をつかまえて、6ペンス渡して乗せてもらうという手もあった。

行き帰りの手段の一つだ。それにしても、レアル・マドリードが2対1で勝利を収めたあの2002年の決勝に進出できていたら、どんなに素晴らしかっただろうか。あの聖なる芝生の上に、マンチェスター・ユナイテッドの選手が立つ姿を見ることができていたら。

カルロス・ケイロスがアシスタントコーチとして加入したことも、そのシーズンの大きな出来事だった。前のシーズンはアーセナルが二冠を達成していたし、ロイ・キーンは2002年日韓W杯の直前に強制帰国させられていたので、旅を始めるにあたって解決しなければいけないことは山ほどあった。キーンがサンダーランド戦でジェイソン・マカティアを倒して一発退場になったあと、私は彼に腰の手術を受けさせた。こうして四カ月間、キーンは表舞台から消えた。ユナイテッドはずるずると調子を落としてホームでボルトンに、アウェイでリーズに敗れた。開幕六試合で二勝しかできず、リーグ九位に低迷してしまった。私はささやかな賭けをした。シーズン後半に戻ってきて勢いをもたらしてくれることを期待して、不調の選手をまとめて手術台に送ったのだ。

だが2002年9月、私は喉《のど》もとにナイフを突きつけられていた。監督の宿命だが、少しでも歯車が狂うと世間の激しい非難を浴びる。おまけに私はメディアと親しくしてこなかったので、彼らの擁護も期待できなかった。メディアとの深い付き合いは避けていて、彼らが喜ぶような発言をしたり、間違いを訂正してやったりすることもなかった。『メール・オン・サンデー』のボブ・キャスとだけは、ごく稀《まれ》に例外的に接したが。こうしたわけでメディアに、苦悩する私をかばう義理はなかった。他の監督はメディアといい関係を築くコツを心得ていた。しかしそれで猶予期間を得たとしても、永久にというわけではない。ギロチンが落ちてくるか、留まるかを決定づけるのは、あくまで試合の結果だ。

メディアは世論を煽《あお》り立てる。ユナイテッドに不調が訪れるたびに、こんな見出しが新聞を飾った。「ファギーは終わった。さっさと辞《や》めろ」。人間にも賞味期限があるとはよく言ったものだ。こんなときは笑い飛ばすのが一番で、カリカリしてはいけない。ヒステリーは最も野蛮《やばん》な感情だ。長年の間には、私を称賛する見出しも数えきれないほど躍った。さすがのメディアも、我々の成功を見てはそう書かざるを得なかったのだろう。天才と呼ばれるからには、愚か者と呼ばれることも覚悟しなくてはならない。

マット・バスビーはよく言った。「結果がついてこないとき、どうしてわざわざ新聞なんて読むんだ？　私は無視したよ」。彼の時代は、メディアがまだ今日ほどの影響力を持っていなかった。バスビーは称賛も罵倒《ばとう》もどこ吹く風だった。

好調のときも不調のときもユナイテッドが一貫して守ったのは、練習場を安心できる場所にすることだった。練習の質と集中力、全体のレベルの高さは常に変わらなかった。それさえ失われなければ、努力の成果は土曜の試合で現れる。反対に不出来な試合が二、三回続いた選手は、これではいけないという気を起こした。自分が許せなくなるのだ。一流の選手も、自信を失うことはある。あのカントナにしてもそうだった。しかし練習場の空気が落ち着いてさえいれば、選手はチームメイトと専門知識を備えたスタッフを頼ることができた。

私が指導した選手の中でミスを犯してもまったく動じなかったのは、デイヴィッド・ベッカムただ一人だ。最低の試合をしても、出来の悪さを一切認めようとしなかった。私の叱責《しっせき》に耳を貸さず、自分が正しいと言い張るのだ。彼は徹底的に自分を守ろうとした。環境のせいで身についた性質なのだろうか。とにかくベッカムは、不調だったとは絶対に言わなかったし、ミスも認めなかった。

それはそれで立派なものだ。ある意味では一流の証《あかし》かもしれない。ベッカムは何度ミスをしても(あくまで私の意見で、彼はそう思わない)、チームメイトにパスを要求した。ベッカムの自信は絶対に揺らがなかった。たいていの選手はどうしても気持ちの上がり下がりを経験するもので、監督にしても同じなのだが。世間やメディア、ファンといった他人の視線は、自分の身につけた鎧《よろい》を貫いてしまう力を持っている。

どん底は11月頭の、移転が決定したメインロード(マンチェスター・シティの旧ホームスタジアム)での最後のマンチェスター・ダービーだった。マンチェスター・シティが3対1で勝利を収めた。忘れられないのは、もたついているうちにショーン・ゴーターにボールを奪われて2点目を許したガリー・ネヴィルのミスだ。やる気があったのか、と私は試合後に選手たちを叱責した。めったに使わない、核爆弾並みのダメージがある手法だ。ダービー敗戦後のドレッシングルームは最悪の場所だ。試合前、私は古い友人で熱狂的なシティファンのキース・ピナーに声をかけられていた。「メインロード最後のダービーを祝して、終わったら一杯やろうぜ」

威勢のいい誘いに笑いをこらえながら、私は言った。「こっちが勝ったらな」

だが我々は3対1で敗れた。チームバスに乗り込もうとしたとき、携帯電話が鳴った。ピナーからだ。

「どこに行ったんだよ。店に来ないのか?」

「消え失せろ」。実際に使ったのは、その何倍も汚い言葉だ。「お前の顔なんか一生見たくない」

「往生際《おうじょうぎわ》が悪いな」と、ピナーが笑った。私は店に向かった。

シーズン終了直前、ガリー・ネヴィルが言った。「あの試合は分岐点だった。ファンの信頼を失ったかと思った」

時に監督は、選手を差し置いてでもサポーターに対して正直に振る舞わなければいけない。選手はよくわかっている。公の場で個人を責めないかぎり、監督がチームを批判しても問題はない。責任は監督、スタッフ、選手の皆で負うのだ。きちんと発言すれば、チーム批判はむしろ全員で非を認めているという証拠になった。

悪い結果が続いたのを受けて、ユナイテッドはプレースタイルを変えた。ポゼッションにこだわらず、より素早く前線にボールを送るようにした。ロイ・キーンがいた頃は、どうしてもボールをキープする時間が長くなった。彼が加入した直後、私は言ったものだ。「ヤツは絶対にボールを離そうとしない」。ボールポゼッションはユナイテッドの信念だが、攻撃なきポゼッションは時間の無駄だ。我々は相手を崩す一手が出せなくなっていた。ファン・ニステルローイのような選手が前線にいるのだから、素早くボールを送ることこそ必要だった。早いタイミングでサイドから中央、あるいはディフェンダーの間にパスを入れるのだ。その点を改善しなければいけなかった。

試しにディエゴ・フォルランを前線に置いてみたが、既にベロン、スコールズ、キーンが中央で組み立てるという形ができあがっていた。ベロンがフリーになって、スコールズがエリア内に攻め込む。ベッカムとギグスが左右のサイドに位置する。素晴らしい選手が揃《そろ》っていた。ゴール前の大砲にも不足はなく、ファン・ニステルローイは容赦《ようしゃ》ないゴールハンターだった。ベッカムは年間10点前後、必ず得点したし、スコールズはそれ以上に点を取った。

フィル・ネヴィルはセントラルミッドフィールダーとしても活躍した。本当に能力の高い選手で、彼とニッキー・バットの組み合わせは完璧だった。二人ともユナイテッドでプレーすることしか考えず、出て行きたいなどとは一度も言わなかった。彼らのような選手を放出するとしたら、控えや練習要員として使うことが増えて、ただ苦しい思いをさせているという状況になったときだ。

そんなときネヴィルのような選手は、クラブへの深い忠誠心と、トップチームの試合に出られないもどかしさの板挟みになってしまう。誰であってもつらいことだろう。ネヴィルは試合を落ち着かせたいときに効果的だった。まさにプロの鑑《かがみ》だ。こんなふうに声をかけることができたかもしれない――「フィル、あの丘の頂上まで駆けていって戻ってきてから、あの樹を切り倒してくれ」きっと彼は言っただろう。「了解です、監督。チェーンソーをください」

そんな選手はめったにいない。ネヴィルはチームのためなら何でもした。他のことは頭になかった。チームが勝ち続ける中でかぎられた出番しかないとわかっていても、なんとか気持ちに折り合いをつけた。しかしとうとう兄のガリー・ネヴィルがやってきて、弟の出番が減っていることをどう考えているのか、と質問した。

「困ったもんだよ。フィルは本当にいいヤツなんだ」と、私は言った。

「そこが問題なんです。弟はあなたに遠慮していますよ」。この歯に衣《きぬ》着せない物言いは、弟にはできなかった。

話し合いのために、私はフィル・ネヴィルを自宅に招いた。妻のジュリーもやってきたが、最初私は車に乗っている彼女に気づかなかった。「ジュリーを呼んできてくれ」と、私は妻に言った。しかしキャシーが近づくと、ジュリーは泣き出した。「ユナイテッドを出たくないんです。ここにいたいの」。カップの紅茶を渡しても、ジュリーは家に上がろうとしなかった。取り乱して夫に恥をかかせないかと心配していたのだろう。

今の起用法は君にとって百害あって一利なしではないか、と私はネヴィルに尋ねた。彼はうなずいて、環境を変えるときがきたと言った。どうやってジュリーを納得させるかは、ネヴィルに任せた。

二人が帰ると、キャシーが言った。「まさか放出しようってわけじゃないでしょ？　あんないい人を追い出すなんて」

「頼むよ」と、私は言った。「ヤツのためなんだ。わからないのか？　苦しいのはヤツじゃなくて、私のほうだ」

結局フィル・ネヴィルは360万ポンドという安値で移籍した。左右のサイドバックや中盤など五つの異なるポジションでプレーできたので、本当なら倍の価値があった。エヴァートン時代にフィル・ジャギエルカとジョセフ・ヨボが離脱したときは、センターハーフまで務めたのだ。

ニッキー・バットの放出も同じように苦い記憶だが、バットはもっと図太かった。押しが強い、典型的なゴートン育ちだ。タフな男だった。誰もいなければ自分の影とでも口論しただろう。

バットは不満があると、私のオフィスに乗り込んできた。「どうして俺を使ってくれないんですか？」

彼はそういう男で、私好みだった。私は答えた。「お前を使わないのは、スコールズとキーンのほうが好調だからだ」。アウェイの試合では、スコールズではなくバットを使うこともあった。チャンピオンズリーグ準決勝のユヴェントス戦ではバットを先発させた。スコールズとキーンがイエローカード累積二枚で、揃って決勝に出場できなくなるようではたまらなかったからだ。結局そうなってしまったのだが。バットが負傷したのでスコールズを交代出場させると、まもなくイエローカードが出された。やがて私はニューカッスルのボビー・ロブソンに、バットを200万ポンドで売却した。いい買い物だったはずだ。

11月下旬に5対3でニューカッスルに勝つと、2002年を覆《おお》っていた黒雲は晴れ始めた。移籍後初ゴールを決めるのに二十七試合かかったフォルランが――初ゴールはマッカビ・ハイファ戦でのPKだった――リヴァプール戦の2対1の勝利の立役者になった。ジェイミー・キャラガーがキーパーのイェルジ・デュデクに頭で戻したところをかっさらって得点したのだ。続いてアーセナルを2対0、チェルシーを2対1で破ったが、ここでもフォルランが決定的なゴールを奪った。冬の間、練習場では守備を整えるのに力を注いだ。

2003年2月、我々はFAカップ五回戦で、ホームでアーセナルに2対0で敗れた。ライアン・ギグスが決定機を外した、あの試合だ。ゴール前はがら空きだったのに、右足で蹴《け》ったボールはクロスバーの上に外れていった。「うむ、ギグシー（ギグスの愛称）」と、私は言った。「お前はFAカップで史上最高のゴールを決めた男だが、これで史上最低のミスをした男にもなったわけか」。ギグスにはいくらでも余裕があったはずだ。歩いてボールをゴールに入れることもできた。

私を激怒させたその試合は、別の1992年FAユースカップ優勝メンバーとの仲に深刻な亀裂を入れてしまった。絆創膏《ばんそうこう》を使っても、傷を癒《い》やすことはできなかった。私が怒りに任せて蹴り上げたスパイクが、運悪くデイヴィッド・ベッカムの眉《まゆ》の上を直撃したのだ。

リーグカップ決勝でリヴァプールに敗れたあと、さらに我々は当時の強力なライバルと対戦することになった。私が引退する頃、リーズ・ユナイテッドはもはや面影もなかったが、2003年春の時点では難しい相手だった。それでも2対1で勝ったのだが。リーズとのライバル関係については一考の価値があるだろう。危険なほどの熱い関係だった。

マンチェスターに来たばかりの頃、私はシティとのマンチェスター・ダービーや、エヴァートンとリヴァプールのマージーサイド・ダービーについては知っていた。しかしユナイテッドとリーズとの敵対関係についてはまったく無知だった。プレミアリーグの前身のフットボールリーグ時代、アーチー・ノックスと私はクリスタルパレスがリーズを負かすことになる試合を観に行った。

ハーフタイムの時点では0対0だったが、後半はリーズの独壇場だった。残り二十分の時点でリーズはPKの訴えを退けられて、観客は荒れ狂っていた。するとリーズのサポーターの一人が、私に罵声《ばせい》を浴びせ始めた。「このクソったれマンチェスター野郎」

「どうなっているんだ?」と、私は尋ねた。

「さっぱりわかりません」と、ノックス。

私は係員を探した。リーズのVIP席は狭く、一般の観客に囲まれている。やがてクリスタルパレスが攻め込んで得点した。観客は暴動寸前だった。帰りたがるノックスを、私は押しとどめた。クリスタルパレスが追加点を決めると、後ろの席にいた罵声の主がボブリルの瓶で私を殴《なぐ》った（ボブリルは英国で流通するビーフ味ペーストの商品名。湯に溶かすとスープになり、冬の観戦に欠かせない）。唖然《あぜん》とするほかなかった。「ここを出よう」と、私はノックスに言った。

次の日私は、当時の用具係だったノーマン・デイヴィスと話をした。彼は言った。「そりゃそうですよ。リーズは俺たちが憎くてしかたないんだ」

「原因は何だ？」

「1960年代ですね」と、デイヴィスが言った（1964―65シーズン、ユナイテッドはFAカップ準決勝で死闘の末にリーズを下し、また平均得点差でリーグ優勝争いに競り勝った。70年代も両チームのフーリガンは激しく対立した）。

かつてリーズにはジャックという名前の係員がいた。ユナイテッドがリーズの本拠地であるエランド・ロードに到着すると、チームバスに乗り込んできて、芝居がかった挨拶《あいさつ》をするのだった。「リーズ・ユナイテッドの役員、選手、サポーター一同を代表してご挨拶申し上げます。ようこそエランド・ロードへ」。私はつぶやいた。「こりゃ相当なもんだ」

小さな子どもを肩車しながら、強烈な敵意を剥《む》き出しにしているサポーターもいた。1991年にエランド・ロードで行われたリーグカップの準決勝では、後半になってリーズに手を焼かされた。しかし残り二分というところで、ユナイテッドのリー・シャープが均衡を破った。たっぷり10メートルはオフサイドに見えたのだが。私はタッチライン際にいて、ユースチームのコーチのエリック・ハリソンはベンチにいた。ハリソンと私は顔立ちがそっくりだと言われる。リーズのファンの一人もそう思ったのだろう。ハリソンに強烈な一撃をお見舞いした。私を殴るつもりだったのだ。たちまちファンがなだれ込んできて、大混乱になった。それでも私はエランド・ロードの刺々《とげとげ》しい空気が決して嫌いではなかった。

ピーター・リッズデールが会長を務めていた時代、後の本人の言葉を借りるならリーズは「夢を生きていた」。しかし私には淡い夢に見えた。選手の年俸の額を聞いたとき、不吉な予感がした。ユナイテッドから移籍したリー・シャープは、観客動員数がユナイテッドの約半数だというのに、それまでの倍近い年俸を受け取ったはずだ。

リーズが優れたチームだったのは間違いない。アラン・スミス、ハリー・キューウェル、デイヴィッド・バティといった選手が在籍していた。1992年、歴史的にも珍しいほど地味なメンバー構成ながら、彼らはリーグ優勝を果たした。それだけ全身全霊でプレーしていたというわけだし、監督のハワード・ウィルキンソンの腕も一流だった。十年後、ダービーシャー出身のセス・ジョンソンという少年がリーズに加入するという噂《うわさ》が聞こえてきた。ジョンソンは年俸の額を代理人と協議して、週給2万5000ポンドで落ち着いたという話だったが、リーズのオファーは3万5000ポンドだった。さらに4万5000ポンド近くまで吊り上がったらしい。

クラブはなかなか過去のあやまちから学習しない。試合の熱狂に惑わされてしまうのだ。

あるときマンチェスターの実業家がやってきて、私に質問した。「バーミンガム・シティを買収しようかと思っているんですが、どうでしょうかね？」

私は言った。「1億ポンド費やす気があるなら、いいんじゃないか」

「まさか。彼らの負債は1100万ポンドですよ」

「ちゃんとスタジアムを見たのか？」と、私は尋ねた。「新しいスタジアムが必要だが、建設には6000万ポンドかかるぞ。プレミアリーグに昇格させるのにもう4000万ポンドだ」

世間の人々は、サッカーに通常のビジネスの尺度を当てはめようとする。しかしサッカーは旋盤でも切削機械でもなく、人間の集団だ。そこが違うのだ。

シーズン終盤、我々は厳しい日程に直面した。チャンピオンズリーグのホームのリヴァプール戦に4対0で勝利したことで——前半五分、ファン・ニステルローイの突破を阻止したサミ・ヒーピアが一発退場になった——次のレアル・マドリード戦に駒を進めた。ファーストレグではファン・ニステルローイの1得点に留まった。相手はルイス・フィーゴが1点、ラウールが2点決めたので、我々はホームで3対1のハンデを乗り越えなければいけなくなった。セカンドレグではベッカムをベンチスタートにした。記憶に残る試合だった。噂によるとロマン・アブラモヴィッチが観客席にいて、我々の4対3の勝利と、ブラジル人ストライカーのロナウドのハットトリックに感銘を受け、チェルシーを買収して自分もこの世界的なドラマに一枚噛《か》もうと決心したそうだ。

一時は首位に勝ち点差9をつけられていたが、2003年5月にチャールトンに4対1で勝利した時点では逆に8点差がついていた。その試合でファン・ニステルローイはハットトリックを達成して、シーズン総得点を43まで伸ばした。運命が決まる週末、アーセナルはホームでリーズを沈めてユナイテッドに食らいつこうとしていた。しかしリーズのマーク・ヴィドゥカが終盤に得点して、ヨークシャーのライバルである我々を助太刀してくれた。2対1で勝利したエヴァートン戦では、デイヴィッド・ベッカムがユナイテッドの一員として最後のフリーキックを決めた。我々は十一年間で八度目の栄冠を手にした。選手は踊りながら歌った。「トロフィーを取り返したぞ」

ユナイテッドは覇権を奪回したが、ベッカムと袂《たもと》を分かった。

第5章

デイヴィッド・ベッカム

初めてサッカーボールに触ったその日から、デイヴィッド・ベッカムは己とその才能を限界まで磨《みが》きたいという衝動に駆られていた。私たちは同じ夏に第一線を退いたが、彼はまだヨーロッパのサッカー界で注目を浴びていて、その先にもいろいろな可能性があった。パリ・サンジェルマンを去ったときのやり方は、私と同じだった――すべて自分の思いどおりにしたのだ。

誰かの愛情の深さを知ろうと思ったら、時にはその愛しているものを奪い去らなければいけない。ベッカムはアメリカのロサンゼルス・ギャラクシーに移籍したあとで、キャリアの一部を棒に振ったと気づいたのではないか。絶頂期のレベルを取り戻そうと無我夢中で練習して、マンチェスター・ユナイテッドでの最後の日々よりもはるかに熱心に、泥くさいプレーをこなした。

2007年、レアル・マドリードからメジャーリーグ・サッカー（MLS。米国のサッカーリーグ）に活動の場を移そうというとき、ベッカムは最初から選択肢を絞っていた。おそらくハリウッドを意識していて、それが新天地でのキャリアにもたらす影響も計算済みだったのだろう。サッカーの観点からは、アメリカに行くべき理由など何もない。彼はトップレベルのサッカーと、代表でのキャリアを手放そうとしていた。しかしその後、努力して代表に復帰したのも事実だ。ベッカムはキャリアの後半に失望を味わっていた、という私の推測の裏付けになるだろう。トップレベルに復帰するには、一度大きな挫折が必要だったのだ。

ギグスやスコールズと一緒に目の前で成長したベッカムは、私にとって息子のような存在だ。ロンドンっ子だった彼は1991年7月にユナイテッドに入団した。一年も経たないうちに、ニッキー・バット、ガリー・ネヴィル、ライアン・ギグスなどのいわゆる92年組の一員として、FAユースカップで優勝した。トップチームでは三百九十四試合に出場して85得点。その中にはベッカムの名を本当の意味で世界に知らしめた、ウィンブルドン相手にハーフウェイラインから叩き込んだあのゴールも含まれる。

私が監督を引退した2013年5月、ギグスとスコールズはまだユナイテッドに残っていたが、ベッカムは十年も前にスペインに移籍していた。2003年6月18日の水曜日、我々は彼が2450万ポンドでレアル・マドリードに移籍したとニューヨーク株式市場に告げた。ベッカムは二十八歳だった。ニュースは各国を駆けめぐり、ユナイテッドは世界的な話題になった。

ベッカムに恨《うら》みなどない。私は彼のことが好きだし、立派な男だと思う。だが、自分の得意なことを捨てたのはいただけない。

ベッカムは私が指導した選手の中でただ一人、名前を売ることを望み、ピッチ外でも注目の的になろうと努力した。ウェイン・ルーニーも、彼を売り出そうとする業界に目をつけられていた。「ベッカム物語」は彼がティーンエイジャーの頃に作られた。目の玉が飛び出るほどのオファーを受けたこともある。外の世界での稼ぎは、クラブの給料の二倍だった。業界はギグスにも興味を持っていたが、本人がまったくその気にならなかった。

ユナイテッドでの最後のシーズン、ベッカムは明らかに試合で走らなくなったし、代理人がレアル・マドリードと接触しているという噂《うわさ》も流れていた。最大の問題は、サッカーに対するあの並外れた執着心がすっかり失われてしまったことだった。

大きな話題を呼んだ私たちの衝突は2003年2月、オールド・トラッフォードで行われたFAカップ五回戦のあとで起きた。アーセナルに2対0で敗れた試合だ。

その試合でのベッカムの過失は、守備に戻るのを怠《おこた》って、シルヴァン・ヴィルトールがアーセナルに追加点をもたらすのを許したことだ。ちんたら走っているうちに、たちまちヴィルトールに置き去りにされた。試合後、私はベッカムを叱責《しっせき》した。しかしあの頃はいつもそうだったが、彼は私の批判に耳を貸そうとしなかった。守備に戻ったり、相手を追ったりなどしなくてもいいと思い始めていたのかもしれない。献身的なプレーがあったからこそ、一流になれたというのに。

私たちは4メートルほどの距離を挟んで向かい合っていた。床にはスパイクが並んでいた。ベッカムが悪態をついた。私は彼に詰め寄り、そのときにスパイクを蹴《け》り上げた。スパイクはベッカムの眉《まゆ》の上を直撃した。当然ながら彼は立ち上がって私につかみかかろうとしたが、チームメイトが割って入った。「座れ」と、私は言った。「お前はチームに迷惑をかけた。文句があるなら、好きなだけ言えばいい」

次の日、私はベッカムを呼び出して問題のシーンの映像を見せたが、それでも彼は自分の非を認めなかった。私と向かい合っている間、一言も口を利《き》かなかったのだ。ただの一言も。

「私の言いたいことがわかっているのか？　なぜ非難されていると思う？」と、私は尋《たず》ねた。

ベッカムは黙りこくっていた。

翌日、メディアが事件を報じた。ベッカムがスパイクの傷跡を隠すためにつけたヘアバンドが、世間の注目を集めた。ユナイテッドの役員会に、ベッカムを放出したいと言ったのはこの頃だ。私の性格を知っている役員なら、その発言にも驚かなかっただろう。自分の立場を勘違いするようになったら、マンチェスター・ユナイテッドの選手は即座にチームを去らなければいけない。私は常々言っていた。「監督が支配力を失ったら、その瞬間にクラブはおしまいだ。選手がチームを牛耳《ぎゅうじ》るようになり、深刻な問題が起きる」

ベッカムは自分がアレックス・ファーガソンより上だと思っていた。私はそのことを確信している。相手がアレックス・ファーガソンだろうと、草サッカーの監督だろうと関係ない。問題はネームバリューではなく、上の人間を尊重できるかどうかだ。選手にドレッシングルームを支配させてはいけない。タブーに挑戦した選手は数多くいるが、マンチェスター・ユナイテッドの権力の中心は監督のオフィスだ。監督に楯突《たてつ》くのは自殺行為だった。

チャンピオンズリーグのグループステージを首位で通過したあと、我々はレアル・マドリードと対戦した。スペインで行われたファーストレグで、ベッカムは敵チームのレフトバックのロベルト・カルロスとやけに固い握手をかわしていた。サンティアゴ・ベルナベウで3対1で敗れた直後の土曜、ベッカムは不調を理由にニューカッスルとの試合を欠場した。代わりにプレーしたスールシャールが

6対2の勝利に大きく貢献して、そのままレギュラーに定着した。

実に簡単な話だが、ベッカムのコンディションはスールシャールを差し置いてオールド・トラッフォードでのレアル・マドリード戦に起用するほどよくなかった。セカンドレグの直前、チームがヘディングの練習をしている最中に、私はベッカムを脇に呼んで言った。「いいか、先発はスールシャールだぞ」。ベッカムは荒々しく溜め息をついて、離れていった。


その夜の試合はただならぬ雰囲気だった。ベロンと交代で63分から出場したベッカムが、オールド・トラッフォードの観客にいわば別れの挨拶《あいさつ》をしたのだ。フリーキックでの得点に続いて、85分に決勝点を叩き込んだ。ユナイテッドは4対3で勝利したが、ロナウドの鮮やかなハットトリックとファーストレグの黒星のせいで、大会から姿を消した。

ベッカムはファンの同情を集めようとしていた。よく知らないが、私に対する非難もはっきりと口にしたのだろう。レアル・マドリードとの移籍交渉はあからさまに加速していた。我々に入ってきた情報によると、代理人が既に直接話をしていたという。ユナイテッドが最初にマドリードと接触したのは、シーズン終了後の5月中旬だったはずだ。CEOのピーター・ケニオンから電話がかかってきた。「レアル・マドリードが話したがっているぞ」

「まあ、予想どおりだな」と、私は言った。ユナイテッドは2500万ポンドの移籍金を要求していた。私はフランスで休暇を過ごしていたところで、携帯にケニオンから着信があったときは、レストランで映画監督のジム・シェリダンと食事をしていた。シェリダンは近くのアパートを借りていた。私は静かなところで話がしたかった。

「私のアパートに来い。電話を貸そう」と、シェリダンが言ってくれたので、ありがたく申し出を受けることにした。「2500万ポンド払わなければ移籍はさせない」と、私はケニオンに言った。結局は1800万ポンド弱で、条件次第で追加の移籍金が発生するという話で落ち着いたはずだ。

ベッカムは完全にチームから姿を消したわけではなかった。我々は2003年5月3日、オールド・トラッフォードでのチャールトン戦で4対1の勝利を飾って、リーグ優勝を決めた。ベッカムはその試合で得点し、2対1の勝利に終わる5月11日のエヴァートンとの最終節でも1点取った。18メートルのフリーキックでの得点は、別れの挨拶としては悪くないだろう。その日の我々の守備は、エヴァートン生え抜きのウェイン・ルーニーという若手に翻弄《ほんろう》されていたのだから。ベッカムはリーグ制覇に貢献したので、エヴァートンの本拠地グディソン・パークで行われた最終節に連れていかない理由はなかった。

おそらく当時の彼は、次々と降りかかる出来事にうまく対応できるほど大人ではなかったのだろう。今ではもっとソツなく振る舞っているように見える。自分の立場をよく理解して、人生をコントロールしているのだ。しかしあの頃、私はベッカムの派手なライフスタイルに嫌気がさしてきていた。

例を挙げよう。レスター・シティとのアウェイ戦を控えたある日、私が15時に練習場に到着すると、キャリントンに続く道路には報道陣がずらりと並んでいた。二十人近いカメラマンがいたのではないか。

「何をしているんだ?」と強い口調で訊《き》くと、答えが返ってきた。「ベッカムが明日、新しいヘアスタイルを披露するそうなんです」

ベッカムはニット帽をかぶって現れた。夕食の席でもそのままの姿だった。「デイヴィッド、帽子を取れ。ここはレストランだ」と、私は言った。ベッカムは拒否した。「バカな真似《まね》をするな」と、私は繰り返した。「さっさと取れ」。だが、彼は従わなかった。

何とも腹立たしかったが、これだけで罰金を科すことはできなかった。それにしても、試合の行き帰りに野球帽をかぶる選手はいくらでもいたが、チーム揃《そろ》っての食事の最中に頑《がん》として帽子を取らない選手は初めてだった。

翌日、試合前のウォームアップが始まったとき、ベッカムはまたニット帽をかぶっていた。「デイヴィッド」と、私は声をかけた。「帽子をかぶっているなら練習はするな。お前は今日の試合に出さない。今すぐ先発から外すぞ」

ベッカムが真っ赤になって帽子を脱ぎ捨てた。見事なスキンヘッドの頭が現れた。私は尋ねた。「それだけの話だったのか？　坊主頭なんて、どうせ誰も見やしないというのに」。帽子をかぶったままでいて、キックオフの直前に取るつもりだったらしい。そろそろ私は疲れてきていた。ベッカムはメディアや広告代理店に食い物にされかかっていたのだ。


ベッカムは一流のクラブに所属して、輝かしいキャリアを歩んでいた。1シーズン12～15得点決めて、倒れるまで走った。その情熱を失ってしまったのだ。同時に、超一流の選手になる機会もドブに捨ててしまった。個人的な意見だが、変わってしまったベッカムは断じて超一流という言葉に値しなかった。

様子がおかしくなったのはベッカムが二十二、三歳の頃だ。彼は自ら、真に偉大な選手への道を険《けわ》しくしてしまった。残念でならない。私たちの間にあったのは敵意ではなく、失望だった。少なくとも私にとっては。私は拒絶されたのだ。ベッカムを見るたびに思った。「なあ、お前いったい何をしているんだ?」

ユナイテッドに入団したばかりの頃のベッカムは、痩《や》せっぽちでまっすぐな目をした少年だった。サッカーが彼のすべてだった。十六歳の頃はジムにこもって、朝から晩までトレーニングに励んだ。サッカーを愛していたのだ。彼は夢を生きていた。それなのに新しいキャリア、ライフスタイル、スターダムに目がくらんで、すべてを捨ててしまった。

ベッカムが選択を誤ったなどというのは、ひょっとしたら私のひがみに過ぎないのかもしれない。彼は桁《けた》違いの金持ちになったのだから。ベッカムはスターだ。彼がファッションスタイルを変えると世界中が注目して、真似をしようとする。だが私はサッカー界の人間で、何かと引き換えにサッカーを捨てることなど認められない。趣味を持つのはかまわない。私は競走馬を所有しているし、マイケル・オーウェンもスコールズも馬主だ。芸術に関心のある選手もいる。私がオフィスに飾っていた美しい絵は、キーラン・リチャードソンの作品だ。肝心なのは、サッカーが第一だという優先順位を崩さないことだ。

あらためて言うまでもないが、ユナイテッドを退団する一年前、ベッカムは2002年日韓W杯に出場した。春にオールド・トラッフォードで行われたチャンピオンズリーグの試合で中足骨（足の甲の骨）を骨折してから、いくらも時間が経っていなかった。負傷したときは大騒ぎになったものだ。

四年後にはウェイン・ルーニーが同じ個所の負傷を経験したが、回復のプロセスは違った。ベッカムはもともとコンディション調整が簡単なタイプだ。一方のルーニーはキレを取り戻すのに、より時間をかけて訓練しなければいけなかった。私はベッカムがW杯に間に合うと見込んで、公の場ではっきりとそう言った。

しかしイングランド代表として日本入りしたとき、ベッカムはまだ怪我《けが》を引きずっていたのかもしれない。選手によってはなかなか状態を見抜くのが難しい。W杯に出場したいと思うあまり、回復したふりをするからだ。グループステージでの様子を見るかぎり、ベッカムの怪我はまだ治りきっていなかった。身体的な問題がメンタルに影響していた証拠に、ベッカムはタッチライン際で受けたタックルを跳んでかわした。静岡で行われた準決勝でのことだが、そこからの流れでブラジルは同点弾を決めた。

ベッカムの動きがあまりにも重いことに私は驚いた。好不調の波が少ない選手だったからだ。体と心のどちらの問題かはわからないが、バランスが崩れていたということだ。私を非難する声もあった。ファーガソンはスコットランド人で、イングランドに勝ち進んでほしくないから不調のベッカムの合流を許可したのだろう、と。イングランド代表がスコットランド代表と試合をするなら、私は当然イングランド代表の負けを望む。しかしイングランド代表が大多数を占めるチームの監督としては、いつも彼らの活躍を祈っていた。

ベッカムほどのスター選手になると（後のルーニーも同じだ）、周囲がこぞって介入の機会をうかがおうとする。イングランド代表チームのメディカルスタッフは、ユナイテッドの練習場に押しかけてこようとした。我々に対する侮辱《ぶじょく》だ。信頼されていないのは私がスコットランド人だからか、と思ったこともあった。

2006年ドイツW杯のとき、ウェイン・ルーニーはドイツ入りした代表チームに遅れて合流したが、それまで代表スタッフは毎日のように私にメールを送ってきて、彼の状態を知りたがっていた。

ユナイテッドではまともにケアができないとでもいうように。代表スタッフは完全なパニック状態で、途方に暮れていた。2006年に関しては私が100%正しかった。ルーニーは出場するべきではなかった。コンディションが悪すぎたのだ。

ルーニーはイングランド代表の合宿地であるバーデン・バーデンに呼ばれるべきではなかった。彼自身にとっても、他の選手やサポーターにとっても不公平だった。ルーニーは代表チームの希望の星だったので、現実に目をつぶらせようとする力が働いたのだ。ベッカムに関しては、私はずっと彼を見てきたし、データも確認していたので、いいコンディションで合流できると確信していた。ベッカムはオールド・トラッフォードで最も安定した選手だった。プレシーズンの体力テストでは、ずば抜けた成績を残した。必ず好調を取り戻すと、我々は代表スタッフに約束した。

案の定、ベッカムを早く回復させようと皆が躍起《やっき》になり、キャリントンには酸素カプセルが運び込まれた。酸素カプセルの効果は、チャンピオンズリーグを控えたロイ・キーンがハムストリングの故障から回復したことで証明されていたが、骨折は話が別だ。治すには休むしかない。時間が必要なのだ。中足骨の骨折は全治六~七週間だ。

2002年W杯で、イングランド代表はさしたる結果を残せずに終わった。ブラジル戦では十人になった相手に上を行かれた。グループステージ第一戦では、スウェーデン相手にロングボール主体で攻撃したが、敵はイングランドのプレースタイルを熟知していたので、放り込んで崩すのはほぼ不可能だった。

イングランドの選手がこの時代遅れの戦術に頼るのは、育成システムに原因がある。ロングボールに重きを置きすぎるのだ。あるとき我々はU－21代表としてギリシャ戦に出場するトム・クレヴァリーに注目することにした。スカウティングチームによると、代表チームは一人を最前線の中央に、二人をサイドに置いていて、サイドの選手の一人がクレヴァリーだったが、まるでボールに触れなかったそうだ。クリス・スモーリングが、ひたすら前線にボールを蹴り飛ばしていたのだ。これがいつもイングランドの命取りになるところだ。テクニックを強化する優れたコーチがいないせいで、九歳から十六歳という年代を無駄にしてしまっている。

では、どうやって凌《しの》いでいるのだろうか？　答えはフィジカル勝負だ。若い選手はぶつかりあいを恐れない。勇猛果敢で、まさしく闘士だ。ただし優れた選手はいっこうに出てこない。現状のシステムとメンタリティでは、W杯優勝など夢のまた夢だろう。ブラジルはあらゆるポジションで、どんな状況でもボールが扱える選手を育てている。彼らの動きは流動的だ。五、六歳の頃からプレーしているので、サッカー的な発想が身についているのだ。

ベッカムはテクニックの強化に心血を注いだ。彼は周囲に守ってもらうのもうまい。２０１２年夏のオリンピック代表に選ばれなかったときも、ニュースを発表したのはイングランドサッカー協会ではなく、ベッカム側の人間だった。コメントはどれも優等生だった。本当はふてくされていたのだろうが。

メル・マシーンに言われたことがある。「ギグスとベッカムはワールドクラスの選手だ。それなのに彼らは、自陣に戻って守備をするのを厭《いと》わない。どうしたらそんなことをさせられるんだ？」その質問に答えるとしたら、彼らには天賦《てんぷ》の才能に加えてピッチを上下動するスタミナもあるのだ、としか言えないだろう。特別なものを持った二人だった。

しかしベッカムは自らその長所を捨ててしまった。彼の目にはサッカーボール以外のものが映っていた。惜しいことだ。さもなければ私が引退するまでユナイテッドにいて、史上最高のレジェンドになれたかもしれないのに。LAギャラクシーや他のチームでレジェンドになったとしても、有名だからに過ぎないだろう。人生のどこかの時点で彼はこう言いたくなる衝動に駆られるはずだ——俺は間違っていた、と。

ベッカムに対する賛辞も並べておこう。2013年1月、三十七歳でパリ・サンジェルマンに移籍したことからもわかるように、あの息の長さは相当なものだ。ユナイテッド時代は誰よりも強靭《きょうじん》な体を持っていた。そのおかげで、あの年まで現役を続行できたのだ。若い頃に進んで身につけたスタミナが役に立っていた。

MLSはお遊びのリーグではない。実際、かなり当たりが強いのだ。ベッカムがMLSカップ決勝でプレーするのを見た私はそのプレーぶりと、守備に戻ろうとしてギアを上げる様子に感心した。ミランにレンタル移籍したときも、名声を汚すようなことはしなかった。パリ・サンジェルマン時代にはヨーロッパリーグの準々決勝で六十分プレーした。あまり試合に入れていなかったが、きちんと仕事はしていた。よく走って、早い時間帯に何本かいいパスを通したのだ。

私はいぶかった。「どうしたら、あんなことができるんだ?」

とっさに浮かんだ答えはスタミナだ。しかし同時にベッカムからは、周りを見返したいという強い意志が感じられた。あの頃でもまだ、精度の高いクロスやサイドチェンジが蹴ることができた。ベッカムの武器は最後まで錆《さ》びつかなかったのだ。サッカー選手としての遺伝子に組み込まれていた。アメリカで五年間過ごしたあと、三十八歳を目前にしてヨーロッパリーグの決勝手前の舞台で戦えたのは大したことだ。彼はトップレベルに戻っていた。感服するしかない。

私は何度か、ベッカムがアメリカを離れたらふたたび獲得するかと訊かれた。三十七歳の選手に、その可能性はない。パリ・サンジェルマンが六カ月の短期契約をしたのには、商業的な理由もあったはずだが、本人は意に介さなかった。彼の頭の中では、自分は昔のままの偉大な選手だったのだ。私はギグスやスコールズと、この点について話し合った。先ほども言ったように、ベッカムには不出来な試合をさっさと忘れるという能力があった。私に叱《しか》り飛ばされ、憤慨して立ち去るときも、彼は思っていたのだろう。「どこに目をつけているんだ。今日の俺はいい出来だった」

ベッカムはロサンゼルスにいた頃、ハリウッドが人生の次のステップだと考えていたのだろう。ロサンゼルスを選んだのには打算と目的があった。それさえ差し引けば、彼の息の長さは称賛に値する。彼は私を驚かせ、マンチェスター・ユナイテッドのすべての人間を驚かせた。人生で何を求めているにしても、ベッカムは決して足を止めない。

第6章

リオ・ファーディナンド

リオ・ファーディナンドの八カ月間の出場停止は、マンチェスター・ユナイテッドを底から揺るがす大事件だった。今でも私は腹立ちがおさまらない。ドーピング検査のルールに不満があるのではなく、ファーディナンドが練習場で規定の検体を提出するはずだったあの日、検査員がきちんと仕事をしなかったことに怒っているのだ。

2003年9月23日、UKスポーツのアンチ・ドーピング機構がキャリントンに現れて、無作為に選んだ四人の選手から検体を回収すると言った。何の変哲もない練習日は、ファーディナンドと彼の家族、ユナイテッド、イングランドに大きな衝撃を与える一日になってしまった。検査対象の一人に指名されたはずのファーディナンドは、検体を提出しないままキャリントンを出てしまい、ようやく連絡がついたのはアンチ・ドーピング機構が引き上げたあとだった。翌日の9月24日、あらためて検査を受けたが、ドーピング検査の「厳格な規定」に違反したので処分の対象になると告げられた。

結果的にファーディナンドは2004年1月20日から9月2日までの出場停止処分と、5万ポンドの罰金を科された。ユナイテッドの全試合だけではなく、その年、ポルトガルで予定されていた欧州選手権にも出場できなくなったのだ。2003年10月、イングランド代表がトルコ代表と対戦したとき、イングランドサッカー協会はファーディナンドを代表に招集しなかった。代表選手はあわや抗義のストライキというところだった。

9月の運命の朝、ドーピング検査員たちはのんびりと紅茶を飲んでいた。ろくな仕事をしていなかった証拠だ。ファーディナンドを探しに行こうともしなかった。検査員はピッチに出て、選手がトレーニングを終えるのを見届け、ドレッシングルームまでついていくべきだろう。同じ頃レクサム・フットボール・クラブでも検査が行われて、偶然だが私の息子のダレンと他二人の選手が検査対象に選ばれた。そのときの検査員はピッチの脇で待機し、ドレッシングルームまで選手に付き添って、必要な検体をきちんと回収していったそうだ。なぜキャリントンでは同じことが行われなかったのだろうか？

アンチ・ドーピング機構が来ているのは、チームドクターのマイク・ストーンから聞いて知っていた。ストーンが彼らと紅茶を飲んでいる間に、ドレッシングルームにいる該当《がいとう》の選手に検査通告がされた。ファーディナンドが通告を受けたのは間違いないが、のんびりとした彼の性格を考えると、その場にいなかった検査員を探しに行かなかったのも無理はない。

何度でも言おう。リオ・ファーディナンドは薬物に手を出してなどいなかった。もしそんなことをしていたら、私たちが気づいていたはずだ。薬物使用は目を見ればわかる。ファーディナンドは練習をサボったこともなかった。禁忌を犯している選手はプレーが乱れて、試合の出来にばらつきが生まれる。サッカー界での立場を十分すぎるほど自覚していたファーディナンドが、薬物を使うはずなどなかった。賢いわりにのんびりしたところもあったというだけだ。あやまちを犯したのは事実だが、それはアンチ・ドーピング機構も同じだろう。彼らがきちんと手順を踏んでさえいれば、悲劇は回避できたはずだ。ピッチの脇で待っていて、ファーディナンドを検査会場に誘導するべきだった。

ドーピング検査のルールに重大な違反があったのは認めるが、これほど過酷な裁定が下るとは予想もしなかった。監督というものは、自分の子どもに対するように選手に接するべきだ。子どもが家庭以外の場所でトラブルに巻き込まれたら、無実を信じてやるだろう。

顧問弁護士のモーリス・ワトキンスは、検査員にはファーディナンドを会場に直接誘導しなかったという落ち度があるので、裁定は覆せると自信を持って話していた。私に言わせれば、マンチェスター・ユナイテッドでは時々こうした事件が起きる。最初は1995年、カントナが観客にカンフーキックを見舞って、二週間の禁固刑と九カ月の出場停止処分を食らった（後に禁固刑は百二十時間の社会奉仕活動に減刑された）。2008年にはパトリス・エヴラがスタンフォード・ブリッジのスタッフと衝突して、イングランドサッカー協会の処分の対象になった。エヴラはこともあろうにピッチ上で小競り合いを演じたとして――といっても、選手は既に引き上げていたのだが――四試合の出場停止を受けた。マンチェスター・ユナイテッドに対する処分は甘いといわれるが、多くの場合、事実はその逆だ。

規定をめぐる不毛な駆け引きの末に2003年12月、ボルトンの本拠地のリーボック・スタジアムで、イングランドサッカー協会直属の裁定委員会によるファーディナンドの聴取が行われた。終わったのは十八時間後だった。検査を受け損なった日から八十六日が経っていた。我々はファーディナンドを擁護する資料を提出したが、三人の裁定委員は選手に非があるという結論に達した。モーリス・ワトキンスは「乱暴で前例がない」と裁定を批判し、デイヴィッド・ギルはファーディナンドが「見せしめにされた」と言った。プロサッカー選手協会のゴードン・テイラーも「行き過ぎの厳罰主義だ」と語った。

私はすぐファーディナンドの母親に電話をかけた。気の毒に、すっかり神経が参っていたからだ。中心的な選手を失った我々はもちろん途方に暮れていたが、こういった罰の本当の重みを背負い込むのは母親だ。クラブは息子さんを今までどおり高く評価しています、この四カ月の出来事に左右されたりしませんよ、と私が語りかけると、電話の向こうでジャニス・ファーディナンドは泣いていた。我々がわかっていたのは、彼が無実だということ、軽率だったこと、処分が度を越して厳しいということだった。

この時点では抗告も考えていたが、勝つ見込みがないのは明らかだった。ドーピング検査を受け損なうことと、結果が陽性だったことに同じ程度の処分が下されるのはなぜなのか、私にはまったく理解できない。むしろ薬物使用を認めてしまったほうが、リハビリ・プログラムを受けさせてもらえるのだ。我々はファーディナンドが真実を語っていると信じたが、イングランドサッカー協会は聞く耳を持たなかった。彼らがメディアに情報をリークしている節があったのも不愉快だった。我々に言わせれば、秘密厳守という原則こそが破られていたのだ。

ボルトンで行われた聴取の席で、裁定がどうであれ週末のトッテナム戦にはファーディナンドを招集する、と私は言った。彼はミカエル・シルヴェストルと一緒にプレーして、ホワイト・ハート・レ

オールド・トラッフォードのスタンドに私の名前がつけられるとは思わなかった。
一種の秘密工作だが、誇らしかった

ボビー・ロブソンはカリスマ性にあふれていた。写真はアバディーン時代、1981年UEFAカップで彼の率いるイプスウィッチ・タウンと対戦したあと、交代でメディアに対応しているところ

イェーテボリにてウィリー・ミラーが優勝杯を掲げる。アバディーンは最強クラブの一つを倒した

私のヨーロッパの舞台でのブレイクスルー。アバディーンは1983年のUEFAカップウィナーズカップでレアル・マドリードを下した

私はジョック・スタインのもとでスコットランド代表助監督を務めた。天才的なところがある彼に、私は監督業に関する質問の雨を降らせた

ユナイテッドのCEOのマーティン・エドワーズは、私が初タイトルを獲得するまでの暗い日々も支えてくれた

1990年のFAカップ決勝再試合でクリスタルパレスに勝ったから、私の首はつながったのだろうか？いや、どのみち生き延びていただろう。左は用具係で親友のノーマン・デイヴィス。残念ながら既にこの世を去った

ライアン・ギグスはユナイテッドの選手の崇拝の的だ。写真はまだ少年の面影を残した若い頃、ウィンブルドンのウォーレン・バートンを軽やかにかわしているところ

ポール・スコールズはポール・ガスコインより優れた選手だ。「小さすぎる」――初めてスコールズを見たとき私は思った。それは間違いだった

1992年のヒーローたち。コーチのエリック・ハリソンと、後にユナイテッドの最強チームの中心となる黄金世代の選手たち。(左から)ハリソン、ギグス、ニッキー・バット、デイヴィッド・ベッカム、ガリー・ネヴィル、フィル・ネヴィル、スコールズ、テリー・クック

スティーヴ・ブルース（左）とガリー・パリスターはいつも言い争いをしていた。だがセンターハーフのコンビとしては抜群だ

エリック・カントナは自分が思い描くままに試合を作れた。彼が終盤決めたゴールは1996年のFAカップ優勝をもたらした

ピーター・シュマイケルは素晴らしいゴールキーパーだった。移籍直後ウィンブルドンの〈クレイジー・ギャング〉の洗礼を浴びたが、へこたれなかった

絶対に諦めるな。2001年、トッテナムに0対3で負けていたが5対3で逆転。写真はベロンが4点目を決めたところ

デイヴィッド・ベッカムの自信はどんなときも揺るがなかった。コンディション良好で、キックの精度が高かった

2003年5月、ふたたび戴冠。ベッカムのユナイテッド最後の試合。渡米後キャリアを立て直したのは称賛に値する

ブラジル人ストライカーのロナウドは2003年にレアル・マドリードの一員としてオールド・トラッフォードでハットトリックを決め、スタンディングオベーションを浴びた。ユナイテッドのファンは天才を知っている

ヨーロッパの大舞台が近づき、気持ちの強さが試される。2003年チャンピオンズリーグ決勝レアル・マドリード戦を前に我々は緊張を高めた

リオ・ファーディナンドはドーピング検査を受け損ねた罰として聴聞会に呼ばれた。オールド・トラッフォードのピッチを去るとき、ロイ・キーンが慰めているところ

行き過ぎの厳罰主義。ファーディナンド、8カ月間の出場停止を受ける。クラブは彼を見捨てなかった

ピッチ上でのロイ・キーンには私自身の気質が垣間見られた。後年は怪我のせいでピッチを上下動するのが苦しくなった

ーンでの2対1の勝利に貢献した。2004年1月17日、八カ月の出場停止前の最後となるウルヴァーハンプトン戦は1対0で落とした。ファーディナンドは五十分で負傷してウェズ・ブラウンと交代する羽目になり、唯一の得点を記録したのはケニー・ミラーだった。

これほど長い間ファーディナンドを起用できないのは、私にとって悪夢だった。思うに私たちの関係は、当時のプレミアリーグ最高額で彼が移籍してくるずっと前から始まっていた。1997年、ボーンマスの監督を務めていた親友のメル・マシーンが電話をかけてきて、ウェストハムからレンタル移籍してきた若手がいると言った。「ヤツを買っておけ」とのお達しだった。

「名前は？」

「リオ・ファーディナンド」

その名前ならイングランドのユース代表で聞いたことがあった。マシーンには自信があるようだった。彼はファーディナンドを育てたウェストハムの監督のハリー・レドナップとも親しかったので、確かな情報があってのアドバイスだとわかった。そのボーンマスの若いレンタル選手について、私はマーティン・エドワーズと話し合った。実際のプレーを観察して、長所をリストアップした――動きがしなやかで、ボディバランスがよく、センターフォワード並みのファーストタッチができる。生育歴もチェックした。エドワーズはウェストハムの会長のテリー・ブラウンに探りを入れたが、「1000万ポンドとデイヴィッド・ベッカムをよこせ」という答えだった。つまりファーディナンドは非売品だったのだ。

当時はヤープ・スタムとロニー・ヨンセンが守備の要《かなめ》として君臨していて、ウェズ・ブラウンも有望な若手センターハーフとして頭角を現し始めていた。結果的にファーディナンドは1800万ポンドでリーズに移籍した。リーズでの最初の試合、彼は3バックの一角としてレスター・シティと対戦したが、まったくいいところがなかった。今から思うと笑ってしまうが、その試合を観た私は胸をなでおろしたものだ。獲得を諦《あきら》めて正解だった。ピッチを右往左往《うおうさおう》しているだけじゃないか。言うまでもなくその後、彼は飛躍的な成長を遂げた。

私が指揮するユナイテッドで鍵を握るのはセンターバックだった。それだけは変わらなかった。センターバックには確実性と安定性を求めた。スティーヴ・ブルースとガリー・パリスターを見てほしい。彼らを探し当てるまで、ユナイテッドの守備は悲惨な状態だった。ポール・マグラーは故障が絶えず、ケヴィン・モランはしじゅう頭に怪我《けが》を負っていた。私が就任する頃には、こてんぱんにノックアウトされたボクサーのようだった。あるとき私はノルウェーで行われた試合を観に行って、リヴァプールのスカウティング責任者のロン・イェーツと顔を合わせた。

「先週、君のところの元選手がブラックバーンの試合に出ていたな。ケヴィン・モランだ」と、イェーツが飲み物を片手に言った。「出来はどうだった?」と、私は訊《き》いた。

答えが返ってきた。「十五分しかもたなかったぞ。頭から流血して、交代した」

「変わらないな」と、私は言った。

グレイム・ホッグも、ユナイテッドで要求されるレベルには達していなかった。私はしつこく上層部に訴えた。「毎試合プレーできるセンターバックが必要だ。落ち着きと確実性、安定性が欲しい」。こうして獲得したブルースとパリスターは、何試合でも涼しい顔でこなし、めったに故障しなかった。リヴァプール戦を目前にした金曜の出来事はよく覚えている。ブルースはハムストリングをさすりながら、練習場をぎこちなく歩いていた。先週末の試合で痛めたのだ。ところが彼は言った。「スタメンを選ぶのを待ってください」。セットプレーなどの練習がしたいので、私はいつも金曜に先発を決めていた。「本気で言っているのか?」と、私は訊いた。

「俺は大丈夫ですから」と、ブルース。

「バカを言うな」と、私は返した。

するとブルースは練習場を走り始めて、ジョギングでピッチを二周してみせた。「俺は大丈夫です」。リヴァプール戦ではイアン・ラッシュとジョン・オルドリッジという難敵を相手にするはずだったのだが。ジョギングの間もずっとハムストリングをさすっていた。それでもブルースはフル出場して、パリスターと二人で完璧なプレーを披露した。スタムも同じように強さと安定性をもたらしてくれた。ファーディナンドとヴィディッチのコンビにしても、実に鮮やかで熟練していて、まったく隙がない。あの頃のマンチェスター・ユナイテッドは、優秀なセンターバックが主役だった。


こうしたわけで2002年7月のファーディナンドの補強は、中央がしっかりしたチームを作るという私の至上命題と合致していた。大金が出ていったが、十~十二年活躍できるセンターバックを買ったと考えれば、むしろお買い得だろう。中途半端な選手に次々と手を出したところで何の意味もない。傑出した選手一人に大枚をはたくべきだ。

ロイ・キーンの獲得に使った375万ポンドは、当時の移籍金の最高額だったが、キーンは十二年間活躍してくれた。在任中、私はあまり名前の知られていない若手の控え選手などを大勢売却した。最後のシーズンが終わりに近づいていた頃、スコットランド西海岸をめぐるクルーズの洋上で収支を計算してみたところ、在任期間を通して1シーズン平均500万ポンド以下しか使っていないのがわかった。

移籍してきたファーディナンドに、私はすぐさま言った。「お前は図体ばかり大きくて、プレーが軽い」

「どうにもならなくて」と、ファーディナンド。

「どうにかするんだ。今のままでは失点が目に見えている。私が鍛えてやろう」

彼は別の意味でも軽かった。セカンドかサードギアでゆるゆると走っていたかと思うと、突然スポーツカーのように急加速したのだ。195センチの長身の選手が、あんなふうにギアチェンジをするのは見たことがない。経験を重ねるうちに集中力も改善されて、自分に対する要求も厳しくなった。チームとクラブ全体に対しても、進んで大きな責任を引き受けるようになった。選手として完成の域に達したのだ。

獲得したばかりの若い選手に、ただちに完成形を求めてはいけない。鍛錬が必要だ。ファーディナンドには一見して問題になりそうにないチームが相手のとき、集中力を切らす悪癖があった。相手の格が上がるほど、やる気を増した。

2000年代の半ば以降はガリー・ネヴィルが故障がちになる一方、ヴィディッチとエヴラが適応したので、ファーディナンドとファン・デル・サールは最後の砦《とりで》の役割を果たした。私は2006年のブラックバーン戦で一度だけ、ファーディナンドを中盤で起用してみたが、彼は退場処分を受けた。ドレッシングルームに引っ込む羽目になったタックルの犠牲者は、ロビー・サヴェージだった。

やや意外かもしれないが、ファーディナンドに引けを取らない才能の持ち主がガリー・パリスターだった。足の速さでも上回っていたが、そのくせ運動量は少なかった。まったく、困った怠《なま》け者だ。

本人に言わせれば、動かないほうがうまくいくらしい。練習で手を抜くことにかけてはワールドクラスで、私はしじゅう彼をどやしつけていた。試合が始まって十五分も経てば、ペナルティエリア内で敵の攻撃を防いだあと、息も絶え絶えになったパリスターの姿が見られた。私はよくブライアン・キッドに言った。「ヤツを見てみろ。もうご臨終だ」。はっきり言って、私は彼をぼろくそにけなしたものだ。

クラブ揃《そろ》ってのディナーがあった晩、自宅にパリスターを迎えに行くと、暖炉のそばのテーブルには巨大なコカ・コーラのボトルとチョコレート菓子の山が載っていた。クランチー、ロロ、マーズ・バー（すべて英国で人気の安価なチョコレート菓子）。私はパリスターの妻のメアリーに尋《たず》ねた。「どういうことだ？」

「口を酸っぱくして言っているのに、聞いてくれないんです」と、メアリー。

階段を下りる足音が聞こえたと思うと、パリスター本人が姿を現して、子ども向けのお菓子の山を睨《にら》んでいる私に気づいた。「メアリー、そんなものを買ってきたらダメだろう」と、パリスター。私は間髪《かんはつ》いれずに言った。「まったく、しょうもないヤツだ。罰金だぞ！」

パリスターはお世辞にも美男とはいえなかったが、能力が高く、性格もよかった。愛すべき男だ。ファーディナンドと同じくらい質のいいパスが出せたし、その気になれば機敏に動けた。ユナイテッドで過ごした最後のシーズン、眉《まゆ》の上を切る怪我をして、こんな目に遭うのは生まれて初めてだ、とひいひい言って騒いだ。顔の怪我など絶対にしたくなかったのだ。自分はケーリー・グラントのようだと思っていたのだから。

最終ラインからボールを運んだり、フランツ・ベッケンバウアーのように鋭いパスを通したりできるセンターバックは貴重だが、私はそこまでこだわっていたわけではない。現代サッカーではむしろ攻守の切り替えの早さと、局面を読む力のほうが重要だ。ファーディナンドはすべてを備えていたので、獲得に踏み切った。守備力だけではなく、ボールを運ぶ能力もあったのだ。守備ができなければ始まらないが、新加入のセンターバックに自陣近くから上がる能力があるのは悪くなかった。やがてバルセロナを筆頭に、バックスの攻撃参加は常識になった。

キャリアの一時期のファーディナンドは、華やかな世界に気を取られていたと言われてもしかたないだろう。お前がパーティやクルージングに行ったという記事を目にするのはうんざりだ、と私は言った。「サッカーがどういうものか、わかっているのか？　プレーは嘘《うそ》をつかない。ピッチで起こることは、お前のすべてをさらけ出してしまうんだぞ」。下り坂になったら、あっという間だ。小さなクラブでなら、それでもやっていけるだろう。しかしマンチェスター・ユナイテッドの七万六千人の観客の目は、絶対にごまかせない。もしピッチ外の楽しみがプレーに影響するようになったら、ユナイテッドでの日々も先が見えていると思え、と私は警告した。出場機会が減るのを覚悟しろ、と。

ファーディナンドはしっかりと受け止めてくれた。彼の行動を逐一報告することを代理人に義務づけたおかげで、クラブ側でよりよくコントロールできるようになった。あるとき音楽事務所、映画会社、TVプロダクション、雑誌の肝煎《きもい》りで、ファーディナンドがショーン・コムズのインタビューをしにアメリカに行くという企画が持ち上がった。「ちょっと待て、リオ」。彼がアメリカのラップ王に会いに行くと聞いた私は言った。「その男に会ったら、お前はセンターバックとして成長するのか？」

サッカー以外の楽しみを求めたのはファーディナンドばかりではない。現代のサッカー選手はセレブ並みの扱いを受けているのだ。一部の選手は進んで名前を売ろうとする。ベッカムがその一人で、ファーディナンドにもそんな時期があった。ベッカムの芸能界での成功は奇跡的だ。

しかしファーディナンドがピッチ外で行ったことも、すべてが芸能界絡みだったわけではない。彼はユニセフのアフリカでの活動に大きく貢献した。アフリカの黒人の子どもの人生に及ぼした影響は計り知れないだろう。私が伝えたかったのは、有名になるのもいいが、今日の自分を作ったものを忘れてはいけないということだった。それをしたがらない選手もいた。できない選手もいた。

ファーディナンドは引退後の人生についても早くから考えていたようだが、それは理解できた。私にしても四年かけて監督の資格を取った。サッカーができなくなったあとの人生を模索していたわけだ。だがショーン・コムズに会って答えを探そうとは思わなかった。この先何をしたらいいのだろう、と自問自答する瞬間はどんな選手にも訪れる。足を止めたら、目の前には空《から》っぽの日々が待っている。この間までチャンピオンズリーグの決勝でプレーして、FAカップの決勝戦に出場し、リーグの覇権を争っていたのが、気がつくともう何もすることがないのだ。どうやってその状況を切り抜けるかは、すべてのサッカー選手が直面する試練だ。どんなにちやほやされても、気持ちが落ち込んでいるときの慰《なぐさ》めにはならない。第二の人生はそんなに面白くもないものだ。では、どうしたらいいのだろう？　リーグの雌雄を決する試合のキックオフ十分前、ドレッシングルームで待っているときの高揚感に代わるものがあるだろうか？

私の引退間際、ファーディナンドは腰痛に悩まされていた。２００９年のマンチェスター・ダービーでクレイグ・ベラミーにやられた場面が、痛みを抱えてプレーしていたことを物語っている。二年前のファーディナンドなら楽々とボールを奪って、ついでにベラミーを吹っ飛ばしていただろう。もう一つの例が、リヴァプール戦のフェルナンド・トーレスのゴールだ。スピードで競り勝ったトーレスは、自軍の熱狂的なサポーターの目の前で、ペナルティエリア内での一対一のぶつかりあいも制した。

私たちはＤＶＤでその場面を振り返った。ファーディナンドはオフサイドをかけようとして失敗したのだが、一年前ならボールを刈り取ってミスを帳消しにしていただろう。しかしこのときは、必死で戻ってピンチを防ごうとしたのも空しく、トーレスに肩で弾き飛ばされて強烈なゴールを許した。ファーディナンドのそんな姿は見たことがなかった。腰の問題は痛みをもたらしただけではなく、ボディバランスにも影響していたのだ。

ファーディナンドはいつも軽々とプレーしていて、苦しそうに走ることなどなかった。２００９―10シーズンは長期の怪我のせいで秋から冬にかけて棒に振ったが、満を持して練習に復帰して、オールド・トラッフォードで行われた２０１０年のリーグカップ準決勝セカンドレグで大活躍した。ほぼ三カ月、試合に出ていなかったというのに。

全盛期を過ぎたファーディナンドには年齢をよく考えて、その影響を計算に入れたプレースタイルを選ぶよう言った。年齢は見逃してくれない。個人的にも公の場でも、ストライカーには１～３メートルの距離を取って対応したほうがうまくいくと伝えた。五年前なら何の苦労もなかったことだ。素早くギアを入れて、相手が抜いたと思った瞬間にボールを奪えばよかった。だが、今は違う。犯罪が起きる前に、現場で見張っていなければならなくなったのだ。

ファーディナンドは私の分析を素直に受け入れた。気分を害する理由もないだろう。肉体的な変化を指摘されたに過ぎないのだから。そして彼は２０１１―12シーズンに大きな成功を収めた。唯一悔いが残るとしたら、2012年欧州選手権のイングランド代表から外されたことだろう。ジョン・テリーと一緒にプレーできるだろうか、と代表監督のロイ・ホジソンに尋ねられたので、私は答えた。「リオに訊いてくれ。当人たちにしかわからない」。私の口から答えることはできなかった。

2012―13シーズン、ファーディナンドが「人種差別反対《キック・イット・アウト》」とプリントされたTシャツの着用を拒否したことも、ちょっとした騒ぎになった。ユナイテッドは表立って協力するということで、全員の意見が一致したものだと私は考えていた。Tシャツを着ないと決めたのなら、私に断りを入れるべきだった。選手全員で着ることになっていたからだ。弟のアントン・ファーディナンドとテリーの一件は知っていたが、こんな形で降りかかってくるとは思いもしなかった。ロフタス・ロードで行われたクイーンズ・パーク・レンジャーズ対チェルシーの試合中、アントンに人種差別的な発言をしたとして、テリーはイングランドサッカー協会の制裁を受けていた。

ファーディナンドがTシャツを着ないと決めたことについて、マーク・ハルシーがオフィスに相談に来た。私は用具係のアルバートをつかまえて、必ず着用させるよう釘《くぎ》を刺した。

しかしファーディナンドの決意は固かった。

理由を尋ねてもファーディナンドは黙っていたが、試合後にやっと口を開いた。プロサッカー協会の人種差別対策は生ぬるいと思ったのだそうだ。だがTシャツを着なければ、運動そのものに逆らっているように見える。協会に不満があったのなら、直接掛け合うべきだろう。着用拒否という決断は、物議を醸しただけだった。

なぜ肌の色を理由に人を憎んだりするのか、私は一生理解することがないだろう。

第７章

試練のとき

変化の風が吹き始めていた。まだかすかにしか感じられない程度だったが。

２００３年の夏から２００６年の５月は、私の在任中でもとりわけ我慢を強《し》いられる時期だった。２００４年にＦＡカップで優勝して、二年後にはリーグカップを獲得したが、あの頃覇権を争っていたのはアーセナルとチェルシーだった。

クリスティアーノ・ロナウドとウェイン・ルーニーが中心となって２００８年のチャンピオンズリーグを制するまで、ユナイテッドは苦しい時期が続いていた。経験豊かな選手を買ってきては適応させようとしたが、大半が期待外れに終わった。デイヴィッド・ベッカムはレアル・マドリードに去り、ベロンも結局チェルシーに移籍した。バルテズはティム・ハワードに取って代わられ、クレベルソン、エリック・ジェンバ＝ジェンバ、ダヴィッド・ベリオンが新顔として加わった。ロナウジーニョにも入団の可能性があったが、オファーに対してイエスと言ったりノーと言ったりするので、やがて破談になった。

この時期に起きていたことから目をそらしてもしかたがない。我々は実力が証明された選手——ユナイテッドにすぐさま適応すると踏んだ選手を見境なく買っていた。例えばクレベルソンはブラジルのW杯優勝メンバーで、まだ二十四歳だった。ベロンはワールドクラスといわれる名選手だった。ジエンバ＝ジェンバはフランスでそれなりの結果を出していた。だが彼らの獲得がトントン拍子に進んだことに、私はかえって不安を覚えた。話がうまく進みすぎるときは要注意だ。価値がある選手ほど引き抜きに手こずるものだから、むしろ獲得をめぐって争いになるくらいがいい。所属先のクラブが必死で引き留めようとするほうが安心できた。しかし我々が獲得した選手は、二つ返事で承諾が得られたのだ。

当時は英国中のゴールキーパーを試しているような状態だった。マーク・ボスニッチがいい例だ。ボスニッチの獲得は、秋にピーター・シュマイケルが今シーズンかぎりの引退を発表して、クラブを慌《あわ》てさせたことの結果だった。拙速な判断だった。

ボスニッチとは1月に面談したが、既にピッチ外での問題行動についての噂《うわさ》も聞こえてきていた。スタッフが彼の練習を偵察したところ、マンチェスター・ユナイテッドにふさわしい人材だと思わせる場面は皆無だったという。私は方針を変更して、エドウィン・ファン・デル・サールに狙いを定め、代理人に会いに行った。だがその後マーティン・エドワーズに話をすると、こう言われてしまった。

「アレックス、すまない。もうボスニッチと握手をしたんだ」

これは痛かった。握手をしたあとで話をご破算にはできない、というエドワーズの説明は筋が通っていたが、ビジネスとしては失敗だ。ボスニッチは問題児だった。練習態度もコンディションも、求められるレベルに達しなかった。それでもある程度は成長を遂げて、喜ばせてくれたこともあったが。インターコンチネンタルカップでパルメイラスに勝利したときは獅子奮迅《ししふんじん》の活躍で、ギグスではなく彼がマン・オブ・ザ・マッチにふさわしかった。だがしばらくして、2月にウィンブルドンとの試合を落としたあと、私はボスニッチが手当たり次第に食べものを口に詰め込むのを目にした。サンドウィッチ、スープ、ステーキ。メニューにある品を次々と注文して、馬のように食べていた。

私は言った。「おいこら、マーク。お前は体重オーバーなのに、なぜガツガツ食べているんだ?」

「腹が減ってしょうがないんです」と、ボスニッチ。

マンチェスターに到着すると、ボスニッチはさっそく携帯電話で中華料理店に電話をかけて、テイクアウトを頼んだ。「まだ食べるのか?」と、私は尋《たず》ねた。「よく考えて行動しろ」。だがいくら言っても、のれんに腕押しだった。

ピーター・シュマイケルのような選手の穴を埋めるのは簡単ではない。世界最高のゴールキーパーで、抜群の存在感を誇る偉大な男が、突然いなくなってしまったのだ。後釜《あとがま》はファン・デル・サールにするべきだった。代理人には言われていた。「急いだほうがいいですよ。エドウィンはユヴェントスに興味を持っていますからね」。だが我々はタイミングを逃した。私は代理人を訪ねていって、他の選手と合意したのでこの話はなかったことにしてほしい、と頼まなければならなかった。

ファン・デル・サールは二人目の補強選手として、ボスニッチと同時に獲得しておくべきだった。どのみちボスニッチの問題はすぐに発覚しただろうから、その後は引退間際のシュマイケルと交代でプレーして、以降は私が去るまで守護神を務めることができていただろう。マッシモ・タイービやバルテズに金を使う必要もなかった。バルテズは優秀なキーパーだったが、家族の事情で集中しきれていなかった。

やっと獲得したファン・デル・サールは、やがてシュマイケルに引けを取らないキーパーだとわかった。才能という点で二人にはほとんど差がなかった。シュマイケルは人間業《わざ》とは思えないセーブをすることがあった。驚愕《きょうがく》するしかない。「おい、どうしたらあんなことができるんだ？」と、私はつい口に出したものだ。全身がバネのようで、運動神経がずば抜けていた。ファン・デル・サールの特徴は冷静沈着な頭脳と足もとのうまさ、守備陣を統率する能力だ。シュマイケルとはタイプが異なるが、やはり貴重な人材だった。周りにもいい影響をもたらしてくれた。

冷静なファン・デル・サールと対照的に、シュマイケルはスティーヴ・ブルースとガリー・パリスターの最終ラインのコンビと愛憎相半ばする関係を築いていた。大声で喚《わめ》きながらゴールを飛び出してきてまくし立てるので、ブルースは言ったものだ。「さっさと持ち場に戻れ、このドイツ野郎」。シュマイケルはそれが気に入らなかった。「俺はドイツ人じゃない」と、憤慨して言った。ピッチ外では仲のいい二人だったが、試合中のシュマイケルは活火山のようだった。

ドレッシングルームでのファン・デル・サールは、チームの出来の良し悪しをはっきりと指摘した。オランダ訛《なま》りの太い声で「気を引き締めろ！」と怒鳴るのだ。シュマイケルも発言力を持っていた。ここ三十年で最高のキーパーを二人とも使うことができた私は幸運だ。ピーター・シルトンとジャンルイジ・ブッフォンも称賛に値するが、私にとって1990年から2010年にかけての最高のキーパーはファン・デル・サールとシュマイケルだ。

ゴールキーパーに要求されるのは技術ばかりではない。問題はどれだけ強い気持ちで試合に臨めるか、ということだ。セーブをするだけではなく、失敗したあとの雑音とも付き合っていかなければいけない。ユナイテッドのキーパーを務めるなら、ミスが大きく取り沙汰されても動揺しない鋼《はがね》の神経が必要だ。GKコーチのアラン・ホジキンソンは私に言った。「シュマイケルは大丈夫です。獲得しましょう」

イングランドの試合に外国人のゴールキーパーが適応できるものか、最初のうち私は判断をつけかねていた。加入後まもなく、シュマイケルはウィンブルドン戦に出場した。〈クレイジー・ギャング〉（1980～90年頃のウィンブルドンの熱狂的なサポーターの愛称）は彼に罵声《ばせい》を浴びせ、ゴミの雨を降らせ、近くに来ると肘《ひじ》打ちを食らわせた。シュマイケルはすっかり頭に血がのぼって、大声で助けを求めていた。「主審、主審！」

私はその様子を見ながら思った。「いくら言っても無駄だ」。主審は〈クレイジー・ギャング〉が陣取る一角からできるだけ遠ざかろうとしていた。別の試合では、シュマイケルはファーポストに向かうクロスを取ろうと飛び出して、もののみごとに目測を誤り、リー・チャップマンに叩き込まれた。イングランドの試合に適応できずにミスを繰り返すシュマイケルを見て、誰もが言った。「あのキーパーはハズレだな」。だがシュマイケルは非常に体格に恵まれていて、セーブの範囲が広く、プレーは大胆だった。キックの精度も素晴らしかった。こうした長所があったおかげで、彼は移籍直後の苦しい時期を乗り越えられた。

ファン・デル・サールは守備の面子《メンツ》が次々と変わる中でプレーしていた。その点シュマイケルはほぼ毎週、同じ顔ぶれの4バック——パーカー、ブルース、パリスター、アーウィンの背後でプレーできた。メンバーはだいたい固定されていた。ファン・デル・サールはその都度センターバックが代わり、新しいサイドバックが出場するのに慣れなければいけなかった。簡単なことではない。こうした状況では、守備陣を統率する彼の能力は本当にありがたかった。

一時期はピーター・ケニオンが移籍交渉の最高責任者だった。我々は当時、アーセナルのパトリック・ヴィエラを高く評価していた。アーセナルに連絡をしてヴィエラについて探るようケニオンに頼むと、既にやっていると言われた。ところが翌日、アーセナルの会長のデイヴィッド・デインに話をすると、狐《きつね》につままれたような顔をされた。何のことだかさっぱりわからないという。片方がしらばくれていたわけだが、どちらだったのかは今でも不明だ。

代理人たちからは引きも切らず電話がかかってきた。「ぜひユナイテッドでプレーしたいと、選手が言っています」。その言葉に嘘《うそ》はないだろう。しかし選手は同じくらいアーセナルやレアル・マドリード、バイエルン・ミュンヘンなどの超一流クラブでプレーしたがっているはずだ。誰もがビッグクラブへの移籍を望んでいるし、代理人にとっても格好の儲け話だ。移籍市場の状況を睨《にら》んでいたこの頃、我々はベロンに狙いを定めた。

ユナイテッドは過渡期だった。変化の足音がひたひたと迫ってくる状況は、監督にとっても楽ではない。まず崩壊したのはベテランで構成した4バックだった。急な変化に見舞われてようやく、必要な控え選手がいないことに気づくものだ。これ以降、私はもっと先々を見据えて計画するという方針を立てた。

ベロンは超一流の選手で、無尽蔵《むじんぞう》のスタミナを備えていた。だが正直に言って、アルゼンチン人の選手は扱いが難しい。彼らは愛国心が人一倍強く、いつも国旗を身にまとっていた。それはかまわないが、私のもとにやってきたアルゼンチン人の選手は積極的に英語を話そうとしなかった。ベロンに至っては「監督《ミスター》」の一言だけだった。

だが、ベロンのような選手にはめったにお目にかかれない。インテリジェンスあふれるプレーとスタミナは一級品だ。では、何が問題だったのか？　最適なポジションが見つからなかったのだ。中盤の真ん中で起用するとセンターフォワードの位置まで上がったり、左右のワイドに流れたりして、どこまでもボールを追いかけた。試合を重ねるうちに、彼とスコールズ、キーンを中盤で共存させるのはかえって難しくなっていった。

いくつかの試合でベロンが輝きを見せた一方で、チームとしての形はいっこうに見えてこなかった。フォーメーションを安定させるという、基本的な作業ができていなかったのだ。ベッカムは去り、ギグスとキーン、スコールズはもう若くなかったので、我々はフレッシュな選手を迎えてチームを活性化させるつもりだった。しかし活躍したとはいえ、ベロンはチームに適応していなかった。彼の持ち味は個人技だ。練習で紅白戦をしたら、両方のチームに顔を出したがった。ピッチのどこへでも赴《おもむ》いて、気の向くままにポジションを変える。百年使ったとしても、ベロンが生きるポジションは見出せなかっただろう。いわば不確定要素、トランプのジョーカーだったのだ。誰かに言われたことがある。「中盤の底に固定して、両センターバックの前でプレーさせたらどうだ？」私は答えた。「寝ぼけているのか？　どのポジションにも留まっていられないのに、中盤の底でじっとしているわけがない」。ラツィオ時代はその位置でプレーして、結果を出していたらしい。しかしベロンは、どこへでも飛んでいく自由な鳥だった。

ベロンは夢を見せてくれることもあった。プレシーズンのある試合では、タッチライン際で二人をいっぺんに抜き去り、ファン・ニステルローイのゴールのお膳立てをした。別の試合中、テイクバックなしに出したアウトサイドのパスは、矢のようにディフェンスの間を抜けていった。すかさず走り込んだベッカムが、キーパーの頭上を破った。ベロンには魔法のような瞬間があった。才能は申し分なかった。黄金の両足、高い走力、抜群のボールコントロール。視野の広さも一級品だった——ただ、どうしてもチームに居場所を見つけられなかったのだ。プレミアリーグが肌に合わなかったわけではない。彼は当たりを恐れなかったし、ボールに触る回数も十分だった。

ユナイテッドに在籍している間、ベロンにはチームメイトと対立しているという噂がつきまとったが、それは間違いだろう。誰とも口を利《き》かなかったのだから。チームでは一匹狼で、私たちとの共通言語がなかった。社会性に欠けていたわけではなく、ただコミュニケーションを取るのに消極的だったのだ。

朝、練習場に着いた私は言う。「おはよう、セバ（ベロンの愛称）」

「おはようございます、ミスター」。それっきりだ。どうしても言葉を引き出すことができなかった。チャンピオンズリーグの試合後、ロイ・キーンと衝突したのは事実だ。後味の悪い出来事だった。だが、彼がチームの和を乱していたというのは本当ではない。

ユナイテッドは国外のチームに対応する新しい方法を模索していた。1999年にチャンピオンズリーグを制覇したあと、ベルギーでアンデルレヒト、アイントホーフェンでPSVと戦ったが、みじめな結果に終わった。カウンター以外に攻め手がなかった。ユナイテッド伝統の4－4－2で挑んだが、歯が立たなかった。選手とスタッフには、ポゼッションを高めて中央を引き締めなければ、我々の手の内を見抜いている相手にもっと痛い目に遭わされると伝えた。こうして中盤に三人を配置する形に変えた。戦術変更ができたのは、ベロンが加入したおかげでもあった。

立て続けに変化が訪れたこの時期、ユナイテッドは素晴らしい選手をあと一歩で取り逃がし続けた。例えば私はパオロ・ディ・カーニオの獲得に全力を尽くし、その甲斐《かい》あって合意にこぎつけた。しかしオファーを受け入れたあとで、ディ・カーニオは年俸への不満を並べ立てた。新たな要求を呑むことはできなかった。どっしりと構えて、相手に仕事をさせない彼のような選手は、喉《のど》から手が出るほど欲しかったのだが。私の在任中には必ずそうした選手がいた。

指の間をすり抜けていったもう一人の選手がロナウジーニョだ。オールド・トラッフォードに呼び寄せる契約は成立していた。その場にいたカルロス・ケイロスが証言してくれるだろう。ロナウジーニョ獲得の裏には、ユナイテッドが常にカリスマ性あふれる選手を求めているという事情があった。私はそうした才能に目を光らせていた。私の言い分はこうだ――ベッカムを売却して2500万ポンドを手に入れ、ロナウジーニョに1900万ポンドを使う。どこに文句があるんだ。うまい商売じゃないか。

2003―04シーズン、アメリカでプレシーズンのツアーを終えたあと、チームバスはニューファンドランドの小さな給油所に寄った。あたりを見渡しても、小屋がぽつんと一軒あるだけだった。給油の間、車内の空気を入れ替えようとしてバス係がドアを開けると、柵のところにユナイテッドの旗を持った幼い男の子が立っているのが見えた。我々はバスを降りないように言われていた。ドアステップまで行くのが限度で、道路に出るのは禁止されていた。せめてもという思いで、我々は平野の真ん中で柵から身を乗り出している小さなファンに手を振り続けた。

帰国する前、親善試合のために立ち寄ったポルトガルで、ベロンの放出が決まった。彼はクイントン・フォーチュンに、チェルシーに移籍するつもりだと打ち明けていた。1500万ポンド以下で売却する気はなかったが、チェルシーの最初の提示額は900万ポンドだった。私は言った。「出直してこい。それっぽっちの金で手放すものか」。ポルトガルに滞在していたとき、ケニオンが言った。「契約に合意したぞ。1500万ポンドだ」。スポルティング・リスボンとの親善試合では、若き日のクリスティアーノ・ロナウドとジョン・オシェイが対面した。オシェイに怒鳴り続けたことは今でも覚えている。「もっときっちり寄せろ、シージー（オシェイの愛称）」「無理です」と、情けない答えが返ってきた。

一カ月後、デイヴィッド・ギルが電話をかけてきた。「聞いて驚くなよ。ケニオンがチェルシーに引き抜かれたぞ」。あとを継いだギルは、前任者をはるかに上回る手腕を発揮した。ケニオンは何もかも一人でやろうとして、重要な仕事に手が回らなくなっていた。CEOを務める人間に求められるのは、仕事を確実にこなす能力だ。

CEOに着任したばかりの頃、ギルは何をしたらいいのか迷っているように見えた。彼は根っからの経理マンだった。私はアドバイスした。「ピーター・ケニオンと仕事をした経験から言うが、一人で抱え込んではダメだ。仕事は分担しろ」。彼は間違いなく、私が出会った中で最高のCEOだ。有能でとことん正直、しかも気さくだった。地に足がついていて、駆け引きの重要性を感じ取っていた。感じるだけではなく、しっかりと理解していたのだ。マーティン・エドワーズも駆け引きに長けていたが、ギルはもっとシンプルに仕事ができた。耳に痛いこともためらわずに言うのだ。それ以上の方法はない。

エドワーズが最も重要な時期に支えてくれたのは認めるが、ギルが就任するまで私は十分な年俸をもらっていなかった。正当な評価を受ける以上に大切なことはない。いい仕事をしていると誉《ほ》めてもらうのもいいが、金という形の評価も軽んじてはいけないだろう。

監督にとって、オーナーの交代は非常に厄介《やっかい》だ。ボスが代われば環境もがらりと変わる。今度のオーナーは自分を評価しているのだろうか？　それとも監督とCEOの首をすげ替えたいと思っているのだろうか？　グレイザー・ファミリーによるクラブ買収は、ギルにとって後にも先にもない難局だった。メディアの報道が過熱して、クラブの赤字問題が何度も取り沙汰された。その点については、ギルの会計士の資格が役に立った。

私にとってユナイテッドは、若い才能が育つ場所だった。そのためにはギグス、スコールズ、ネヴィルといったチームの土台を維持する必要があった。ロイ・キーンもだ。土台がしっかりしていれば、ポテンシャルのある選手を連れてくることができる。ファン・デル・サールも土台の一部で、私が獲得した最高の選手の一人だった。

我々はブライアン・ロブソン二世を探す過程でロイ・キーンに出会った。エリック・ジェンバ＝ジェンバは一流のセントラルミッドフィールダーに育つ可能性を秘めていた。私がフランスまで観に行った試合で、彼は躍動していた。試合の流れをよく理解して、攻撃の芽を摘み取ることのできる選手が、たった400万ユーロで売りに出されていたのだ。レンヌのキーパーを見るのも、観戦の目的の一つだった。当時十八、九歳だったペトル・チェフだ。いくらなんでも若すぎるな、と私はひとりごとを言った。

一人取り逃がしたと思ったら、同じくらい価値のある選手がやってくる場合もある。例えばポーには失敗したが、代わりにポール・インスが手に入った。アラン・シアラーの説得には失敗したが、エリック・カントナを獲得した。

選択肢はいつも豊富にあった。補強のターゲットが絶えることはなく、一人に逃げられたらリストアップしているもう一人で代用するまでだった。大原則は、最終的に誰を獲得することになっても、その選手の能力を引き出してやることだ。カントナは二十代半ばだったが、普段はもっと若い選手を補強した。ルーニーとクリスティアーノ・ロナウドは十代の頃にやってきた。2006年頃から我々は、チームがいっぺんに高齢化するというありがちな状況に陥らないよう、より注意するようになった。あらためてその点を意識したのだ。アンディ・コールやドワイト・ヨーク、テディ・シェリンガムといったベテランの選手の場合、パフォーマンスの質が落ちるか、あるいは年齢と共に円熟するか、二者択一だ。世代交代の時期に差しかかったクラブのスカウティングチームにかかる重圧は半端ではなく、若手の発掘を担うスタッフに熱い視線が注がれる。彼らは四六時中せっつかれるのだ。「なあ、面白そうな選手はいないのか？」

クレベルソンは、ブラジルが優勝した2002年日韓W杯での活躍を見て獲得した。契約に合意したときは、まだ国外でプレーしたことがなかった。残念ながら彼は、獲得を急いだときにどんなリスクが生じるかというわかりやすい例だ。我々が探していたのは将来的にキーンのあとを継げる選手で、ヴィエラがリストアップされたのもその流れだった。ヴィエラを獲得できれば理想的だった。プレミアリーグの試合に慣れていて、存在感があり、リーダーの器でもあった。敵チームのサポーターが挑発的なチャントを歌うのは、偉大な選手だという証《あかし》だ。パトリック・ヴィエラはいつもチャントの標的にされた。相手に恐れられていたということだ。アラン・シアラーも同様に、敵サポーターの罵声を浴びていた。

　クレベルソンは才能豊かな選手だったが、獲得の際は成育歴と人間性をよく調べなければいけないという典型的な例だ。話が早く進みすぎてしまい、私は落ち着かない気分になった。英国にやってくると、彼が十六歳の少女と結婚していることがわかった。本人は二十三歳だった。十六歳の妻は家族全員を連れて渡英した。ポルトガルのヴァレ・ド・ロボで行ったプレシーズンの合宿中、朝食の席に着けるのは選手だけという決まりだったが、クレベルソンは義理の父親を連れてきた。すっかり言いなりになっているという印象だった。いい青年だったが、英語を話す勇気にも欠けていた。

　試合中のクレベルソンはずば抜けたスタミナと高い技術を披露したが、強いパーソナリティを示すことはできなかった。おそらくブラジル代表での役割と、私たちが求めた役割が異なっていたのだろう。代表では4バックの前に位置して、ロベルト・カルロスとカフーが最終ラインから矢のように攻め上がるのをサポートしていた。

　問題の解決を焦ると必ず失敗する。何年もかけて計画を練り、選手を観察し、綿密に情報を積み重ねたときが一番うまくいった。クリスティアーノ・ロナウドのことは、実際に獲得する前からよく知っていた。ルーニーと初めて接触したのは十四歳のときで、十六歳のときにふたたび獲得を試みた。十七歳でようやく契約にこぎつけた。ルーニーに関しては将来の姿が見えていた。絶対に逃すわけにはいかない逸材だった。マンチェスター・ユナイテッドのスカウティングチームの輝かしい功績だ。ベロンやクレベルソンの移籍は思いつきだった。後先考えずとまではいえなくても、性急な買い物だった。

　ジェンバ＝ジェンバも有望な若手だったが、どうしてそんな地味な選手を獲るのかとメディアからは叩かれた。メディアはビッグネームが好きで、知名度の低い選手には冷たい目を注ぐ。ベロンには好意的だった——最初のうちは。クレベルソンとジェンバ＝ジェンバには懐疑的な目を向けていた。我々は若いダヴィッド・ベリオンの成長にも期待をかけていた。稲妻のように足の速い、クリスチャンの好青年だったが、ひどく内気だった。もともとはサンダーランドの選手で、ユナイテッドとの試合に途中出場して我々の守備を切り裂いた。サンダーランドとの契約が切れるタイミングで、交渉が始まった。成育歴さえ調べておけば、気の弱い選手だということはわかったはずだ。獲得には成功したが、結局100万ユーロでニースに売却することになり、その後ボルドーに移籍したことでさらに現金を手に入れた。ベリオンの獲得は、新しいチームに土台を与えるという類《たぐい》のものではなかった。手ごろな値段で市場に出回っていたので、念のため獲得したのだ。

状況ががらりと変わったのは、ルーニーとロナウドを獲得したときだった。話題性のある選手の補強という悲願が実現したのだ。カリスマ性にあふれ、試合の行方を決定づけられた二人は、ユナイテッドの求める選手像に合致していた。2006年1月のパトリス・エヴラとネマニャ・ヴィディッチの獲得も完璧だった。ヴィディッチのプレーを見てまず目に留まったのが、その勇猛果敢さと意志の強さだ。深いタックルができて、ヘディングのクリアもうまい、典型的なイングランド型のセンターバックだった。11月にロシアリーグのシーズンが終わって以来プレーしていなかったせいで、移籍後初のブラックバーン戦ではすっかり息が上がっていた。プレシーズンが必要だったが、逆に言えばそれさえ確保できればよかった。

デニス・アーウィンが長年務めたレフトバックは短い間エインセが引き継ぎ、やがてモナコでウィングバックを務めていたエヴラが定着した。モナコ時代、彼はそのポジションでチャンピオンズリーグ決勝のポルト戦に出場していた。

優秀なサイドバックを探すのは、絶滅危惧種の鳥を探すようなものだ。初めて見たとき、エヴラはウィングバックとしてプレーしていたが、スピードは十分で、年齢的にもユナイテッドのセンターバックに適応できた。彼の攻撃力についてはよくわかっていた。キレがあり、テクニックに優れ、強いパーソナリティを持っている。相当に強い。エインセはまた別のタイプだった。情け容赦《ようしゃ》がなく、自分の祖母だろうと蹴飛《けと》ばす男だ。しかし徹底した勝者のメンタリティの持ち主で、センターバックとしてもプレーできた。どちらの選手に関しても、補強は正解だった。

ユナイテッドのファンなら忘れはしないだろうが、エヴラのデビュー戦はイーストランドで行われたマンチェスター・ダービーで、悲惨な出来だった。私には彼の考えていることがわかった。「俺はここで何をしているんだ?」それでもやがて適応して、大きく成長した。一方のエインセには金に執着するところがあって、契約を更新するときは天文学的な数字を狙っているのではないか、と私は疑っていた。一年後、彼はチームを移りたいと言い出した。ビジャレアル戦を控えて、バレンシア郊外の快適なホテルで調整していたとき、代理人がやってきて移籍の意思を告げた。

それ以来、エインセと我々の関係はすっかり変わってしまった。翌日、エインセは前十字靭帯《じんたい》を断裂した。我々は彼の要求を最大限聞き入れて、スペインでリハビリをできるようにしてやった。離脱は六カ月に及び、復帰して一試合プレーしたが、またぶり返してしまった。我々はベストを尽くした。しかし12月下旬にチームに合流したエインセは、移籍したい、さもなければ契約を延長して、年俸も上げてほしいと言った。怪我《けが》から完全に回復すると、代理人と一緒にデイヴィッド・ギルに会いに来た。放出するのがチームのためだろう、と我々は判断した。移籍金は900万ポンドだった。代理人とエインセはすぐさまリヴァプールを訪れて、契約交渉を始めようとした。

しかし歴史的な経緯からマンチェスター・ユナイテッドはリヴァプールに選手を売らないし、向こうから選手を受け入れることもない、と我々ははっきりと告げた。するとエインセの代理人は裁判を起こすと言った。ロンドンで対面することになったが、イングランドサッカー協会は我々の味方だった。

するとクリスタルパレスの会長がデイヴィッド・ギルに電話をかけてきて、エインセの代理人が獲得を打診してきたと知らせてくれた。クリスタルパレスを経由してリヴァプールに移籍しようとしていたわけだ。その情報は、裁判で証拠の一部として使った。判決はユナイテッドの主張に沿ったもので、結果的に我々はエインセをレアル・マドリードに売却した。選手はひとつところに留まらないものだ。もともとエインセはスペインの二チームでプレーしていて、それからパリ・サンジェルマンに移籍し、ユナイテッドに来たのはさらにその後だった。

アラン・スミスも当時の補強で、2004年の5月にリーズから700万ポンドで獲得した。あの頃のリーズは財政的な危機にあり、スミスが500万ポンド前後で売りに出されるという噂がデイヴィッド・ギルの耳に入った。私はスミスが気に入っていた。いわゆる気持ちの強い選手で、人柄もよく、右サイド、中央、センターフォワードと複数のポジションがこなせた。マーク・ヒューズに似たタイプで、得点力はそれほどでもなかったが、チームにとって大事な存在だった。後に600万ポンドでニューカッスルに移籍したが、十分にユナイテッドに貢献してくれて、印象的な試合もいくつかあった。2006年のリヴァプール戦での骨折は、私がそれまで目にした中でも最悪の怪我だった。

医療室のベッドに横たわって、痛み止めの注射をされている彼のもとに駆け付けたときのことは忘れられない。リヴァプールのチームドクターは適切な処置をしてくれた。

彼の左足は砕けてねじ曲がっていた。隣にいたボビー・チャールトンが顔をしかめたほどだ。チャールトンは「ミュンヘンの悲劇」を経験しているというのに（1958年、マンチェスター・ユナイテッドの主力選手が乗ったチャーター機がミュンヘンの空港で離陸に失敗して大破した。ボビー・チャールトンは奇跡的に生還した）。スミス本人は落ち着きはらって、表情も変えずにじっとしていた。思い出すのも恐ろしい怪我だった。スミスの様子を見ていると、痛みに強い人間がいるということが実感できた。私自身は注射恐怖症で、注射針を見ると逃げ出したくなる。パブを経営していた頃、日曜の朝にケグの中身を入れ替えていたとき、こんな目に遭った。私はスピアーのバルブを緩めて空気を抜いていた（ケグはビールなどを保存する大型の容器。スピアーはケグの中心を垂直に貫く器具で、先端のバルブを開けて容器の空気を抜く）。そのとき突然、ネズミが肩に飛び乗った。反射的に後ずさった瞬間、スピアーの先端が頬《ほお》にめり込んだ。今でも皮膚には引きつれの痕が残っている。とても抜くことなどできず、私は車で3キロ先の病院に飛び込んだ。看護師が手際よく処置をしてくれたが、痛み止めの注射をされた瞬間、私の意識は遠のいた。看護師の声が聞こえた。「ちょっと、レンジャーズの巨漢のセンターフォワードが気絶しちゃったわよ」。本当に死ぬかと思った。一方スミスは身の毛がよだつような怪我をしたというのに、慌《あわ》てる様子もなく座っていた。いかにも彼らしく、驚くほど勇敢だった。

スミスは正直な男で、プロ意識も高かった。しかしビッグクラブで頭角を現すだけの絶対的なクオリティには欠けていた。ニューカッスルからオファーが届いたので、残念だったが手放すことにした。ユナイテッド最後の頃、スミスは中盤で守備的な役割を担っていた。的確にタックルをしたが、本職の守備的ミッドフィールダーが備えている試合を読む能力はなかった。あくまで攻撃の選手で、ボールを追いかけていってタックルができるに過ぎなかったのだ。センターフォワードを務めていた時代は、敵のセンターバックをずいぶんと苦しめた。しかしキーンの後釜になるには、オーウェン・ハーグリーヴスが一時期やっていたように、ピッチの広い範囲をカバーできなければならなかった。スミスはそうしたタイプではなかった。真面目で正直な選手で、ユナイテッドの一員であることに誇りを持っていた。出場機会が保証されないと納得させるまでに、ずいぶんと時間がかかった。だがチームは既に前進していたのだ。

2004年1月にフラムから獲得したルイ・サハも話題性十分だったが、故障が続いたことは本人にも我々にも痛手だった。リーグ・アンのメッツに所属していた頃、何度か様子をうかがったが、当時のスカウティング・レポートを読むかぎりビッグクラブの注目に値する選手ではなかった。才能が開花したのはフラムに行ってからで、対戦するたびに我々を苦しめた。クレイヴン・コテージでのFAカップ戦では、ハーフウェイライン付近でウェズ・ブラウンをかわして猛烈に駆け上がり、素早い切り返しからフラムに得点をもたらした。それから我々は彼を継続的に観察して、1月には獲得の準備を整えていた。

フラムの会長のモハメド・アル＝ファイドとの交渉は厄介だった。移籍金の額が決まったというので訊《き》いてみると、「これ以上出せないほどの額だ」と言う。しかし蓋《ふた》を開けてみると、良くも悪くもない1200万ポンドなのだった。

ユナイテッドの歴代のセンターフォワードと比較しても（両足が使えるか、空中戦には強いか、瞬発力、スピード、パワーはどうか）、サハの才能はトップクラスだった。相手にとって常に脅威だった。だが、いかんせん怪我が多すぎた。自宅は私の家からわずか15メートルの距離で、実にいい男だったが、１５０％のコンディションでプレーさせないと壊れてしまった。我々は頭を抱えた。数週間の離脱という話ではなく、いつも数カ月かかるのだ。放出を決断したのは、才能はあっても彼を中心にしたチームを作ることができず、「今後二〜三年のチームの形が決まった」と言い切れなかったからだ。まだ若く、将来的にチームの要になる可能性はあったが、ここまで欠場が続いては先の計算が立たなかった。

　故障の連続に打ちのめされたサハは、引退を考えるようになった。私は言った。「まだ若いんだから、怪我くらいで諦《あきら》めるな。体を鍛えて復帰するんだ。こんなことがいつまでも続くはずがない」

　サハは我々の期待を裏切ったと思って、罪悪感に苦しんでいた。謝罪の言葉を連ねたメールが何件も届いた。お前は運が悪いだけだ、そんな選手はサッカーの歴史を振り返れば山ほどいる、と私は諭《さと》した。ヴィヴ・アンダーソンもその不運な一人だ。アーセナル時代の出場記録によると、四年間で四回しか欠場したことがなく、しかもすべて出場停止のせいだった。ところがユナイテッドに来てからは、怪我に泣かされどおしだった。移籍金ゼロでシェフィールド・ウェンズデイに放出すると、今度は三年間ほとんど休まず試合に出た。私はよくからかったものだ。「よほど私のチームでプレーしたくなかったんだな」。アンダーソンはユナイテッドを愛していて、必死で結果を出そうとしたが、膝《ひざ》の慢性的な故障がそれを許さなかった。

　怪我のせいで全身のバランスが崩れていたことが、サハの罪悪感の源だった。そこでケイロスが、二週間で完全にコンディションが整うプログラムを組んだ。サハ専用のプログラムで、ケイロスの力作だった。その話を聞いたサハは飛びついた。シュートやターンといったエクササイズを通した調整に、脇目もふらず取り組んだ。まさに一心不乱だった。ところが試合前日の金曜、ハムストリングに違和感を覚えて練習を切り上げた。フィジカルの脆《もろ》さだけはどうしても改善できず、結局2008年にエヴァートンに引き取ってもらった。

エヴァートンは我々のやり方を真似《まね》て、サハが安心してプレーできる状態に持っていった。マンチェスター・ユナイテッドでプレーする重圧から離れたのがよかったのかもしれない。素晴らしいセンターフォワードなのは間違いなく、どうして2010年南アフリカW杯のフランス代表から洩《も》れたのか、私には理解できなかった。

若手の獲得について話し合うとき、焦点になるのは選手の性格だった。オールド・トラッフォードの観客の要求に応えられるか、移り気なメディアに耐えられるか？ ユナイテッドのユニフォームを着て胸を張れるか、萎縮してしまうか？ 先発に名前を連ねるユナイテッド育ちの選手の能力は、練習場での様子やリザーブチームの試合を見てすべて把握していた。

ドレッシングルームとピッチで別人になることはできない。ドレッシングルームにいるときの自分のまま部屋を出て、トンネルを歩き、ピッチに出るのだ。

2003―04シーズンはリーグ三位で、アーセナルの〈インヴィンシブルズ〉（無敵艦隊の意。シーズンを無敗で終えたアーセナル史上最強チームの愛称）の後塵《こうじん》を拝したが、カーディフで行われたFAカップ決勝戦ではミルウォールを3対0で下した。クリスティアーノ・ロナウドが絶好調で、ヘディングで先制点を叩き込んだ。そのあとファン・ニステルローイが、PKを含む2点を取った。

しかしそのシーズンには、ジミー・デイヴィスの交通事故死が影を落としていた。当時二十一歳のデイヴィスは快活な若者で、将来性もあった。確かなキャリアを築いていたことだろう。当時はワトフォードにレンタル移籍していた。土曜の朝、ユナイテッドのホームで行われるユースチームの試合を観に行く途中、午後のワトフォードの試合が延期になったと聞いた。詳しい状況はわからなかった。ユースチームの試合のとき、デイヴィスが車の事故で亡くなったと知らされた。

デイヴィスはしっかりとした性格で、皆に好かれていた。葬儀にはユナイテッドの関係者が数多く出席した。その二年後、教会で行われたある結婚式の席で、私は奇妙なデジャヴに襲われた。外で写真撮影をしていたとき、牧師が近づいてきて言った。「教会の裏にジミーのお墓があるので、ご案内しましょう」。それでようやくピンときたが、全身に寒気が走った。あまりにも悲しい死だった。マンチェスター・ユナイテッドはジミー・デイヴィスを決して忘れない。

第8章 クリスティアーノ・ロナウド

クリスティアーノ・ロナウドは、私が指導した中で最も才能に恵まれた選手だ。ユナイテッドの過去の名選手をすべて越えている。名選手といっても二人や三人の話ではないのだ。ロナウドに迫るとしたらユナイテッドで育ち、二十年にわたってクラブに貢献したポール・スコールズとライアン・ギグスの二人くらいだろう。彼らの息の長さ、安定感と模範的な態度は特筆に値する。

やがて天才クリスティアーノ・ロナウドはレアル・マドリードを選んだが、彼と過ごした時間を振り返ると、ただ誇りと感謝の気持ちで胸がいっぱいになる。2003年から2009年の六シーズン、ロナウドは二百九十二試合に出場して118点を決め、チャンピオンズリーグを一度、プレミアリーグを三度、FAカップを一度、リーグカップを二度制覇した。2008年にモスクワで行われたチャンピオンズリーグ決勝のチェルシー戦で得点して、翌年ローマで行われた決勝のバルセロナ戦で、ユナイテッドの選手として最後にボールを蹴《け》った。

若かったロナウドはキャリントンで特別な才能を開花させて、先発に定着した。チームは2000年代半ばからの低迷期を脱した。我々が成長を後押しする代わりに、ロナウドはマンチェスター・ユナイテッドが魅力とアイデンティティーを取り戻す力になってくれた。

レアル・マドリードが8000万ポンドもの移籍金を払った理由がおわかりだろうか？　会長のフロレンティーノ・ペレスは、全世界に向けてメッセージを発していたのだ。「我々はレアル・マドリードだ。世界一のクラブだ」。クラブの存在をアピールする効果的なやり方だったし、サッカー界を代表する選手は必ず手中に収めるという意思表示でもあった。

前年、ペレスの前任者のラモン・カルデロンが、クリスティアーノ・ロナウドはいずれレアル・マドリードの一員になると言い切った。8000万ポンドの金が動けば、流出は避けられない。イベリア半島に戻って、ディ・ステファノやジダンが身につけたあの白いユニフォームを着てプレーしたい、というロナウドの熱い気持ちを邪魔することもできなかった。十代でユナイテッドにやってきた彼のような若手に関しては、最初の数年は落ち着いて見守っていればいい。まだ世界的には無名で、これからが本番だからだ。しかしロナウドのように、ひとたびスーパースターになると、私がカルロス・ケイロスと繰り返した会話を誰もがすることになるだろう。「いつまでクリスティアーノ・ロナウドを引き留めておけるかな？」

ケイロスの予測は、おおむね的を射ていた。「五年引き留められたらいいほうですよ。十七歳で国外に渡ったポルトガル人の選手が、五年も同じチームでプレーするなんて聞いたことがない」。我々はロナウドと六年間付き合ったのだから上出来だろう。その間にチャンピオンズリーグで優勝して、三度リーグの王者になった。十分に元が取れたはずだ。

噂《うわさ》程度だった移籍が現実味を帯びてくると、私はクリスティアーノ・ロナウドと紳士協定を結んだ。ポルトガルのケイロスの自宅を訪ねたとき、レアル・マドリードに行きたいと懇願するロナウドと鉢合わせしていたのだ。私は言った。「今シーズンの移籍は認めない。カルデロンがあんなことを言ったあとだからな。移籍したい気持ちはよくわかるが、今あの男に売るくらいならお前を撃ち殺してやる。試合で手を抜こうなんて考えるな。世界最高の移籍金が提示されたら行かせてやろう」。代理人のホルヘ・メンデスにも、同じことを伝えてあった。

するとロナウドは冷静になった。今すぐの移籍を許さないのはカルデロンのせいだ、と私は言った。「ヤツの思いどおりにさせたら私の面子《メンツ》は丸つぶれだし、積み上げてきたすべてのものを失う。ユナイテッドの試合に出たくないからスタンドに座っている、というのなら勝手にしろ。お前はそんな人間ではないと思うが。とにかく、今シーズン移籍するのはダメだ」

私からこの話を聞いたデイヴィッド・ギルは、グレイザー・ファミリーに報告した。おそらくレアル・マドリードにも伝わっていたはずだ。途中で我々は、約束の詳細が洩《も》れるのを危惧して、気をつけるようロナウドに言った。彼がレアル・マドリードにしゃべるとは思えなかったが。ホルヘ・メンデスは間違いなく、私が知っている中で最も腕のいい代理人だ。責任感が強く、選手には驚くほど細やかな気配りをして、クラブとの取り引きも公明正大だった。どうやらメンデスは、スペインに渡ったらロナウドがレアル・マドリードにすっかり取り込まれてしまうのではないか、と心配しているようだった。あながち的外れでもないだろう。マドリードに行けば、新しい代理人候補と新しい取り巻きが現れる。メンデスはロナウドを失うのが怖かったのだ。

ロナウドを見ていてとにかく感心したのは、ぱっとしないプレーに終始していても三度はゴールを脅《おびや》かすことだった。すべての試合でそうだった。彼が出場した試合を残さず観てほしい。山ほどある映像のどれを再生しても、最低三度ゴールに迫れなかった試合には当たらないはずだ。凄《すさ》まじい才能だ。いくらでも長所を挙げることができる——練習態度、フィジカル、度胸、足でも頭でも得点できるテクニック。

若い頃のロナウドに、審判をあざむこうとする癖があったのは否定しない。最初にサッカーを覚えたのが、大げさに倒れる演技をよしとする文化だったのだ。その癖のせいでずっと不当な評価を受けてきたのだが、彼は変わった。またロナウドに批判的な連中がいつも無視するのが、あのスピードだ。あれだけの速さで走っていれば、軽く触れられただけでどうしても転倒してしまう。人間の体は、全力疾走しているときにうまくバランスを保てるほど精巧にできていないのだ。足の外側を軽く蹴られたり、肘《ひじ》で押されたりしただけで、簡単にバランスが失われてしまう。スピードとバランスの相関関係を無視するのは不公平だろう。

かつてのロナウドが個人プレーに走りがちだったのも事実だ。そうした側面を改善しようと、ケイロスは繰り返し語りかけた。「クラブの外の人間に評価されてようやく、偉大な選手と言えるんだぞ。マンチェスター・ユナイテッドの中で誉《ほ》められているだけではダメだ。いいタイミングでパスやクロスを出せるようになったら、敵はもうお前についていけない。その技術こそが、偉大な選手の証《あかし》だ」

あの頃、敵はロナウドの手の内を読んでいた。一人でボールを運ぼうとするのがわかっていたのだ。だが２００８—09シーズンのチャンピオンズリーグ準決勝アーセナル戦で決めたゴールを見たら、ロナウドの変化がわかるだろう。カウンターが始まり、ロナウドが朴智星《パクチソン》にヒールパスを送ると、ユナイテッドは九秒間で相手ゴール前にたどり着いていた。ボールをゴールネットに突き刺すのに九秒しかかからなかった。

かつての痩《や》せっぽちのエゴイストは、自分の力を見せつけようと躍起《やっき》になっていただけだったのだ。才能に恵まれた選手とは得てしてそういうものだ。誰にも止められない。ロナウドは何度削られても、全身から負けん気を漂わせていた。「俺を試合から消そうというのならやってみろ。俺はクリスティアーノ・ロナウドだ」。彼には人並み外れた勇気と、自分の力に対する自信があった。ユナイテッドの選手も同意してくれるだろうが、ロナウドははるかな高みまで上りつめた結果、周りから畏怖《いふ》のまなざしで見られるようになった。

ロナウドは環境にも恵まれた。チームメイトが成長の手助けをしてくれたのだ。昔のロナウドは、練習試合でタックルを受けると絶叫した。「痛ってぇえ！」しかし誰も相手にしなかった。彼はすぐさま、そんなバカげた真似《まね》をしないようになった。非常に頭がよかったのだ。練習中の絶叫や下手な芝居は顰蹙《ひんしゅく》ものだと気づいて、すぐにつまらない振る舞いをやめた。やがて試合からも悪癖は消えた。ユナイテッドでの最後のシーズン、彼はファウルをもらおうとして何度か大げさに倒れたが、誰でもやる程度だろう。２００８年のボルトン戦で与えられたＰＫは、相手にとって厳しすぎる判定だったが、ロナウドがＰＫをねだったわけではない。主審の判断が悪かったのだ。ディフェンダーは足を伸ばしてきれいにボールを奪ったが、ロナウドは転倒した。それでも恥ずかしい振る舞いをしたのはロナウドではなく、主審のロブ・スタイルズだ。

十代のロナウドを獲得する寸前だったと主張するクラブは多いが（具体的にはレアル・マドリードとアーセナルだ）、彼がプロデビューを果たしたスポルティング・リスボンと協定を結んでいたのはユナイテッドだ。我々は交互にコーチを派遣するという事業を行っていた。２００２年、ユナイテッドにやってきたケイロスが言った。「スポルティングに注目の若手がいます」

「誰のことだ？」と、私は訊《き》いた。若手は何人かいたからだ。

「クリスティアーノ・ロナウドです」と、ケイロス。当時センターフォワードを務めていた彼のことを、我々はよく知っていた。突出した才能の持ち主なので早めにアクションを起こしたほうがいい、とケイロスは言った。そこで我々はコーチ派遣の一環と称して、ジム・ライアンをスポルティング・リスボンの練習場に送り込んだ。帰国したライアンは言った。「いやはや、すごい選手ですよ。本職はウィンガーのようだが、ユースチームではセンターフォワードをしています。待つのは得策ではないですね。十七歳になったら、どこかのクラブが大金を積みますよ」

そこで我々はスポルティング・リスボンに、クリスティアーノ・ロナウドというワンダーボーイについて問い合わせた。あと二年間は外に出さない、というのが彼らの返事だった。ではこの先二年間はスポルティングに在籍させて、その後イングランドに売るのはどうか、と私は提案した。当時、代理人とは接触していなかった。あくまでクラブ間の話し合いだった。

その夏、ケイロスはレアル・マドリードの監督に就任して、我々はアメリカでプレシーズンのツアーを行った。夏の終わりにはピーター・ケニオンとベロンが去った。スポルティングとは協定クラブ間の取り決めとして、２００４年欧州選手権のために建設された新スタジアムで試合をすることになっていた。

試合の日がやってきた。右サイドバックはジョン・オシェイだった。そのありがたくない役割を務めたのはガリー・ネヴィルだという説が定着しているが、実際はジョン・オシェイだ。ロナウドが一度パスを受けただけで、私はたまらず大声を上げた。「何をしているんだ、ジョン。さっさと寄せろ！」

オシェイが肩をすくめた。衝撃と混乱が顔に広がっていた。控えの選手も口々に言い始めた。「監督、ヤツはものすごい選手ですよ」

私は言った。「安心しろ。準備はできている」。まるで十年も前に契約を取りつけたかのように。私は用具係のアルバートに指示した。「ケニオンの席に行って、ハーフタイムにここへ来るよう伝えてくれ」。本人が現れると、私は言った。「あの少年がウチの選手になるまで、スタジアムを出ないぞ」

「そんなにいい選手なのか？」と、ケニオンが尋《たず》ねた。

「オシェイは頭痛を起こしている。今すぐ獲得しよう」

ケニオンはスポルティングに、ロナウドと話をする許可を求めた。まずいことにレアル・マドリードが800万ポンドのオファーを出しているらしい。

「それなら900万出すんだ」と、私は言った。

ロナウドは代理人と一緒に、階下の小さな部屋で待っていた。どうしても君をマンチェスター・ユナイテッドに連れていきたい、と我々は言った。ホルヘ・メンデスもいるところで、私は語りかけた。「この場で断っておくが、すぐに毎週出場できるわけではないぞ。だが、いずれはトップチームのレギュラーになるだろう。私が保証する。君はまだ十七歳だから、適応にはそれなりの時間が必要だろうが、しっかりと面倒は見る」

翌日ユナイテッドが手配したチャーター機で、ロナウドと母親、姉、ホルヘ・メンデス、弁護士が揃《そろ》ってやってきた。契約の手続き完了を急がなければいけない。とにかく早く終わらせるのが肝心だった。グラスゴー時代の私は、土曜の朝に自らスカウティングをして、その後チームに加入させた選手に言ったものだ。「こいつは役に立つ、と確信できる人材を見つけたときの喜びは大変なもんだぞ」

ある晩、私は『白い牙』という映画を観ていた。ゴールドラッシュに沸くアラスカを舞台にした、ジャック・ロンドンの小説が原作だ。スカウティングは金《きん》を探すのに似ている。土曜の朝、試合を観戦していると、ジョージ・ベストやライアン・ギグス、ボビー・チャールトンを彷彿《ほうふつ》とさせる選手が目に留まるのだ。あの日のリスボンでも同じような感覚を味わった――いわば天の啓示だ。

長い監督人生の中でも、ロナウドを獲得したときほど興奮と期待に胸が躍ったことはない。その次に興奮を味わったのが、ポール・ガスコインの獲得に挑んだときだ――まったく逆の意味の興奮に終わってしまったが。ガスコインが怪我《けが》で離脱しているうちに、ニューカッスルは降格争いに巻き込まれた。イースターの月曜、我々はセント・ジェームズ・パークで試合に臨んだ。私はノーマン・ホワイトサイドとレミ・モーゼスを中盤で起用した。ヤワな中盤ではない。このコンビを抜くのは至難の業《わざ》だ。ところがベンチに座っていた私の目の前で、ガスコインはモーゼスを股抜きでかわし、おまけに彼の頭をポンと叩いて走り去った。私はベンチから飛び出して叫んだ。「あのナントカという選手を獲得しろ」

ホワイトサイドとモーゼスは、勘違いするんじゃない、とガスコインに教え込もうとしていた。ひとつお灸《きゅう》を据えてやろう、と。ところがガスコインは二人を手玉に取り続けた。

その夏はガスコインの獲得に全力を尽くした。しかしニューカッスルは、彼をトッテナムに売却した。あんな才能を目《ま》の当たりにするのは、監督冥利《みょうり》に尽きる。とてつもない逸材を発見したという興奮そのままに、私はその日のうちにガスコインと契約を結ぼうとしたのだが。

一方ロナウドに関しては、ケニオンは無事に契約を成立させた。スペインのクラブに売ることにならなくて、スポルティングはほっとしていたようだ。交渉はトントン拍子に進み、諸条件を含めて1200万ポンドに落ち着いた。その条件とは、我々がもしロナウドの売却を決断したらスポルティングに買い戻しの優先権が発生するということだった。レアル・マドリードに売却する数日前、我々はスポルティングに連絡して、買い戻しには8000万ポンドかかると告げた。当たり前だが、そんな小切手が届くことはなかった。

チェシャーで新生活を始めたロナウドには母親と姉がついていた。理想的な環境だ。有名な息子を持つ母親の例に洩れず、彼の母親は息子のために労を厭《いと》わない、正直な女性だった。気取ったところはみじんもなかった。リンとバリーのムーアハウス夫妻が家具の調達から銀行口座の開設まで面倒を見た。クラブがオルダリー・エッジ近郊の閑静な一角に用意した家に、ロナウド一家はすぐなじんだ。

スポルティング・リスボン戦のあと、我々は夏の間ダラス・カウボーイズから借りていた飛行機で帰国の途についた。ファーディナンド、ギグス、スコールズ、ネヴィルの四人は、機上で言い続けていた。「ロナウドを獲ってください」

つまりロナウドが初めて練習場に現れたとき、選手たちは既に彼のことをよく知っていたし、実力のほども察していたというわけだ。本人も周りの評価がわかっていた。それでよかったのだと思う。

ロナウドは2003年8月6日のホームのボルトン戦で、途中交代で初出場した。ボルトンのディフェンダーは大混乱に陥った。右サイドバックがすかさずピッチの中央でロナウドを削ってボールを奪ったが、彼は跳ね起きてもう一回パスを要求した。電光石火の出来事だった。「大したタマだ」と、私は舌を巻いた。

次の瞬間、ロナウドは引きずり倒されてPKを獲得していた。ファン・ニステルローイが蹴ったが失敗した。するとロナウドは自分の判断で右サイドに流れて、素晴らしいクロスを二本上げた。スコールズがキープしてファン・ニステルローイに送ると、シュートはキーパーに阻まれたが、こぼれ球をギグスが押し込んで2点目を奪った。ゴール近くに陣取っていたユナイテッドの観客は、救世主が目の前に現れたかのような熱狂ぶりだった。オールド・トラッフォードの観客は、あっという間に英雄を作り出す。思わず観客席から腰が浮くような選手に出会うと、たちまち熱烈な応援を始めるのだ。マンチェスター・ユナイテッドのファンにとって、ロナウドはカントナ以来の衝撃だった。永遠の反逆児カントナほど崇拝されることはないだろうが、ロナウドの天才ぶりは誰の目にも明らかだった。

2009年のチャンピオンズリーグ準決勝のアーセナル戦で決まったゴールは、カウンターの名手としての彼の評判を不動のものにした。ボールは朴智星、ルーニー、ロナウドと目にも止まらぬ速さで動いた。私はいつもロナウドに言ったものだ。「ゴールに向かうときは、ストライドを大きくしろ」。そうするとスピードこそ落ちるが、タイミングを計るのが楽になる。全力で駆けているときは全身のコントロールが難しい。しかし少しだけ遅くすれば、落ち着いて考える余裕ができる。ロナウドはそれをやってのけた。見たらわかるだろう。

2004年春、カーディフで予定されていたFAカップ決勝戦の直前――結局ミルウォールを3対0で下した――3月にアシスタントコーチに就任したばかりのウォルター・スミスが、個々の選手の能力について尋ねてきた。

「ロナウドはどうなんですか？」と、スミス。「そんなにうまいんですか？」

私は答えた。「もちろんだ。ヤツは別格だよ。空中戦でもな。ヘディングが大得意なんだ」

しばらくしてから、スミスがためらいがちに言った。「ロナウドがヘディングの名手だとおっしゃるが、練習で決めるのは見ても、試合ではお目にかかったことがない」

土曜のバーミンガム戦で、ロナウドは鮮やかなヘディングを決めた。私はスミスの顔を見た。「いやいや、わかりましたよ」と、スミスが言った。

準決勝でミルウォールがサンダーランドを下すのを見て、私は言った。「あのティム・ケーヒルという選手は悪くないな」。小柄なわりに跳躍力がある。足もとのテクニックは平凡だったが、常に相手をいらつかせることができた。厄介《やっかい》な選手だ。100万ポンド出せば獲得できた。周囲に恵まれさえすれば、ケーヒルは多くのゴールを決めていただろう。デニス・ワイズも攻撃的な姿勢で目立っていた。だが彼らのような小柄でいやらしい選手は、サッカーの歴史を振り返ればいくらでもいるし、ついこう言いたくなってしまう。「ああ、私もまだ現役だったらな」。デニス・ワイズについて、同じような感想を持つ人間は大勢いるはずだ。ひと昔前なら彼は通用しなかった。私にはわかる。

現代サッカーでは、ちょっと器用なら体格に恵まれなくてもやっていける。ワイズは少しタイミングを遅らせてから足を出すのがうまかった。自分のやるべきことをきちんとやっていた。現代サッカーでは、本当の意味でガタイのいい選手――相手を壊すような選手を探すのは難しい。実際にはどちらでもよかったが。ロナウドはミルウォールを粉砕したのだから。

ロナウドが一度だけ巻き込まれた大がかりな事件は、言うまでもなく2006年のドイツW杯でウェイン・ルーニーがリカルド・カルヴァーリョを踏みつけたあとの騒動だ。ロナウドはポルトガルのベンチに向かってウインクしてみせたのだ。しばらくの間、彼とルーニーの仲はもはや修復不可能で、一緒のチームでプレーすることもないという噂が立った。ロナウドを救ったのはルーニーの思いやりだった。休暇中、私はルーニーにメールを送って、電話が欲しいと言った。何も問題がないと示すためにロナウドと二人でインタビューを受けるのはどうか、とルーニーが提案した。

翌日ミック・フェランに意見を訊くと、わざとらしくて無理をしている感じだ、という答えだった。確かにそのとおりだろう。しかしルーニーの気遣いはロナウドを救った。もうマンチェスターに帰れないのではないか、とまで思い詰めていたという。孤立無援でメディアの餌食《えじき》にされるだろう、と。ルーニーは何度かロナウドに電話して、励ましの言葉をかけた。国際試合でユナイテッドの選手同士が衝突したのは初めてではない。１９６５年のスコットランド対イングランド戦は、ノビー・スタイルズのイングランド代表デビュー戦だった。彼はスコットランド陣内に立っていたデニス・ローに近づいて、声をかけた。「いい試合を」。ローに心酔していたのだ。ところがローは吐き捨てた。「失せろ、イングランドのクズ野郎」。スタイルズはその場で凍りついた。

ルーニーを退場させようとして、ロナウドが主審に駆け寄ったのは事実だ。現代サッカーでは珍しくもない。しかしロナウドの頭には一つのことしかなかった——母国に勝ちをもたらすこと。翌シーズン、ユナイテッドでプレーすることまで考えていなかった。それがW杯の試合というものだ。そして彼は後悔した。あとで話を聞いてみると、自分の行為がどう受け取られたのかよくわかっていた。あのウインクは曲解された。揉《も》めごとを起こさないように代表監督から釘《くぎ》を刺されていたのだから、ルーニーの退場に手を貸したのが嬉《うれ》しくてウインクをするわけなどない。自分のジェスチャーは誤解された、という彼の説明を私は信じた。「どうだ、ヤツを追い出してやったぜ」という意味などではない、と。

ロナウドとはポルトガルの別荘地で昼食を共にした。ホルヘ・メンデスも同席していた。ルーニーが電話をしてくれたおかげでロナウドの気持ちはやわらぎ、落ち着きを取り戻していた。私はロナウドに言った。「お前はマンチェスター・ユナイテッドの歴代の選手の中でも一、二を争う勇敢な男だ。逃げ出すのはお前らしくない」。そして１９９８年のベッカムの話をした（ベッカムは１９９８年のフランスＷ杯の準決勝で相手を蹴って一発退場になり、チームもＰＫ戦の末に敗退した。その後国内でベッカムに対する猛烈なバッシングが起きた）。「まったく同じ状況だった。ロンドンのパブの外にはベッカムの人形が吊されたんだ。すっかり悪魔扱いだったよ。だがベッカムは歯を食いしばって戦った」

あの退場劇のあと、ベッカムの国内での初戦はウェストハム戦だった。イングランド代表として醜《しゅう》態《たい》をさらした選手にとって、アップトン・パークでプレーするのは地獄だ。しかしベッカムは毅然《きぜん》としていた。「お前も見習うんだ」と、私はロナウドに言った。彼のロンドンでの最初の試合は、水曜のチャールトン戦だった。監督席から様子を見ていると、一人の地元ファンの唖然《あぜん》とするような罵詈《ばり》雑言《ぞうごん》が耳に入った。「ポルトガルのゲス野郎」は、その中でも上品な一例だ。しかしハーフタイムの五分前、ボールを受けたロナウドが四人の敵をものともせずに放ったシュートがクロスバーの内側を叩くと、あの地元ファンは二度と観客席から腰を上げようとしなかった。すっかり戦意喪失していたのだ。自分の悪態がロナウドに火をつけてしまった、と思ったのかもしれない。

ロナウドは落ち着いていて、シーズン開幕戦から好調をキープし、ルーニーとも問題なく付き合っていた。若い選手に衝突はつきものだ。どのみちルーニーの退場は避けられなかったが、ロナウドの行為も余計だった。やがて世間の関心も薄れて、ロナウドを手放さずに済んだことに私は胸をなでおろした。そのシーズン、チームは勝ち進み、モスクワで2008年のチャンピオンズリーグを制した。

2012年の夏、私はピーター・シュマイケルとサム・アラダイスと一緒に、BBCのダン・ウォーカーがホストを務めるQ&Aセッションに出席した。聴衆の一人が質問した。「ロナウドとメッシでは、どちらがいい選手ですか?」私は答えた。「ロナウドはメッシより体格に恵まれていて、空中戦にも優れているし、両足が使えて、足も速い。メッシはボールに触れると、魔法のような瞬間を生み出す。タッチの柔らかさは羽毛ふとんのようだ。重心が低いのも、相手にとっては厄介極まりない」

シュマイケルの意見によると、ロナウドはチームメイトに恵まれなくてもいいプレーができるが、メッシはできなかった。一理あるかもしれない。それでもボールに触れさえすれば、メッシは一仕事するだろうが。シュマイケルが言いたかったのは、メッシはシャビとイニエスタがボールを運んでくるのに頼っている、ということだ。ただしボールを届けてもらう必要があるという点では、ロナウドも変わらない。何度尋ねられても、どちらが優れていると断言するのは不可能だ。片方を二番手の地位に追いやるのは間違っている。

私にとって、ロナウドが赤いユニフォームを着て達成した偉業と同じくらい誇らしいのが、レアル・マドリードに移籍してからも親密な付き合いが続いたことだ。異なる道を選んでからも、私たちの絆《きずな》が弱まることはなかった。出会いと別れが繰り返されるサッカーの世界では、上等の結果だろう。

第9章 ロイ・キーン

ロイ・キーンはエネルギッシュで、闘志にあふれ、試合の流れや戦術を理解する天性の勘に恵まれていた。ユナイテッドでプレーしていた間、チームで最も影響力があった。ドレッシングルームの空気が緩んでいないか目を光らせて、私の負担を大きく減らしてくれたのだ。監督として、そんな選手を悪く言うことはなかなかできない。

しかしキーンがユナイテッドを去る2005年11月には、我々との関係は崩壊していた。セルティックに加入するまでの一連の出来事について、私はかなり辛辣《しんらつ》な見かたをしている。だが最初に、なぜ彼があそこまでチームに影響力を持てたのか、振り返ってみたい。

仲間が少しでも気を緩めるそぶりを見せたら、ロイ・キーンは容赦《ようしゃ》しなかった。多くの選手が怠慢《たいまん》の罪を犯してキーンの逆鱗《げきりん》に触れたし、そうなると逃げ隠れできなかった。それが悪いことだったとは思わない。私の在任中はいつも、我の強い選手がチームを牽引《けんいん》した。ブライアン・ロブソン、スティーヴ・ブルース、エリック・カントナは、監督とクラブの代弁者だった。

私の選手時代は、監督は試合直後の興奮冷めやらない状況で選手を叱《しか》りつけたりしなかった。責任の追及を始めるのは、むしろ着替えをしている選手同士だった。時にはバスタブに湯が溜まらないうちから、非難の応酬が始まった。「おい、お前は決定機を外しただろう。そっちのお前は……」

選手だった頃の私は、失点があれば必ずゴールキーパーやディフェンダーに文句をつけた。つまり私が相手ゴール前でミスを犯したら、この前私に責められた縁の下の力持ちの選手から利子つきのお返しがきたというわけだ。歯に衣着《きぬ》せない物言いには、そんなリスクがついて回った。最近の監督は、試合が終わった直後に自分の考えを伝える。監督として分析や批判、称賛をしたければ、終了直後の十分から十五分が最も効果的だというわけだ。

キーンはチームメイトを自分に従わせようとしたが、その過程ではさまざまな軋轢《あつれき》やドラマが生まれた。あるときドレッシングルームに行くと、キーンとルート・ファン・ニステルローイが睨《にら》み合って口論していた。少なくともファン・ニステルローイには、キーンと言い争う度胸があったということだ。誰にでもあったわけではない。キーンは威圧感の塊で、気性も荒かった。怒りに火がつくと攻撃的になり、他人をこき下ろした。

カルロス・ケイロスも同意してくれたことだが、かつての自分ではなくなったと気づいた瞬間からロイ・キーンの振る舞いは変わった。断言してもいい。故障と年齢のせいで輝きが半減したキーンに、我々はそれまでと異なる役割を求めた。互いのためだった。

むやみやたらとピッチを走り回ったり、前線に駆け上がったりするのは控えるよう、我々は説いた。

それまでのキーンは、味方がボールを持つとすぐさま自分に渡すよう求めていた。選手としては長所だろう。仲間にボールが渡ったら瞬時に動きを開始して、選手をサポートするのがユナイテッドの哲学だ。キーンはその仕事を諦《あきら》めなければいけない段階に差しかかっていたが、現実を直視するのを拒否した。

彼も言われていることはわかっていたと思うのだが、黙って受け入れるのはプライドが許さなかった。彼の原動力は情熱だった。クラブと訣別《けつべつ》する前のシーズンには、守備のために自陣に戻ろうとしても体がついていかなくなっていた。昔なら考えられなかった――無理もないのだが。腰にメスを入れて、靭帯《じんたい》を再建する手術も受けて、厳しい戦いの最前線で体を張ってきたのだから。

キーンはこれまでずっと、持てるすべての力を使ってプレーするというやり方で通してきた。三十代になると変化を受け入れるのが難しくなる。自分に成功をもたらしたプレースタイルに見切りをつけるのは、簡単ではない。だが目の前にいるのが昔のロイ・キーンではないことは、誰の目にも明らかだった。

一つの解決策は中盤の狭いエリアに留まって、その位置からゲームを支配することだった。だがキーンは、かつてのカリスマ的なプレースタイルを諦めきれなかった。心の底では自分が一番よくわかっていたのだろうが。

それがクラブと喧嘩《けんか》別れしてセルティックに移籍するに至る長い伏線だった。キーンは永遠の少年ピーターパンのようなつもりでいたのだろう。そんな選手はいない。年を取らない童話の主人公に最も近いのはライアン・ギグスだが、彼は大きな怪我《けが》をしたことがない。キーンは選手生命に関わる故障を経験していた。中でも腰の問題は、フィジカルの強さに深刻な影響を与えた。

私との関係に大きなひびが入る最初のきっかけは、２００５―06年のプレシーズンのポルトガル合宿だった。カルロス・ケイロスが企画から準備まで引き受けて、素晴らしい環境を整えてくれた。ヴァレ・ド・ロボ。天国のような場所だ。練習場、ジム、コテージが完備していて、選手にとっては理想的だった。

私はフランスでの休暇を終えてから現地入りした。大半の選手とスタッフはヴィラで快適に暮らしていたが、悪いニュースも待っていた。ケイロスがキーンにほとほと手を焼いていたのだ。

キーンがどうしたのか、と私は尋《たず》ねた。ケイロスによると、ヴァレ・ド・ロボの宿泊施設のレベルが低いので泊まりたくないとごねていたらしい。最初に案内されたコテージは、部屋の一つにエアコンがついていないという理由で拒否した。二軒目でも同じような問題が見つかった。三軒目は私が見たかぎり素晴らしいコテージだったが、キーンは気に入らず、家族と一緒に隣のキンタ・ド・ラゴに滞在すると言い張った。

初日の夜、ホテルのテラスでバーベキュー大会が開かれた。楽しいひとときだった。その最中にキーンがやってきて、話がしたいと言った。

「おいおい、今は勘弁してくれよ。明日聞くから」と、私は言った。

翌日のトレーニングのあと、私はキーンを隅に連れていった。「いったい何が気に食わないんだ？ 私もコテージを見て回ったが、快適そうじゃないか」

するとキーンは、エアコンの件を含む不満をまくし立てた。それからケイロスに矛先《ほこさき》を向けた。なぜこんなところでプレシーズンをやらなきゃいけないんだ、云々《うんぬん》。文句の嵐だった。私たちの関係はぎくしゃくするようになった。合宿中、彼は自分の殻にこもっているように見えた。私はがっかりした。有意義な合宿にしようと、ケイロスが心血を注いだというのに。

合宿が終わったあと、私はキーンをオフィスに呼びつけて、ともかくケイロスに謝罪させようとした。しかし彼は聞く耳を持たなかった。

口論の最中にキーンが言った。「監督、あなたは変わりましたね」

私は答えた。「そりゃそうだろう。昨日と今日は違うんだ。私たちは昔と違う世界に生きている。今のチームには二十カ国から選手が集まっているんだ。私が変わっただと？　そうであってほしいもんだね。変わらなければ、ここまでやってこられなかったよ」

キーンが言った。「いや、人間がおかしくなってしまったんだ」

私たちは唾《つば》を飛ばして言い争った。まさに言葉の殴《なぐ》り合いだ。お前はどうかしている、と私は言った。「キャプテンだというのに、他の選手の模範になっていない。掘っ建て小屋に押し込まれたわけじゃあるまいし。きれいなコテージだっただろう。文句なしの環境だ」

気まずい空気は消えなかった。決裂の発端はこのあたりだったのだ。それからキーンがマンチェスター・ユナイテッドTV内のインタビューで、一部の若い選手が義務を果たしていないと非難する騒ぎが起きた（マンチェスター・ユナイテッドTVは、クラブが運営する公式番組）。マンチェスター・ユナイテッドTVには持ち回りで出演していて、本来ならガリー・ネヴィルの番だった。ミドルズブラとの試合を終えたあとの月曜、キーンが代わりに出演しようとしていると広報担当者から聞いたが、それほど気にならなかった。特に問題はないと思ったのだ。

しかし結果的に、キーンは土曜の試合に関してチームメイトを徹底的にこき下ろしたのだった。16時、家の電話が鳴った。「監督、映像を見ましたか」

キーンはインタビューの中でキーラン・リチャードソンを「とろいディフェンダー」と呼び、「スコットランド人がダレン・フレッチャーをちやほやする理由がわからない」と言い、リオ・ファーディナンドに至ってはこう切り捨てたという。「週に12万ポンドの稼ぎがあって、トッテナム戦で二十分いいプレーをしたというだけで、スーパースター気取りなのさ」

広報担当者はすぐさまデイヴィッド・ギルに連絡を入れた。どうしたらいいか私が決断するまで、放映は延期された。「わかった。明日の朝オフィスにビデオを届けてくれ。じっくり見せてもらおう」と、私は言った。

いやはや、恐れ入った。キーンは仲間を片っぱしから八つ裂きにしていた。ダレン・フレッチャー、アラン・スミス、ファン・デル・サール。誰もキーンの毒牙を免れなかった。

その週は試合がなく、私はユナイテッドがドバイで運営するサッカースクールを訪問する予定だった。出発の日の朝、ガリー・ネヴィルがドレッシングルームから電話をかけてきて、私に用があると言った。てっきりキーンが謝罪したのだと思って、私は階下に向かった。私が椅子《いす》に座るやいなや、ネヴィルが切り出した――選手たちはケイロスの練習に不満を持っている。自分の耳が信じられなかった。「何だと？」おおかたドレッシングルームに大きな影響力を持つキーンが、不利な状況を覆そうとして力を行使したのだろう。断っておくがカルロス・ケイロスは素晴らしいコーチで、トレーナーとしても優秀だ。練習に繰り返しが多いのは事実だが、習慣の力こそが一流の選手を育てるのだ。

私は冷たく言った。「お前たちは練習にケチをつけるために、私を呼び出したのか？　二度とこんな話をするな。誰に向かって口を利《き》いているんだ」。そして席を蹴《け》った。

しばらくしてからキーンがオフィスを訪ねてきた。「状況はわかっている」。そう前置きしてから、私はビデオの件を切り出した。「あのインタビューは恥さらしの茶番だ。チームメイトに好き放題言って、それが外部に流れるのを望んでいるのか」

インタビューの映像を皆に見せて意見を訊《き》いたらどうか、とキーンが提案した。私は了承して、選手全員を呼び出した。デイヴィッド・ギルも練習場にいたが、ショーを見物するかという誘いには乗らなかった。私に任せたほうがいいと思ったのだろう。ケイロスとスタッフ全員は集まった。

たった今流した映像について何か言いたいことがあるか、とキーンが尋ねた。

仲間を批判するのはおかしい、とエドウィン・ファン・デル・サールが言った。すかさずキーンがやり返した。何様のつもりだ、ユナイテッドの何を知っているのか、と。ファン・ニステルローイが勇敢にもファン・デル・サールを擁護すると、キーンは彼に矛先を向けた。続いてケイロスが槍玉に挙がった。しかし最高のお言葉をいただいたのは私だった。

「マグナーといさかいを起こして、私生活をピッチに持ち込んだくせに」（詳細は第10章参照）

選手は一人、二人と席を立ち始めていた。スコールズ、ファン・ニステルローイ、フォーチュン。キーンの体の中で最も破壊力を持つのは舌だ。想像を絶するほどの毒があるのだ。あの舌にかかれば、世界一の自信家でも数秒でふらふらになってしまうだろう。その日発見したのは、キーンが怒り出すと瞳孔《どうこう》が細くなって、しまいには黒いビーズのように小さくなるということだった。ぞっとするような光景だった。私はグラスゴー出身のタフガイだというのに。

キーンが去ったあと、私は動揺を隠せなかった。ケイロスにしても、生まれてこのかたこんな場面には立ち会ったことがないという。プロのサッカークラブで絶対にあってはならない事態だ、と。

「ヤツはもうチームに置いておけない」と、私は言った。「100％賛成します」と、ケイロス。「追い出しましょう」

私は水曜までクラブを離れていたが、ドバイからデイヴィッド・ギルに電話をかけた。「ロイを放り出そう」。今まで聞いた状況から判断するとそれしかないだろう、とギルも言った。ギルはグレイザー・ファミリーの意向を確認したが、彼らも了承した。クラブがキーンの契約年数に相当する年俸を払って、なおかつ記念試合を行うという決断を私は支持した。キーンに不当な仕打ちをしたなどとは言わせない。

中東から戻ると、グレイザー・ファミリーが金曜に訪問する予定が組まれていた。ギルはキーンの代理人のマイケル・ケネディにも電話して、話し合いの必要があると伝えていた。キーンとケネディに向かって、我々は決断に至る経緯を詳しく説明した。

後にキーンは公の場で、ファーガソンには一人で俺のユナイテッドでのキャリアを断ち切る度胸もなかった、と言った。しかし最初に対決したあと、私はそれ以上彼と関わる気をなくしていたのだ。一戦交えるつもりなどさらさらなかったし、本当は顔も見たくなかった。

練習場に行って選手にニュースを伝えると、それぞれの顔に驚きが広がった。

常々思うのだが、私が監督として最も手腕を発揮したのは、何らかの決定的な事実が明らかになったり、自分の感覚に確信を持ったりしたとき、ためらわず判断を下したときだ。キーンをめぐる危機を回避するために何をすべきかは明らかだった。手をこまねいていたらキーンはチーム内でますます影響力を増し、自分に理があると思い込み、正しかったのは彼だと周りにも納得させてしまっていただろう。キーンは正しくなどなかった。あやまちを犯したのだ。

ロイ・キーンがマンチェスター・ユナイテッドを去るまでには、あまりに多くの事件があり、印象深い出来事があった。とりわけ有名なのが、２００２年の日韓W杯直前にアイルランド代表監督のミック・マッカーシーと衝突して、帰国してしまったことだろう。

あのとき私は弟のマーティンに誘われて、六十歳を祝う一週間の旅行をしていた。夕食の席に携帯電話を持っていったのはマーティンだけだった。ちょうど店を出ようとしたとき、着信音が響いた。マイケル・ケネディからで、私をつかまえようとしていたという。アイルランド代表がW杯に備えて合宿を行っているサイパンで問題が起きた、とケネディは一息に言った。「ロイと話をしてください。それができるのはあなたしかいない」。私は面食らった。ケネディがこんなに途方に暮れた声を出すのは聞いたことがなかった。彼はキーンとミック・マッカーシーのやり取りを教えてくれた。ケネディに訊いた電話番号はつながらなかったので、キーンのほうから連絡するように頼んだ。

やがてキーンから電話がかかってきた。「ロイ、どうしたというんだ？」キーンはマッカーシーに対する怒りをぶちまけた。私は言った。「落ち着いて、私の言うことを聞け。お前の子どもたちは、後ろ指をさされながら学校に行くことになるんだぞ。家族のことをよく考えろ。どれだけの騒ぎになると思っているんだ。W杯決勝どころではないぞ。この一件がひと夏の話題になるんだ」

キーンには私が正しいのがわかっていた。今すぐマッカーシーを訪ねて二人きりで話し合い、代表に残ると言うように指示するとキーンは納得した。しかし面談を求めたときには、既にマッカーシーは記者会見を開いて事の成り行きを公表してしまっていた。キーンは遅きに失した。

なぜ全面的にキーンを擁護したかというと、彼がマンチェスター・ユナイテッドの選手で、最高の環境で練習することに慣れていたからだ。条件がまったく整わず、トレーニング用品も揃《そろ》っていないような場所に連れていかれたら、誰でも腹を立てるだろうし、キャプテンとして文句を言うのも当然だろう。大きな問題は、どの程度言うかということだ。

練習環境がよくなかったとはいえ、あそこまで怒る必要はなかった。それがキーンという男なのだが。彼の辞書に中途半端という単語はない。

私はいつもユナイテッドの選手の味方をしたし、キーンも例外ではない。監督としての義務だ。だからこそ本当なら選手に非がある状況でも彼らをかばったわけで、それが間違っていたとも思わない。もちろん、こう嘆きたくなるときもあった。「いったい、ヤツらは何がしたいんだ」。キャシーにもよく同じ質問をされた。しかし自分のチームの選手を突き放すわけにはいかない。公の場で吊し上げる以外の方法を考えなければいけなかった。時には罰金を課したり、制裁を与えたりすることもあったが、とにかくドレッシングルームの中で処理しようとした。さもなければ選手を守るという、監督としての大原則を放棄することになる。いや、守るというよりは、外野が勝手に下す評価から遠ざけるのだ。

現代サッカーでは、選手の知名度が監督の支配力を上回ることがある。私が現役だった頃は、監督への不満など間違っても口にしなかった。そんなことを言ったら一巻の終わりだった。だが私の監督人生の後半には選手が監督を操ったり、時には監督の頭越しにファンやクラブのサポートを得たりという話が日常茶飯事だった。選手は聞いてくれる相手が見つかったら次々と不満を打ち明けるものだが、監督はそれをしない。もっと大きな責任があるからだ。

おそらくキーンは現役引退のときが迫っているのを感じていて、監督のような気分になっていたのだろう。チームのまとめ役を引き受けていたのは事実だが、マンチェスター・ユナイテッドＴＶに出演してチームメイトを叩くのが、まとめ役の仕事のはずがない。

我々が放映を差し止めたおかげで、キーンはチームメイトから総スカンを食うのを免れたはずだ。しかし私のオフィスであれほど毒を吐いたともなれば、もうかばいようがなかった。

監督としての権力だけは絶対に失うわけにいかなかった。それが私の唯一の武器だったからだ。かつてのデイヴィッド・ベッカムのように、選手が好き勝手に振る舞うようになったらクラブはおしまいだ。まともな選手なら、監督が権力を握っているのを歓迎するだろう。彼らはタフな監督、あるいは時と場合によってはタフになれる監督を好むのだ。

選手が監督に強さを求めるのには理由がある。メリットがあるのだ。彼らはこんなふうに考える。

一．この監督は自分たちを優勝に導いてくれるだろうか？
二．自分を成長させてくれるだろうか？
三．自分たちを守ってくれるだろうか？

選手にしたら欠かせない要素だ。この三つの問いへの答えがイエスなら、彼らは監督が人を殺しても責めないだろう。これまでに何度も、私は試合後についかんしゃくを爆発させて、あとで恥ずかしい思いをした。びくびくしながら帰宅した晩もある。翌日の練習に顔を出しても、誰も口を利いてくれないのではないか。ひょっとしたら選手たちは激怒して、反乱を企てているかもしれない。しかし月曜になってみると、恐れを抱いているのは私ではなく選手たちだった。監督が猛り狂うのを見るのは金輪際《こんりんざい》ごめんだ、と思っていたのだ。

キーンは賢い男だ。知的な本を読んでいるのを見たこともあるし、話もうまく、機嫌さえよければ一緒にいて楽しかった。メディカルスタッフにはよく訊かれた。「今日のロイの雲行きは？」それがドレッシングルーム全体の雰囲気を左右するのだ。日常の場面で、彼はそれほどの影響力を持っていた。キーンは言うことがころころ変わったし、気分の浮き沈みも激しかった。なんていい男だと感心していると、次の瞬間には裏切られたりした。一瞬でスイッチが切り替わるのだ。

長い目で見れば、彼が去ったのは最善の出来事だったかもしれない。キーンの前では多くの選手が萎縮していて、彼がいなくなったあとでようやくのびのびとプレーするようになったからだ。ジョン・オシェイとダレン・フレッチャーがいい例だ。2005年11月、リールと試合をするためパリに遠征したとき、選手がウォームアップを始めるとスタジアムにブーイングが響き渡った。キーンがマンチェスター・ユナイテッドTVのインタビューでしゃべったことが原因の一端だ。そのとき最もひどいブーイングを受けたのが、フレッチャーとオシェイだった。

キーンが去ると、チームの空気は和《なご》やかになった。誰もが安堵《あんど》していた。一部の選手にとっては罵詈雑言が日常茶飯事だったが、もうそんなものを耳にしなくてもいいのだ。三年前に去られていたら痛手だったが、この時点では既に下り坂の選手だったので、それほどダメージは大きくなかった。セルティックとレンジャーズの試合を前に、私はケイロスに言った。「キーンは中心的な活躍をするだろう」

しかしキーンはまったく試合に入れず、影のような役割しかできていなかった。ダイナミックで闘志にあふれ、激しさに満ちたロイ・キーンはどこにもいなかった。だがセルティックのことは気に入っていたらしい。ある日話をしたときは練習内容や設備、データ分析会社〈プロゾーン〉の協力について誉《ほ》めちぎっていた。私たちの間の溝はひとまず埋まった。退団から二カ月ほど経った頃のことで、チームの問題についてオフィスでケイロスと話し合っていると、スタッフがやってきてキーンの来訪を告げたのだった。私は戸惑った。

「俺の態度について謝りたいと思っています」と、彼は言った。それからセルティックでの毎日について語り始め、すべてがうまくいっていると話した。しかしレンジャーズとセルティックの試合を見るかぎり、長続きするとは思えなかった。

変化の予感はキーンが去る前からあったが、まだ実体はなかった。マンチェスター・ユナイテッドには強力な伝統がある――常に若い選手や、新顔の選手が控えているのだ。キーンが去ったあと、我々は彼らに出番を与えた。フレッチャーは精神的に成熟して、経験値も増していた。朴智星《パクチソン》が加入し、ジョニー・エヴァンスは飛躍のときを迎えていた。

トップチームの選手たちは自分のことしか眼中にないので、世代交代が進んでいることに時として気づかない。曲がり角の向こうで何が起きているのか、まったくわかっていないのだ。ギグス、スコールズ、ネヴィルは例外だった。おそらくファーディナンドとウェズ・ブラウンもだ。他の連中はまるで無頓着《むとんちゃく》だった。試合に出場することしか考えていないのだ。しかし私には、層が厚くなってきているのがわかっていた。トロフィーの数だけ考えたら不毛な時期だったが、チームを変えようとしているのなら、成果が上がらない時期もあること、変化には一年以上かかることを認めなければいけない。

しかし変革を成し遂げるために三、四年も要求するような真似《まね》はできなかった。マンチェスター・ユナイテッドでは、そんな時間は望むべくもない。挑戦を恐れず、時には大胆に挑むしかなかった。若い選手を起用して、チャンスを与えるのだ。私はそれをためらわなかった。義務感でやっていたわけではなく、純粋に楽しかった。私の監督としての特色だろう。セント・ミレンでもアバディーンでも、マンチェスター・ユナイテッドでも変わらない。新たなチーム作りの時期が訪れたときは、若手を信頼した。

外からの選手補強に関して言うなら、ケイロスはアンデルソンに強い関心を示していた。デイヴィッド・ギルがスポルティング・リスボンに行ってナニの契約を取りつけ、その足で高速を飛ばしてポルトからアンデルソンを買い取った。安い買い物ではなかったが、クラブが才能ある若手についてどう考えているのか示す機会になった。ファーディナンド、ヴィディッチ、エヴラの三人でディフェンスの土台はできていた。バックスはしっかりしていた。前線ではルーニーが成長を見せていた。故障続きのルイ・サハは放出した。短い間プレーしたヘンリク・ラーションも一流だった。

いったん和解したものの、キーンとの関係はふたたび悪化した。キーンは新聞のインタビューに答えて、マンチェスター・ユナイテッドのことはきれいさっぱり忘れた、という意味のことを言っていたのだ。ユナイテッドもどうせ自分のことを忘れてしまったのだろうから、と。キーンの貢献を忘れるだろうか? 貪欲《どんよく》に勝利を求め、チームの先頭に立つ姿勢のおかげで、メディアからは第二の監督のように見られていた。私はたびたび訊かれた。「ロイ・キーンは監督としてやっていけると思いますか?」だがキーンの監督としてのキャリアが頭打ちになるにつれて、金で成功を買おうとしていることがわかってきた。よそから選手を買い続けていたのだ。チームを作る忍耐心に欠けているようだった。

2011―12シーズン、私たちはふたたび一戦交えた。ユナイテッドがアウェイのバーゼル戦を落としてチャンピオンズリーグを敗退したことに関して、キーンが若手に辛辣なコメントをしたのだ。私は「現場に無知な〝テレビ批評家〟」と呼んで反撃した。キーンのサンダーランドとイプスウィッチでの最後の日々を見ていたら、ひげに白いものが混じり、目が落ちくぼんでいくのがわかったはずだ。彼がテレビで述べる意見に感心して、こう思う人間もいるだろう。「アレックス・ファーガソンに楯突《たてつ》くとは度胸があるな」。私にはキーンがコメンテーターを引き受けた瞬間から、ユナイテッドを目の敵《かたき》にするのがわかっていた。

彼の若手批判は的を射ていたのだろうか？　叩かれたら黙っていないウェイン・ルーニーには、決して矛先を向けなかったはずだ。ベテランの選手たちは彼をひとひねりしただろう。キーンが槍玉に挙げたのはフレッチャーとオシェイで、おかげで彼らはパリで行われたリール戦でブーイングを受けた。キーンが二チームで監督を務めた結果、明らかになったことは一つしかない。金がなければダメなのだ。サンダーランドでは大金をはたいて失敗し、イプスウィッチでも散財したがうまくいかなかった。

キーンは『サンデー・タイムズ』のデイヴィッド・ウォルシュのインタビューに答えて、ファーガソンは自分のことしか眼中にない、その最たる例がジョン・マグナーとロックオブジブラルタル号の一件だと語った。勝手な言い草だ。昔オフィスで衝突したときも、私はキーンが怒りに燃えるのを見た。目は暗い色をたたえていた。あの日もジョン・マグナーについて延々と話していた。なぜあれほどジブラルタル号の件にこだわるのか、私にはよくわからない。

決定打となったあの金曜、我々は衝突について一切口外しないという約束をした。私としてもその約束を守りたかったが、最初に裏切ったのはキーンだ。サンダーランドで監督を務めていた頃、彼はユナイテッドに侮辱《ぶじょく》された、移籍に至る経緯について嘘《うそ》をつかれたと発言した。我々は法的措置を取ることも考えた。発言を撤回するつもりはない、とキーンは言った。裁判の席でファンを感心させることを考えていたのではないだろうか。いろいろあったとはいえ、キーンは今でも彼らのヒーローなのだ。私は訴えを取り下げるようデイヴィッド・ギルに言った。我々は名誉を守ったと思う。

第10章

ピッチの外で

　世のサッカーファンは私のことをサッカー一筋で、マンチェスター・ユナイテッド以外にほとんど楽しみを見出さない人間だと思っていたのではないか。だが仕事の重圧が増すにつれて、私はさまざまな趣味や娯楽で気を紛らわせ、頭を休めるようにしていた。本棚は充実して、ワインセラーにはお気に入りのワインが並んだ。

　競馬好きを除けば、私の世界は周囲の目から隠されていた。練習場で一日が終わったあと、あるいは試合が行われ、しかるべきコメントがされて過去の記録となったあと、私はその世界に戻っていった。引退前の十年ほどは多くの趣味に心の安らぎを見出すことで、より効率的に監督業をこなした。ハードな仕事を続ける一方で、多彩な頭脳活動を心がけたのだ。自宅は私の興味関心の砦《とりで》で、独裁者の伝記やジョン・F・ケネディ暗殺に関する資料、ワインコレクションの一覧があった。

私の政治的な志向は、ゴヴァンの造船所近くでパブの店員として働いていた頃からほとんど変わっていない。成功を収めて豊かになると人間は意見を変えるものだが、若い頃の私が学んだのは、型にはまったイデオロギーを通して人生を捉える方法ではなかった。むしろ多様な価値観を学んだ。

私は毎晩のように夕食会に参加したり、選挙活動に顔を出したりするような労働党の信奉者ではない。地元の労働党議員のことは常に支持しているが。キャシーにも言われるのだが、政治に首を突っ込むとたちまちあらゆる場所から声がかかる。いつでも出動の準備ができていて、喜んで時間を差し出すことを期待されるのだ。労働党を支持して社会主義的な価値観を共有しているからといって、実際の活動に関わるとはかぎらない。マンチェスター・ユナイテッドの監督を務めていると、それだけの要求に応える時間はなかった。代わりに私は労働党に投票したし、他にも目に見える形で彼らを支持した。私が保守党党首のデイヴィッド・キャメロン首相の横に座っている姿など想像できないはずだ。労働党議員の横にいることはある。それが私の意思表示だ。

私は昔から左派で、ゴードン・ブラウン前首相の仕事ぶりは高く評価していた。元労働党党首のジョン・スミスもだ。故ジョン・スミスは立派な首相になっただろう。ニール・キノックのことは気の毒に思う。優秀な政治家だが、運に恵まれなかった。彼の姿を首相官邸《ダウニング・ストリート》でぜひ見たかった。熱い男だった。私の考え方はブラウンのほうに近かったが、選挙を勝ち抜くためにはトニー・ブレアの大衆的な手法のほうが有効なのは認める。ブレアはうまく振る舞ったし、カリスマ性もあったので長いこと人気を保ったが、イラク戦争に関しては世論を読み切れなかった。

ブレアの元側近アラステア・キャンベルと親しくなったのは、ベテランのスコットランドサッカーの記者で歴代の労働党党首からも信頼されていたジム・ロジャーのおかげだ。あるときロジャーに電話で、当時『ミラー』の記者だったキャンベルの取材に応じるように言われた。キャンベルとは馬が合って、時々短い手紙などが届くようになった。彼の人脈は広かった。その後キャンベルはブレアの補佐官になり、労働党での活動を通して私たちは親しくなった。1997年の選挙の前の週、私はキャンベルとブレア夫妻と一緒に、マンチェスターのミッドランド・ホテルで食事をした。私はブレアに言った。「議員たちを一つの部屋に押し込んで鍵をかけておけるなら、君は安泰だろう。だが困ったことに、議員というものはてんでばらばらに動こうとする。それぞれに味方がいて、マスコミとのコネクションがある。閣僚をコントロールすることこそ難問だ」

ブレアは真剣に聞いていた。権力者とは誰しも脆《もろ》いものだ。国を率いる人間は巨大な責任を負わされ、孤独にもさいなまれる。私にはよくわかる。午後一人きりでオフィスにいて、仕事は終わったのだから話し相手が現れないだろうかと思ったものだ。だが監督は真空地帯の中にいるようなもので、周りは足を踏み入れまいとする。ブレアはまだ若かったが、そんな世界に入っていこうとしていた。

ブレアは回顧録の中で首相時代、財務大臣を務めたゴードン・ブラウンをクビにするべきかどうか、私の意見を訊《き》いたと書いていた。私が記憶するかぎり、ブレアはブラウンの名前をはっきりとは出さなかったはずだ。質問はスーパースターの扱いに関することで、私はこう答えた。「監督として最も重要なのは、権力を手放さないことだ。誰か一人でもそれを脅《おびや》かす人間が出たら、排除しなければならない」。確かにブラウンとの関係がうまくいっていないと言っていたが、具体的にどうするべきか私に訊いたわけではない。私は一般的なアドバイスに留めた。個人攻撃をしたくなかったからだ。

たとえ周りの反感を買おうと、問題には正面から向かい合わなければいけない。私は常にそれを実感していた。スタッフの一人としっくりこないと感じたら、そこには必ず問題があるということだ。うまく解決する方法があるのか、気を揉《も》みながら毎晩眠りにつくのはごめんだった。

時には駆け引きも効果的だが、大半が労働者階級出身であるサッカー選手に訴えかけられるとは思えない。私の目的はチームを安定させることだった。望めば権力を行使できる立場にあって、実際そうしたが、私がユナイテッドで務めたような立場にいれば権力は求めなくても向こうからやってくる。上に立つ人間が下す重要な決断は、外野には自分の権力を拡大するためのように見えるが、実際は組織を安定させるためなのだ。

労働党の活動とワイン以外に私の知的好奇心を刺激したのがアメリカだ。ジョン・F・ケネディ、南北戦争、ヴィンス・ロンバルディ、さまざまな球技。これらはサッカーの重圧から逃れる手段の一部だった。ニューヨークが私のアメリカ文化への入口で、そこにマンションを買って、家族が順番に使うようになった。マンハッタンは選手が代表戦に招集されて練習場が空《から》になったとき、短い休暇を過ごすのに理想的だった。

アメリカは刺激に満ちていて、私はそのエネルギーと広さ、多様性から学んだ。初めて渡米したのはアバディーンがUEFAカップウィナーズカップを勝ち取る1983年だ。それからは休暇のたびに家族をフロリダに連れていった。その頃にはアメリカとその歴史は私の血肉となっていた。1963年のダラスでのジョン・F・ケネディ暗殺は、ニュースを聞いた瞬間に消えない衝撃を受けた。やがてケネディがどのようにして、誰に、なぜ殺されたのかという犯罪学的な興味を持つようになった。

世界が揺れたあの日のことは忘れられない。あれは金曜の夜で、私は洗面台の鏡に向かってひげを剃っていた。グラスゴーの友人とダンスパーティに行くところだったのだ。いささか耳の遠い私の父が言った。「ケネディが撃たれたというのは本当か？」

「父さんはよく聞こえないから、勘違いだろう」と私は答えて、タオルで顔を拭《ふ》き、それ以上のことは考えなかった。三十分後、ニュースが流れた。ケネディはパークランド病院に運ばれたという。

ダンスパーティが開かれたゴヴァンの近くのクラブ〈フラミンゴ〉では、当時の大ヒットソングが流れていたのを覚えている。「星にスイングしてみたいかい？」（ビング・クロスビー「星にスイング」）。室内は静まり返っていた。誰も踊らず、私たちは上階に座って事件のことを話した。

私のような若い男にとって、ケネディは非常に魅力的だった。ハンサムで輝きを持っていたし、これだけ若く大胆な人間が大統領になれるというのは驚きだった。ケネディという大きな存在が私の意識に根を下ろす一方で、暗殺に対する興味は思いもかけないところから生まれた。ストークで開かれた夕食会でスピーチをするよう、ブライアン・カートメルに招かれたときのことだ。

その場にはスタンリー・マシューズとスタン・モーテンセンだけではなく、ジミー・アームフィールドまでいた。私は思った。「偉大な元選手たちに囲まれて、ここで私は何をしているんだ？　皆、私よりスタンリー・マシューズの話が聞きたいだろう」

食事の最中、カートメルに訊かれた。「君の趣味は何だ？」

「趣味に使っている時間はありません」と、私は答えた。当時は仕事一筋だったのだ。「家にはスヌーカー台があって、ゴルフを1ラウンド回るのが好きで、家ではよく映画も観ていますが」

彼は名刺を差し出した。「私の息子がロンドンで会社を経営している。封切り前の映画が何でも観られるぞ。映画が観たいと思ったら、いつでも息子に電話するといい」

前の晩、私はウィルムスローの映画館で『ＪＦＫ』を観ていた。「あの事件に興味があるのか？」

クリスティアーノ・ロナウドは持てる能力すべてに磨きをかけようとした。ヘディングもその一部。2004年FAカップ決勝でのジャンプの高さに注目

2004年FAカップでミルウォールを3対0で下し、ファンに挨拶をしているところ。後ろはミカエル・シルヴェストル

よく戦い、よく祝え。ミルウォール戦の勝利直後のドレッシングルーム。クリスティアーノ・ロナウドはまだ少年のようだ

生涯のライバル。ベンゲルとは衝突もあったが、友情が軋轢を上回った

2004年10月24日、49試合の無敗記録が止まって怒りをあらわにするアーセン・ベンゲル

アーセナルが50試合無敗記録を打ち立てようとした日、得点の口火を切ったのはルート・ファン・ニステルローイだった。狂乱の一日だった

ラファエル・ベニテスは監督としての争いを個人的な争いにした。それなら私のほうが有利だ

ジョゼ・モウリーニョがチェルシー監督に就任したとき、私は思った。「近所の新顔か。自信たっぷりだな」——新たなライバルの登場

私のヒーロー、デニス・ロー(中央)と親友のボビー・ロブソン(右)と。私の監督就任20周年を祝う昼食の席で。選手時代はローに憧れていた

クリスティアーノ・ロナウドは模範的な選手だった。カルロス・ケイロスは彼の成長に大きな役割を果たした

オーレ・グンナー・スールシャールは天性のストライカーだった。私はストライカーに自分を重ねた

ファギー・タイム。腕時計を指して相手を震え上がらせる。敵は我々が最後に得点するのを知っていた

2007年、オールド・トラッフォードでの驚愕の7対1のローマ戦にて。マイケル・キャリックが得点する。ほぼ完璧な試合だった

クリスティアーノ・ロナウド(左)とウェイン・ルーニーのワンダーボーイズ。7対1のローマ戦ではロナウドが2点、ルーニーが1点決めた

アブラモヴィッチの故郷モスクワが、2008年チャンピオンズリーグ決勝の舞台だった。我々はチェルシーに勝利する。ギグスがサドンデス戦でPKを決める

私のPK戦の勝率は悪かった。エドウィン・ファン・デル・サールがニコラ・アネルカのシュートを止めても、最初は勝ったと信じられなかった

モスクワから帰国する。至福のひととき。マンチェスター空港の滑走路にて、ギグス（最前列右）とファーディナンド（同左）が2008年リーグ優勝杯とチャンピオンズリーグ優勝杯を掲げる

私は常に労働党の味方だ。トニー・ブレア（左）とゴードン・ブラウン（中央）とは親しくしている

グレイザー・ファミリーは初日から私を支え、自由にやらせてくれた。（左から）アヴラム、私、ジョエル、ブライアン。彼らがポルトガルのヴァレ・ド・ロボを訪問しているところ

と、カートメル。その頃には既に暗殺事件についての本を何冊か集めていた。するとカートメルが言った。「私はあの車列の十五台目に乗っていたんだ」。なんと〈ポッタリーズ〉での夕食の席で、目の前の男からジョン・F・ケネディの車列にいたことを聞かされるとは。

「なぜそこに?」

「私は『デイリー・エクスプレス』の記者だった。その後サンフランシスコに移住して、『タイム』で働いた。1958年にケネディ陣営に志願して、選挙の手伝いをしたんだ」。リンドン・ジョンソンが機内で大統領宣誓を行ったときも、カートメルはその場にいたという。

ケネディと個人的なつながりを持つ人間に会ったことで、私の興味は深まった。やがてオークションに足を運ぶようになった。私がケネディに関心を持っていると新聞で読んだあるアメリカ人が、検死報告書を送ってくれた。私はキャリントンのオフィスに写真を二枚飾った――オークションで手に入れた一枚と、人からもらった一枚。ジェラルド・フォードの署名が入ったウォーレン委員会報告書も、オークションで落札した。3000ドルの買い物だった。

1991年には結婚記念日を機にふたたびキャシーとアメリカに行って、シカゴ、サンフランシスコ、ハワイ、ラスベガスと回り、テキサスにいる友人を訪ね、最後にニューヨークにたどり着いた。その後はほぼ毎年のようにアメリカに行った。本の収集も加速した。ジョン・F・ケネディの伝記の決定版は、ロバート・ダレクの『JFK 未完の人生――1917―1963』(邦訳・松柏社)だろう。素晴らしい本だ。ダレクはケネディの治療記録を閲覧することができ、アジソン病と肝臓の問題を抱えたケネディは生きているのが奇跡だったと明かした。

三年間の在任中、ケネディにはさまざまな試練が訪れた。ビッグス湾侵攻計画の失敗の責任を認め、人種差別問題と戦い、冷戦、ベトナム戦争、キューバ危機とも直面した。公的医療保険制度も、今日まで続く厄介《やっかい》な問題だ。尋常ではない仕事量だった。余談だが、この頃サッカーという世界で最も人気のあるスポーツの重要性が明らかになった。1969年、ソ連がキューバで活動していることにCIAが気づいたのはなぜだろうか？　サッカーのピッチだ。ソ連の労働者が整備したピッチが上空写真に捉えられたのだ。キューバ人はサッカーをしない。ヘンリー・キッシンジャーは精神的にはヨーロッパ人で、そのあたりの事情がわかっていた。

ケネディ家について読み進むうちに、何冊かの名著に出会った。デイヴィッド・ハルバースタムの『ベスト&ブライテスト』（全三冊。邦訳・二玄社）は特筆に値する。ベトナム侵攻の理由を解き明かしながら、ケネディ兄弟が吹き込まれた嘘《うそ》について語った本だ。当時の国防長官で一家との付き合いがあったロバート・マクナマラでさえ、ケネディ家を誤った方向に導いていた。引退に際して、彼はケネディ家に謝罪した。

2010年のアメリカツアーの途中、私はゲティスバーグを訪れて、プリンストン大学でジェームズ・マクファーソンと昼食を共にした。南北戦争に関する高名な歴史学者で、『Battle Cry of Freedom』（未訳。自由の戦いの叫び）の著者だ。ホワイトハウスも見学した。私が南北戦争に興味を持ったきっかけは、その渦中にいた将軍たちについての本をもらったことだ。どちらの側にも十人以上の将軍がいて、中には教師上がりの将軍までいた。ある日ゴードン・ブラウンに、今何の本を読んでいるのかと訊かれた。「南北戦争について」と、私は言った。するとゴードンは、テープを何本か送ると約束してくれた。やがて私のもとに、南北戦争の専門家ガリー・ギャラガーの講義を録音したテープが三十五本届いた。後にギャラガーはジェームズ・マクファーソンと協力して、南北戦争における海軍の役割というほとんど知られていない事実を研究した。

そのあと出会った競馬に、私は情熱と気晴らしを見出した。当時のＣＥＯのマーティン・エドワーズには電話で言われたことがある。「一日休んだらどうだ」

「平気です」と、私。

しかしその頃にはキャシーにも言われていた。「過労死する気なの？」当時の私は仕事が終わって帰宅しても21時まで電話をして、サッカーのことを考え続けていた。

初めて自分の馬を買ったのは１９９６年だ。三十回目の結婚記念日にチェルトナムに行き、アイルランド人調教師のジョン・マルファーンと初めて昼食を共にした。その夜はロンドンで夕食会に参加した。当然の成り行きとして、私はその後キャシーに言った。「馬を買いたいと思わないか？　私にはいい息抜きになるはずだ」

「どこでそんなことを吹き込まれたの？　あなたのことだから、どうせ世界中の馬を買い占めようとするんでしょ」

だが競馬が息抜きの回路を作ってくれたのは事実だ。オフィスで悶々《もんもん》としたり、数えきれないほどの電話に時間を費やしたりする代わりに、競馬場のことを考えるようになった。そうしているとサッカーという仕事の巨大な重圧から逃れられた。だからこそ夢中になったし、仕事中毒になるのも免れたのだ。ホワットアフレンド号がＧ１レースのレクサスチェイスとエイントリーボウルで計二勝したのが今までの最高だ。エイントリーでのレース前日には、チャンピオンズリーグでバイエルン・ミュンヘンに敗れていた。私は気落ちしていたが、翌日にはリヴァプールで行われたＧ１レースで勝ったというわけだ。

最初の所有馬、クイーンズランドスター号は、私の父が造船に携わった船にちなんで名づけた。調教師からは一度も勝ちを収めたことがない馬主もいると聞かされたが、私は六十〜七十レースで勝ち、三十頭近い馬を共同所有している。ハイクレア・シンジケートには特に期待している。オーナーのハリー・ハーバートは立派な男で、優秀なビジネスマンだ。馬に何が起きているのか、毎日情報を送ってくれる。

ロックオブジブラルタル号は素晴らしい馬だった。北半球で初めてG1レースを七連勝して、ミルリーフ号の記録を破ったのだ。アイルランドの生産者クールモアとの契約のもと、騎手は赤い勝負服を着て走った。種牡馬になったあとも含めて、所有権の半分を手にしているというのが私の理解で、クールモア側はあくまで賞金の半分さえ譲ればいいと思っていたため、トラブルに発展したが、両者に誤解があったという話に落ち着いたところで問題は幕を下ろした。

もちろん、競馬への関心がユナイテッドの運営に問題を引き起こす危険性はあり、定例会で出席者の一人が立ち上がって私の退任を求めたときは気まずかった。しかしはっきり言うが、ユナイテッドの監督としての本分を忘れたことなどない。私にはレス・ダルガーノという素晴らしい弁護士がついていて、私に代わって問題を処理してくれた。私の競馬への情熱は薄れなかったし、クールモアの代表のジョン・マグナーともいい関係を保っている。

私は競馬のおかげで気分を切り替えることを身につけ、読書とワインからも同じ喜びを得た。実際のところ、本格的にこうした分野にのめり込んでいったのは１９９７年で、当時は壁にぶつかり、サッカー以外のことを考えなければと思うようになっていた。ワインについて学ぶのもいい気分転換になった。ワインの収集は、現代アートの著名なコレクターで隣人でもあるフランク・コーエンに教わった。コーエンがしばらく外国に行っている間に、自力で集めるようになった。

専門家を名乗る気はないが、私のワインの知識は悪くないと思う。当たり年や質の良し悪しを理解しているし、テイスティングをして特色の一部を当てることもできる。

私はやがてボルドーやシャンパンの味も覚えたが、知識を深める手段は主として本と、昼食や夕食の席でのディーラーや専門家との会話だった。非常に刺激的だった。ワインを専門にするライターでアナウンサーのオズ・クラーク、ワイン業者のジョン・アーミットと夕食を共にしたことがある。〈コーニー&バロー〉は素晴らしいワインバーで、美味《おい》しい食事が出た。二人はブドウや年数について、私が到底ついていけない会話をしていたが、私は夢中で聞いていた。ブドウについてもっと勉強するべきだったのかもしれない。基本となる知識だ。だが私は、より実用的な知識を身につけていった。

2010年の秋、引退について尋《たず》ねられたときは、とっさにこう答えていた。「引退は、若くて他にやることのある人間がするものだ」。七十歳にもなれば、めりはりのない生活に陥るとあっという間に衰えてしまう。引退しても他にすることがなければいけない。三カ月の休暇のあとではなく、まさに次の日からだ。

若い頃は一日十四時間の労働も必要だ。生活の基盤を作らなければいけないからで、それができるのは身を粉《こ》にして働くことを通してだけだ。そうすることで、仕事に対する考え方も養われる。家族がいるなら、その価値観は彼らに伝わるだろう。私は両親から仕事に対する考え方を植えつけられ、やがて自分自身のそれを子どもや周囲に伝えた。若い頃は先の人生を安定させるために全力を使うことができるが、年を取ったらエネルギーの配分が必要だ。とにかく健康でいること。人間は健康でなければいけない。体にいいものを食べるべきだ。私はよく眠れる人間ではなかったが、五、六時間は寝るようにした。それで十分だった。世の中には目が覚めてからもベッドの中にいる人々がいるが、私にはできない。目が覚めると同時に跳び起きて、どこかに出かける準備をした。寝ころんで時間を無駄にするようなことはしなかった。

十分に眠ったから目が覚めるのだ。私は6時15分までに起きて、7時には自宅から十五分の距離の練習場に着いていた。その習慣はずっと変わらなかった。

私は戦争を生き抜いた次の世代で、前の世代からはこう言われていた——この世に生まれたのだから、自分の力で生きていけ。お前たちの世界は安全だ。図書館とスイミングプールがあって、サッカーもできるじゃないか。両親は一日中働いていたので、祖母が顔を出して様子を確かめてくれた。少し大きくなると、自分で身の回りのことをするようになった。基本的な生活パターンはこうして身につけた。母にはよく言われた。「ミンスパイはそこ、ジャガイモはそこ。16時半を過ぎたら火にかけるだけでいいわよ」。下ごしらえはすべて済んでいた。私たちは火をおこして、帰宅する両親を迎えた。父が帰ってくる18時15分頃には、すっかりテーブルの準備が整っていて——それは子どもの役目だった——私たちは火を使ったあとの灰の始末をした。それが学校から帰ってきたあとの仕事で、私と弟は19時から宿題をした。

文明の利器がないことから生まれた、単純な生活パターンだった。

今の人間はもっと脆い。造船所にも炭鉱にも行ったことがなく、肉体労働に従事したことのある人間も少ないはずだ。その一方で、それぞれの世代の男たちが父親という役割を務めてきたが、息子たちを含めて今の世代の父親たちは私よりもよくやっている。

彼らはまめに親戚の集まりに顔を出すし、子どもを連れてピクニックに行ったりもする。私は人生で一度もピクニックに行ったことがない。子どもたちには言ったものだ。「どこかで遊んできなさい」。アバディーンの家の隣には学校の校庭があり、三人の息子は毎日そこで友人たちと遊んでいた。ようやくビデオカメラを手に入れたのは１９８０年だったが、画面の粗《あら》い、ひどい代物だった。文明の進歩はＣＤやＤＶＤを生み、自宅のパソコンでファンタジー・フットボール・チームを作り出す孫たちが登場した。

私は十分に息子たちと触れ合ってこなかった。それをしてくれたのはキャシーで、彼女は立派な母親だ。キャシーはよく言っていた。「あの子たちも十六歳になったら、父親を求めるようになるわよ」。それは本当だった。息子たちとは成長してから距離が縮まったし、三人兄弟の仲がいいのも嬉《うれ》しかった。キャシーにしてみれば「言ったとおりだったでしょ」だろう。

「だが、子どもたちは君が作ったんだ」と、私は言った。「ヤツらに一言でも母親の悪口を言ったら、私は殺されているよ。ボスは君だ」

この世にやすやすと成功する秘訣などない。絶えず努力するだけだ。マルコム・グラッドウェルの著書『天才！ 成功する人々の法則』（邦訳・講談社）は、「たゆまぬ努力」という題でもよかったかもしれない。粉骨砕身《ふんこつさいしん》の精神だ。本の中で紹介されている例は、カーネギーとロックフェラーの時代までさかのぼる。私にはロックフェラーに関して、お気に入りのエピソードがある。ロックフェラー家は熱心に教会に通った。ある日回ってきた献金のトレイに、参列者が一人１ドル入れるのを見た息子が聞いた。「父さん、一年分の50ドルを入れたほうがいいんじゃないの？」

「そのとおりだ」と、父親。「だが3ドル失うことになるぞ。利子の分だ」

またロックフェラーは暖炉の火を一時間長く持たさせる方法を執事に教えた。こうして彼は億万長者になった。努力を重ねるうちに、ロックフェラーは倹約家としての習慣を身につけた。とにかく物を無駄にしないのだ。私にも似たようなところがあって、孫が食べ残すと自分で食べてしまう。昔は息子たちにも同じことをしていた。「皿の上のものはきれいに食べる」というのが決まりごとだった。今ではマーク、ジェイソン、ダレンの食事を取ろうとしたら手をひっぱたかれるだろう。

たゆまぬ努力に優るものはない。

もちろん、ハードな努力とストレスは目に見えない負担を体に強《し》いる。加齢も同様だ。おそらくその両方のせいで、私は心臓に問題を抱えるようになった。ある朝ジムで心拍数計測ベルトを巻いて運動していたとき、心拍数が90から160に急上昇した。ウェイトトレーナーのマイク・クレッグを呼びつけて、私は文句を言った。「機械が壊れているんじゃないか」

私たちは別の機械を試したが、同じ数字が出た。「病院に行ってください。この状態は異常です」とクレッグが言った。

私はグレアム・スーネスの主治医のデレク・ローランズに紹介された。診断は心房細動《しんぼうさいどう》だった。ローランズは電気ショック治療で心拍数をコントロールすることを提案した。一週間後、心拍数は元に戻った。だが次の試合を落とすと、また跳ね上がった。すべて選手たちが悪い。勝利していれば、正常な範囲に収まっていたかもしれないのだ。治療は50〜60％の成功率だったが、次の手段が必要なのはわかっていた。ローランズにはペースメーカーを装着して、毎日アスピリンを飲むことを勧められた。

２００４年3月に受けたペースメーカー埋め込み手術は三十分で済んだ。私はスクリーンで手術の様子を眺めていた。血液がどっとあふれた場面は忘れられない。２０１０年秋に機械を取り替えた。八年が耐用年数なのだ。そのときは手術の間、ずっと眠っていた。医者にはエクササイズ、仕事、ワインなど、好きなことを我慢する必要はないと言われた。

病気が発覚したときに動揺したのは認める。前の年に健康診断を受けたときは、心拍数わずか48という結果で、用具係のアルバート・モーガンには言われた。「やっぱりあなたには人間の心がないんだ」。そのとき私の全身状態は非常によかった。だが十二カ月後には、ペースメーカーが必要になっていたのだ。こうして学んだのが、年を取ればツケが回ってくるということだ。人間の体は脆いが、つい自分だけは平気だと思ってしまう。私自身がそうだった。あるとき人生のドアがぴしゃりと閉まるのはわかっていても、その日までは無事だと信じている。だが突然、神が手綱を引いてストップをかけるのだ。

若い頃はタッチライン際を上下し、ボールが飛んでくれば蹴《け》って返し、試合のあらゆる局面に集中していた。だが年を取ると少し緩くなった。最後の頃はドラマにのめりこむのではなく、冷静に観察するようになっていた。それでもある種の試合には引きずり込まれたが。時々、私は自分がまだ生きているというサインを出して、審判、ユナイテッドの選手、敵にメッセージを伝えた。

健康についてはおおむねこう考えている。危険の兆候が出たら対処する。医者の言葉には耳を傾ける。健康診断を受けて、体重と食事に注意する。

ありがたいことに読書という単純な行為は、仕事と人生のストレスから逃れる素晴らしい手段だ。

私の書斎に入ってきた客は歴代の大統領や首相、ネルソン・マンデラ、ロックフェラー、スピーチ術、ニクソンとキッシンジャー、ゴードン・ブラウン、トニー・ブレア、マウントバッテン、ウィンストン・チャーチル、ビル・クリントン、南アフリカとスコットランドの歴史についての本を目にするだろう。スコットランド出身で労働党左派の政治家ジェームズ・マクストンに関するゴードン・ブラウンの著作もある。もちろんケネディについての資料も揃《そろ》っている。

独裁者についての本を集めた一角もある。人間が究極的にどれだけのことをするかという点には、いつも興味を持っていた。サイモン・セバーグ・モンテフィオーリ著『スターリン――青春と革命の時代』（邦訳・白水社）、スターリンやヒットラー、レーニンといった独裁者に関する他の資料、ローレンス・リース著『World War II : Behind Closed Doors』（未訳。第二次世界大戦――閉ざされた扉の奥で）、アントニー・ビーヴァー著『ベルリン陥落 1945』（邦訳・白水社）といった本が並んでいる。

もう少し気楽な読みものとしては、エドモンド・ヒラリーや英国人俳優デイヴィッド・ニーヴンに関する本がある。それから犯罪の暗い歴史へと逆戻りだ。クレイ兄弟にアメリカマフィア。

スポーツには仕事を通してあまりに深く関わっていたので、本はそれほど読まなかったが、印象的な本は何冊か持っている。グリーンベイ・パッカーズの偉大なコーチ、ヴィンス・ロンバルディの人生を綴《つづ》った、デイヴィッド・マラニスによる伝記『When Pride Still Mattered』（未訳。プライドが重んじられた時代）。それを読んで私は思った。「まるで自分のことが書いてあるようだ。私はロンバルディにそっくりだな」。あの執着心。ロンバルディの名言の一つには深く共感する。「試合に負けたのではない。時間が足りなくなっただけだ」

第11章 ルート・ファン・ニステルローイ

２０１０年1月の雪の晩、家にいると携帯電話が鳴ってメールの受信を告げた。「俺のことを覚えているかわかりませんが」という書き出しだった。「電話をしたいんです」。ルート・ファン・ニステルローイだ。いやはや、どうした風の吹き回しだろう？　私はキャシーに言った。「ヤツは四年も前に移籍したんだぞ」。キャシーが答えた。「思うところがあるのかしら。ひょっとしてユナイテッドに帰ってきたいんじゃないの？」

「バカバカしい」と、私は言った。

何を話したいのか、さっぱり見当がつかなかったが、とにかく私は返信した——了解。こうしてファン・ニステルローイが電話をかけてきた。最初は当たりさわりのない話だった。何度か怪我《けが》をしたけれど回復した、試合にはあまり出られていない、云々《うんぬん》。それから彼は言った。「ユナイテッドに在籍した最後の年、迷惑をかけて申し訳ありませんでした」

私は謝罪のできる人間が好きだ。その潔《いさぎよ》さは尊敬に値する。自分を大切にすることばかり考える現代の人間は、謝罪という行為を半ば忘れているようにも見える。監督、クラブ、メディア、代理人、おべんちゃらを言う友人に囲まれているサッカー選手は特にそうだ。昔のことでも電話をかけて「間違っていました。すみません」と言える人間は新鮮だった。

ファン・ニステルローイは謝罪の動機を明かそうとしなかった。この機に乗じて尋《たず》ねてみればよかったのかもしれない。「なぜ、あんなことになってしまったんだ？」

その冬の夜、私はファン・ニステルローイとの会話を反芻《はんすう》しながら考えた。プレミアの二、三のクラブから誘いを受けているのは知っていたが、それが電話をかけてきた理由ではないだろう。マンチェスター・ユナイテッドと和解しなくても、イングランドの他のクラブに移籍することはできる。罪悪感に駆られたのだろうか。何年間も心に引っかかっていたのかもしれない。ファン・ニステルローイが年齢を重ねて成熟したのは明らかだった。

最初にファン・ニステルローイの様子がおかしいと思ったのは、ロナウドのことでケイロスに絶えず文句をつけ始めたときだ。解決できない類《たぐい》のものではなかったが、何度か緊迫した場面があった。続いてファン・ニステルローイは、ガリー・ネヴィルに矛先《ほこさき》を向けた。ネヴィルはひるまず戦って勝利した。ダヴィッド・ベリオンも、ファン・ニステルローイの神経を逆なでするようだった。最後のシーズンはもはやトラブルの連続だったが、主な問題はロナウドに関する不満だった。

前年の2004―05シーズン、ユナイテッドはFAカップ決勝に進出してアーセナルと対戦した。ファン・ニステルローイの出来は散々だった。実はその前の水曜、ファン・ニステルローイの代理人のロジャー・リンスがデイヴィッド・ギルと面会して、移籍の許可を求めていた。「ルートはクラブを出たいと思っています」

土曜にカップ戦の決勝を控えているのだから、今は主力のセンターフォワードの移籍について話し合うタイミングではない、とギルは答えた。そしてなぜ移籍したいのか尋ねた。ロジャー・リンスによると、ファン・ニステルローイはチームに停滞感を覚えていて、チャンピオンズリーグで優勝できる可能性も感じていないらしい。ルーニーやロナウドのような若手中心ではヨーロッパで勝てない、と。

カップ戦の終了後、ギルはリンスに電話をかけて、ファン・ニステルローイを話し合いの場に連れてくるように言った。我々のほうが有利だった。レアル・マドリードが3500万ポンドも払うはずがなかったからだ。だからこそファン・ニステルローイも、移籍を志願してみせたのだろう。レアル・マドリードに3500万ポンドを払う心づもりがあれば、わざわざ交渉に来る必要もなかったはずだ。ユナイテッドと駆け引きをして、いくらなら移籍させてもらえるか探ろうとしていたのではないか。小賢《こざか》しい真似《まね》だ。

我々は話し合いに臨んだ。ロナウドとルーニーの成長を待ってなどいられない、とファン・ニステルローイは主張した。「二人ともすごい選手じゃないか」と、私は言った。「自分が手本になって、成長を後押ししてやろうとは思わないのか」。そんな気はない、とファン・ニステルローイは繰り返した。

「夏には昔のレベルに戻るための補強をするんだぞ」と、私は言った。「決勝戦で負けるのは悔しいし、リーグ優勝を逃すのも腹立たしい。だがチーム作りには忍耐が必要だ。私にしても、お前たち選手にしても。これからいいチームができるんだ」。するとファン・ニステルローイは私の言い分を認めて、引き下がった。

そのシーズンは、冬の移籍市場でヴィディッチとエヴラを獲得した。二人の加入は間接的に、ファン・ニステルローイの在籍中でも最大規模の爆発を引き起こした。私はリーグカップでは一貫してサハを出場させていた。決勝戦の進出が決まったとき、ファン・ニステルローイには言った。「サハを出さないのは不公平だ。お前が決勝でプレーしたいのもよくわかっている。うまくいけば、少しだが出場機会を与えよう」。そのセリフは、はっきりと記憶している。

我々はウィガンを完全に押さえつけていた。エヴラとヴィディッチに試合の感触をつかませるにはうってつけの状況だった。残る二枚の交代枠は彼らのものだ。私はファン・ニステルローイを見て言った。「出番はあの二人に与える」。二人はボールに触れて、マンチェスター・ユナイテッドの一員として栄冠を勝ち取る喜びを味わうのだ。するとファン・ニステルローイが、到底許されない悪態をついた。忘れやしない。自分の耳が信じられなかった。カルロス・ケイロスが詰め寄って、ベンチは騒然となった。他の選手たちが懸命に言っていた。「頭を冷やせ、ルート」

それがファン・ニステルローイの最後だった。もう修復の余地はない。自ら関係を断ち切ってしまったのだ。この一件のあと、ファン・ニステルローイの態度はさらに悪化した。

シーズン最終節のチャールトン戦には、絶対に勝たなければいけなかった。故障を抱えるようになったサハを起用するのは冷や汗ものだったが、それでもファン・ニステルローイを使う気にはなれなかった。

ケイロスがファン・ニステルローイの部屋を訪ねていって告げた。「お前は招集しないから、家に帰れ。ここ一週間の態度を考えたら、とても試合には出せない」

クリスティアーノ・ロナウドは父親を亡くしたばかりだった。練習中にそのロナウドを削ったファン・ニステルローイは、よりにもよってこう言い放ったのだ。「さあ、どうする？　オヤジに泣きつくのか？」〝オヤジ〟とはケイロスのことで、ロナウドの父親のことではなかった。よく考えないで口にしたのだろう。しかしロナウドは怒って殴《なぐ》りかかろうとしたし、ケイロスも憤慨していた。ケイロスは当然ながらロナウドに目をかけていた。ケイロスもポルトガル出身だ。若い選手が父親との別れを迎えようとしていたときに、同郷のコーチが面倒を見なかったら、いったい誰がロナウドを支えたというのだろう。

何とも重苦しい空気が流れていた。なぜファン・ニステルローイが変わってしまったのか、私にはわからなかった。オールド・トラッフォードを出たい一心での振る舞いだったのだろうか。だが彼には有利に働かなかったし、チームメイトの信頼も損なうだけだった。

あれだけの数字を残した選手としては非常に惜しかった。ユナイテッドの歴史に残るゴールゲッターだった。最初に揉《も》めたのは入団三年目を迎えるときで、これまでの内容を踏まえた契約更新をするはずだった。ところがファン・ニステルローイは、一定の移籍金が支払われたらレアル・マドリードに放出するという条項を盛り込むよう迫った。いわゆるバイアウト条項だ。私はずいぶん迷ったが、譲歩しなければ契約書にはサインさせられなかった。反対に条件を呑ませたことで、ファン・ニステルローイは優位に立った。翌シーズン、我々は彼を失うリスクと隣り合わせだった。

我々は移籍金の額を3500万ポンドに設定した。レアル・マドリードでさえ腰が引けるほどの金額のはずだったが、彼らは異を唱えなかった。私はギルに言った。「来年、またヤツらがやってきて3500万ポンド払うと言ったら、少なくとも獲得にかかった金の倍は取れるというわけだ。来なければ来ないで、契約の残り二年を全《まっと》うすることになる。その頃にはルートも二十九歳だ。放出するにしても四年も在籍させたのだから、損はないだろう」。すべてうまくいくはずだったが、契約書にサインをした瞬間にファン・ニステルローイは変わった。最後のシーズン、彼は問題児に成り下がった。仲間の信頼も失われていたはずだ。唖然《あぜん》とするような変化だった。

ヘーレンフェーン時代の彼に目を留めたのは、私の弟のマーティンだ。「なかなかいい選手を見つけたぞ。可能性があると思う」。こう言われたら、じっとしているわけにはいかない。ところが試合を観に行くと、一カ月前にPSVと契約してしまったとわかった。私は抵抗したが、契約は覆せなかった。それでも我々は彼を継続的に観察して、2000年に移籍を実現させた。

各国代表戦が行われた週、私はスペインで短い休暇を楽しんでいたが、悪いニュースが届いた。ユナイテッドのチームドクターのマイク・ストーンからで、ファン・ニステルローイがメディカルチェックに引っかかったというのだ。前十字靭帯《じんたい》に明らかな損傷があったという。PSVはそれを否定して、先日検査したときはメディカルチェックに支障がない程度の軽い損傷しか見つからなかったと主張した。しかしストーンが譲らなかったので、我々はファン・ニステルローイをPSVに送り返した。PSVは我々を納得させるために、練習の様子を撮影した。その最中に彼の膝《ひざ》は全壊した。映像はテレビ局の手に渡り、絶叫するファン・ニステルローイの姿が放映された。さて、どうしたものだろうか?

「最近ではきちんとした治療を受ければ、あの手の重傷からも数カ月で復帰できる」と、私はマーテイン・エドワーズに言った。

ファン・ニステルローイはサッカー選手の治療に定評のあるコロラドのリチャード・ステッドマン医師の執刀を受けたが、結局一年間離脱した。ようやく復帰したのはシーズンも終わる頃だった。私はアヤックス戦で彼の状態を確認してから、2001年に獲得に踏み切った。体のキレは以前のままだったし、スピードも衰えていなかった。ファン・ニステルローイは俊足頼みのストライカーではない。緩急を使い分けながら、ペナルティエリア内で狡猾《こうかつ》な動きをするのだ。

私はリハビリ中の彼の自宅を訪ねて、故障に関係なくオールド・トラッフォードに来てプレーしてもらうと伝えた。さぞかし安心したことだろう。私の印象では、あの頃のファン・ニステルローイはまだ自信に欠けていた。田舎《いなか》の少年だったのだ。

彼はひと昔前に多く見られたイタリア型のセンターフォワードだった。ウィングに流れたり、タックルをしたりという最近のストライカーとは一線を画する。1960年代のユヴェントスでプレーしたピエトロ・アナスタージというセンターフォワードは、ほとんど試合から消えているようで、いきなり得点を決めてチームを勝利に導いた。

それが当時、試合を決定づけるセンターフォワードの典型的な姿だった。仕事はペナルティエリア内に限定された。ファン・ニステルローイもそんな選手で、周りがお膳立てをしてやらなければならなかった。だがフィニッシャーとしては非の打ちどころがなく、魔法のようなゴールをいくつも決めた。

実際のところ、あれほどエゴイスティックな選手にはめったにお目にかかれない。自分の得点数しか頭にないのだ。その執着心のおかげで、彼は誰よりも危険なゴールハンターになった。そのかわりビルドアップへの関与や走行距離、スプリントの回数には洟《はな》も引っかけなかった。彼の関心はただ一つ——ルート・ファン・ニステルローイは何点取ったか？　「アーリーヒット」の名手でもあった。ディフェンダーの横に飛び出して、すかさず決定的な一撃を繰り出すのだ。

私が指導した歴代の点取り屋（アンディ・コール、エリック・カントナ、ウェイン・ルーニー）の中でも、ファン・ニステルローイは最も得点が多い。だがストライカーとしての天分に恵まれていたのはスールシャールだろう。ファン・ニステルローイは鮮やかなゴールを決めることもあったが、大半は至近距離から押し込んだ得点だった。アンディ・コールも、ゴール前の混戦の中で誰かの足に当てた得点や、いわゆる「ごっつぁんゴール」が圧倒的だった。その点、スールシャールのフィニッシュは鳥肌ものだ。テクニックは冷静な思考に裏打ちされていた。理知的な青年で、シュート態勢に入りながら瞬時にベストの判断を下せたのだ。頭の中であらゆる状況の絵が描けた。それでも全試合に出場することがなかったのは、ストライカーとしてはアグレッシブさが不足していたせいだ。後年には強さも身につけたが、若い頃のスールシャールは線が細く、強引な突破を苦手としていた。

ベンチから試合を見守っているときや練習の合間に、スールシャールはいつもメモを取っていた。おかげで途中出場するときには相手の癖をすっかり把握して、誰がどのポジションに流れるかも読み切っていた。頭の中で完璧に整理されていたのだ。彼にとって試合はボードゲームのようなもので、いつどんな手を打つべきかよくわかっていた。

スールシャールは穏やかな性格で、ただの一度も私に文句をつけようとしなかった。彼がオフィスのドアを蹴破《けやぶ》って入ってきて、先発起用を求めるような事態は心配しなくてもよかった。スーパーサブの役割に納得していたし、それがチームにとっても最善だったのだ。三人のストライカーの誰を出場させて、誰を控えに回すかで頭を痛めているときに、少なくとも四人目がサブに徹してくれているのは救いだった。ヨーク、コール、シェリンガムの、三人の不機嫌なストライカーをなだめればいいだけだったのだから。

最初のうち私は、ファン・ニステルローイが幅広い役割をこなせるものだと思っていた。マンチェスター・ユナイテッドの選手に求められる泥くさい仕事も引き受けてくれるのだろう、と。たまには役目を果たしたし、献身的な姿勢を見せることもあったが、やはり汗をかくタイプではなかった。スタミナは十人並みだったし、体力テストの成績も平凡だった。それでもいいところにボールを送れば、確実にネットに突き刺してくれた。

過去数年でユナイテッドはカントナとテディ・シェリンガムを失い、スールシャールは膝に痛みを抱え、ヨークは集中力を欠くようになっていた。アンディ・コールだけはまだ故障もなく元気で、いつも期待どおりの働きをしてくれた。しかし彼がファン・ニステルローイの加入に不満を抱えるのは予想できた。我こそが世界一のセンターフォワードだと思っていたからだ。からかっているわけではない。そうした自己イメージを持つのも大切だ。しかしファン・ニステルローイとコンビを組まされたコールは、実に面白くなさそうな顔をしていた。

コールはカントナと一緒にプレーするのも気に入らなかった。彼が心から信頼したのはドワイト・ヨークだけだ。1998—99シーズンの成功は忘れられない。コールとヨークの息の合ったプレーと友情は感動的だった。ヨークが移籍してくるまで二人は互いのことを何も知らなかったが、たちまち絆《きずな》を深めた。練習中はいつも一緒にランニングをしたり、フェイントの練習をしたり、ワンツーをしたりしていた。彼らは互いの動きを完璧にわかっていた。二人合わせて53点は取ったはずだ。

ファン・ニステルローイとの共存がうまくいかなかったので、コールにはブラックバーンに移ってもらった。まだ三十代前半で、あと数年は第一線でプレーできた。ユナイテッドに移籍してきたのは1995年で、七年間プレーしたあと、ブラックバーンに650万ポンドで移籍した。ニューカッスルから獲得したときは700万ポンドの移籍金に、100万ポンドもしないキース・ギレスピーをつけて渡した。つまり実り豊かな七年間でほぼ収支がついたというわけだ。上等だろう。

ディエゴ・フォルランもまた、他のストライカーと一緒にプレーするのを好まないというファン・ニステルローイの気質の犠牲者だった。ファン・ニステルローイはオンリーワンのフィニッシャーになりたがった。そういう性格だったのだ。フォルランとはまるで波長が合わず、二人を同時起用しても化学反応はゼロだった。フォルランはパートナーがいたほうが楽にプレーできた。それでも素晴らしいゴールをいくつか決めてくれたが。アンフィールドでのリヴァプール戦では2点を決めたし、チェルシーと戦ったときは終了間際に叩き込んだ。才能豊かな選手で、プロ意識も申し分なかった。

もう一つフォルランに関して難しかったのは、彼がマジョルカに住んでいる車椅子《いす》の姉の世話を任せられていたという点だ。しかしフォルランは自分の役割を苦にせず、いつも笑みを絶やさなかった。五カ国語が話せる、爽《さわ》やかな青年だった。ビジャレアルに放出したときは200万ポンドだったが、本当は安すぎた。年俸が高かったので、どのクラブもそれ以上の移籍金が出せなかったのだ。次に移籍するときは1500万ポンドの値がついた。フォルランは風のように走った。小柄だが胸板が厚く、当たり負けしなかった。テニスもプロになれるほどの腕前で、一時期はサッカーとテニスを天秤《てんびん》にかけていたそうだ。その話は移籍してきたときに聞いた。プレシーズンにテニスのトーナメント戦が行われたとき、私はフォルランに賭けてやろうと思って、胴元のガリー・ネヴィルに尋ねた。「ディエゴの試合の賭けの倍率は？」

「ちょっと、ちょっと」と、ネヴィルが慌《あわ》てた。「ヤツが出場するんですか？」

「さて、どうだか。本人に訊《き》いてみたらどうだ」

しかしネヴィルは断固として言った――フォルランの試合は賭けの対象外だ。果たして彼は全員を撫《な》で斬《ぎ》りにした。完膚《かんぷ》なきまでに叩きのめしたのだ。

「監督、俺たちが知らないと思っていたんでしょう」と、ネヴィル。私は言った。

「運試しのつもりだったんだがね。ひょっとしたらお前が十倍と言うんじゃないかと」

第12章 ジョゼ・モウリーニョ

未来のライバルとして最初にジョゼ・モウリーニョを意識したのは2004年夏、彼がチェルシーの新監督として就任会見に臨んだときだ。「私は〝スペシャル・ワン〟だ」と、彼は宣言した。「なんて傲慢《ごうまん》な若造だ」。モウリーニョが印象的なセリフを連発して場を盛り上げるのを見ながら、私は思った。

私は自分に言い聞かせた——ヤツは近所に越してきた新顔のガキだ。まだ洟垂《はなた》れじゃないか。相手にするまでもない。巻き込まれるな。だがモウリーニョはチェルシーの新監督にふさわしく、頭脳明《めい》晰《せき》で自信に満ちていた。

ケイロスとは何度もモウリーニョの話をした。「頭の切れる男ですよ」と、ケイロスは言っていた。彼はモウリーニョが監督見習いだった頃から知っていた。ポルトガルで指導した生徒の一人だったのだ。「今まで教えた生徒の中では断トツです。まさに断トツ」。その言葉を思い起こしながら、私はモウリーニョが自ら周囲の期待を煽《あお》り、勢いに乗るのを眺めた。その期待という名前の波に乗って、彼は遠くポルトから、ロマン・アブラモヴィッチのもとで仕事をしにロンドンへやってきたのだ。モウリーニョはサーフィンをさせれば、誰よりも長いこと波に乗っていられるだろう。心理戦を仕掛けるのは利口ではない、とすぐにわかった。ねじ伏せるには他の方法が必要だった。

２００４年８月から２００６年５月まで、ユナイテッドは２００６年のリーグカップしかタイトルを獲得できなかった。代わりにモウリーニョ率いるチェルシーがプレミアリーグを連覇した。アーセナルが失速するにつれて、ユナイテッド再興の敵はアブラモヴィッチの財力とモウリーニョの監督としての手腕になっていった。

長年ユナイテッドのプレシーズンのプログラムは、三十八節あるリーグ戦の後半に力を発揮できるよう組まれていた。シーズンが終わってみれば、我々は必ず上位につけていた。チームが大事な時期に勝ち続けられたのには、精神力はもちろんだが科学の力もあった。

モウリーニョは新天地で意欲に満ちていて、うなるほど金を持ったオーナーのもとで熱心に環境を整えていた。２００４―05シーズンが開幕したとき、彼はスタンフォード・ブリッジで過ごす最初の数週間のうちに結果を出すよう求められていた。チェルシーがつけた6ポイント差に、我々はとうとう追いつけなかった。タイトル獲得の最右翼に名乗りを上げるやいなや、モウリーニョはほとんどの試合に手堅く勝つ方針を固めた。１対０か2対0という結果が大半だった。先制点を奪ってすぐ守備に入るのだ。チェルシーの守りを崩すのは至難の業《わざ》だった。かつてとは比べ物にならないほど守備が整っていた。モウリーニョが就任してからというもの、私はスタンフォード・ブリッジで一勝もできなかった。
彼はプレシーズンの大半を守備の強化に費やして、最初の頃は3バック、左右のサイドに二人、中盤はダイヤモンド型という陣形でプレーしていた。そのフォーメーションに対応するのは並大抵ではなかった。

初めてモウリーニョと顔を合わせたのは2003―04シーズンのチャンピオンズリーグで、彼が率いるポルトは我々を敗退に追い込んだ。ファーストレグの終盤、私は彼と小競り合いになった。だが初対面の監督と衝突するのは、私にとって珍しいことではない。ジョージ・グラハムにしても、彼がアーセナルの監督に就任して初めての試合のときに言い争ったが、後にいい友人になった。モウリーニョも同様だ。彼は親切で、話もうまかった。向こうにしても、私がどん底も絶頂も知り尽くした人間だと察したようで、会話を楽しんでいた。

私がファーストレグで激高したのは、ポルトの選手が〝ダイブ〟（ファウルをもらおうとして大げさに倒れる行為）を繰り返したせいだった。モウリーニョは私の怒りに面食らっていたようだ。確かに少し熱くなりすぎた。彼に感情をぶつける必要はなかった。どちらかといえば私は、退場処分を食らったキーンに腹を立てていたのだ。私の頭に引っかかっていたのは、ポルトの勝利に終わるUEFAカップ決勝戦で、マーティン・オニールが相手チームの選手の振る舞いに抗議したことだった。私には先入観があった。決勝戦を観たときは、他のポルトガルのチームとそう変わらないと思ったのだが、オニールがあまり言うので、いつの間にかモウリーニョのチームは狡猾《こうかつ》だと信じ込むようになっていたのだ。

ファーストレグを戦った直後は、キーンは誤審の犠牲になったと思っていた。だが、あとから見直すと、明らかにゴールキーパーに蹴《け》りを入れようとしていた。おかげで我々は十人になり、キーンはセカンドレグに出場できなくなってしまった。

オールド・トラッフォードで行われたセカンドレグでは、主審が不可解な行動を取った。終了直前の三分から四分間、ユナイテッドが猛攻を仕掛ける中で、センターバックをかわそうとしたロナウドが倒された。ところが線審が旗を挙げたのに、ロシア人の主審はプレーオンの判断をしたのだ。ポルトは攻め上がって得点した。

終了後、私はモウリーニョに祝いの言葉をかけた。試合を落としたあとは、ぐっとこらえて「次も頑張れ」と言わなくてはいけない。私はワインを片手に言った。「君はツイていたな。この先もツキが続くのを祈っているよ」

次にオールド・トラッフォードを訪れたモウリーニョは、母国のバルカ・ヴェーリャというワインを手土産《てみやげ》に持ってきた。ワインの交換が私たちの習わしになった。だがチェルシーで振る舞われたワインは、なぜあんなに不味《まず》かったのか。一度アブラモヴィッチに言ってやった。「まるでペンキ落としじゃないか」。すると翌週、世界屈指のワインのティニャネロがケースで届いた。

モウリーニョがオールド・トラッフォードのタッチライン際を疾走したのは有名だが、私もやったことがある。シェフィールド・ウェンズデイ戦で得点が決まったときのことで、ブライアン・キッドはピッチに膝《ひざ》立ちして、私は喜びを爆発させてタッチライン際を駆けた。私は感情を隠さない人間が好きだ。熱い気持ちのあらわれだからだ。

ユナイテッド相手にチャンピオンズリーグで勝利したことで、モウリーニョはいよいよ勢いに乗った。UEFAカップの決勝でセルティックを下すのも勲章だが、オールド・トラッフォードでユナイテッドを負かし、チャンピオンズリーグを制覇するのは桁違《けたちが》いの才能の証《あかし》だ。2008年頃、彼に言ったのを覚えている。「いつ引退するかは決めていない。年を取ると引退が怖くなって、きっぱり決められないいんだよ」。するとモウリーニョが言った。「引退なんてしないでくださいよ。あなたがいるから私は燃えるんだ」。彼は他国での挑戦も視野に入れていたが、いつか必ずイングランドに戻ってくると言っていた。結局インテル・ミラノを率いてチャンピオンズリーグの頂点に立ち、レアル・マドリードの監督としてリーガ・エスパニョーラを制覇したあと、2013年6月にイングランドに帰還した。

誰に聞いても、モウリーニョは選手の扱いが抜群にうまいと言う。計画の立て方も細部まで綿密だ。付き合ってみれば非常に好感がもてる男だし、自分自身に向けられたジョークを逆手にとって笑い飛ばすこともできた。アーセン・ベンゲルやラファエル・ベニテスにその能力があるかどうかは疑問だ。

2010年の就任以降、私はスペインで奮闘するモウリーニョから目が離せなかった。彼とレアル・マドリードという組み合わせほど興味深いものはない。価値観、監督としての姿勢、そしてプレースタイルをどのように浸透させていくのだろうか。レアル・マドリードの監督は例外なく、クラブの哲学に合わせることを求められる。すべてのポジションにスーパースターを配置する〝銀河系《ガラクティコ》〟と呼ばれる哲学だ。だがクラブ側は、チャンピオンズリーグで優勝したければ彼の考え方を尊重しなければいけないことがわかっていてモウリーニョを招聘《しょうへい》したのだろう。

どの世界でも同じだが、新しいボスがやってきたら即座にすべてが変わる。そのときになって、指名した側は言うのだ。「ちょっと待て。聞いていないぞ」。それでもレアル・マドリードの本拠地であるサンティアゴ・ベルナベウで、こんなふうに思っていた観客はごく少数だろう――「気に食わないな。こんな試合のために金を払ったんじゃない。1対0で勝つくらいなら、5対4で負けたほうがマシだ」

モウリーニョがレアル・マドリードで話題を振りまくのを、私は食い入るように見つめた。彼の監督人生で最大の挑戦だっただろう。モウリーニョはポルト、チェルシー、インテル・ミラノで自分の戦術のメリットを証明してきて、異なるクラブで二度チャンピオンズリーグを制覇した。果たしてレアル・マドリードを、自分の価値観に合うチームに作り変えられるのだろうか？　彼が自分の絶対的な信条を放棄して、スター選手を並べた超攻撃的なチームを作る可能性は最初からなかった。それはモダンフットボールの勝利の方程式ではない、とわかっていたのだ。バルセロナは美しい攻撃をするが、ボールを失うとただちに寄せて取り返す。ハードワークを厭《いと》わずに、チーム一丸となって戦うのだ。五年間で三度チャンピオンズリーグの決勝に進出した時代のレアル・マドリードには、世界屈指の選手が揃《そろ》っていた――ジダン、フィーゴ、ロベルト・カルロス、フェルナンド・イエロ、ゴールにはイケル・カシージャス、中盤の潰《つぶ》し役にはクロード・マケレレ。

その後もクラブは銀河系にこだわり、オランダ人のプレーヤーを大量に買い込んだ。デイヴィッド・ベッカム、ファン・ニステルローイ、ロビーニョも獲得した。しかし2002年のグラスゴーでの決勝戦以降、チャンピオンズリーグの優勝杯は彼らの手の届かないところにあった。モウリーニョはビッグクラブを栄光に導く手腕を証明してきたが、問題はマドリードでもそのやり方を貫けるかという点だった。

モウリーニョが現実主義者なのは疑いようがない。負けないことが絶対の哲学なのだ。前のシーズン、チャンピオンズリーグ準決勝のバルセロナ戦で、彼はインテルが65％のポゼッションを許すことを予測していた。どのチームにしてもそうだろう。バルセロナの信条は、中盤に多くの選手を配置することだ。敵が四人いたら自分たちは五人。相手が六人なら七人。そうして4バックとの間で延々とボールを回した。すると相手はいつの間にか彼らの「メリーゴーランド」に乗せられて、ふらふらになってしまった。転倒することさえあった。本物のメリーゴーランドを見たら、私の言っている意味がわかってもらえるだろう。視界がぶれてくるのだ。

モウリーニョはバルセロナ相手にボールを保持できないのを予測していたので、代わりにインテンシティとポジショニングという武器を活用した。鍵を握ったのはセントラルミッドフィールダーのエステバン・カンビアッソだった。メッシが中盤に下りてきたら、すかさずカンビアッソが寄せる。メッシが別のエリアに流れたら、カンビアッソもついていく。単純に聞こえるが、守備の役割がきちんと整理された戦術の一部としては、劇的な効果があった。レアル・マドリードでも、モウリーニョは残り十五分間で三枚の交代枠を使うことがあった。確実に勝利をモノにできるよう、全員がディフェンスの選手だった。

しかし今挙げた試合が行われたのは、私たちが真剣勝負をしていた2000年代中盤のはるか後だ。チェルシーはクラブ創設五十年目にして初めてリーグ優勝を果たして、翌年の2006年春にもふたたび王者に輝いた。一方ユナイテッドの2004―05年シーズンは無冠というこれ以上なく不本意な結果に終わり、翌年もリーグカップしか獲れなかった。新しいチームは着実に育っていたが、それでもいずれプレミアリーグを三連覇するなどとは夢にも思えなかった。

我々はいずれキーン、ギグス、スコールルズ、ネヴィルが引退する日を見据えてチームを作っていた。

そのうち三人は予想を超えて長く留まり、キーンだけが去った。数年の間に成長が見込める若手を集めて、ギグス、スコールズ、ネヴィルの経験を糧《かて》に伸びてもらおうというのが我々の作戦だった。結果的にそれは大当たりだった。

2004—05シーズンが期待外れだったのは確かだが、PK戦の末に敗退したFAカップ決勝の熱戦では、ルーニーとロナウドという若手の可能性が垣間見られた。彼らはアーセナルを散々苦しめた。ユナイテッドの枠内シュートは二十一本。チャンピオンズリーグの決勝トーナメント一回戦では、ホームとアウェイのミラン戦でエルナン・クレスポに得点を許して、それぞれ1対0で敗れた。私はチームに手を加えるのを恐れなかった。生まれつきのセンスがあったのだ。サッカーのチームは家族のようなもので、時には出ていく人間もいる。監督の意向でしかたなく去る場合も、年齢や故障といった理由で、誰にもどうしようもなく去る場合もある。

偉大な選手に別れを告げるときは、確かに感傷的な気分になった。その一方で、私はキャリアの終盤に差しかかった選手を冷静な目で見ていた。常に自分に問いかけていたのだ。「ヤツはいつ辞《や》めると言い出すだろう？　あとどれぐらい持つかな？」それまでの経験から、重要なポジションには十分な数の若手が控えているようにしていた。

2005年5月10日、新チャンピオンのためにオールド・トラッフォードで花道を作ったときでさえ、この先何カ月もアブラモヴィッチの財力に屈している予感はなかった。

チェルシーにとっても、精神的に大きな意味を持つ瞬間だっただろう。半世紀を経てようやくリーグを制覇した彼らは、自己評価を一新していた。ユナイテッドは教訓を得た——チェルシーという新しい強力なライバルと競うためには、開幕してすぐ波に乗らなければいけない。翌シーズンはロケットスタートを切るのに成功したが、やがて失速した。どん底だったのはパリでのリール戦で、イングランドから来た観客の一部が、ウォームアップ中の若い選手にブーイングを浴びせた。何人かの選手が集中を欠いている、とマンチェスター・ユナイテッドTVでキーンが非難した結果だった。

あれは最悪だった。仲間を批判することで、キーンは不調にあえぐチームに追い打ちをかけたのだ。その夜のチームは見るも哀れな状態で、過去数年でも最低の1対0というスコアで敗戦した。

それから一カ月も経たないうちにロイ・キーンはクラブを去った。2005年11月にはジョージ・ベストの訃報《ふほう》が届いた。ベストは気立てのいい穏やかな男で、少し内気なところがあった。人と話をするのが苦手だったのだ。自信がなさそうにしているので、こちらまで不安になることがあった。日本のバーで一度、ガールフレンドと一緒のベストと飲んだことがあるが、彼はろくすっぽ口を利《き》けなかった。すっかり硬くなっていたのだ。引退後の彼はもっと幸せな人生を送れたはずだ。後進の指導に当たるという選択肢もないことはなかったが、指導者としての適性には欠けていたかもしれない。ベストの頭のよさはあまり気づかれなかった。立派な葬儀が営まれ、誰もが深く悲しんでいたが、ベルファスト市の対応は素晴らしかった。市葬にふさわしい雰囲気と威厳があった。私は小柄で控えめなベストの父親を見て感慨深かったのを覚えている。「この男が、歴史に残る名選手を生み出したのだ」。ベルファスト出身の、痩《や》せて物静かな男性だった。ベストの内向性がどこから来たのかわかるだろう。

スコットランドのサッカーファンは大半が労働者階級の出身で、人間的に欠点のある選手を愛している。ベスト、ガスコイン、ジミー・ジョンストン。完全無欠ではない英雄たちに、自分たちの姿を重ねているのだろう。彼ら労働者は人間の弱さをよく理解している。ジョンストンは何とも憎めない男で、不始末を起こされても腹が立たなかった。

ジョック・スタインは金曜の夜になると、自宅の電話の前で待ち構えていたそうだ。妻のジーンは不思議がった。「どうして電話を見つめているの？」

「そのうち鳴るからさ」と、スタイン。「連絡が来るんだ」

電話はだいたい、こんなふうに始まった。「もしもし、ナークシャー警察です。おたくのジミーを預かっているんですがね」

ジョージ・ベストは言うまでもなく、ユナイテッドがチャンピオンズリーグを制覇したときの栄光のメンバーだ。しかし２００５―06シーズン、我々は栄光から遠く離れた場所にいた。９月、スコアレスドローに終わったビジャレアル戦では、主審のキム・ミルトン・ニールセンに皮肉を込めた拍手をしたとして、ルーニーが退場処分を受けた。ニールセンは１９９８年のW杯でベッカムを退場させた主審だ。私はまったく評価していない。あれほどいらいらさせられる主審も珍しいだろう。彼が笛を吹くと知らされると身が凍った。別の試合で、ルーニーは主審のグラハム・ポールに十回近く暴言を浴びせた。ポールが退場の判定を下さなかったのは、要するにテレビカメラの注目を楽しんでいたからだろう。しかし少なくとも彼には選手を人間として扱う度量があり、少々口が過ぎても聞き流してくれた。その意味ではルーニーも、ニールセンよりポールを敬《うやま》っていたはずだ。直前にエインセが代理人を通して移籍を求める一幕があり、本人が膝《ひざ》の靭帯《じんたい》を切ってしまったあの試合だ。

話を戻すと、12月にベンフィカと戦って２対１の負けを喫し、チャンピオンズリーグを脱落してから、メディアは「ファーガソン賞味期限切れ説」一色だった。もともと実力がないと非難されるのはかまわないが、年齢のせいで衰えたとほのめかされるのは癪《しゃく》だ。人間は年を取るほど経験値が増すものだ。一時期のイングランドサッカー界では、有名選手が経験もないまま監督に抜擢されるというケースが相次いだ。ベテランの監督は放り出された。ニューカッスルを追われたボビー・ロブソンがいい例だ。後にニューカッスルの監督に就任した実力派のサム・アラダイスも、六カ月でクビになった。バカげた話だ。金曜に記者会見を開くのは苦痛以外の何物でもなかった。「あなたはもう時代遅れなんじゃないですか？」とは誰も面と向かって訊《き》かないのに、記事が出るとそう書かれているのだ。ジャーナリストはペンの力を使って、監督を破滅させようとする。

この世界は流れがすべてだ。メディアが騒げば、サポーターも口々に言い始める。「報道は間違っていない。俺には何年も前からわかっていたぜ」。私にはチームの方向性が見えていたので、あと少しだけ時間があればよかった。長大な時間を求めていたわけではない。だが駆け出しの監督ならともかく、ベテランの私が無限の猶予期間を要求できるわけがなかった。もうちょっとでいいチームができるという確信がなかったら、自分から投げ出していたかもしれない。しかし私はルーニーとロナウドを信じていた。スカウティングチームの能力も信頼していた。ユナイテッドを復活させる選手は必ず見つかるはずだった。２００６年もリーグカップしか優勝できなかったが、希望の持てる試合はあった。

ベンフィカ戦の黒星を境にチームは復調して、ウィガン、アストン・ヴィラ、ウェスト・ブロムウィッチ、ボルトンに勝利した。首位のチェルシーとは9ポイント差だった。その頃、エヴラとヴィディッチが加入した。舞台裏ではほぼ毎週、守備練習に時間を割いて、特にクロスの対応に重点を置いた。位置取り、ボールの追い方、ストライカーのマーク、センターバックの動き。こんな練習もした。スタート地点はセンターサークルで、ストライカーを二人立たせ、左右のサイドにも一人ずつ置く。片方のストライカーに浮き球を送ってシュートを打たせる。すかさず二個目のボールがサイドの選手に渡り、クロスが上がる。今度は三個目のボールがエリア内に蹴《け》り込まれる。つまり守備の選手はシュートとクロス、エリア内に入ってくるボールにいっぺんに注意しなければいけない。二兎《にと》ならぬ三兎を追わせるわけだ。

サッカーは変わった。今では守備を苦にしないセンターハーフがどれだけいるだろうか？　ヴィディッチは例外で、守備の渦中に身を投じるのが好きだった。イーブンなボールを競り合う興奮に駆られているのが、はた目にもよくわかった。守備が好きだという点では、スモーリングも少し似ていた。ヴィディッチは冷徹かつ屈強なディフェンダーで、母国セルビアに誇りを持っていた。２００９年、私のもとにやってきて、軍隊に入るかもしれないと言った。

「軍隊とはどういうことだ？」と、私はぎくりとして言った。

「コソボ治安軍に志願するんです」と、ヴィディッチ。「俺の義務です」

彼は本気だった。

新たな才能探しは大陸と国境を越えた。ジェラール・ピケはユースの大会で発見した。アーセナルがセスク・ファブレガスを獲得したおかげで、バルセロナの優秀な若手への門戸が開かれていたので、ピケ一家とも自信を持って交渉できた。問題はピケの祖父がバルセロナの元役員で、一家がバルセロナの生ける歴史だったということだ。

バルセロナも監督を何度か交代させるという変化の時期にあった。ピケは素晴らしい選手だったので、スペインに帰るつもりだと聞いて私はがっかりした。並外れて精度の高いパスが出せて、勝者のメンタリティを備えている。彼の一家に落伍者はいない――皆、成功を収めているのだ。両親も成功者のオーラを放っていた。残念ながらピケは、ファーディナンドとヴィディッチが道を譲るのを待てなかった。私の失敗だ。ピケとエヴァンスはこの先十年を担うコンビになれるはずだった。

チャンピオンズリーグ準決勝でバルセロナと対戦してスコアレスドローに終わった日、ピケの父親がチームの宿泊先のホテルを訪ねてきて、バルセロナが息子を買い戻したがっていると言った。両親は息子と離れて暮らすのがつらく、帰ってきてほしいと願っていた。ピケ自身も出場機会に飢えていて、バルセロナでは先発に定着できると信じていた。話は簡単だった。最終的な移籍金は８００万ユーロ。獲得のときにかかった額は、当時のＦＩＦＡの規定で18万ポンドだった。

イングランドのチームに選手を奪われるのを防ごうと、後にヨーロッパのビッグクラブはハードルを上げた。ピケやファブレガスといった選手が毎年、国外に流出するのを黙って見ているはずがない。イングランドではトップチームの若手を獲得する場合、５００万ポンド払った。しかしなぜ、結局はトップチームでうまくいかなかった選手には50万ポンドしか値がつかないのだろうか？ リチャード・エッカーズリーは興味深い例だ。バーンリーは50万ポンドの移籍金を提示したが、我々は１００万ポンド要求した。ユナイテッドは十二年かけて彼を育てたのだから。そうした選手が移籍先でトップチームに加入したら、補償金が支払われるべきだろう。売却側のクラブも、移籍金を配分する条項がつくなら文句を言わないはずだ。

人間は誰しも判断ミスをするもので、私もこの数年で何度かミスをした。具体的にはクレベルソンやジェンバ＝ジェンバといった補強の失敗だ。ラルフ・ミルンを獲得したときは、たった17万ポンドだったというのに袋叩きにされた。手ひどい言われようで、コーチング・スタッフにも散々からかわれた。「監督、またミルンみたいな選手を獲りましょうね」。二十年も一緒に仕事をした彼らは、あらゆることを覚えているのだ。ウィリアム・プルニエの件でもぼろくそに言われた。パトリス・エヴラでさえ、あの独特の抑揚がある声で訊いたものだ。「監督、ウィリアム・プルニエって選手がいたことがあるんですか？」

私の返事を待つライアン・ギグスの表情は凍りついていた。

「ああ。トライアルに参加させた」と、私はそっけなく言った。

「トライアル？」と、エヴラがすっとんきょうな声を出して、いよいよ話に食いついてきた。「どれくらい試したんですか？」

「二試合」

「二試合だけのトライアル？」

「ああ。思い出したくもないよ」

エヴラは目を輝かせた。

新しい選手を迎えたらまず必要なのは、生活の基盤を整えてやることだ。銀行口座、住居、言葉の問題への対応、交通手段など。手順を踏まなくてはいけない。最大の壁になるのはいつも言葉だった。例えばエクアドル出身のアントニオ・バレンシアは英語に四苦八苦した。本当は気持ちの問題だけだったのだが。私はフランス語で読み書きできるが、話す自信はない。バレンシアはそれを知っていた。「監督、フランス語は上手ですか？」と、ある日彼に訊かれた。一本取られた。ただし、フランスで働いていたら言葉が上達するように努力したはずだ、とは言ってやった。バレンシアはイングランドで働いているのだから、同じ理屈が当てはまるだろう。

選手としてのバレンシアは恐れを知らず、どんな相手にもひるまなかった。エクアドルのスラム街の生まれで、いろいろと苦労してきたらしい。誰にも負けないタフガイだ。イーブンな競り合いには必ず飛び込んでいって、相手に腕をぶつけた。

2006年の夏、もう一つの補強の目玉はマイケル・キャリックだった。彼には長いこと注目していた。トッテナムが売却する気になっているらしいとの情報が入っていた。「君ならいくら払う?」と、ギルが私に尋《たず》ねた。

「800万ポンドで獲得できたら上出来だろう」

ギルの答えは今でも忘れられない。「ダニエル・レヴィは、移籍を容認するにはもう一声欲しいと言っているぞ」

我々は何週間も交渉を重ねた。シーズン終盤にキャリックがアーセナル戦でプレーするのを見て、エドワーズが言った。「まさしくユナイテッドにふさわしい選手だ」。キャリックはその試合のスターだった。最初に提示した移籍金は1400万ポンドで、種々の条件がついて1800万ポンドになったはずだ。

スコールズが三十代半ばに近づいていたあの頃、キャリックは天性のパサーとして頭角を現し始めていた。感心させられたのは、常に縦《たて》パスを狙っていたことだ。パスのレンジが広く、選択肢も多かった。当時のチームメイトは彼のロングパスの恩恵を受けた。数カ月後、初得点がまだなのはどうしてなのか、と私はキャリックに尋ねた。練習ではうまく決めていたのに、実戦ではシュートが打てる位置に入っても相手を脅《おびや》かさなかったのだ。我々はその部分の改善を促した。ピッチ上でより自由を与えて、おそらく自分でも気づいていなかった長所を発揮できるようにしてやった。トッテナム時代の感覚のままプレーしていたのだろう。ずっとセントラルミッドフィールダーとして振る舞ってきたので、ペナルティエリア内に侵入する意識が低かったのだ。ユナイテッドにやってきて、彼は自分の新しい武器を見つけた。

キャリックは優秀な選手だ。おとなしい性格で、時には喝《かつ》を入れてやらなければいけなかった。どういうわけか、いつも開幕直後はあまり調子が上がらず、私は何度も彼と話し合った。10月下旬にはいい状態になるのだが。淡々とプレーをするので、選手としての価値やプレースタイルを正当に評価されないことがあった。

私の引退と入れ替わりに、モウリーニョがチェルシーに復帰した。私が若い頃憧れたプレミアリーグの外国人選手は、チェルシーに所属していた——もちろん、最高の外国人選手はユナイテッドにいたが。チェルシーのジャン・フランコ・ゾラは奇跡的な選手だ。スタンフォード・ブリッジで決められたゴールは忘れられない。シュートのモーションに入ってから、一瞬溜めを作ったのだ。ゾラの芸術的なフィニッシュを阻止しようとパリスターがスライディングをしたが、相手がボールを引いたので、その前をぶざまに滑っていった。パリスターは散々こき下ろされたものだ。味方の誰かが言った。「お前、自分の足で立てないのか？」それでも私はゾラが好きだ。彼はいつも微笑《ほほえ》みを浮かべてプレーしていた。

第13章 アーセン・ベンゲルと競う

　戦いの場に身を置いているときと教会にいるときで、人間は異なる顔を見せる。ピッチの外では、アーセン・ベンゲルはクールな男だ。一緒にいると楽しいし、話題も豊富なので、ワインや他の趣味について語り合えた。ＵＥＦＡの会合が開かれると、ベンゲルは進んで他の監督にアドバイスをした。サッカー界の良心だ。しかし自分のチームのことになると――試合の当日になると――彼は人が変わった。

　私は昔からベンゲルに親近感を抱いていた。試合開始の笛が鳴った瞬間、別人になる気持ちはよくわかる。私にも多少そういう部分があるからだ。互いの性格に似たところがあるとしたら、負けを忌《い》み嫌《きら》うという点だ。私が駆け出しの監督だった頃、セント・ミレンはレイス・ローヴァーズに敗れた（彼らのプレーは相当荒かった）。ローヴァーズの監督で、よき友人で、ダンファームラインで共にプレーしたパーティー・パートンとの握手を私は拒否した。実をいうと、追いかけてきたパートンにたしなめられたのだが。しかたがない。失敗しないと自分の間違いにはなかなか気がつかないもので、あの日の私は間違っていた。勝敗よりも大事なものがあるという、ちょっとした教訓だ。あんな振舞いをしたら、器が小さいと言われて評判を下げるだけだ。

何だかんだで、ベンゲルと私は互いのよき理解者だ。共にこの世界で生き延びてきたし、いいサッカーをしようとする努力も認めあっている。しかし長年の間には衝突もあった。口火を切ったのはベンゲルで、私が試合日程について不満を言ったことに不満を言い返してきた。不満に対する不満だ。私は痛いところを突いてやった。「日本から来たばかりなのに、何がわかるというんだ?」(1995～96年、名古屋グランパスエイト監督)返す言葉はないだろう。

それから二年間、過密な試合日程について不満を言い続けたのはベンゲルだった。外国から来た監督が、何の苦労もなしにプレミアリーグで1シーズン五十五試合こなせると思っていたとしたら大きな勘違いだ。プレミアリーグは厳しい消耗戦だ。だからこそ今の監督は、ローテーションをして選手の負担を分散しなければいけない。ベンゲルはその文化に適応した。最初は土曜、水曜、土曜と試合をしなければいけないことにショックを受けていたが、うまく乗り越えたのだ。

アーセナルの監督として初めてオールド・トラッフォードで戦ったとき、ベンゲルは私のオフィスに挨拶《あいさつ》に来た。その頃はいい関係だった。しかし彼がベストメンバーを揃《そろ》えながら試合を落としたあたりから、ぎくしゃくするようになった。ベンゲルは自分のチームの弱点を素直に認められず、敵に責任をなすりつけようとした。よく槍玉に挙げたのが、相手の激しいプレーだ。アーセナルには当たりの強さを生かした戦法が有効だと思われていたことを、なかなか受け入れられなかったのだ。ベンゲルの「激しいプレー」の解釈には、何の変哲もないタックルまで含まれているようだった。アーセナルの選手がタックルを受けることなどあってはならない、とすっかり思い込んでいたのだ。

それでもベストメンバーが揃ったベンゲルのアーセナルには興奮した。観ていて飽きなかった。アーセナル戦には特別な準備が必要で、何時間も知恵を絞ったものだ。彼らはピッチの至るところで危険な状況を作るので、攻撃のパターンをすべて分析しておかなければいけないと常々思っていた。チェルシーとの試合には別の種類の難しさがあった。経験豊かな選手が揃っていて、勝つためのあらゆる手段を知っていたからだ。それに比べてアーセナルの戦い方は素直だった。

ベンゲルが就任してしばらくのアーセナルは、反則の多さでサッカー史上に残るチームだったが、汚いチームで汚い選手がプレーしていたというわけではない。確かにスティーヴ・ボールドとトニー・アダムスは相手を散々痛めつけた――周知の事実だ。何度となく後ろから削ってきたのだ。だがそれでも、汚いチームではなかった。激しい、マッチョといった表現のほうが正確だろう。好戦的な選手が揃っていた。先ほど挙げたボールドとアダムスは特にそうだった。その後、大柄で競争心が強く、ピッチの至るところで相手を挑発するパトリック・ヴィエラが加入した。ナイジェル・ウィンターバーンも、審判にあれこれと物を言って敵をいらだたせた。当時のストライカーのイアン・ライトにも、いやらしいところがあった。

2010年、ベンゲルは唐突にポール・スコールズを批判した。スコールズには「ダークサイド」がある、と記者の前で言ったのだ。私の選手を攻撃してもいい理由などない。その週にアーセナルと対戦する予定はなく、摩擦もなかったのだが。プレミアリーグを十回制覇して、チャンピオンズリーグでも優勝したことがある選手に「ダークサイド」云々《うんぬん》と言うとは、何のつもりだったのだろうか。

選手は予測不能だ。素晴らしいパフォーマンスを見せて驚かせてくれたかと思うと、がっかりするようなプレーをする。それが敗戦の一因となるのだが、ベンゲルはなかなか理解できなかった。サッカーは感情を強く刺激するので、人間の強さと弱さを共にさらけ出してしまう。緊張感に満ちた試合では、選手は一瞬気おくれしたり、つい熱くなったりなることがある。そして後悔するのだ。アーセナルにはそうした瞬間が繰り返しあったが、ベンゲルは気おくれや精神的な弱さが負けにつながるのをなかなか理解できなかった。心理的なことが原因だという場合もあるのだ。

監督が何もかも見通しているというつもりはないが、だいたいのことは見えている。ベンゲルが試合後に決まって使う「見ていなかった」という言い訳は、私の辞書にはなかった。私はむしろこう言った。「もう一回見直すつもりだ」。根本的には同じことを言っているのだが、こうすれば時間が稼げた。数日経てば、おそらく古いニュースになってしまうだろう。サッカー界の別のどこかで何かが起きて、世間の関心はそちらに向くのだ。

私は選手時代に八回退場処分を受けたが、八回目が最も愚かだった。選手兼監督だったからだ。敵の選手の一人がボビー・トランスにラフプレーを続けるのを見かねて、私は右腕のデイヴィー・プロヴァンに言った。「私が出場して、ヤツを始末してくる」。プロヴァンが言った。「バカなことを言わないで、座っていてくださいよ」「もう一度ボビーが削られたら、そのときは出場するぞ」。案の定、彼はまた削られた。「よし、わかった」と、私は言った。「行ってくる」

二分後、私はふたたびピッチの外にいた。

ドレッシングルームで私は言った。「誰か——一人でも——俺の——退場処分に——文句を——言ったら——息の根を——止めてやるぞ」。主審が背を向けている隙《すき》に殴《なぐ》ったつもりだったのだが。敵の選手は190センチ近い大男で、軍隊に入っていた。

最初に対決したアーセナルの監督はジョージ・グラハムだ。私は自宅の部屋で1988—89シーズンのリーグ優勝争いの大一番を観戦しようと思って、キャシーに言った。「電話には出ない。誰も取り継がないでくれ」。マイケル・トーマスがリヴァプール相手にゴールを決めると——アーセナルに栄冠をもたらす得点だ——私は我を忘れた。二年後ふたたびアーセナルは、チャンピオンズリーグを制覇した我々を3対1で下して、リーグ優勝を達成した。

ある年、ハイバリー（2005—06シーズンまでのアーセナルのホームスタジアム）での試合のあと、私はグラハムの家に泊めてもらった。彼はモルト・ウィスキーの一流のコレクターだ。「一杯どうだ、アレックス？」「ウィスキーはどうも苦手でね」。それなら、とグラハムはワインのボトルを開けてくれた。

「客にはどのモルトを出すんだ？」と、私は尋《たず》ねた。

「どれも出すものか。モルトはめったなことじゃ開けないんだ。代わりにベルを振る舞うのさ」（ベルは英国で大量生産されているブレンデッドウイスキー）

「スコットランド人らしいな」

グラハムが笑った。「客の扱いは私が決めるんだ」

オールド・トラッフォードでの初対戦は大荒れの試合になった。終了後、グラハムは共通の友人に説得されて私のオフィスにやってきた。いやはや、グラハム率いる当時のアーセナルと戦うのは一苦労だった。短い間ブルース・リオッホが監督を務めたあと、ベンゲルが就任したが、私は彼のことをあまり知らなかった。

そこで同じフランス人のカントナに尋ねてみた。「ベンゲルはどんな監督だ?」カントナは答えた。「守備一辺倒ですね」。「へえ、それはまた」と、私は思った。確かにベンゲルは就任直後、5バックを使っていた。しかし現在のチームを見ると、守備的だとはとても言えないだろう。カントナの批判を思い出すと、おかしさがこみ上げてくる。

1990年代後半から新世紀の幕開けにかけて、アーセナルは強敵だった。他に追いすがってくるチームはなかった。ほんの一瞬、リヴァプールとニューカッスルが上昇気流に乗り、ブラックバーンが栄冠を勝ち取った。しかし歴史を紐解《ひもと》けばわかるように、ジョゼ・モウリーニョがチェルシーに着任するまで、ユナイテッドの覇権を毎年脅《おびや》かすチームはアーセナル以外に存在しなかった。モウリーニョ以前のチェルシーはカップ戦では好成績を残したが、プレミアリーグの頂点に立つほどの力はなかった。

1995―96シーズンはブラックバーンが思いがけない活躍をしたが、長続きしないのは目に見えていた。ビッグタイトルの争いに毎年のように加わる経験がなかったからだ。彼らのリーグ制覇はサッカーにとっていいことだった。会長のジャック・ウォーカーも、優秀な選手の獲得資金を出したという点で称賛に値する。中でもアラン・シアラーの獲得は大きかった。ブラックバーンの栄光の年だった。しかし経験を積めばわかるが、意識するべきなのはタイトルレースの常連だけだ。アーセナルがこれほど長くユナイテッドと一騎打ちを演じられたのも、歴史とプライドがあったからだ。

引退を二年後に控えていた年、私はアーセナルの練習場の役員室での食事に招かれた。思わずつぶやきが洩《も》れた。「素晴らしい。まさに紳士のクラブだ」。ハイバリーでハーバート・チャップマンの胸像を眺めていると、アーセナルは決して過去の栄光にすがっているのではなく、この大理石のホールの空気に象徴されるように団結と目的意識をしっかりと持っているのだと感じられた。ハーバート・チャップマンの時代から1930年代を経て今に至るまで、アーセナルは常に結果を出してきた。

アーセナルのドレッシングルームは非常に美しい。ゼロから新しいスタジアムを建設するメリットは相当なものだ。真っ白なキャンバスに絵を描くのに似ている、ホームチームのドレッシングルームは、細部に至るまでベンゲルの意思が感じられた。サッカーのチームが必要とするすべてが備えられていた。部屋の中央には表面に大理石を使ったテーブルがあって、練習後の選手が空腹を満たせるように料理がずらりと並んだ。これもまた一流の証《あかし》だ。スタッフにも各自に部屋が与えられていた。

こうしたわけで、私はアーセナルが高いクオリティを備えて覇権争いに挑んでくるという危機感を常に抱えていた。歴史では我々が上回っていたが、彼らにも歴史があって、優秀な監督がいた。ベンゲルは適任だった。イングランドのチームを指揮するチャンスを与えられたベンゲルは、この地に根を下ろして、どこへも行くまいと決めたようだった。いつかレアル・マドリードに行くという噂《うわさ》は絶えないが、アーセナルを離れるとは到底思えない。何があってもだ。私は自分に言った。「あがいてもしかたがない。ヤツはずっとここにいるんだ。慣れたほうがいい」

私たちは刺々《とげとげ》しい関係になったこともあった。ベンゲルは試合が終わればすぐに引き上げたが、アシスタントコーチのパット・ライスは私のオフィスに顔を出して軽く飲んでいった。オールド・トラッフォードで「ピザ事件」が起きるまでは。

あの有名な事件について、私はこんなふうに記憶している。ドレッシングルームに戻ってきたルート・ファン・ニステルローイが、ピッチを離れるときにベンゲルに暴言を吐かれたと訴えた。すぐさま私はベンゲルのもとに駆け寄った。「私の選手にちょっかいを出すな」。彼は敗戦に憤《いきどお》っていた。それが攻撃的な振る舞いの理由だった。

「自分の選手を慰《なぐさ》めたらどうだ」と、私は言った。ベンゲルは憤怒《ふんぬ》の表情で拳を握りしめていたが、私は冷静だった。ベンゲルはもともとファン・ニステルローイを意識していた。獲得のチャンスはあったがアーセナルにはふさわしくないと判断した、と言っていたこともある。ファン・ニステルローイが完璧なサッカー選手ではないという意味では同意するが、ゴールゲッターとしては完璧だった。

それはともかく、次の瞬間、私の顔面にはピザが命中していた。

ユナイテッドは試合後、アウェイチームのドレッシングルームにピザやチキンといった軽食を並べる。だいたいどこのクラブもそうだ。アーセナルの食事は最高だった。

ピザを投げつけたのはセスク・ファブレガスだと言われているが、犯人が誰なのか、私にはいまだに見当もつかない。ドレッシングルームの外の廊下は大混乱になった。アーセナルは無敗記録を四十九試合まで伸ばしていて、我々のホームで五十試合目を達成しようと目論んでいた。その大事な試合を落としたせいで、ベンゲルは理性を失ったのだろう。

当然ながら私たちの間には溝が生まれて、パット・ライスも試合後に飲みに来なくなってしまった。ようやく傷が癒《い》えたのは2009年のチャンピオンズリーグ準決勝のあと、ベンゲルが自分のオフィスに招き入れて祝いの言葉をかけてくれたときだった。数週間後にオールド・トラッフォードで行われた試合のあとでは、ベンゲルがライスを連れて数分ほど顔を出した。

サッカーの世界で起きる事件は、日常生活で起きる人間関係の揉《も》めごとに通じる。家庭でも似たようなことがあるはずだ。妻がすっかり機嫌を損ねて、口を利《き》いてくれなくなったという経験がないだろうか。「おい、俺が何をしたというんだ」と、夫は一人でこぼすのだ。

「今日はどうだったかい？」と妻に訊《き》いても、「そうねえ」と気のない答えが返ってくるだけだ。やがて怒りが去って、日常が戻ってくる。サッカーも同じだ。ベンゲルと私の冷戦状態が長引いてしこりになってしまったとしたら、やりきれなかっただろう。

私自身に関して言うと、負けを受け入れる方法論ができていた。ドレッシングルームで選手に一声かけてから、ドアを開けて記者会見場に姿を現す前に――あるいはテレビに出たり、別の監督に話したりする前に――いつも自分に言い聞かせた。「切り替えろ。試合は終わったんだ」。私はそれを習慣にしていた。

試合後、オフィスに人を迎えるときは、温かい空気が流れているように努めた。重苦しい空気や、冷ややかな空気は無用だ。審判を責めたりもしなかった。

アストン・ヴィラは２００９―10シーズンにオールド・トラッフォードで勝利したが、それは何十年で初めての出来事だった。友人のマーティン・オニールは、妻と娘を連れて私のオフィスに住みつこうかという勢いだった。長い時間だったが、わずか一時間半のように感じられた。本当に楽しい夜だった。オニールのアシスタントコーチのジョン・ロバートソンと私の友人も加わって、まるで宴会のような雰囲気で、帰宅するのに運転手を呼ばなければいけないほどだった。

ＦＡカップ三回戦でユナイテッドを下したあと、リーズのフィジオのアラン・サットンは、私のオフィスで愉快そうに笑い続けていた。彼がようやく腰を上げたとき、私は言った。「まだ笑っているのか！」

「どうにも我慢できなくて」と、サットン。私の就任以降、リーズがオールド・トラッフォードで勝利するのは初めてで、陽気になるのも無理はなかった。私まで頬《ほお》が緩みそうだった。だが、こんなときは自分に言い聞かせなければいけない――私は人間だ。プライドがある。

試合後にオフィスを訪れた監督たちには、そんなふうに温かく接した。

ここ数年というもの、ベンゲルには変化が見て取れた。〈インヴィンシブルズ〉が成熟していく間、我々は過渡期にあった。2002年頃は新しいチーム作りの最中だった。言うまでもないが、2001―02シーズンのアーセナルはオールド・トラッフォードで王者に輝き、ホームチームのサポーターはスタンディングオベーションで応えた。ユナイテッドのサポーターの長所は、優れた相手に惜しみなく拍手をするところだ。私は苦々しく思ったこともあった。「勝手にしてくれ。好きなだけ称《たた》えたらいい。こっちはドレッシングルームに行って、選手を励まさなければいけないんだ」。しかしそれがユナイテッドのサポーターだ。チャンピオンズリーグでブラジル人ストライカーのロナウドがハットトリックを決めたときも、スタンディングオベーションが起きたのを覚えている。ピッチを去るロナウドは、監督同様に驚きの表情を浮かべていた。不思議なクラブだと思っていたのだろう。ガリー・リネカーがトッテナムの選手として国内で最後に出場した試合でも、温かい拍手が起きた。これは非常に大事なことだ。サッカーの最も美しい姿なのだ。一流のプレー、興奮、エンタテイメントに出会ったら称賛するのが務めだ。

サポーターは最高のユナイテッドを目にしているので、いいチームというものを知っている。比較の基準があるのだ。一流選手という存在についてもよく知っている。そんな彼らを納得させる一方で、負けは受け入れなければいけない。他にどうしようもないだろう。ふてくされてもしかたがない。2002年のオールド・トラッフォードでのアーセナル戦は、ある意味では単なる消化試合だった。仮に二位を狙っていたとしても。ベンゲルのチームがリーグを制覇するのはわかりきっていた。最初から決まっていたことだ、という感じさえした。

敗戦を受け入れたあとには、どこを目指すべきかという光が見えた。私はいつもこう考えた。「腹立たしい結果だが、課題を克服しなければいけない。一歩前進するんだ」。私にしてもクラブにしても、これでジ・エンド、何もかもおじゃんだ、という短絡的な思考に陥るわけにはいかなかった。それだけは避けなければいけない。痛い敗戦を喫したあとは、態勢を立て直して前進するという挑戦を受け入れた。やる気が高まる道のりだった。背中を押されたのだ。もっと遠くへ行かなければいけない。こうした刺激なしに、ここまで監督業を楽しめたとは到底思えない。

ここ数年は、アーセナルの考え方がよりよくわかるようになっていた。ベンゲルの選手の使い方と戦術には一定の型がある。アーセナル相手に足もとでボールを奪う必要はない。インターセプトすればよかった。もちろん有能な選手が必要だが。分析の結果、セスク・ファブレガスがゴールに背を向けてボールを受けたときは、反転してパスを出してからリターンパスをもらうことがわかった。身をひるがえしてパスを出してから、ディフェンダーの裏で受けようとするのだ。そこで選手たちはこう指示した。「動いている選手についていけ。パスをカットするんだ」。それから素早くカウンターに入った。

アーセナルはホームにいるときより、オールド・トラッフォードにいるときのほうが危険だった。アウェイでは無理に攻撃をする必要がなく、より手堅く試合を進められたからだ。

そのアーセナルよりはるかに組織されていたのがバルセロナだ。ボールを失うとただちに奪い返そうとして、選手全員が飛んでくる。アーセナルはポゼッションの回復にそこまで執着しなかった。その一方で、バルセロナがアーセナルの凝《こ》った攻撃を真似《まね》して楽しむこともあった。２００９年のサンティアゴ・ベルナベウでのレアル・マドリード戦で、メッシは敵のペナルティエリア内で連続ワンツーをした。レアル・マドリードの守備陣は右往左往《うおうさおう》していた。結局6対2でホームチームが勝つのだが、あんなワンツーをされては途中で試合を投げ出すのではないかと思った。

勝つためにはフィジカル一辺倒の選手も必要なのだが、ベンゲルはどうしてもそれが受け入れられなかった。彼の弱点だ。そういった選手が退場処分を受けたとき、監督が責任を認めたからといって汚点になることはない。出場させた選手がチームに迷惑をかけたのだから、気まずい思いをするのは当然だとしても。私はポール・スコールズを何度か注意したし、愚かな振る舞いに罰金を科したこともある。必要なタックルをしてイエローカードをもらうのはかまわないが、無用なプレーだとしたら――スコールズはたまにそうした間違いを犯した――罰金が妥当だ。しかし1シーズン通してまったく反則なしにプレーするよう求めるのは、あまりに非現実的だった。

私の引退間際、アーセナルからは中盤の激しさが失われた。ベンゲルが獲得した選手のせいだ。サミル・ナスリが市場に出たので獲得する。トーマス・ロシツキが市場に出たので、アーセナルにふさわしいと判断して獲得する。アンドレイ・アルシャヴィンを獲得する。監督の好みで選手を揃えれば、同じようなタイプが増えていくものだ。ベンゲルが就任した頃のアーセナルはイングランドらしい激しいチームで、おかげで彼はプレミアリーグで順調なスタートを切れたのだが。

私の隣には常にベンゲルがいた。そしてもちろん私たちは、自分の理想とする若い選手を発掘して伸ばしたいという同じ目標を持っていた。

しかしあるとき、対戦を前にアーセナルのアーロン・ラムジーがこんなことを言った——ユナイテッドよりアーセナルのほうがいい選手を輩出しているので、ベンゲルのもとでプレーすることを選んだ、と。

私は首をひねった。「どこの世界の話をしているんだ?」若い選手のことだから、クラブに誘導されたのだろう。ユナイテッドへの移籍を拒否したのは本人の意思で、それ自体はかまわない。率直に言って、間違った選択だと思っていたが。確かにユナイテッドでは、トップチームに定着する競争がさらに激しかったにしても。アーセナルは選手を輩出したわけではない。成長させたのは事実だが、それは別の話だ。フランスのクラブなどから買ってきたのだ。純粋なアーセナル産の選手はジャック・ウィルシャーくらいしか思いつかない。

ギグス、ネヴィル、スコールズ、フレッチャー、オシェイ、ブラウン、ウェルベック。全員ユナイテッド産だ。

いやはや、またやってしまった。十七年来のライバル、アーセン・ベンゲルとはどうしても競わずにいられない。

第14章 92年組

ユナイテッドが育成した黄金世代の選手が一人去るたびに、私はあと何人残ったものかと数えた。ポール・スコールズとライアン・ギグスの二人は、私の引退を見届けた。ガリー・ネヴィルもあと少しだった。彼らを含む六人の少年が練習後にふざけあっている光景が、今でも目に浮かぶ。スコールズはボールを蹴《け》ってニッキー・バットの後頭部にぶつけていた。いや、ネヴィルを標的にすることのほうが多かっただろうか。まったく手に負えなかった。六人の少年たちはいつも一緒にいた。

彼らはしっかりとした性格で、クラブとしては絶対に手放したくないタイプの選手だった。ユナイテッドの理念と目標がよくわかっていて、クラブに忠誠を誓い、我々の行動指針となる哲学を継承してくれた。子どもを持つ親なら誰でも、二十一歳の息子が部屋に入ってきたときの様子でピンとくるだろう――一人暮らしを始めたい、ガールフレンドと一緒に住むつもりだ、あるいは地元を離れて就職すると言おうとしているのだと。こうして別れが訪れる。サッカーも同じだ。十代の頃からずっと面倒を見てきたいわゆる「92年組」の選手たちに、私は強い思い入れを持っていた。十三歳のときから成長を見守ってきたのだ。

ニッキー・バットがその筆頭だ。バットは雑誌『マッド』の1ページ目に描かれた、そばかすだらけで耳が大きく、前歯がせり出した漫画のキャラクターによく似ていた。何度いたずらで困らせてくれたことだろう。ずっと面倒を見てきたので、彼らはもう家族と変わらない。雇用関係にあるというよりは親戚のような存在だったので、他のどの選手よりも叱《しか》りつけた。バットはいつも何か企んでいる、手に負えない少年だった。しかしそれだけではなく、ライオンのように勇敢で、どんな困難からも決して逃げなかった。

バットほど仲間に好かれていた選手は、ユナイテッドの歴史の中でもそう見当たらないだろう。マンチェスター出身者がよく言われるように、うわついたところがなく、芯が強い。フィル・ネヴィルと同様に、ある時期からは自分が望むほど出場機会に恵まれなくなり、状況を打開するために移籍先を探し始めた。このときも我々は、彼をわずか200万ポンドで手放した。バットやネヴィルは我々に1ペニーだって損をさせなかった。アカデミーの出身なので、トップチームに昇格させるときに費用はかかっていない。バットの移籍金は、きちんと条件の整ったクラブに移籍させるための保証だった。現役を引退するその日まで、彼はユナイテッドを自分のクラブと呼んでいた。

私がいないところでは、彼らもうるさく注意されることへの不満を言っていたはずだ。「ちぇっ、また俺か」と思っていたのではないか。「たまには他のヤツを叱ってくれよ」

誰よりも叱られていたのがライアン・ギグスだ。困った男だった。若い頃の彼らは決して口答えしなかったが、時間が経つにつれてギグスは反論する方法を身につけた。バットも時には言い返した。ガリー・ネヴィルは最初から遠慮がなかったが、彼は誰もいなければ自分の影とでも口論するような男だ。毎日喧嘩《けんか》をしなければ気が済まなかったのだ。朝6時に朝刊を読み、ユナイテッドの広報担当のディ・ローか、後任のカレン・ショットボルトにメールを送りつけた。「『テレグラフ』（あるいは『タイムズ』）に載っていた記事を読みましたか？」

ネヴィルは目を覚ました瞬間から腹を立てている、と仲間うちでは言われていた。根っからの喧嘩好きだったのだ。まっすぐな性格で、間違いや失敗を見つけるとすかさず噛《か》みついた。話し合って解決するのではなく、真正面から意見をぶつけるのが彼の流儀だった。暗黙の了解などという言葉は通用しなかった。感情を爆発させるのだ。ささやかな問題がネヴィルの頭の中でふくらんでいくのがわかった。しかし一緒にいるときの彼は、私の限界がどこにあるのか承知していた。「ガリー、そろそろ別のヤツの神経を逆なでしてこい」と私が言うと彼は笑い出して、騒ぎも一段落するのだった。

これまでの二十年間、あの生え抜きの選手たちがいなかったら、チームの形はできていなかっただろう。彼らは安定性をもたらしてくれた。私が指揮した二十六年間、マンチェスター・ユナイテッドは偉大な選手を獲得したことで知られている。ブライアン・ロブソン、ノーマン・ホワイトサイド、ポール・マグラーから始まってカントナ、クリスティアーノ・ロナウドまで。しかし生え抜きの選手たちはマンチェスター・ユナイテッドのスピリットを備えていた。彼らはユナイテッドの象徴だった。コーチングスタッフにとって彼らは育成の価値を教えてくれる存在であり、若い選手たちの憧れだった。次世代を担おうとする十九歳の選手は勇気づけられただろう。「僕にもできる。第二のカントナは、アカデミーか練習場から生まれるんだ」

ポール・スコールズが初めてクラブに来た日のことは忘れられない。ポール・オキーフという小柄な少年と一緒だった。彼の父親イーモン・オキーフは、元エヴァートンの選手だ。子どもたちはブライアン・キッドの背後に立っていた。素質のある二人の少年を連れてくる、とキッドは言っていた。二人とも十三歳だった。「その少年たちとやらはどこにいるんだ？」と、私は訊《き》いた。あまりに小さくて、キッドの陰にすっかり隠れてしまっていたのだ。

どちらも身長140センチ程度だった。私は小柄な二人組を見つめながら思った。「こんなに小さい子たちが、サッカー選手になれるのだろうか？」やがてそれは仲間うちのジョークになった。スコールズがユースチームに入団したとき、私はコーチ控え室で言った。「あのスコールズという少年には期待しないほうがいい。小さすぎるよ」。十六歳で正式に入団したときも、まだ小さかった。しかしそれから急激に背が伸びた。十八歳までに10センチ近く伸びたのだ。

スコールズは無口な少年だった。極度の引っ込み思案だったのだ。父親もいいサッカー選手で、親子揃《そろ》ってアーチーという愛称で呼ばれていた。最初の頃、彼の体格について疑問を持っていたときは、実戦でのプレーを見たことがなかった。しかし協定校のトレーニングで見たことはあった。屋内の練習場では、主に細かい技術が教えられている。ユースのAチームに昇格してからは、スコールズはセンターフォワードを務めていた。「センターフォワードとしてはスピードが足りない」と、私は言った。そこで一・五列目でプレーすることになった。入団直後の〈クリフ〉での練習中、ペナルティエリアのすぐ外で、スコールズは落ちてきたボールをボレーで叩いた。そのパワーに私は息を呑んだ。「いい選手ですが、大成するのは難しいと思いますよ。小さすぎる」と、隣で見学していたジム・ライアンが言った。それはクラブの合言葉になった。スコールズといえば「小さすぎる」だ。

ある時期、スコールズは喘息《ぜんそく》という問題を抱えていた。ユースチームがFAユースカップを獲得した年はプレーできなかった。ベッカムもシーズン後半になるまでチームに加われなかった。身長ばかり伸びて、筋力が追いつかなかったのだ。キャプテンは後のウェールズ代表のサイモン・デイヴィスだったが、クリスタルパレスとの決勝戦セカンドレグではギグスがその役割を務めた。ロビー・サヴェージもチームの一員だった。大半の選手がフル代表に選ばれた。膝《ひざ》の大きな怪我《けが》さえなければ、ベン・ソーンリーも代表入りしていたはずだ。

シャドーストライカーを務めていた若い頃、スコールズは1シーズン最低でも15点は取った。セントラルミッドフィールダーとして開花してからは、パスサッカーの頭脳として活躍し、存分にタクトを振った。天性の才能があったのだ。敵のマーカーが彼を試合から消そうとする様子は見ものだった。スコールズはディフェンダーが嫌がるポジションに流れて、ワンタッチでボールを逆方向に送るか、フェイントをかけてバックパスをした。敵は一分近くスコールズを追っても、無駄な努力をしているか、間抜けのように見せられてしまうのだった。結局、急いで自陣ゴール前に戻る羽目になった。スコールズはそんな方法でマーカーを片づけた。

スコールズは長期の離脱で何度か悔しい思いをしたが、必ず成長して戻ってきた。目の問題や膝の故障を克服したあとは、一回り大きくなっていた。エネルギーを充電して、復帰したのだ。

三十代の初め、中盤のポジション争いが激しくなったことで、スコールズは何度か不満を爆発させた。私はダレン・フレッチャーとマイケル・キャリックを中盤のコンビとして考えていた。白状するが、それは間違いだった。ベテランの選手をないがしろにしていても、そのときはなかなか気づかないもので、犠牲者が傷ついているのを目の当《ま》たりにするまで修正できないのだ。スコールズは何か問題が起きたら使えばいい、というのが私の認識だった。彼は忠実な選手で、いつも途中出場する準備ができていた。今ではキャリックとフレッチャーがファーストチョイスのコンビで、スコールズはベテランの控え選手という位置づけだった。現役の日々も長くない。私はすっかりそう思い込んでいた。

2009年にローマで開かれたチャンピオンズリーグ決勝——結局バルセロナに敗れるのだが——で、スコールズは後半から出場した。アンデルソンは前半に三本しかパスを出せなかったが、スコールズは後半の二十分間で二十五本出した。監督をしていると、つい試合のすべてがわかっているかのように錯覚してしまうが、それは間違いだ。ベテランに気を遣わなくなったり、引退間際なのだから適当に控えとして使えばいいと思ったりするのは浅はかだ。彼らの価値を忘れてはいけない。

試合の結果を見て、私は結局スコールズの起用を増やし、必要なときだけ休ませるようにした。ユナイテッドの歴代ベストイレブンを選ぶとしたら誰になるか、とよく訊かれる。スコールズを外すことはできないし、ブライアン・ロブソンも欠かせない。彼らは最低でも1シーズンに10得点はした。しかし、そうなると次の疑問が生まれる。ロイ・キーンを外していいものだろうか？　三人はどうしても中盤で共存させたい。だがその場合、2トップの一角としてプレーしたがるカントナをどうやって使えばいいのだろう？　以下のストライカーの中からどうやって一人を選ぶのか——マックレア、ヒューズ、スールシャール、ファン・ニステルローイ、シェリンガム、ヨーク、コール、ルーニー、ファン・ペルシー。ギグスを忘れるわけにもいかない。ベストイレブンを選ぶのはほぼ不可能だ。しかし、やはり私はこう答えるだろう。カントナ、ギグス、スコールズ、ロブソン、クリスティアーノ・ロナウドがいないユナイテッドは考えられない、と。

スコールズはおそらくボビー・チャールトン以来最も優れたイングランド人のミッドフィールダーだろう。私がプレミアリーグに来てからというもの、思わず観客席から腰が浮くようなプレーを見せてくれるのはポール・ガスコインだった。だが現役最後の数年、スコールズは二つの点でガスコインを越えた。一つは選手生命の長さ、もう一つは三十代に入ってから進化したことだ。

スコールズはロングパスの名手で、用を足そうとして練習場を離れたチームメイトの髪の毛一本さえ見えれば狙いを定めることができた。ガリー・ネヴィルは茂みの中に入ってうまく隠れたつもりでいたが、スコールズは35メートルほど離れたところから彼に気づいた。あるときはピーター・シュマイケルに同じような長距離のミサイルをお見舞いし、悪ふざけの代償として練習場を追い回された。きっと一流の狙撃手になれただろう。

選手としての私には、カントナやスコールズのような天性の資質——後ろに目がついているという資質はなかった。しかし多くの試合を観戦するうちに、他人にそうした能力があるかどうかは見極められるようになった。そうした目を持った選手がチームにとっていかに重要かもわかっていた。

スコールズ、カントナ、ベロン。ベッカムもいい目を持っていた。最高のスルーパスを通せたというわけではないが、ピッチの逆サイドがよく見えていた。ローラン・ブランも目のいい選手だった。テディ・シェリンガムとドワイト・ヨークは、自分の周囲で何が起きているかよくわかっていた。しかしトップクラスの選手の視野の広さを競うなら、やはりスコールズが最高だ。楽な試合展開になると、スコールズは無意味なプレーをした。私は言った。「見ろ、ヤツは飽きてきたぞ」

92年組の中で最も目立っていたのはライアン・ギグスだ。ワンダーボーイと呼ぶなら彼が一番ふさわしかっただろう。そのギグスを十七歳でトップチームの試合に出場させると、思いもかけない問題が起きた。いわばギグス現象だ。

まだギグスが若かった頃、イタリア人の代理人が私に電話をかけてきて尋《たず》ねた。「おたくの息子さんたちは何をしていますか?」私は答えた。「マークは大学院で学び、ジェイソンはテレビ業界入りを目指し、ダレンはユナイテッドで助手をしている」。代理人は言った。「ギグスを売ってくれれば、息子さんたちを金持ちにしてあげますよ」。当然だが、その話は断った。

ギグスはすぐさまジョージ・ベストの後継者と呼ばれるようになり、その看板を下ろすのは不可能になった。あらゆる人間が近づいてきたが、ギグスは賢かった。「監督に訊いてください」。インタビューを申し込まれたり、新しいスポンサーが名乗りを挙げたりすると、必ずそう答えた。際限なくインタビューを受けるのは嫌だったので、私の指示で拒否しているように見せたのだ。彼は利口だった。

ある日ブライアン・ロブソンが、ハリー・スウェールズを代理人にするようギグスに勧めた。私も了解していた。ロブソンは現役引退を考えていて、自分が世話になったスウェールズならギグスを任せられると確信していた。彼は正しかった。ロブソンは愉快な男だ。八十一歳のとき、駅のホームで迷っていたスイス人女性を助けてそのまま婚約した。陸軍の元特務曹長で、両端が上向きにカールした口ひげを生やしている。本当にしっかりとギグスの面倒を見てくれた。ギグスの周りにいた人々では、母親も意志の強い女性で、祖父母も素晴らしい人々だった。

ギグスがトップチームで二十年に渡るキャリアを維持できたのは、綿密な体調管理のプログラムを編み出したからだ。選手生命の長さの秘訣はヨガと準備運動にあった。彼は一心にヨガに取り組んでいた。週に二回、練習のあとに専門家がやってきてヨガのポーズを指導するのだ。それはギグスに欠かせないものになった。ハムストリングの怪我が続いた頃は、どのくらい起用できるか我々も心配したものだ。ハムストリングは彼の泣きどころだった。次の試合に出すために、目の前の試合を欠場させることもあった。だが最終的には、年齢の他にギグスを休ませる理由はなくなった。常に最高のコンディションなので、１シーズン三十五試合に出場できた。

ギグスは賢いので、華やかな生活に見切りをつけることもできた。控えめな性格だが、92年組の中では尊敬の的だ。まさに王様で、絶対的な存在だった。ほんの一時期、ポール・インスと二人でぎょっとするようなスーツを着ていたが、すぐにやめた。ギグスは今でもそのスーツを持っている。当時、私はたまらず言ったものだ。「そりゃいったい何だ？」

インスは派手なファッションが好みで、二人は仲のいいコンビだった。だがギグスはプロとして自己管理を徹底していた。クラブでは誰もがギグスの意見を尊重し、畏怖《いふ》と尊敬の念を抱いている。

ギグスがかつてのスピードを失ってからは、中盤でプレーさせた。若い頃のようにディフェンダーの脇を駆け抜けることは期待しなかった。あまり気づかれていないが、キャリアの後半になってもギグスは切り替えの早さを保っていた。ある面においては、純粋な走力より大事なことだ。ボディバランスも失っていなかった。

２０１０年秋、ギグスはペナルティエリア内でウェストハムのジョナサン・スペクターに倒された。この機に私は自分にクイズを出した。マンチェスター・ユナイテッドでのキャリアを通して、ギグスは何度ＰＫを勝ち取っただろうか？　答えはたったの五度。いつも両足でしっかりと立っているからだ。よろめいても決して倒れようとしなかった。エリア内で激しいファウルを受けたギグスに、なぜ倒れようとしなかったのか、と私はよく尋ねた。倒れても文句は言われなかっただろう。すると彼は、奇妙な動物を見るかのように私を見た。何を訊かれているのかわからない、というような表情だった。

「俺は倒れないんです」

　ギグスは冷静沈着で、困難な状況でも落ち着きを失わなかった。不思議なことに、キャリアの後半になるまで交代要員としては有効ではなかった。先発したときのほうが必ずいいプレーをしたのだ。だがモスクワで行われた２００８年チャンピオンズリーグ決勝と、リーグ優勝を決めたウィガン戦では、途中から出場して決定的な働きをした。チームの２点目を取ったのだ。我々は彼の交代要員としての資質を測りかねていたが、疑いは晴れた。試合以外の場面でもチームに大きく貢献してくれた。

　ギグスは名前を売ることと商業的な成功に背を向けた。常に追い回されることを好む性格ではなかったのだ。もっと内向的だった。有名人として生きようと思ったら、世界中を飛び回って、カメラの前に顔を出し続ける並外れたエネルギーがなければならない。もちろん、ある種の自意識も必要だ。自分はそのために生きているという信念だ。俳優のインタビューを読むと、舞台に立ったり映画に出たりすることを子どもの頃から望んでいたことが伝わってくる。成功に強く惹《ひ》きつけられるそうした気持ちは、私にはない。

　私の願いはユナイテッドで育った選手が練習場で責任ある立場につき、クラブの伝統を引き継いでくれることだ。ウリ・ヘーネスやカール・ハインツ・ルンメニゲが、バイエルンで成し遂げたように。92年組の選手たちはクラブがどのように機能しているか、また成功を維持するためにはどのレベルの選手が必要か、よく理解している。彼らが最終的に監督の道を選ぶのかどうかはわからない。それはコーチとしての成長の度合いにかかっている。だがギグスとスコールズはどちらも頭がよく、ユナイテッドの理念をよく知っているし、選手としても一流なので、条件はすべて整っている。

ギグスなら間違いなくいい監督になれるだろう。賢くて、あらゆる選手の信望を集めているからだ。ややおとなしいところも問題にはならないだろう。物静かな監督は大勢いる。しかし気持ちは強くなければならない。ユナイテッドのようなクラブを率いるなら、選手の勢いに呑まれているようではダメだ。全体を掌握するには、自分の強さを信じることも必要だろう。影響力のある選手、金持ちの選手、世界的に知られている選手が揃っている中で彼らを仕切り、上に立たなければいけない。ユナイテッドのボスはただ一人――監督だけだ。ギグスはそうした強さを身につけなければいけない。だが、私にしても三十二歳になってから訓練したのだ。

小学校ではよくこんな質問がされる。「大きくなったら何になりたいですか?」私は「サッカー選手」と答えていただろう。多数派の答えは「消防士」だが。「サッカー選手」という答えに、世界中で名前を知られるようになりたいという欲求は含まれていない。サッカー選手として生きていきたいという純粋な気持ちだけだ。ギグスもそう答えただろう。

引退後にどのような道を選ぶかは本人の性格によるもので、デイヴィッド・ベッカムはいつも自分の行き先がわかっているという雰囲気を出していた。セレブな生活が気に入っていて、そのステータスを維持したいと思っていたのだ。他の選手は、世界中に名前が知れ渡ることなど考えもしなかっただろう。そうした発想はないのだ。ガリー・ネヴィルがファッション誌のカメラマンと向かい合っているところを想像してほしい。「おい、まだ撮り終わらないのか」

しっかりと守ってくれる家族がいたという点でも、彼らは恵まれていた。ネヴィル一家は信頼の置ける人々で、他の選手の家族もそうだった。私にとっても、彼らにとっても幸運だった。きちんとした環境で育つこと、地に足をつけておくこと、礼儀正しく振る舞い、年長者に敬意を払うことの重要性を彼らはよく知っている。私が年上の誰かをファーストネームで呼んだら、親父に耳を引っ張られたはずだ。「ミスターと言いなさい」

今ではそんな習慣はない。選手は私を「監督」や「ボス」と呼ぶ。ある日、リー・シャープに声をかけられた。「お疲れさまです、アレックス」。私は言った。「お前は私の同級生か?」

さらに驚かされたのが、アイルランド出身の若いパディー・リーと〈クリフ〉の階段ですれ違ったときだ。私の後ろにはボビー・ロブソンがいた。リーは言った。「どうも、アレックス」

私は尋ねた。「お前とは学校で一緒だったか?」

「いいえ」リーは面食らっていた。

「なら、アレックスなどと呼ぶな!」

思い出すとつい笑ってしまう。口では厳しいことを言っても、心の中では吹き出していた。パディー・リーは動物の真似《まね》が大得意だった。毎年クリスマスパーティの席で、さまざまな動物――アヒル、牛、鳥、ライオン、トラ――を巧みに演じてみせた。ダチョウの真似もできた。選手たちは腹を抱えて笑った。リーは一年間ミドルズブラでプレーしたが、あまり伸びなかった。

ジョージ・スウィッツァーもひょうきん者だった。サルフォード出身者の特徴だ。練習場の食堂で、大きな声で誰かの名前を呼んでおきながら、声がした方角をごまかすのがうまかった。被害者は部屋をぐるりと見回して、犯人を捜そうとした。

「よう、ボス!」と言ったり、「アーチー!」とノックスに呼びかけたり。犯人を捕まえるのにはずいぶん時間がかかった。食堂に集まった大勢の中から見つけるのは至難の業《わざ》だったのだ。

だがある日、とうとう尻尾をつかんだ。「ようやく会えたな」と、私は言った。「もう一度やったら、目が回るまでピッチの周りを走らせてやるぞ」

「すみません、監督」と、スウィッツァーが気まずそうに言った。

私は常に服従を求める監督だと思われているようだが、いたずら心のある人間には魅力を感じる。いい気分転換だ。ふざけてみせるには自信と度胸が必要だ。日常の場面で自分を出すことを恐れている選手ばかりでは、試合中のピッチの上で本当に大事な瞬間が訪れたときにも、恐怖に縮み上がるだけだろう。92年組の選手は恐れを知らなかった。しっかりと互いを支えていたのだ。

第15章

リヴァプール——輝かしい伝統

たとえ苦境に立たされても、真のビッグクラブは勝利のサイクルを取り戻すものだ。

私が就任したとき、ユナイテッドが低迷期にあったのは、ひょっとしたら幸運だったのかもしれない。十九年間リーグ優勝から遠ざかっていたせいで、前任者同様に私に対する期待も低かった。当時のユナイテッドはカップ戦の優勝がやっとのチームで、サポーターもリーグ戦よりノックアウト式の大会に関心を寄せていた。リーグ戦では待たされた挙句、失望を味わったからだ。

私の前任者のデイヴ・セクストン、トミー・ドハーティ、ロン・アトキンソンは有能な監督だったが、彼らの時代は安定して優勝争いに絡めず、最後まで上位争いに残ることもなかった。ユナイテッドが上昇気流に乗った１９９３年以降は、リヴァプールが低迷期を迎えた。それでも私は50キロ離れている彼らの息遣いを首筋に感じていた。

歴史と伝統を誇るリヴァプールのようなクラブに三冠を達成されれば――2000―01シーズン、ジェラール・ウリエのもとでFAカップ、リーグ、UEFAカップを獲得した――どうしたって背筋が寒くなる。あの年、私はこう思った。「頼むよ、ヤツらだなんて言わないでくれ。どのチームでもいいが、リヴァプールだけは勘弁だ」。歴史、伝統、熱狂的なファンに加えてホームで抜群の強さを誇るリヴァプールは、非常に手ごわい相手だった。たとえ不調の時期であっても。

私はジェラール・ウリエに好感を持っているし、尊敬の念を抱いている。フランス出身で、一時はロイ・エヴァンスとの二頭体制で仕事をしていたが、役員会の決定でその体制が終了させられたあとは一人でチームを率いた。スティーヴン・ジェラードが若手ミッドフィールダーとして注目を集めていた頃で、マイケル・オーウェンとロビー・ファウラーという二人の強力なストライカーの獲得にも成功した。

当時のリヴァプールは、外部の人間に権力を与えるという大きな変革の時期を迎えていた。内部から監督を選んでいた頃は――シャンクリー、ボブ・ペイズリー、ジョー・フェイガン、ケニー・ダルグリッシュ、グラハム・スーネス、ロイ・エヴァンス――クラブの理念が確実に引き継がれていた。しかし第一次ダルグリッシュ政権の末期、何かが変わった。チームは高齢化が進み、補強されたのはジミー・カーター、デイヴィッド・スピーディーといったリヴァプールらしからぬ選手だった。グレアム・スーネスは正しい行動を取ったが、先を焦って高齢化したチームを早く解体しすぎてしまった。あやまちの一つは、若手の中でも特に有望だったスティーヴ・ストーントンの放出だ。スーネス自身も認めているように、彼を出す必要はなかった。スーネスは有能だが少々せっかちで、とにかく先を急ごうとする。おかげで在任中、先走りの代償を払うことになった。

当時のリヴァプールとの対戦で楽しかったのは、試合後に向こうのスタッフが揃《そろ》って私のオフィスに顔を出したことだ。私はその伝統を真似《まね》て、アンフィールドでの試合のあとはスタッフを全員連れて挨拶《あいさつ》に行った。するとまたオールド・トラッフォードで同じ光景が繰り返された。リヴァプールのスタッフはこうした振る舞いが私よりはるかに洗練されていたが、私も素早く学習した。勝っても負けても、引き分けても、両陣営の全員が参加して温かい交流をした。マンチェスターとリヴァプールの両市は対立が激しく、ピッチでも火花が散ったので、結果に関わらず紳士的に振る舞うことには大きな意味があった。一つだけ大切だったのはうっかり弱点をさらさないことで、リヴァプールもその点はガードが固かった。

ウリエがリヴァプール市に派遣されてきたのはリール大学在学中のことで、教育実習生だった。彼は研究者の目でリヴァプールというクラブを観察した。アンフィールドに足を踏み入れたときには、クラブの歴史に対する先入観も持っていなかった。クラブの特徴と名門としての立場はよくわかっていたが。頭の回転が速い、気さくな男だった。ウリエが重度の心臓発作で病院に担ぎ込まれたあと、私は言った。「そろそろ役員になったらどうだ?」

「ごめんこうむるよ」というのが彼の返事だった。「現場にいたいんだ」。ウリエは心からサッカーを愛していた。心臓を悪くしたからといって、その情熱が薄れることはなかった。

リヴァプールの監督には常に期待が重くのしかかる。ダルグリッシュは最後に、その重圧の刃に切り裂かれてしまったのではないか。伝説的な選手という看板を捨てて監督になったとき、彼には指導者としての経験がまったくなかった。レンジャーズのジョン・グレイグも同じ問題に苦しめられた。おそらくレンジャーズ史上最も偉大な選手として、崩壊寸前のチームを引き受けたのだが、ついに立て直すことはできなかった。同時期にアバディーンとダンディー・ユナイテッドが浮上してきたのも、運が悪かった。ダルグリッシュに関して言うなら、リヴァプールの英雄として前線で華やかなプレーをしていた人間が、ほぼ一昼夜で監督に変身するよう求められたのはあまりに酷だった。スコットランド代表の合宿地を訪れたダルグリッシュに、あるクラブに監督就任を打診されたがどう思うか、と訊《き》かれたことは覚えている。リヴァプールの話をしていたのだ、と気づいたのはずっとあとになってからだった。

「いいクラブか?」と、私は尋《たず》ねた。

「ああ、悪くない」

そこで私は言った。いいクラブで、歴史があり、財政的に健全で、会長がサッカーに詳しいのならうまくいくだろう。これらの条件の一つ二つしか当てはまらないというのなら、戦いの日々が待っている。

アバディーンで集中的に学んだ経験がなければ、私にはマンチェスター・ユナイテッドを率いる力がついていなかっただろう。イースト・スターリングシャーにはまったく資金がなかった。だが十一人や十二人の選手で戦うのも面白かった。次に就任したセント・ミレンも貧乏だった。就任したシーズンに、私は十分な力のない十七人の選手を売却した。大ナタを振るうまでは三十五人もの選手がいたのだ。セント・ミレンでは食事から掃除用具からマッチデープログラムまで、あらゆるものを自分で注文した。いわば総合教育の場だった。

ウリエが大勢の外国人選手を連れてきた様子から察して、どうやら三冠を達成したシーズンが、クラブを立て直す際には身内にこだわらないという方針の裏付けとなったようだった。ヴラディミール・シュミツェル、サミ・ヒーピア、ディートマー・ハマンといった選手たちは、ウリエのチームの強固な土台になった。どんな形であれ、三冠達成には一目《いちもく》置かれるべきだ。FAカップ決勝のアーセナル戦は、運がよかったという面があるかもしれない。ベンゲルのチームにいいようにやられていたのに、マイケル・オーウェンが隙《すき》を突いて2得点して勝利をもたらしたのだ。当時私が恐れていたのは個々の選手ではなく、リヴァプールという名前とその歴史だった。彼らの好調が続いたら、アーセナルとチェルシーを追い越して、ふたたび最大のライバルとして我々の前に立ちはだかるのではないか、と。

三冠を達成した翌シーズンはリーグ二位だったが、エル＝ハッジ・ディウフ、サリフ・ディアオ、ブルーノ・シェイルを補強した2002―03シーズンは五位に落ち込んでしまった。解説者たちは因果関係についてあれこれ語ったものだ。我々もシェイルにはリールでプレーしていた頃から注目していた。スピードはないが、いい左足を持っていて、屈強な反面、敏捷《びんしょう》性に欠ける。ディウフはセネガル代表としてW杯で活躍し、注目を集めた。ウリエのアンテナが反応した理由もわかる。だが私は、トーナメント方式の大会の結果をもとに選手を獲得することには慎重だった。1996年の欧州選手権を見て、ジョルディ・クライフとカレル・ポボルスキーの獲得に踏み切った経験がある。大会中の彼らは素晴らしかったが、その夏に母国の代表として見せた輝きをユナイテッドで見せることはなかった。悪い補強だったとまでは言わないが、選手というものはW杯や欧州選手権になると特別なモチベーションを発揮する場合がある。その後はパフォーマンスが落ちてしまうのだ。

ディウフに関しては、素質はあったがもう少し磨《みが》きをかける必要があった。常に何らかの注目を集める男で、いい意味での注目ばかりではなかった。試合中に愚かな振る舞いをすることもあった。ただ闘争心は感じられたし、才能も十分だった。リヴァプールのような歴史のあるクラブは、反逆児にはあまり居心地がよくなかったのではないか。ディウフは成功のための規律を受け入れられなかった。ウリエもその問題に気がついた。アーセナルやチェルシーと何試合も厳しい戦いをこなすことを考えれば、落ち着いた性格の選手が欲しい。私に言わせれば、ディウフは信頼に欠けた。シェイルはどうしても壁を乗り越えられなかった。プレミアリーグで求められる速さがなかったのだ。

「スパイス・ガールズ」ならぬ「スパイス・ボーイズ」と呼ばれた軽薄な空気も、ウリエが戦わなければいけない怪物だった。リヴァプールの選手がこっそりダブリンに遊びに行っている、という話はよく聞いた。スタン・コリモアの加入も、チームを落ち着かせることはできなかった。私自身もコリモアの途方もない才能に惹《ひ》かれて、獲得の手前まで行ったのだが、リヴァプールでのプレーからはまったく真剣味が感じられず、獲得しなくて本当に運がよかったと思うようになった。ユナイテッドでも間違いなく同じ状態になっていただろう。代わりに獲得したアンディ・コールは勇敢で、常にベストのプレーをしてくれた。

ウリエが復活させるまでのリヴァプールは、チームの穴を埋める選手を闇雲に追い求めるという、ひと昔前のユナイテッドと同じ罠《わな》にはまっていた。1970年代半ばから80年代半ばのユナイテッドに関して言えば、リーズからギャリー・バートルズとアーサー・グラハムが加入し、ピーター・ダヴェンポート、テリー・ギブソン、アラン・ブラジルも移ってきた。必死に悪あがきをしていたのだ。ユナイテッド相手に得点を決めた選手は、即座に引き抜いた。目の前のことしか考えていなかった。

リヴァプールにも同じ悪癖がついてしまっていた。ロニー・ローゼンタール、デイヴィッド・スピーディー、ジミー・カーター。リヴァプールらしくない選手が次々と加入した。コリモア、フィル・バブ、ニール・ラドック、マーク・ライト、ジュリアン・ディックス。

ウリエはアンフィールドにさまざまな背景の選手を連れてきた。ミラン・バロシュ、ルイス・ガルシア、シュミツェル、ハマンはいい働きをした。ウリエの補強には一定のルールがあった。だがラファエル・ベニテスの時代にはどんな戦略も見えてこなかった。選手がやってきては、去っていった。ある試合の先発を見て、これだけ魅力のないリヴァプールと対戦するのは初めてだと思ったこともある。別のときはハビエル・マスチェラーノがセントラルミッドフィールダーを務めて、後ろはいつもどおり4バックだったが、左サイドはスティーヴン・ジェラード、トップにアルベルト・アクイラーニがいた。ベニテスはディルク・カイトを下げてライアン・バベルを左に移し、ジェラードを右に動かした。中盤の三人は距離を近く保ってプレーした。だが左サイドのバベルは、タッチライン際でまるで機能していなかった。ベニテスがどんな指示をしたのかはわからないが、自分がベンチでこう言ったのは覚えている——バベルを投入するなら今がいいと思ったのだろう。左サイドでガリー・ネヴィルと対面させる気なのだ、と。私はスコールズを呼んだ。「集中するようガリーに伝えてくれ」。だが、リヴァプールはほとんどサイドを使わなかった。

ベニテスはスティーヴ・マクラーレンに招かれてユナイテッドの練習場に来たことがあるらしいが、顔を合わせた記憶はない。海外から次々とコーチが訪れるので、一人ずつを覚えているのは不可能だ。中国やマルタから来たこともあるし、スカンジナビア半島から三、四人のグループが来たこともある。他のスポーツ関係者の訪問も絶えなかった。クリケットのオーストラリア代表、NBAの選手、マイケル・ジョンソン、ウサイン・ボルト。テキサスで陸上のトレーニングプログラムを主宰するジョンソンの知識の深さには感心させられた。

ベニテスが就任してまもなく、私はリヴァプールの試合の観戦に行き、ベニテス夫妻に招待されて一杯飲んだ。あの頃はよかった。しかしその後、関係にひびが入った。ベニテスのあやまちは、クラブ同士のライバル関係を個人的な争いにしてしまったことだ。個人攻撃という手段では、私は倒せない。実績に守られているという余裕があるからだ。ベニテスはトロフィーを獲得しようともがきながら、同時に挑発を試みたが、それは利口ではなかった。

ベニテスがかの有名な「事実」のリストを振りかざして、ファーガソンは審判に圧力をかけていると主張した一件だが、我々は事前に情報提供を受けていた。リヴァプールの質問は私を攻撃するためにベニテスが仕組んだものだ、と。この世界では珍しくない。私もあらかじめ質問を指定したことがある。ユナイテッドの広報担当者が警告した。「ベニテスは今日、あなたを非難する気ですよ」

「何に関してだ?」と、私は訊《き》いた。

「わかりませんが、情報提供がありました」

果たしてカメラの前に現れたベニテスは、メガネをかけて資料を取り出した。

あれが事実だというのか。

すべて見当外れだ。

まず彼は、私が審判に圧力をかけていると言った。つまりイングランドサッカー協会は私を恐れているということだろうか。つい二週間前、1万ポンドの罰金を科されたというのに。そして私は「リスペクト・キャンペーン」を尊重していないという（判定に異議を唱えないなど「リスペクト＝尊敬」を持って審判に接しようという運動）。キャンペーンが始まったのは2008—09シーズンで、私がカップ戦でマーティン・アトキンソンを批判したのは新たなガイドラインが設けられる一年前だった。つまりベニテスの最初の二つの主張は的外れだった。しかしメディアは大いに盛り上がっていた——あやふやな事実ばかりだったというのに。戦争になって、私が猛反撃するのを心待ちにしていたのだ。

あいにく私はこう答えただけだった。ベニテスはどうやら「恨《うら》み」を抱えているようだが、それが何なのかさっぱりわからない、と。愚かな真似をするな、とベニテスに伝えていたわけだ。個人攻撃をしてはならない。彼がそうした作戦に走ったのは初めてだったが、その後の批判にもすべて個人的な恨みがこもっていた。

聞いたところによるとベニテスのいらだちは、リヴァプールはタイトルレースに勝ち残れるのだろうか、重圧に押しつぶされるのではないか、と私が発言したのが原因だったらしい。私がリヴァプールの監督だったら、誉《ほ》め言葉として受け取っただろう。だがベニテスにとっては侮辱《ぶじょく》だった。ユナイテッドの監督がリヴァプールの名前を挙げて、相手を動揺させるようなセリフを吐いたら、アンフィールドの監督としては敵が不安になっていると思えばいいのだ。

ダルグリッシュがブラックバーンで監督を務め、タイトルレースの先頭を走っていたときも、私は言ってやった。「デヴォン・ロッホを期待しているよ」（デヴォン・ロッホは競走馬の名前。1956年のグランドナショナルに出走した際、先頭でゴールする寸前に突然バランスを崩し、腹這いになった）。効果てきめんだった。〝デヴォン・ロッホ〟はあらゆる紙面を飾り、ブラックバーンは勝ち点を落とし始めた。我々が逆転できるはずだったが、ブラックバーンはなんとか逃げ切った。だが女王陛下の所有馬がエイントリー競馬場の直線で腹這《はらば》いになった話を持ち出されたことで、戦いが難しくなったのは間違いないだろう。

昔からベニテスはすべて自分のやり方を通したがるタイプだといわれていたが、それは本当だった。何がしたいのかわからないほどだった。さらに他の監督と一切親交を持とうとしなかった。あまり賛成できない方針だ。彼とグラスをかわして、経験から学びたいと思っていた中小クラブの監督は大勢いただろうに。２００９―10シーズン、アンフィールドでの試合のあとでベニテスは珍しく一杯付き合ったが、居心地が悪そうで、用事があると言ってさっさと引き上げてしまった。あっという間だった。私はベニテスのアシスタントコーチのサミー・リーに言った。「これでも初めの一歩だな」

あるときウィガン・アスレティックの監督のロベルト・マルティネスが、ベニテスの言うとおりファーガソンには自分の手先となって動く「友人」がいる、と発言したと報じられた（サム・アラダイスがその一人とされていた）。マルティネスは私とリーグ監督協会の両方に電話をかけて、発言を訂正する声明を出したほうがいいだろうかと尋ねた。ベニテスには何の世話にもなっていないのだから、肩を持つ理由もない、と。おそらくマルティネスはスペイン紙に対して、ベニテスがユナイテッドや他のイングランドのチームをどう見ているかについて語ったのであって、彼自身の意見ではなかったはずだ。あくまで伝達役だった。プレミアリーグのスペイン人監督は当時ベニテスとマルティネスの二人だけだったので、仲がよくても不思議はなかったが。

ベニテスはよく資金がないとこぼしていたが、就任したその日から私より多くの金を使っていた。はるかに多い。それなのに記者会見の席で、資金不足を嘆いてみせるのには驚かされた。ふんだんに与えられていたではないか。補強が下手だから失望する羽目になるだけだ。トーレスとレイナを除けば、ベニテスが獲得した選手の中でリヴァプールにふさわしい選手はほとんどいなかった。献身的な選手はいた――マスチェラーノとディルク・カイトはよく走った――が、本当の意味でレベルに達している選手はいなかった。スーネスもダルグリッシュも、ロニー・ウィーランもジミー・ケースもいない。ベニテスが移籍市場で二度当たりくじを引いたのは事実だ。ゴールキーパーのペペ・レイナと、ストライカーのフェルナンド・トーレス。トーレスは並外れた才能に恵まれている。我々も長年目をつけていた選手で、十六歳のときに獲得を試みた。リヴァプールに加入する二年前にも様子をうかがったが、我々が近づいたところでアトレティコ・マドリードがより条件のいい契約を提示するだけだという気がした。トーレスはユースの大会で何度も見て、いつも好印象を持っていた。アトレティコにすっかりなじんでいたので、リヴァプールが引き抜きに成功したと聞いて驚いた。ベニテスがスペインに持っていた人脈が効いたのだろう。

トーレスには狡猾《こうかつ》さという武器もあった。汚さと紙一重の狡猾さだ。そこまで体が大きいわけではないが、存在感は圧倒的で、ギアチェンジが非常に速かった。40メートルのスプリントをさせたらもっと速いリヴァプールの選手はいたが、あの切り替えの早さは脅威だ。遅く見えるほど大きなストライドで走りながら、何の前ぶれもなく加速して、斜めの方向に走っていった。だが思いどおりにいかないときの態度は今ひとつで、見苦しい反応をすることもあった。アトレティコで長年ゴールデンボーイともてはやされて、少々思い上がっていたのではないか。二十一歳でキャプテンを務めていたのだから。

トーレスは身体的にも、ストライカー向きの身長と体格に恵まれていた。オーウェンとファウラー以降では最高のセンターフォワードだろう。もう一人のスターは言うまでもなくスティーヴン・ジェラードで、ユナイテッド戦では目立たないときもあったが、一人で試合を決める力があった。ユナイテッドとチェルシーは移籍市場で彼の獲得に動いた。アンフィールドを出たがっている気配があったからだ。だがクラブの外の人間から引き留められたのか、我々との交渉は物別れに終わった。

チェルシー移籍は秒読みに思えた。常に不思議だったのだが、なぜベニテスは彼をセントラルミッドフィールダーとして使わなかったのだろうか？　私の引退が迫っていた頃のリヴァプール戦では、セントラルミッドフィールダーの二人はボールを奪っても、そこから展開しようとしなかった。脚力と闘争心のあるジェラードなら、ゴール前に攻め込んで我々にダメージを与えていただろう。なぜ彼が中盤ではほとんど使われなかったのか、どうしてもわからない。86ポイントで二位に終わった2008―09シーズンは、シャビ・アロンソがパスを出し、ジェラードは前線でトーレスの背後に位置していた。

他にもユナイテッドにとって有利だったのは、リヴァプールからいい若手が出てこなくなったことだ。おそらくマイケル・オーウェンが最後だろう。十二歳でユナイテッドに入っていたら、オーウェンは世界屈指のストライカーになっていたはずだ。彼はマレーシアで開催された1997年FIFAワールドユース選手権に出場した。ユナイテッドのロニー・ウォールワークとジョン・カーティスも、イングランド代表として参加していた。帰国した二人に、私は一カ月のオフを与えた――ゆっくり休んでこい、と。だがオーウェンはそのままリヴァプールのトップチームに加わった。休む暇《ひま》も、技術を磨《みが》く暇もなかった。オーウェンが選手として成長したのは、ユナイテッドで過ごした二年間だ。ドレッシングルームのかけがえのない一員で、いい青年だった。

若い頃に休みをもらえず、技術を磨く暇もなかったことが、オーウェンに不利に働いたのではないか。ウリエがチームを引き継いだ頃には既に完成された選手で、チームの中心だった。ウリエが彼を呼び出して、技術面で成長を促すのは難しかった。オーウェンに関する私のあやまちは、もっと早く獲得しなかったことだ。リヴァプールから直接獲得するのは無理だったとしても、レアル・マドリードからニューカッスルへの移籍話が浮上したときに割り込むべきだった。彼は本当に立派な青年だ。

リヴァプールの一筋縄ではいかない面々の中では、ディルク・カイトの素直なプレーぶりは際立っていた。リヴァプールに移籍したときは190センチ近くあったのに、足を酷使したせいでいつの間にか10センチ近く背が縮んでしまったように見えた。あれほど守備をするフォワードの選手は見たことがない。ベニテスのもとでは全試合に出場していた。だが敵のペナルティエリア内で何かが起きたとき、彼は素早く対応できただろうか？　競り合いで疲れきっていたのではないか？

ベニテスの人間性と監督としての手腕には疑問符がつくが、選手は全力でプレーしていたのだから、彼らを惹きつける何かしらの要素はあったのだろう。恐れか、敬意か、選手の扱いのうまさか。ベニテスのチームが試合を諦《あきら》めるところは見たことがない。これは監督の功績だ。

私の目には、ベニテスがアンフィールドで手腕を発揮したようには映らないのだが、いったいなぜだろうか？　彼は勝つことよりも、守備を固めて試合を壊すことを狙っていた。現代では、そのアプローチはあまり有効ではない。

ジョゼ・モウリーニョのほうがはるかに選手の扱いに長けていて、存在感も上回っている。モウリーニョとベニテスがタッチライン際に並んでいるのを見たら、どちらが試合に勝つかわかるだろう。

だがリヴァプールは常に尊敬に値する。チームに変更を加えたベニテスの手腕にしてもそうで、おかげでリヴァプールは非常に厄介《やっかい》な敵になり、チャンピオンズリーグまで制した。立派なものだ。多少運があったが、私も運に助けられたことはある。

タッチライン際でのベニテスは、絶えず選手のポジションを変えようとしていた。だが、選手がどの程度彼のほうを見て、指示に従っていたかは疑問だ。あのジェスチャーをすべて理解できる人間などいるわけがない。一方のモウリーニョは、例えばチェルシーの監督として臨んだインテル戦を観ていると、選手が全速力で駆け寄ってくるのがわかった。「何ですか、ボス？」と尋ねるかのように。選手はモウリーニョの指示に忠実だった。

監督は強くなければいけない。それが絶対だ。ベニテスは強かった。自分を信じて雑音を無視するだけの頑固さがあり、批判には適当に耳をふさいでいた。２００５年、イスタンブールで行われたチャンピオンズリーグ決勝でミランを下して優勝したことが、彼の戦術に辛口な人々から身を守る盾になった。

聞くところによると、前半だけで3対0と引き離していたミランは、ハーフタイムの時点で既にお祭り騒ぎだったそうだ。選手たちは優勝記念のシャツを着て踊っていた。パオロ・マルディーニと〝リーノ〟ことジェンナーロ・ガットゥーゾの二人だけは真っ赤になって、試合が終わったなどと思うな、とチームメイトに警告していたらしい。

その夜、リヴァプールは不屈の精神を見せつけて優勝杯を奪った。

ベニテスのあとは短い間ロイ・ホジソンが指揮を執ったが、ふたたびケニー・ダルグリッシュに道を譲った。リヴァプールはまたも大がかりな刷新に取りかかった。しかしダルグリッシュ時代に加入した選手は、ほとんど誰も私の眠りを妨《さまた》げたりしなかった。我々はジョーダン・ヘンダーソンには注目していて、特にスティーヴ・ブルースが獲得に乗り気だった。だが観察しているうちに、ヘンダーソンが背中をまっすぐ立てて、膝《ひざ》から下だけ動かして走ることがわかった。現代のサッカー選手は股関節から動かす。あの走り方ではキャリアの後半に故障するだろう、と私たちは言った。

スチュワート・ダウニングのリヴァプールへの移籍金は2000万ポンドだった。才能はあったが、度胸とスピードは平凡だった。確かにいいクロスを蹴《け》ることができ、シュートもうまかったが、2000万ポンドに値しただろうか？　3500万ポンドで加入したアンディ・キャロルは、我々がイングランド北東部に構えた〈スクール・オブ・エクセレンス〉（ユース世代の育成組織）の出身で、卒業生にはダウニングとジェームズ・モリソンがいた。モリソンはミドルズブラを経てウェスト・ブロムウィッチに移籍し、スコットランド代表としてプレーした。〈スクール・オブ・エクセレンス〉はサンダーランドとニューカッスルから抗議の声が上がり、イングランドサッカー協会の手で閉鎖された。その頃、ユナイテッドのアカデミーが開校した。リヴァプールがキャロルを獲得したのは、トーレスのチェルシー移籍で5000万ポンドが手に入った結果だった。キャロルの課題は体の重さで、ピッチを機敏に動くことができなかった。常にボールがペナルティエリア内にないかぎり、キャロルが自分のプレーをするのは難しかった。現代のディフェンダーは相手を押し出すのがうまい。ストライカーには動きの質が求められる。スアレスは決して俊足ではないが、頭の回転が速い。

ダルグリッシュが下部組織から引き上げた選手は成功した。特にジェイ・スピーリングは優秀だった。ユース時代はセンターバックで、サイドバックはジョン・フラナガンが務めていた。スピーリングはあの世代では飛び抜けていた。闘志にあふれ、機敏で、リーダーの素質がある。光るものがあるのは明らかだった。しかしセントラルミッドフィールダーも無難にこなす一方で、長期的にどう成長するのか思い描くのは難しかった。そう思えたのは小柄な体格が原因だったのかもしれない。

ダルグリッシュはリーグカップを勝ち取って、FAカップ決勝にも進出した。だが彼とアシスタントコーチのスティーヴ・クラークが、オーナーと会談するためにボストンに呼び出されたと聞いて、非常に嫌な予感がした。スアレスがパトリス・エヴラに人種差別発言をした件に関して、スアレスを擁護するTシャツを作ったり、口頭でかばったりしたのは印象がよくなかった。監督というものは周りが見えなくなりがちで、中心的な選手が絡んでいる場合はなおさらだ。あれがスアレスではなく控えの選手だったら、あそこまでかばおうとしただろうか？

『ニューヨーク・タイムズ』と『ボストン・グローブ』が、スアレスとエヴラが握手を拒否した件について書いた社説を読めば、どのような風向きになっているのかは明らかだった。ダルグリッシュの不幸は、クラブの若手スタッフがこぞって彼を崇拝してしまったことだろう。黄金期にCEOを務めたピーター・ロビンソンなら、これほど問題が大きくなる前に手を打ったはずだ。クラブより個人が優先されてはならない。

次に就任したブレンダン・ロジャースはまだ三十九歳だった。ここまで若い監督を選ぶとは意外だった。新監督が就任していくらも経たない2012年6月、会長のジョン・ヘンリーが犯したあやまちは、クラブ内部の様子を撮影したドキュメンタリーの放映を許可してしまったことだろう。若い監督に注目を集めるべきではないし、ドキュメンタリーの印象そのものもよくなかった。アメリカでも受けは悪かったので、何が狙いだったのか私にはよくわからない。私が理解しているのは、選手はインタビューを義務づけられていたということだ。ロジャースが若手にチャンスを与えたのは称賛されるべきで、選手もそれなりに期待に応えた。成功したとはいえない補強があったのには気づいていたはずだ。ヘンダーソンとダウニングは価値を証明しなければいけなかった。一般論だが、監督は自分が評価していない選手にもチャンスを与えなければいけない。

ユナイテッドとリヴァプールのライバル関係は苛烈《かれつ》だ。昔から変わらない。だが表向きの敵意の裏にあるのは、互いを尊敬する気持ちだった。2012年、「ヒルズボロの悲劇」の再調査報告書が公表された際にユナイテッドが取った行動を私は誇りに思う。リヴァプールと、正義を求めて闘ってきた人々にとって、記念すべき一週間だった（「ヒルズボロの悲劇」は1989年、ヒルズボロ・スタジアムで行われたリヴァプール対ノッティンガム・フォレストの試合中に起きた群集事故。リヴァプールのサポーターの落ち度を問う声もあったが、2012年に公開された再調査報告書により、警備側の不手際が明らかになった）。追悼式典のためにリヴァプールから協力を要請されたことは、すべて受け入れた。リヴァプールは我々の努力を称《たた》えてくれた。

その日、選手には言った――得点を決めても大げさに祝うな。ファウルをした相手は助け起こせ。審判のマーク・ハルジーは適切に笛を吹いた。キックオフの前にはボビー・チャールトンが花輪を手に登場して、イアン・ラッシュに渡した。花輪はシャンクリー・ゲートの脇の記念碑に捧げられた。九十六本のバラの一本一本が、ヒルズボロで命を落としたリヴァプールのサポーターを表していた。当初リヴァプールは私とイアン・ラッシュにそのセレモニーを依頼してきたのだが、ボビー・チャールトンのほうが適任だろうと思った。最後にごく一部のファンが心ない言葉を放っただけで、すべてがうまくいった。

リヴァプールがマンチェスターの二チームと同レベルまで浮上するには、当たり前だが巨額の投資が必要だ。スタジアムの問題も解決しなければいけない。アメリカ人の会長は新スタジアムの建設ではなく、ボストン・レッド・ソックスの本拠地フェンウェイ・パークの改修を選んだ。今では大規模なスタジアムを建設しようと思ったら、７億ポンド規模の事業になる。アンフィールドは昔のままの姿だ。ドレッシングルームも二十年前と変わらない。もう一つ予想するなら、リヴァプールがタイトルを獲得するには優秀な選手が八人必要だろう。移籍市場で失敗したら、せっかく集めた選手もあっという間に安値で手放す羽目になる。

ブレンダン・ロジャースが奮闘している間、ベニテスと私はすっかり没交渉になっていた。ロベルト・ディ・マッテオが5月にチャンピオンズリーグで優勝しながら10月に解任されたあと、ベニテスはチェルシーの暫定監督としてプレミアリーグに戻ってきた。就任が発表された直後のユナイテッドの記者会見で、完成したチームを引き継げる彼は運がいい、と私はコメントした。

ベニテスの実績は文脈に沿って評価しなければいけない。２００１―02シーズン、リーガ・エスパニョーラをわずか51得点で制覇したことからわかるように、彼は腕のいい現実主義者だ。だが彼の率いるリヴァプールは退屈で、興味をそそられなかった。チェルシーから声がかかったのは意外だった。ベニテスとディ・マッテオの実績を比較したら、前者はバレンシアを率いてリーグ制覇二度、リヴァプールを率いてチャンピオンズリーグとＦＡカップを獲得している。ディ・マッテオはわずか六カ月の間にＦＡカップとチャンピオンズリーグを制した。互いに遜色《そんしょく》はない。だがまたしても、先んじたのはベニテスだった。

第16章

群雄割拠

1991年にマンチェスター・ユナイテッドが公開会社になった瞬間から、いずれ個人オーナーに買収されることはわかっていた。ブリティッシュ・スカイ・ブロードキャスティングのルパート・マードックが最大の株主だったが、2003年からマルコム・グレイザーが株式買収を始めた。これほどの歴史と影響力を誇るクラブに、個人投資家が目をつけないわけがない。唯一意外だったのはグレイザー・ファミリーが乗り込んでくるまで、裕福な求婚者が列をなしていなかったことだ。

グレイザー・ファミリーの支配が確立すると、ユナイテッドのファンクラブ代表のアンディ・ウォルシュが電話をかけてきた。「退任なさるしかありませんよ」。ウォルシュは私の友人だが、その言葉に従う気はまったくなかった。私はあくまで監督であって、役員ではないし、クラブを手放した株主の一人でもない。買収は私の力の及ばないところで起きた。

「あなたのことは我々全員で守ります」と、ウォルシュ。私は答えた。「それはいいが、コーチングスタッフはどうなるんだ?」私が退任したらすぐさま、スタッフも全員職を解かれていただろう。二十年を共にしたスタッフもいた。監督が引退したとき、周りに及ぶ影響は、外部の人間にはなかなかわからないものだ。

落ち着かない時期だったことは確かだ。私が心配していたことの一つは、チームに投資する金がどれくらいあるかという点だった。いい選手を発見する自分の眼力と、クラブの組織力を信じるしかなかった。彼らも最初からよくわかっていたが、グレイザー・ファミリーが買収しようとしていたのはきちんと機能しているクラブだった。

最初に父親のマルコム・グレイザーから電話がかかってきた。二週間後には息子のジョエルとアヴィがクラブを訪れて、彼らの姿勢をはっきりさせた。サッカーに関することはこれまでどおりの運営をするとのことだった。クラブは健全に経営されている。私は実績のある監督だ。何も心配はしていない。私を完全に支持している。彼らの口から聞きたかったそうしたことは、その日すべて聞けた。確かに世の中には建て前というものがある。安心しろと言っておきながら、山のように修正を加えるのだ。こうして首を切られる人間が出て、借金返済のために予算が削減される。だがユナイテッドは、新しいオーナーのもとでも安定していた。たとえ負債が噂《うわさ》になり、利子の返済が問題視されたとしても。

長年の間にはクラブの負債に関する私の態度を表明するよう、いくつかのファンクラブから迫られた。彼らにはいつもこう答えた。「私は監督だ。アメリカ人のオーナーが所有するクラブで働いている」。それが私の態度だ。個人オーナーという形態について私見を述べて、クラブの経営サイドを動揺させるのは利口だと思えなかった。コーチの誰それの首を切るようにと指示するなど、グレイザー・ファミリーがもっと高圧的な態度を取ってきたら話は違っていただろう。私の監督としての権限を弱めるような指示が出されたら、クラブ全体に影響が及んでいただろうが、そのような圧力はなかった。ならば一部のサポーターに、生涯の職から退くよう迫られたからといって、従う必要はない。

私が就任した頃は「第二役員会」として知られるサポーターのグループがあった。役員室で会合を開いて、マンチェスター・ユナイテッドのどこを改善するか決めたのだ。当時の私の立場は今よりも不安定で、第二役員会の支持を失ったらどうなるのか気を揉《も》んでいた。前任者たちも同様に感じていた。レンジャーズに在籍していた頃は、有力なサポーターがトップチームの遠征に帯同したり、ロビイストとして活動したりしていた。ユナイテッドでは、サポーターの意見はさらに多種多様だ。グレイザー・ファミリーの買収に反発した一部のサポーターは年間チケットを返上して、ＦＣユナイテッド・オブ・マンチェスターというクラブを立ち上げた。

クラブを背負って立つことにはそれなりの代償がある。まず、すべての試合に勝つことはできないし、死ぬまで監督を続けるわけにもいかないのだ。ユナイテッドが半世紀を二人の監督でやりくりしてきたのは幸運だった。勝敗にともなって、人間の感情も高ぶったり冷めたりする。サッカーが対立を生むのはしかたがない。私の記憶ではレンジャーズが敗戦したとき、サポーターはチームバスの窓にレンガを投げつけてきた。

私の年齢を除けば、グレイザー・ファミリーが２００５年夏の時点で監督交代を考える理由はなかった。私も引退が頭をよぎったことはなく、不安にも思わなかった。

負債のために何千万ポンドもの利子が支払われたことで、クラブの先行きを心配する声が大きくなったのは確かだ。気持ちはわかるが、そのために選手を売却させられたり、移籍交渉の担当者に重圧がかかったりという事態にはならなかった。グレイザー・ファミリーの強みの一つはロンドンに営業部があって、世界中からスポンサーが集まってくることだ。トルコ航空、サウジアラビアや香港、タイの電話会社、東アジアのビール会社。おかげで何千万ポンドという現金が入り、借金返済の役に立った。サッカーの興業のみでも莫大な収益がある。常に七万六千人の観客が入るのは非常にありがたかった。

要するに、グレイザー・ファミリーに邪魔をされたことは一度もないのだ。選手の獲得を断念するとしたら、法外な額の移籍金や年俸を要求されたときがほとんどだった。その種の決断は私とデイヴィッド・ギルが下した。負債のことを考えて金を使うように、と命令されたことはなかった。

それどころか我々のスター軍団は厚みを増し続けた。２００７年以降は南アメリカ、ポルトガル、ブルガリア出身の優秀な選手がキャリントンに集まった。この頃加入した外国人選手の中でも、ひときわ注目を集めたのがカルロス・テベスだ。シェフィールド・ユナイテッドの降格をめぐる大騒動の渦中にあった男で、後に宿敵のマンチェスター・シティに移籍した。水色のユニフォームを着てこちらを見下ろすテベスの上に「ようこそマンチェスターへ」という文句をあしらったシティの挑発的な看板は忘れられない。

我々の出会いはテベスがウェストハムに在籍していた頃だ。代理人のキア・ジョオラビシアンがデイヴィッド・ギルに電話をかけてきて、テベスがマンチェスター・ユナイテッドでのプレーを熱望していると言った。その手の話は何度も聞いた。代理人から電話があって、選手がユナイテッドに特別な思い入れを持っている、と聞かされるのは珍しいことではない。テベス陣営と複雑な交渉をするのはやめたほうがいい、と私がアドバイスすると、ギルは了承した。テベスの背後に大勢の人間がいるのは明らかだった。だが私はこうも言った。「ヤツはエネルギッシュで、試合の流れを変えられるし、得点感覚も悪くない。状況によっては動いてもいいだろう」

二年間のレンタル移籍で獲得して、年俸はウェストハムと折半する、とギルは私に言った。交渉は成立した。一年目のテベスは十分な働きぶりで、リヨン、ブラックバーン、トッテナム、チェルシー相手に貴重なゴールを決めてくれた。情熱的でエネルギッシュだった。しかし足が速いとはいえず、練習態度もよくなかった。ふくらはぎの張りなどを訴えて、すぐに短い休憩を取ろうとするのだ。ユナイテッド式の練習の中では、それが迷惑になる場合があった。求められていたのはいつもひたむきに練習する姿勢だった。一流の選手はそれができる。だがテベスは試合中に熱意を見せることで、十分に埋め合わせていた。

テベスはモスクワで行われた2008年チャンピオンズリーグ決勝のチェルシー戦に出場して、ユナイテッドの最初のキッカーとしてPKを成功させた。百二十分の試合の間に、私はルーニーを交代させてテベスを残していた。彼のほうがいいプレーをしていたからだ。だが私には悪い予感があった。テベスの在籍二年目に加入したディミタール・ベルバトフが、ルーニーと二人で前線のコンビとして定着したのだ。

トッテナム時代にベルバトフを見たときは、違いをもたらす選手だとわかった。我々のチームのストライカーにない、ある種の落ち着きと状況判断のセンスを持っていた。カントナやテディ・シェリンガムと似た能力の持ち主だった——閃光《せんこう》のように速いというわけではないが、顔を上げて創造性豊かなパスが出せる。我々のレベルを一段階引き上げて、新しい武器になってくれる選手だと思った。

ベルバトフが加入したことで、テベスは控えの地位に追いやられた。二年目の12月頃、テベスはだいぶ調子を落としているようだった。おそらくその理由は、試合に出続けることが必要な選手だったからだろう。彼のように練習を腹八分目でこなすなら、試合には出続けなければいけない。その冬、ギルに訊《き》かれた。「テベスを完全移籍させるか?」決断はシーズン終盤まで待ったほうがいい、と私は言った。「向こうは今すぐ契約を結びたがっているぞ」と、ギル。

私は答えた。「きちんと判断するために今後は出場機会を増やす、とだけ伝えてくれ。ベルバトフは試合に出過ぎている」

すると2008—09シーズンの後半戦、テベスは多くの試合で決定的な働きをした。中でもホームのトッテナム戦は印象的だった。2対0で負けていたので、私はテベスを投入してチームの活性化を試みた。テベスは夢中でボールを追ってチームに火をつけ、5対2の勝利の立役者になった。彼の投入が試合の流れを変えたのだ。

2009年のチャンピオンズリーグ準決勝のアーセナル戦では、ロナウド、ルーニー、朴智星《パクチソン》の三人を起用した。決勝で使ったのも同じ顔ぶれで、テベスは不満そうだった。ローマで行われたバルセロナ戦は散々だった。ホテルの選択を間違えたのだ。ひどい設備だった。準備が足りていなかったことは認めなければいけない。

それはともかく、私は後半からテベスを投入したが、独り善がりなプレーをしていると感じた。察するに、もうシティ移籍の意思を固めていたのだろう。決勝戦のあと、テベスは言った。「監督は、俺の完全移籍を本気で考えたことなんてないんでしょう」。シーズン通しての出来を見る必要があって、判断するには出場回数が足りない、と私は言った。ギルは2500万ポンドの年俸を提示したが、まるで壁に向かって話しているようだった。その反応の薄さからして、テベスは街の反対側に移ることを決心しているのだろう、と私たちは判断した。

噂によるとマンチェスター・シティは4700万ポンドを支払ったそうだ。テベスは一時期チェルシーとも連絡を取っていたので、代理人が両方のクラブと駆け引きをしたのだろう。チェルシーは3500万ポンドを提示したが、シティに競り負けたらしい。にわかに信じられない金額だった。テベスは優秀だが、私ならそこまで出さない。あくまで途中出場で違いを作る選手なのだ。私がベルバトフの獲得を強く求めて成功を後押ししたという点は、テベスには不公平だったかもしれない。だがベルバトフも、第一人者として扱われることを求めた。ベルバトフとテベスの板挟みを避ける道はなかった。

ドイツで行われたチャンピオンズリーグの試合中、テベスはウォーミングアップを拒否してロベルト・マンチーニと衝突したといわれているが、ユナイテッドではその種の規律違反はなかった。だが一方、2006―07シーズンにシェフィールド・ユナイテッドがチャンピオンシップ(二部リーグ)に降格したときは、ある役割を果たしたとされて大騒ぎになった。シーズンの最終節、オールド・トラッフォードに乗り込んできたウェストハムは、それまでテベスの得点で降格を免れていた。リーグ規約違反のために罰金を科される一幕はあったが、幸い勝ち点の剥奪《はくだつ》はなかった。そしてテベスがユナイテッド相手に得点したせいで、シェフィールド・ユナイテッドは降格した。するとシェフィールドの監督ニール・ワーノックは、ユナイテッドがウェストハム戦にメンバーを落として臨んだとして、我々に責任をなすりつけようとしたのだ。

我々はウェストハム戦の一週間後にカップ戦の決勝を控えていた。ユナイテッドの層の厚さはリーグ屈指で、私はシーズンを通して、状況によって選手を入れ替えていた。ウェストハム戦を観てもらえば、主審が二、三度ユナイテッドにPKを与えず、一方で相手キーパーが大活躍したのがわかるはずだ。ウェストハムは耐え抜いて、ついにテベスが得点した。完全に受け身になった彼らに対して我々は猛攻を仕掛け、後半からロナウド、ルーニー、ギグスを投入したが勝利はつかめなかった。

それなのにワーノックときたら、ユナイテッドが手を抜いたと非難したのだ。彼らの最終節はホームのウィガン戦で、引き分けさえすればよかった。1月初旬にワーノックはデイヴィッド・アンズワースを自由移籍でウィガンに放出したのだが、そのアンズワースのPK成功によって、シェフィールド・ユナイテッドは二部に転落した。冷静な人間ならこう言っただろう――私は手痛いミスを犯した。鏡の中の自分と対話したことがないのだろうか？「我々に必要なのはホームでの引き分けだった。だがウィガンから1ポイントを奪うことができなかった」。ユナイテッドへの批判は的外れもいいところだった。

2007年1月、ユナイテッドはラーションという正真正銘のスターを獲得した――正味二カ月だったが。シーズン頭に復帰したルイ・サハは活躍の予感を漂わせていたが、また故障してしまった。すると10月、スカウティング責任者のジム・ローラーが、ヘンリク・ラーションがスウェーデンでプレーしているのはもったいないと言い出した。まだ大きな舞台で活躍できる力が十分あるというのに。所属クラブのヘルシンボリが売却をしぶったので、それでは1月からレンタル移籍で出すのはどうか、とローラーを通して向こうの会長に尋《たず》ねた。ラーション自身も、その方向で進めてほしいとクラブに頼んだ。

ユナイテッドに現れたラーションは、選手にとってちょっとしたカリスマだった。誰もが尊敬を込めて彼の名前を口にした。三十五歳のベテランだったのに、コーチのアドバイスに驚くほど素直に耳を傾けた。練習中は常に真剣で、ケイロスによる戦術の解説にも熱心に聞き入った。我々のやり方をすべて吸収しようとしていたのだ。

ラーションは練習で圧倒的な力を示した。動きの質とポジショニングは最高だった。実戦では3得点にとどまったが、その数字だけで貢献度を測ることなどできない。ユナイテッドの一員として最後に臨んだミドルズブラ戦では、2対1のリードを許したあと、中盤にポジションを戻してひたすら走った。彼がドレッシングルームに引き上げてくると、選手は全員立ち上がって拍手をした。スタッフも拍手に加わった。二カ月でここまで周囲の心をつかむのは、並みの選手にはできない。結果を出さなければカリスマ性もたちまち消えてしまうが、ラーションは最後までオーラを失わなかった。動きの質と勇敢さは、ユナイテッドで育った選手のようだった。小柄なわりにバネもあった。

もっと早く獲得しておけばよかった。ラーションがセルティックにいた頃、移籍金を提示する準備はしていたのだが、セルティックの大口株主ダーモット・デズモンドが電話をかけてきた。「見損なったぞ、アレックス。お前のところには山ほど選手がいるじゃないか。ウチにはラーションが必要なんだ」

ラーションが帰国した一カ月後、我々はチャンピオンズリーグでクラブの歴史に残る試合をした。4月10日、ローマを7対1で下したのだ。ユナイテッド史上、チャンピオンズリーグの一試合で奪った最多得点だった。内訳はマイケル・キャリックとロナウドが2点ずつと、ルーニーとアラン・スミスが1点ずつ、それにヨーロッパの舞台では得点がなかったエヴラまで1点決めた。

トップレベルのサッカーの試合は、好調な選手が八人いれば勝てる。残りの三人に関しては調子が悪くても運動量で貢献するか、試合をモノにするために戦術的な役割に徹してくれれば問題にはならない。だが監督のキャリアを通して五〜六回は、十一人全員が絶好調の完璧な試合に巡り合える。

その夜はすべてがうまくいった。2点目は六人の選手がワンタッチでパスをつなぎ、ライアン・ギグスがセンターバック二人の間を通して、アラン・スミスが得点した。1点目は豪快に突き刺した。最高のゴールだ。これ以上の出来は望めないと言いたくなるような試合だった。

1999年にはアウェイでノッティンガム・フォレストを8対1で下したこともある。20対0でもおかしくなかった。ダニエレ・デ・ロッシ、クリスティアン・キヴ、フランチェスコ・トッティを擁するローマも相当に強いチームだった。しかし我々はそんな彼らを粉砕した。アウェイのファーストレグは2対1で落としていた。スコールズがタッチライン上の無謀なタックルで退場させられるというおまけつきだった。スコールズが突っ込んでいく前に、相手はほぼピッチの外に出ていた。そこで我々は少し緊張してセカンドレグに臨んだが、それもゴールが決まり始めるまでの話だった。

1994年2月、アウェイで挑んだFAカップのウィンブルドン戦も語り草だ。3対0の勝利を収めるのだが、1点は三十八本のパスをつないで決めた。マンチェスター・ユナイテッドの史上最高のゴールというと、FAカップ準決勝のアーセナル戦のギグスのゴールや、マンチェスター・シティ戦のルーニーのオーバーヘッドが挙げられるが、私にとってはウィンブルドン戦のあのゴールこそ理想的だ。全員がボールに触っていた。試合開始一分、カントナがヴィニー・ジョーンズの派手なタックルを受けて倒れた。チームメイトはいっせいにジョーンズに詰め寄ったが、カントナが止めた。「やめておけ」。同じ元リーズの選手ということで、親しみを感じていたのかもしれない。カントナはジョーンズの背中を軽く叩いた。「蹴《け》ってもいいが、俺は止められないぞ」とでも言うように。その日のカントナは絶好調で、美しいボレーシュートで先制点を決めた。右足でボールを浮かせて、叩き込んだのだ。

ウィンブルドンはつまらない試合しかしないと言われていたが、それは違う。前線の選手へのお膳立てはクオリティが高く、特にクロスは素晴らしかった。セットプレーの精度も非常に高かった。才能ある選手に欠けているわけではなかった。彼らは優秀な選手を使って、下位のチームに特有な堅い戦術で挑んできたのだ。ウィンブルドンを相手にするときは、空中戦に負ければおしまい。セットプレーを防げなければ万事休す。オープンなボールの競り合いはノーチャンス。難しい相手だった。彼らのホームで3対0で勝ったのは格別だった。

アーセナル相手の二度の大量得点も記憶に残っている。1990年、ハイバリーで行われたリーグカップ戦では6対2で勝った──リー・シャープはハットトリックを決めた。2001年2月にはオールド・トラッフォードで、6対1で大勝した。前年の12月、オークションでチケットを勝ち取ったアイルランド人の一家がリヴァプール戦を観戦する予定だったのだが、霧のせいで来られなくなってしまった。その日のユナイテッドの出来は最悪で、1対0で敗れた。一家は私に電話をかけてきた。「どうしたらいいですか?」私は言った。「すぐにホームでアーセナル戦がありますよ」。こうして彼らは6対1の大勝劇を目にすることになった。リヴァプール戦とは雲泥《うんでい》の差だ。ハーフタイムの時点で5対1で、ヨークは相手をきりきり舞いさせていた。

我々のチャンピオンズリーグの挑戦はローマに7対1で勝ったあと、5月2日に3対0でミランに敗れたことで幕を閉じた。その前の土曜、グディソン・パークでエヴァートンを倒すために――結局4対2で勝利した――私はベストメンバーを組まざるを得なかった。一方のミランは火曜の我々との試合を見据えて、九人の選手を温存していた。そんな相手に比べて我々は明らかにコンディションが悪く、十五分間で2失点した。バケツをひっくり返したような雨の中、自陣に釘付《くぎづ》けにされていた。単純に疲れすぎていたのだ。エヴァートンに2点を先行された土曜の試合で、力を使い果たしていた。なんとか逆転して、勝ち点差を5に広げたのだが。

テベスとラーション以外にも、世界中から優秀な選手が集まってきた。ポルトガルにネットワークのあるケイロスが、ポルトにアンデルソンという若いブラジル人選手がいると聞きつけてきた。十六歳か十七歳だという。我々はアンデルソンを観察した。試合に出たり出なかったりという状況だった。一試合先発したかと思うと、次はベンチスタートだ。アムステルダム・トーナメントで対戦したときの様子を見て、私は獲得を決めた。ところが翌週、彼は骨折してしまった。

怪我《けが》が治るのを待ってエドワーズがポルトガルに飛び、四～五週間かけてポルトの全試合を観戦した。エドワーズは言った。「アレックス、ヤツはルーニーよりうまいぞ」

「いい加減なことを」と、私。「ルーニーよりうまい選手がいるはずがない」。だがエドワーズは譲らなかった。当時のアンデルソンはストライカーの背後でプレーしていた。シーズン終了後、我々は彼とナニをいっぺんに獲得した。ナニは私自身が足を運んでチェックした。彼の魅力は足の速さと屈強な体、空中戦の強さで、両足がうまく使えた。選手としては申し分なかったので、お決まりの質問をしてみた――性格はどうだ？　物静かないい青年で、英語もそれなりに話せて、スポルティング・リスボンでは一度も問題を起こしたことがないとの返事だった。練習態度も模範的だそうだ。確かに彼は質のいい筋肉を持っていた。身体能力も抜群で、体力測定のデータは文句なしだった。条件はすべて整っていた。そこでケイロスとギルが現地に渡り、スポルティング・リスボンを訪れてナニを獲得したあと、車を飛ばしてポルトのアンデルソンを確保した。たった一日の出来事だ。

二年後には、彼らに対する評価は正しかったことが証明されていた。しかし2009─10シーズンの冬、アンデルソンとの関係がこじれかけた。期待したほど試合に出られず、帰国を考え始めていたのだ。ブラジル人選手の例に洩《も》れず、問題はW杯で、何が何でも出場したいと思っていた。シーズン後半はヴァスコ・ダ・ガマでプレーして、2010年南アフリカW杯に出場するというのがアンデルソンの計画だった。「お前を出しはしない。何百万ポンドもかけた選手を、みすみすブラジルに帰すわけがないだろう」と、私は言った。アンデルソンは素直な男で、話は片がついた。

私はブラジル人選手を心から尊敬している。ここぞという試合で活躍できないブラジル人選手がいるだろうか？　彼らはビッグマッチのために生まれてきたのだ。自分自身にプライドを持つという特別な長所がある。素晴らしいことだ。ブラジル人にとって練習は人生の楽しみを邪魔する厄介《やっかい》ごとでしかないという説があるが、それは偏見だろう。彼らはひたむきに練習する。寒さに弱いというのも思い込みだ。ダ・シウヴァ兄弟を見たらわかる――冬でも短パンで、手袋をはめずに飛び出していくのだ。トップレベルのブラジル人選手がもたらすさまざまな効果は、他のどの国の選手からも得られない。アルゼンチン人は愛国心が強いが、ブラジル人ほどオープンな気質ではないように思える。

ナニに関しては、まったく磨《みが》かれていない原石を買ったという状態だった。精神的に未熟で、出来も安定しなかったが、センスは抜群だった。両足でボールが扱えて、ヘディングがうまく、体の強さは明らかだ。クロスとシュートの質もよかった。これだけ素質がある選手を買ったら、必要なのは方向性を示してやることだけだ。ナニはまだいささか混乱していて、安定性も身につける必要があった。クリスティアーノ・ロナウドの陰に隠れるのだけはどうしようもなかった。どちらもポルトガル人のウィンガーで、能力的にも似たところがあったからだ。ナニがセルビア出身なら、誰も比べようなどと思わなかっただろう。しかしロナウドとナニは二人ともスポルティング・リスボンの下部組織の出身だったので、常に並べて比較された。

ロナウドは規格外の才能の持ち主で、大胆不敵で、素晴らしい両足を持ち、跳躍力にも恵まれていた。そんな相手を目《ま》の当たりにしながら、自分もいつかマンチェスター・ユナイテッドの先発になれると信じ続けるのは、ナニには難しかったかもしれない。ロナウドと先発を競うことそのものが難題だ。一年目は大半をベンチで過ごした。ナニは英語を覚えるのが早かったが、アンデルソンは時間がかかった。だがブラジル人らしく、絶対的な自信を持ってプレーしていた。ブラジル人は誰が相手でも自分の力は通用すると思っている。

私は時々アンデルソンに質問をした。「ブラジルでネイマールに会ったことがあるか?」

「はい、すごい選手です。素晴らしいです」

「ロビーニョは?」

「すごいです。最高です」

どのブラジル人選手の名前を出しても、似たような反応が返ってきた。アンデルソンにとって、母国の選手は皆ワールドクラスなのだ。ブラジルが親善試合でポルトガルを粉砕したあと、アンデルソンはロナウドに言った。「今度は五軍で試合をして、勝つチャンスをあげますよ」。ロナウドは憤慨していた。ブラジル人とはそうした国民だ。私の好きな話なのだが、リオデジャネイロで新しい「10番」の選手を発掘するという大会が開かれたときは、何千人も詰めかけたそうだ。ある少年はバスで二十二時間かけてやってきた。広い国のあちこちに才能がひしめいているのだ。

オーウェン・ハーグリーヴスの獲得に関しては、いい思い出が残っていない。２００６年のドイツW杯では光り輝いていて、キーンの穴を埋めるのにふさわしい人材だと思った。我々は移籍金の額を検討した。だが彼の出場記録を見たとき、私はわずかにためらいを覚えた。強く惹《ひ》きつけられるものがなかったのだ。デイヴィッド・ギルはバイエルンとの交渉に精力的に取り組んだ。私もベルリンでW杯決勝が行われたときに代理人と会った。本業は弁護士だという、好感の持てる男だった。ユナイテッドならハーグリーヴスも成長するだろう、と私は話した。だが結局、散々な結果になった。

ハーグリーヴスはとことん自信に欠けていた。私は彼がもっと強い意志で自分の身体的な欠点と闘うことを期待していたが、練習中、楽な道を選ぶところをたびたび目にした。私の監督人生の中でも、とりわけ期待外れに終わった補強だ。

彼はあちこちに負った怪我の治療法を求めて、各国を渡り歩いた——ドイツ、アメリカ、カナダ。だが医者を訪れるだけで、故障に打ち勝つという気持ちの強さが欠けているようだった。事態は悪化した。彼は一年の大半をアメリカで過ごし、バイエルン・ミュンヘンのチームドクターのハンス・ミュラー＝ヴォールファールトを訪ねて、ふくらはぎの故障を治そうともした。実際に出場した試合の出来については、何も不満はない。風のように走り、セットプレーの精度も素晴らしかった。右サイドバックでも、右ウィングでも、セントラルミッドフィールダーとしてもプレーできた。２００８年

競馬は監督業のストレスから逃れるのにちょうどよかった。共同所有主のゲド・メイソンとホワットアフレンド号のエイントリーでの大勝利を祝う

ホワットアフレンド号をいかにして勝利に導いたか、ルビー・ウォルシュが語る。ジョッキーと話をするのは楽しかった

先頭を走る。ホワットアフレンド号、ベットフレッド・ボウル・チェイスで勝利

ネマニャ・ヴィディッチとリオ・ファーディナンドは安定したチームを作る土台だった。写真はヴィディッチがチャンピオンズリーグのインテル・ミラノ戦で得点した直後。ファーディナンドが背中に飛び乗る

優秀なレフトバックは稀少な鳥のようなもの。だが我々のチームには生まれついての勝者で世界屈指のレフトバック、パトリス・エヴラがいた

在任中の至高のゴールは2011年2月、ルーニーがマンチェスター・シティ戦で決めたオーバーヘッドだ

ウェンブリーで行われた2011年チャンピオンズリーグ決勝バルセロナ戦には、綿密に準備して挑んだ。
だがそれでもうまくいかないこともある

私が出会った最強のチーム。2011年のバルセロナの面々

ボビー・チャールトン以上に素晴らしい先輩がいるだろうか？　誠実で賢い友人だった

写真は古いバス停ではなく、1999年までの練習場〈クリフ〉。昔懐かしい一枚のためにスコールズ（左）とギグス（右）が一緒に写ってくれた

個人秘書のリン・ラフィンなしではやっていけない。毎日の書類の対応を助けてもらう

デイヴィッド・ギルは私が出会った最高のCEOだ。歯に衣着せず、この世界のことをよく理解していて、いつも誠実だ

すべてに目を通せ。広報責任者のフィル・タウンセンドから、その日の記事について聞く

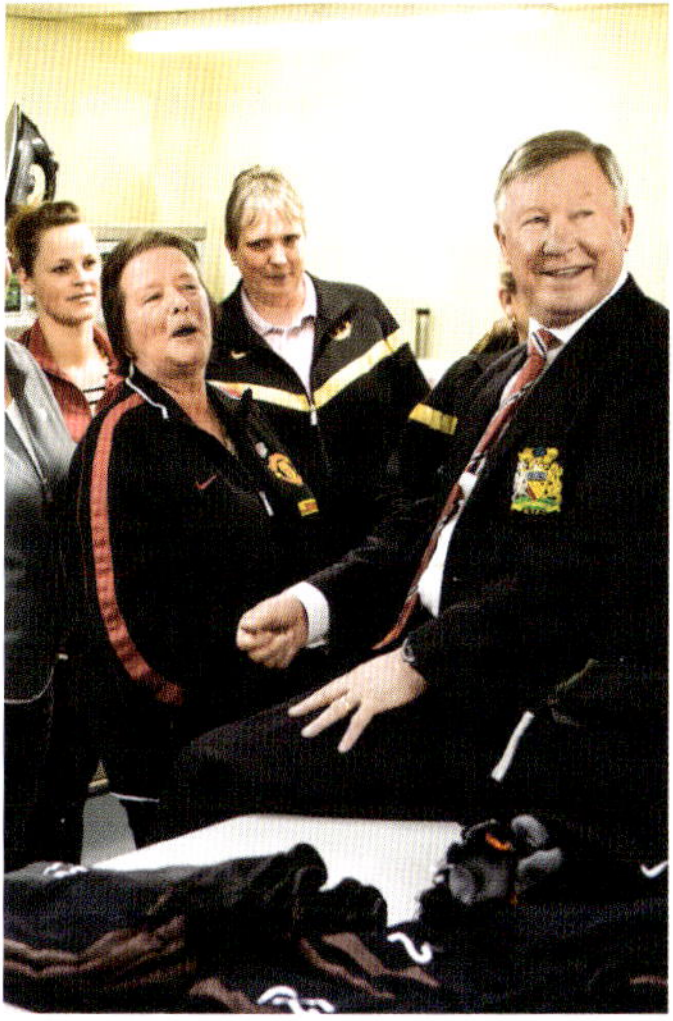

26年半の在任期間中にスタッフの数は倍増した。私は全員を大切にした。洗濯担当のスタッフと

用具係で親友、かつ気の利いたセリフが得意なアルバート・モーガンと、オールド・トラッフォードのドレッシングルームにて。2011年8月

エドウィン・ファン・デル・サールは過去30年で最高のキーパーの一人だ。もっと早く獲得するべきだった

運動神経抜群の若いゴールキーパー、ダビド・デ・ヘア。スペインから加入してきたあとに伸びた。

愛のトンネル。2011年8月、オールド・トラッフォードのピッチに出ていくところ

オールド・トラッフォードのかつての王、エリック・カントナ。2011年夏、ポール・スコールズの記念試合のために帰還する

ミック・フェラン（中央）とレネ・メウレンステーン（右）は最後まで信頼できるアシスタントだった。私にはコーチ全員に大きな借りがある

のチャンピオンズリーグ決勝のチェルシー戦では、右サイドでプレーさせた。相手の中盤三人が勢いを増してきていたので、私はハーグリーヴスを中央に移し、ルーニーを右サイドに行かせた。すると流れが変わった。ハーグリーヴスには存在価値があった。だが試合を欠場しているうちに、何もかも消え失せてしまった。2006年のドイツW杯ではスペースを埋めたり、ボールを追ったりと獅子奮《ししふん》迅《じん》の活躍だったのだが。

2011年9月、ハーグリーヴスはユナイテッド在籍中にメディカルスタッフから不適切な処置を受けた、と怒りの発言をした。腱炎や度重なる膝《ひざ》の故障について、「モルモットのように」治療法を試されたというのだ。我々は弁護士と相談して、訴訟を起こすことを考えたが、チームドクターは法的な措置を求めるほど気分を害していなかった。我々はハーグリーヴスに最大限のことをしたはずだ。スタッフの処置がどうであれ、道を決めたのは彼だ。

私たちの会話はこんなふうだった。「オーウェン、今朝の調子はどうだ?」

「悪くないです、監督。ただ全体練習には出ないでおきます。少し違和感があるんです」

彼の不満の一つが、招集しないでほしいと頼んだのに2010年11月初旬のウォルヴァーハンプトン戦に出場させられた、ということだった。言いがかりだろう。試合の三週間前、ハーグリーヴスは復帰の日づけを具体的に宣言したが、それはたまたまチャンピオンズリーグ戦の試合の日だった。長期間休んでいた選手を、いきなりチャンピオンズリーグで起用するのは気が進まなかった。ハーグリーヴスは代わりにその週にあるリザーブチームの試合に出る予定を立てたが、結局辞退した。

私の知るかぎり、ウルヴァーハンプトン戦を控えた週に、彼がメディカルスタッフに痛みを訴えたことはない。しかしウォーミングアップ中に故障するのではないか、と私は心配して、ミック・フェランにも話をした。聞いたところでは仲間の一人に、ハムストリングに少し違和感があると言っていたそうだ。ウォームアップから引き上げてきたときに、私はわざわざ声をかけた。「大丈夫か？」落ち着かせるつもりだったのだ。楽しんで来いよ、という意味を込めて。あいにく五分しかもたなかった。ハムストリングが悲鳴を上げたのだ。驚きはなかった。

彼を獲得したとき、何とはなしに割り切れないものが残った。いいリーダーには直感力が欠かせない。私の直感はこう語りかけていた――「やめたほうがいいぞ」。ハーグリーヴスがオールド・トラッフォードにメディカルチェックに来たときも、やはり漠然とした不安を覚えた。彼は愛想のいい男だった。少し調子が良すぎるくらいだ。クレベルソンに会ったときも疑問を抱いたが、それは彼がひどく内気で、ろくに私の目を見ることもできなかったからだ。才能はあったが、義理の父親と妻の顔色をうかがいすぎていた。

だいぶ経ってから、イングランドサッカー協会がハーグリーヴスを即席の監督に仕立てようとしていると聞いた。それがこの国のサッカーのよくない点だ。フランスやドイツ、イタリアではこんなことは起こらないだろう。これらの国では指導者資格を手にするのに三年かかる。

実際のプレーを見ないで獲得した選手はべべ一人だ。ポルトガルには優秀なスカウティングチームがいて、彼らに勧められた。ホームレスサッカー（世界にはホームレスの支援を目的にしたホームレスW杯などがある）の経験があり、一部チームのトライアルを受けて優秀な成績を残した選手だという。スカウティングチームは言った。「注目する価値がありますよ」。まもなくレアル・マドリードも彼に目をつけた。ジョゼ・モウリーニョに聞いた話なので間違いない。マドリードは獲得の準備を整えていたが、ユナイテッドに先を越されたそうだ。我々はちょっとした博打《ばくち》のつもりで、700万ユーロを払った。

ベベは荒削りだったが、才能は感じられた。素晴らしい両足を持っていて、左右どちらでもテイクバックなしに強いボールが蹴れた。完璧な選手ではなかったが、我々のもとで成長を見せていた。だがトルコのクラブにレンタル移籍をさせると、二週間で前十字靭帯《じんたい》を痛めてしまった。我々はベベを連れ戻してリハビリをさせ、リザーブチームでプレーさせた。彼は問題なく回復した。8対8やゴール・トゥ・ゴールといったミニゲームでは躍動していた。実戦に関しては、チームプレーに対する理解を深める必要があった。彼のような両足があったら、1シーズン20ゴールは取れたはずだ。物静かな青年で、英語はそれなりに上手だった。よく知られた話だが、リスボンのストリートで苦労しながら育ってきたらしい。

大勢の選手が加入したら、他のクラブに移らなければいけない選手も出るが、私はきちんと彼らの世話をしたと自負している。例えば2010年春の時点では、マンチェスター・ユナイテッドで訓練を受けた選手がスコットランド、ヨーロッパ、イングランドに計七十二人いた。七十二人というのはちょっとした数字だろう。

ファビオ・カペッロが私の友人に言ったことだが、ユナイテッドの出身者はコートとマスクを身につけていても、2キロ先から見分けがつくらしい。嬉《うれ》しい言葉だ。礼儀と練習態度が一味違うというのだ。デンマークに三人、ドイツに一人、ベルギーに二人、国内にも大勢いた。トップチームに昇格できず、他のチームに移籍したゴールキーパーは六人――マイケル・ポリット、ベン・ウィリアムズ、ルーク・スティールらだ。

トップチームの先発に定着できる選手を見極めるのは、我々の得意技だった。力のある若手には、今すぐ昇格させたいと思う何かが備わっているものだ。ダロン・ギブソンに関してはトップチームに上がる実力があるか、境界線上にいた選手で、我々は選択を迫られた。

２００９―10シーズン、我々はギブソンを不当に扱っていると言われかねない状況だった。彼は他のミッドフィールダーと異なる能力を備えていた。ペナルティエリアの外からのシュートで本領を発揮するのだ。そんな芸当ができるのはスコールズだけで、彼はキャリアの終盤に差しかかっていた。難しい判断だった。当時二部のワトフォードにレンタル移籍していて、中距離から11点を決めたクレヴァリーも同じだ。針金のように細く、まるで筋力がなかったが、勇猛果敢で両足をうまく使えて、得点力もあった。ある日デイヴィッド・ギルが言った。「来年、クレヴァリーをどうするつもりだ？ワトフォードで得点を量産しているぞ」。私は答えた。「わかっているよ。ユナイテッドで起用して、ワトフォードの頃と同じくらい得点できるか見てみよう」

クレヴァリーは我々のチームでも６得点できるだろうか？　中盤の選手は誰も６点以上取れなかった。マイケル・キャリックが残した５得点という数字は立派だった。クレヴァリーがトップリーグで中距離のシュートを六回決められれば、注目に値する選手だということだ。評価の基準は決まっていた――この選手には何ができて、何ができないのだろうか？「できる」ほうとしては、勝利を引き寄せられるのかどうかが重要だった。６得点決められるのなら、他の欠点には少々目をつぶってもいい。

選手にとっては二十歳から二十一歳という年齢が一つの壁だ。その頃までにトップチームに昇格できていなければ、ずいぶん悩むだろう。私自身も選手時代、その壁にぶつかった。二十一歳のときにはもうセント・ジョンストンにいたくないと思って、カナダへの移民申請をした。失意の中にあったのだ。自分はサッカーに向いていない、このまま続けてもしかたがないと言っていた。ユナイテッドでのリザーブチームでも、選手がこの種の葛藤《かっとう》を味わうのを何回も見た。レンタル移籍させて、力をつけて戻ってくることを期待する場合もあったが、長い目で見て力を発揮できるレベルのチームに送ることのほうが多かった。そうすれば実績ができるからだ。七十二人の選手に出場できる状況を作ってやれたことを誇りに思う。

一流になる選手は、自分の可能性を何らかの形でアピールしてくるもので、ウェルベックがその例だ。私は一度、彼をファビオ・カペッロ率いる2010年W杯代表に推薦したが、体の成長の速度に問題があった。十九歳でもまだ背が伸び続けていて、膝の問題に悩まされるようになっていたのだ。練習は抑え気味にして、試合で全力を出すように私は言った。結局190センチ近い長身になった。だが素晴らしい選手で、自信に満ちている。私は彼に言ったことがある。「いつかお前を殺してやるぞ」。生意気この上ない青年だったからだ。するとウェルベックは言った。「悪くない死に方ですね」。うまいものだ。彼はいつも鮮やかに切り返してみせた。

若い選手の獲得について話し合うとき焦点になるのは、オールド・トラッフォードの観客の要求に応えられるか、移り気なメディアに耐えられるかという点だった。ユナイテッドのユニフォームを着て胸を張れるか、萎縮してしまうか？　先発に名前を連ねるユナイテッド育ちの選手の能力は、練習場での様子やリザーブチームの試合を見てすべて把握していた。選手がユースチームやリザーブチームから卒業する頃には、彼らの気質や性格、能力をきちんと把握しておくようにした。

しかし外国から買ってきた選手については、どれほど詳しく経歴を調査しても、当然ながらすべてがわかるわけではない。ユナイテッドでプレーをするという特殊な重圧が、外国人選手を潰《つぶ》してしまうこともある。２００９―10シーズン、我々はハビエル・エルナンデスの情報を集めていた。愛称は「小さなエンドウ豆」を意味する「チチャリート」、まだ二十一歳だった。我々はメキシコにスタッフを派遣して、現地で一カ月生活させた。その結果エルナンデスは家族と仲がよくて、できればメキシコを離れたくないと思っていることがわかった。現地にスタッフを派遣したおかげで、エルナンデスを取り巻く環境が細かい点まで把握できた。

ユナイテッドのサポーターは、ある意味では変わっている。２００万ポンドの安値で選手を獲得すると、一部のサポーターは弱腰の証拠だと見なして、なぜ基準を下げるのかと問うのだ。ガブリエル・オベルタンも２００万ポンド前後で獲得した。稲妻のように足が速かったが、アタッキングサード（ピッチを三つに分割したときの相手ゴール前のエリア）に侵入したとたん、まったく効果的な動きができなくなることがあった。彼の課題はスピードと判断力を両立させて、アタッキングサードで敵にダメージを与えることだった。

マメ・ビラム・ディウフはオーレ・グンナー・スールシャールがノルウェーのモルデから情報を得て、勧めてきた。我々が真剣に考えるようになった頃には、ハノーファー96とアイントラハト・フランクフルトも彼の周りをうろついていた。そこで我々はスールシャールとクラブの代表者を派遣して、ディウフを４００万ユーロで獲得した。いい青年だったが、ユナイテッドで生き残ることはできなかった。

クリス・スモーリングは２０１０―11シーズンからプレーさせる予定で、２０１０年１月にフラムと合意した。2008年までノンリーグ（イングランド五部以下のリーグで、選手はセミプロまたはアマチュア契約）のメイドストーンでプレーしていたのだが、フラムのロイ・ホジソンの目に留まって高く評価された。移籍金は1000万ポンドだった。リオ・ファーディナンドが腰などの痛みを訴え始めたので、補強に動いたのだ。我々は優秀なセンターバックを獲得するために世界中を回った。2009―10シーズンを通して観察した結果、若いスモーリングこそファーディナンドの後釜《あとがま》だと判断した。将来的にはスモーリングとジョニー・エヴァンスが、ディフェンスの中心になるだろう。

たとえチームが黄金期を迎えていても、現状に満足するわけにはいかない。私は在任期間が長くなればなるほど、先を見据えた。世代交代は日々進めていくものだ。

第17章

モスクワの夜

モスクワで2008年チャンピオンズリーグ決勝が行われるまで、私は不幸にしてPK戦のワースト記録を持つ監督だったはずだ。アバディーン時代には二度PK戦で準決勝を敗退した。アバディーンのヨーロッパでの試合、オールド・トラッフォードでのFAカップ戦のサウサンプトン戦、FAカップ決勝アーセナル戦、1992─93シーズンのモスクワでのUEFAカップでも敗れた。通算一勝六敗だ。ロマン・アブラモヴィッチの故郷でチェルシー相手のPK戦が始まり、ユナイテッドの一人目としてカルロス・テベスがペナルティスポットにボールを置いたとき、その数字は不吉な歴史として我々の上にのしかかっていた。

こんな記憶が残っているのだから、私が悲観的になっていたとしてもしかたないだろう。延長戦が始まり、22時45分キックオフの試合が翌日の未明を迎える中、昔の失望は頭から離れなかった。ファン・デル・サールがニコラ・アネルカのPKを止めて栄冠をもたらしても、私はベンチからほとんど腰を上げなかった。勝ったのが信じられなかったのだ。しばらく身じろぎもしなかった。ユナイテッドで唯一ＰＫを外したロナウドは、まだピッチに突っ伏して泣いていた。

分析に必要とされる映像は、ＧＫコーチが編集を済ませていた。おかげでファン・デル・サールはスクリーンの映像を見ながら、チェルシーの選手がそれぞれどんな蹴《け》り方をするか予習できた。ＰＫを蹴る順番は、数日かけて決めておいた。全員が成功した。ロナウドを除いて――シーズン中はすべて成功していたのだが。ギグスのＰＫが一番よかった。強烈な低いシュートが、ポストぎりぎりに決まった。ハーグリーヴスはゴールの上隅に突き刺した。ナニには多少運があった。ＧＫにしてみたら防げたシュートで、実際に片手で触れていたからだ。キャリックは素直に蹴った。ロナウドはためって、動きを止めてしまった。

ジョン・テリーが決めさえすれば、勝利はチェルシーのものだった。そのときの私はまだ落ち着いていて、冷静に考えをめぐらせていた。「選手たちにどう声をかけようか？」敗戦のあとは言葉に注意しなくてはいけない。チャンピオンズリーグの決勝戦のあとで厳しく叱責《しっせき》するのは気の毒だろう。皆、必死で練習してここにたどり着いたのだし、実際に試合を戦った選手はかなり感情が高ぶっているはずだ。両チーム通じて十本目のＰＫをテリーが失敗してサドンデス戦に突入すると、私は希望を取り戻した。絶対に外せないという状況でまず成功させたアンデルソンは、サポーターを勇気づけた。スタンドに走り寄って喜ぶアンデルソンの姿を見て、ユナイテッドの応援はふたたび活気づいた。ＰＫ戦に使われたのはユナイテッド側のゴールで、この点も有利だった。

例年のチャンピオンズリーグ決勝戦とはあらゆる意味で異なっていた。まず異例だったのが時間帯で、モスクワ時間のもとで行われたためキックオフは22時45分だった。もう一つ忘れられないのが土砂降りの雨で、私はずぶ濡れになり、靴もダメになってしまった。優勝記念パーティにはスニーカーで出席する羽目になり、選手たちに散々からかわれた。予備の靴を持っていくべきだったことくらい、わかっていたのだが。パーティが始まったのは朝4時から5時頃だった。料理が不味《まず》かったのはさておき、ボビー・チャールトンのユナイテッドでの出場記録を更新したギグスに、チームメイトから立派な記念品が贈られた。ギグスの七百五十九試合目だった。ステージに上がった選手たちは、ギグスを称《たた》える歌を歌った。

試合そのものもドラマチックな展開で、ユナイテッドは素晴らしいプレーを見せた。ウェズ・ブラウンはキャリアの中でも屈指の出来で、見事なクロスでロナウドの先制点をお膳立てした。チェルシーのマイケル・エッシェンは、準決勝では右サイドバックとしてプレーしていた。私はアヴラム・グラントのチームを観察しながら、ロナウドを左サイドで起用して、本来ならばミッドフィールダーのエッシェンを翻弄《ほんろう》してやろうと決めた。

先制点の場面で、ロナウドは空中戦でエッシェンに競り勝った。つまり作戦は成功したというわけだ。本職ではない右サイドバックに、ロナウドほどの力量のアタッカーを止めろというのは無茶だろう。エッシェンは振り回されていた。ロナウドを左サイドに置いたことで空いた右のポジションには、俊足でスタミナがあり、クロスの質が高いハーグリーヴスを起用した。彼は十分に役割を果たした。中盤センターはスコールズとキャリックに任せたが、スコールズは鼻血のせいで交代を余儀なくされた。息苦しさを感じるようになったのだ。代わってそのポジションに入ったギグスは、存分に力を発揮した。

ロシアという国への戸惑いと宿泊先の問題を除けば、決勝戦には落ち着いて臨むことができた。準決勝ではバルセロナを破った。アウェイでスコアレスドロー、ホームで1対0という結果だった。20メートル強の位置から、スコールズが得意の弾丸ミドルを鮮やかに決めた。カンプ・ノウでの最初の二十分間は積極的に攻めていた。バルセロナが相手のときは、よくこうした展開になる。クロスバーを叩くシュートがあり、PKをもらってもおかしくない場面があった。反対にバルセロナが流れをつかむと、ひたすらペナルティエリア内に引きこもった。２００９年と２０１１年の決勝戦でもそうした方法を取ることができただろうが、そのときはあくまで自分たちのやり方で勝利を目指した。

愚直だと言われるかもしれないが、それは違う。自分たちの戦い方に徹して勝つという、ユナイテッドの哲学を貫こうとしていたのだ。バルセロナが相手の二回の準決勝では、心臓が止まりそうになる瞬間が何度もあった。選手たちはペナルティエリアに入るか入らないかの位置、あるいはエリアの中に位置して必死で逃げ切ろうとしていた。アウェイゴールというルールのない、通常のオールド・トラッフォードでの試合なら、得意のカウンターを生かしてもっと大差で勝てただろう。バルセロナもラスト15分でティエリ・アンリを投入してカウンターで攻め込み、我々をペナルティエリア内に釘付けにした。タッチライン際で腕時計を睨《にら》んでいるのは拷問《ごうもん》だった。試合終了後に私は、今夜ほどサポーターの後押しを感じたことはなかった、と言った。普段はないことだが、ペナルティエリア外にボールをクリアするたびに歓声が上がっていたのだ。アンリは絶好機を逃し、我々は堂々と戦った。大きな重圧に耐えて、最後まで集中力を保った。

試合後に私はこうも言った。「腰の引けた戦いをするわけにはいかない。男らしく戦うんだ。今夜の選手たちは立派な男だった」

1968年と1999年に続くチャンピオンズリーグの優勝杯が手に入るのではないか、という期待は最初から高かった。モスクワの地で、早い時間帯からポゼッションで優位に立てるかどうかが鍵だった。我々は開始直後からそれを実行した。創造性に富んだ鋭い攻撃ができていたので、3、4点取っていてもおかしくなかっただろう。大きな点差がつくかもしれないと思った。

だが得点が決まれば流れは変わるもので、チェルシーはハーフタイム直前に幸運な展開が続き、ついにフランク・ランパードが同点弾を決めた。我々は動揺した。そこからはチェルシーが勢いを増して、後半が始まってから二十五分間は彼らのペースだった。ドログバのシュートがポストを叩いた。それを合図に、私は流れを取り戻す方法を素早く考えた。ルーニーを右サイドに動かして、ハーグリーヴスをより中央に近いポジションに置くと、ふたたび我々が優位になった。終了間際は我々が完全に上回っていたはずだ。

ピッチレベルで試合の激しい展開を見つめている人間には、目の前で繰り広げられているドラマが果たして本当に面白いのか、よくわからないものだ。だが周囲からは素晴らしいショーだったという評価を受けて、チャンピオンズリーグの歴史に残る決勝戦だとも言われた。プレミアリーグの名声を大きく高める試合に参加できたのは、非常に誇らしいことだった。頭を使ってPKをセーブしたエドウィン・ファン・デル・サールには、ぜひとも誉《ほ》め言葉をかけなければいけない。アネルカが小走りでペナルティスポットに向かうのを見ながら、私は念じていた——左に跳べ、エドウィン。テリーが外し、カルーが決めた直前の二本のキックでは、ファン・デル・サールは右に跳んでいた。運命が決まる瞬間を前に、アネルカは自分自身に尋《たず》ねていただろう——「右と左、ファン・デル・サールはどちらに跳ぶだろうか?」確かにアネルカのキックは下手だったが、ファン・デル・サールは正しい方向に跳んだ。

アヴラム・グラントは紳士だ。あのチェルシーの選手たちをまとめるには優しすぎるのではないか、と私はいつも心配していた。決勝戦での彼らの態度は見るに耐えなかった。後半が始まるときは一人ずつのろのろとピッチに戻ってきて、ドレッシングルームに下がるときは審判に悪態をついていったのだ。チームは一体となってピッチに出てくるもので、一人ずつゆっくりと出てきたりしない。さっさとするよう審判に促されても、彼らは無視した。ハーフタイムの間はあらゆる挑発行為をした。ドログバを退場させたとき、審判の頭にはそのことがあったのかもしれない。

レッドカードが出されたのは、ドログバがカルロス・テベスを倒してしまい、助け起こそうとしてヴィディッチが来たときだ。ドログバの上げた手が、ヴィディッチの顔に軽く当たった。手を上げてしまってはどうしようもない。主審は線審に、誰がやったのかと尋ねた。こうしてドログバは追放の憂《う》き目《め》に遭った。しかしその頃には我々が主導権を取り戻していたので、ドログバの退場が分岐点だったわけではない。ギグスのシュートはゴールライン上でクリアされた。延長戦でも何度かチャンスはあり、チェルシーの息の根を止めていてもおかしくなかった。相手は引き分けを狙っているような戦い方で、PK戦の勝利に賭けているように見えた。

その夜は途中で舞台を降りたわけだが、ドログバは常に厄介《やっかい》な敵だった。大柄でパワーがあったが、私が警戒していたのは超人的なゴールを決める能力だった。例えば30メートル付近から反転して決めるのだ。カルロ・アンチェロッティがあと数週間でチェルシーを退任するというとき、対戦の機会を迎えたが、先発にドログバの名前がないことには驚かされた。先発はトーレスだったが、ドログバが途中出場して点を決め、チェルシーに流れを引き戻した。

チェルシーの選手は全員手ごわかったが、中でもゴールキーパーのペトル・チェフは別格だった。十九歳のとき、獲得のチャンスはあったのだが。代わりにチェルシーが、800万ポンドでその夏獲得した。

ジョン・テリーはチームに対して常に影響力を持っていた。アシュリー・コールは攻撃の原動力だった。フランク・ランパードの安定感は驚くほどで、運動量も信頼できた。最盛期に時たま守備をサボったことを除けば、常に全力でプレーして、ほとんど欠場もなかった。ドログバを加えた彼らが中盤の核となるメンバーだった。ドレッシングルームでは大きな発言力を持っていた。

アブラモヴィッチがモスクワ出身ということで、我々よりチェルシーのほうが重圧にさらされると言われていたが、私は決して信じなかった。確かにアブラモヴィッチはスタジアムにいて、莫大な資金を注ぎ込んだ結果を見守っていたが、それが試合を左右したとは思わない。私が主に心配していたのは安全面だった。モスクワは謎に満ちた都市だ。ロシア革命やスターリンに関する本を読んだことがある。集団農場化に従わない人々を処刑したスターリンは、歴代のロシア皇帝より残虐《ざんぎゃく》だ。我々は専属シェフを二人連れていったが、ローマのときと違って現地の食事にはおおむね満足できた。ローマの食事はひどいもので、唖然《あぜん》とするばかりだった。

チャンピオンズリーグ優勝を果たしたシーズン、ロナウドは驚異的な出来だった。42得点できるウィンガーがどれだけいるだろうか？　センターフォワードとしてプレーしたこともあるが、我々の戦術の中では基本的にウィンガーで、どの試合でも必ず三度はシュートを放った。ある夜のレアル・マドリードでの試合では、四十本近い枠内シュートを放っているようにも見えた。

マンチェスター・ユナイテッドはもっとヨーロッパの舞台で結果を残していなければいけない、と常々言ってきたので、モスクワでの勝利には本当に安堵した。これが三回目の戴冠で、リヴァプールの五回に一歩近づいた。2009年と2011年はバルセロナに敗れたが、遠からずリヴァプールの成績にも追いつけると確信している。我々はヨーロッパでさらなる尊敬を勝ち取ったのだ。バルセロナとの決勝戦をどちらかモノにしていれば優勝四回で、バイエルン・ミュンヘンとアヤックスに並んでいたはずだ（バイエルン・ミュンヘンは2012年に五度目の優勝を果たす）。

勝利を祝おうという瞬間、ルジニキ・スタジアムにシャンパンの用意はなかった。本物は手に入りそうにもなかったので、スタッフがバーに走って炭酸アルコール飲料を買ってきた。あれはいったい何だったのか。「シャンパンも出せなくて申し訳ない」。我々を祝福しようとドレッシングルームを訪れたアンディ・ロクスバラに、私は謝った。中身が何であろうとかまわずに、我々はボトルを振って泡をまき散らした。誰もが陽気になって、冗談を飛ばし、互いをからかっていた。監督としてこれほど嬉《うれ》しく、また選手を誇りに思うことはない。雨のせいでずぶ濡れだったので、しかたなくジャージの上下に着替えた。アブラモヴィッチの姿はなかったし、チェルシーの選手が顔を出した記憶もない。

1999年にバルセロナでバイエルン・ミュンヘンを下した決勝戦は、亡きマット・バスビーの誕生日だった。時には神の御加護や、マット・バスビーが見守っていることを期待したくもなる。私はあまり偶然を信じていないが、運命というものはあると思う。それが1999年と2008年の決勝戦に影響を与えたということはないだろうか。フットボールリーグが外国での試合を頑《かたく》なに拒否していた時代に、バスビーはユナイテッドをヨーロッパに連れていった。彼は正しかった。今日に至るまで、イングランドサッカーはヨーロッパで素晴らしい結果を残してきている。

　ビッグタイトルを手に入れたあとは、新しい選手を買って若返りを図り、チームが停滞するのを防がなくてはならない。ディミタール・ベルバトフが合流したのは、モスクワでの決勝戦のわずか数週間後だった。トッテナムに移籍する前から我々の補強リストに載っていた選手だ。彼は才能にあふれていた――ボディバランス、ボールを持ったときの落ち着き、得点力。年齢も適当で、背が高く、身体能力もあった。ピッチの三分の一、いわゆるアタッキングサードであと少しだけ必要な落ち着きを与えてくれる選手だった。

　だがベルバトフの移籍をめぐってはトッテナムの会長のダニエル・レヴィと揉《も》めることになり、このチームからは当分選手を買いたくないと思った。レヴィという名前のジェットコースターに乗るのは、マイケル・キャリックを獲得して以来だった。すっかり目が回ってしまった。レヴィとは互いの事情を考えた話ができない。自分自身とトッテナムの儲《もう》けがすべてで、あとは関心がないのだ。トッテナムの立場にしてみたら、それは悪いことではないのだが。

第18章 マインドゲーム

何よりも大切なのは真実を告げることだ。

不調に陥った選手に厳しい事実を突きつけるのは、決して残酷なことではない。自信を失いかけている選手がいたら、マンチェスター・ユナイテッドが他のチームのレベルに落ちるわけにはいかない、と必ず言った。

期待外れなプレーに終わった選手と向き合わなければいけないとき、私なら最初にこう言うだろう。「最低の出来だったな」。だがその後で、こう続ける。「お前ほど力のある選手が」。先ほどの一撃から立ち直らせる方法だ。批判してもかまわないが、必ず激励してバランスを取るのだ。「どうしてあんなプレーをしたんだ？　もっとできるだろう」

誉《ほ》め言葉の羅列は空々《そらぞら》しい。選手にもそれがわかる。選手が自分の行動、失敗、プレーの出来と向き合い、ひいては結果への責任を負うよう導くのが監督の役目だ。私たちは結果がすべての世界にいる。時には力ずくでもぎ取った白星のほうが、二十五本のパスをつないだゴールを含む6対0の勝利より価値を持つのだ。忘れてはならないのは、マンチェスター・ユナイテッドは常に勝ちを求められるということだ。その勝者のメンタリティは、私が選手の出来を率直に評価することでしか保てない。時には強引で、攻撃的に振る舞ったのも事実だが、すべてはクラブの要求を選手に伝えるためだった。

若い監督にはこう教えるようにしている――先制攻撃はするな。争いの種を撒《ま》いてはいけない。そんなことをしなくても必ず揉《も》めごとは起きるからだ。こちらから攻撃を仕掛けたら、選手はたちまち反撃の態勢に入る。やり返すほうが優位に立つものだ。アバディーン、ユナイテッド、スコットランド代表でキャプテンを務めたマーティン・バカンは、バーンリーの監督として最初に迎えた土曜にキャプテンを殴《なぐ》った。私は言った。「お見事なスタートを切ったな、マーティン」

マーティン・バカンは筋を通すことを重んじる人間だった。選手時代、オールダムに加入したときには移籍金として4万ポンドを受け取った。当時としては大金だ。だが不調に陥ったバカンは、役員会に4万ポンドを返却した。それだけの働きをしていないのに、金を持っていることに耐えられなかったのだ。今では考えられないだろう。

この仕事に就いてからというもの、私は権謀術数をめぐらせる監督だと言われ続けてきたが、実際のところ黒魔術をマスターしようとしたことなどない。ささやかな心理戦を仕掛けたことならある。ある種のマインドゲームとして、ユナイテッドは後半戦になると必ず順位を上げるし士気も高まる、と公言したのだ。２００９年の冬、チェルシーの監督のカルロ・アンチェロッティは、私のセリフをうまく利用してみせた。こんなふうに言ったのだ。「アレックスによると、ユナイテッドはシーズン後半に調子を上げるらしい。だが我々も同様だ」。私は毎シーズン、この手を使った。「後半戦に期待してほしい」。いつも効果があった。ユナイテッドの選手は常にそのセリフを思い出し、反対に敵の選手は不安にさいなまれた。後半戦のユナイテッドは侵略軍のように攻め続け、相手を徹底的に苦しめた。皆が私の予言を気にした結果、それが現実になったのだ。

腕時計をトントンと叩いてみせるのも、心理的なトリックだった。試合中、私は時間を気にしなかった。少しは注意していたが、アディショナルタイムがどれくらい追加されるのか予測するのは難しく、終了時間を正確に把握しようとしても無駄だったのだ。このトリックのポイントは相手チームを動揺させることで、自分のチームは関係がなかった。腕時計を叩くジェスチャーをすると、相手は震え上がった。アディショナルタイムが十分追加されるのではないか、と反射的に思ったのだろう。ユナイテッドが終了間際のゴールを得意としていることは、誰もが知っていた。私が腕時計を指すのを見ると、これから守らなければいけない時間を考えて気が遠くなったはずだ。

こうして相手は身動きができなくなる。ユナイテッドが諦《あきら》めを知らず、土壇場のドラマをお家芸にしているのは周知のとおりだ。1999年チャンピオンズリーグ決勝をテレビで解説したクライヴ・ティルデスリーは、アディショナルタイムが始まるときにこう言った。「ユナイテッドはいつもここから点を取ります」。1966年イングランドW杯決勝戦でのケネス・ウォルステンホルムのセリフに似ている。「相手はもう終わったと思っているが、これからだ！　マインドゲームの始まりだ」

個別の選手と接するときも、相手の心理をよく考えなくてはいけない。問題行動は彼らの視点でものごとを見るチャンスだ。自分にしてもかつては若かったのだから、選手の立場になってみればいい。

あやまちを犯して、処分を待っているところだとしよう。「監督は何と言うだろう？」あるいは「父さんは何と言うだろうか？」肝心なのは、最も効果的な一撃を繰り出すことだ。あの年齢の頃、私だったらどんな処分が一番の打撃だっただろうか？

監督が有利なのは、選手は試合に出場したがっているという点だ。例外なく、誰もがピッチに出てプレーしたいと思っている。その喜びを奪うのは人生を奪うのと同じで、つまり究極の武器になり得る。監督が手にすることのできる力としては、それが最高だ。

セント・ミレンでフランク・マッガーベイが問題を起こしたとき、私は一貫して言った。「お前は二度と試合に出さない」。三週間というもの、マッガーベイはそれを信じた。結局やり直すチャンスを求めて泣きついてきた。彼の頭の中では、すべての権力を私が握っていたのだ。当時はまだ契約の自由という考え方が浸透していなかった。

私のマインドゲームについて語りたがる人間はあとを絶たない。公の場で発言すると、解説者がこぞって隠された意味を探ったが、98％の場合は何の意味もなかった。だが心理的なプレッシャーには効果がある。迷信も無視できない――まったく迷信を持たない人間はいないからだ。

２０１０年、ヘイドックパーク競馬場で大会が行われたとき、ある女性に言われた。「テレビで見ると難しい顔をしているのに、ここでは笑顔で楽しそうにされているんですね」

私は言った。「監督がへらへらしているわけにはいかないでしょう。私の仕事は集中がすべてです。選手の助けになるよう、徹底的に頭を使わなければいけない。間違いは許されません。私はメモを取らないし、映像データにも頼らないから、勘違いがあってはならないんです。サッカーは真剣勝負です。ミスは嫌なんですよ」

もちろん私はたくさんの間違いを犯した。チャンピオンズリーグ準決勝のボルシア・ドルトムント戦では、ピーター・シュマイケルがミスをしたと確信した。だがあの頃は、試合中にメガネをかけていなかったのだ。シュマイケルが言った。「ボールの角度が変わったんです」

「デタラメを言うな」と、私は怒鳴った。「何が『角度が変わった』だ」

ところがあとになってリプレイを見ると、確かにボールは急激に向きを変えていた。それからの私は、メガネをかけて試合に臨むようにした。同じ失敗をして、恥をかくわけにはいかなかったからだ。ディフェンダーにこう質問したとしよう。「なぜオフサイドトラップをかけたんだ？」相手はこう答えるはずだ。「そんなことはしていません」。自分の認識が正しいという根拠が必要だ。

選手にあっさりと「この監督はダメだ」と思わせるようなことをしてはいけない。監督の知識に対する信頼が損なわれれば、監督自身への信頼も損なわれる。事実はできるかぎり正確に把握しておかなければいけないし、選手に話をするときも曖昧《あいまい》ではいけない。しかし正しい人間として振る舞おうとすることには、ちょっとした遊びの要素もある。常に真実を目指す旅をしているわけではないのだ。私たちは敵の先発を当てるというゲームをすることがあった。ある晩、私はいつもどおり自信たっぷりに先発を予想したが、スタジアムに現れたチャンピオンズリーグの対戦相手を見て、メウレンステーンが言った。「監督、前の試合から六人入れ替わっていますよ」

私は凍りついたが、すぐさまいい機会だと気づいた。憤慨したふりをすれば、この窮地からも脱出できる。「なんてザマだ！」と、私は選手たちの前で大声を上げた。「すっかり舐《な》められているじゃないか。我々のホームで、控えチームで勝てると思われたんだぞ！」
前にも同じような経験がある。FAカップでマンチェスター・シティを敗退に追い込んだ我々は、次にコヴェントリーをオールド・トラッフォードに迎えた。試合の前の週、私はコヴェントリー対シェフィールド・ウェンズデイの試合の観戦に行った。これほど下手なチームにはめったにお目にかかれない、というほどだった。アーチー・ノックスと私はすっかり安心して、車を運転して帰った。ところがどうだ。オールド・トラッフォードに現れたコヴェントリーは見違えるような出来だった。我々のホームに乗り込んでくる相手は、時として豹変《ひょうへん》する。戦術からモチベーションまで、何もかも一新して挑んでくるのだ。こうした経験からホームでは相手がベストメンバー、ベストパフォーマンス、ベストの戦術で臨んでくることを想定して、主導権を渡さないようにした。

より強いチームは、いつもオールド・トラッフォードで我々に一泡吹かせようとしてやってくる。特にアーセナルがそうだ。チェルシーにもその気配があったし、リヴァプールもそうだった。シェイク・マンスールが会長に就任してからのマンチェスター・シティも、大きな野望を抱いてやってきた。元ユナイテッドの選手が監督を務めるチームも勇敢だった。例えばスティーヴ・ブルースのサンダーランドは、我々のピッチでも怖気《おじけ》づかなかった。

他の監督なら三連敗したところで噂《うわさ》や憶測に囲まれるのが普通だが、私は長期政権を維持していたおかげで、いつの間にかその種の話に影響されなくなった。メディアが私の解任を求めても、実績を盾にすることができた。他のクラブならうろたえるだろうが、私には関係ない。おかげでドレッシングルームでも揺るがずにいられたし、選手にもいい影響があった。監督が去ることはないし、選手も去らない。監督がいるのだから、コーチと裏方のスタッフも安泰だ。安定性。長期政権。現代のサッカーでは貴重だ。我々は悪い流れに陥っても動揺しなかった。いい気分ではなかったが、パニックは起こさなかった。

我々はサッカーの精神も理解できていたはずだ。１９９０年代のある夜、ヨハン・クライフが私に言った。「君たちは決してチャンピオンズリーグで優勝できないな」

「その根拠は？」

「汚い手を使わないし、審判を買収しないからだ」

私は言った。「その言葉は私の墓碑銘として悪くないですね」

プロサッカーである種のタフさが求められることは、早いうちに学んだ。デイヴ・マッケイと初めて対戦したのは十六歳のときだ。当時私はクイーンズ・パークのリザーブチームでプレーしていた。マッケイは足指の骨折からの復帰を目指していたところで、ハート・オブ・ミドロシアンのリザーブチームの試合に出場していた。当時の彼らは強豪だった。

私はインサイドフォワードで（二十世紀前半に多用された２－３－５のフォーメーションで、外から二番目に位置するフォワード）、マッケイはライトハーフだった。目の前でストレッチをするマッケイの胸板は、牡牛のように厚かった。最初にボールを受けるなり、私はマッケイになぎ倒された。リザーブチームの試合だというのに。

私は思った。「あんな真似《まね》をさせておくものか」

次に競り合ったとき、思い切り削り返してやった。

マッケイが冷たい目で私を見た。「無事に試合を終えたくないのか？」

「さっき俺を蹴《け》ったじゃないですか」と、私はつかえながら言った。

「あれはタックルだ。俺の蹴りは食らったらわかる」

それからはマッケイが怖くてしかたなかった。誰かに怯《おび》えたことなどなかったというのに。彼は強烈なオーラを放っていた。素晴らしい選手だった。私は自分のオフィスに、ビリー・ブレマーの胸倉をつかむマッケイの写真を飾っている。あるとき思い切って、無遠慮に訊《き》いてみた。「あの喧嘩《けんか》にはちゃんと勝ったんですか？」ハムデン・パークでスコットランド代表の歴代ベストイレブンが発表されたとき、私はその場にいたが、マッケイの名前は呼ばれなかった。恥ずかしいことだ、と私たちは言った。


私には公の場でチームを批判することはできても、試合後にメディアの前で個別の選手を吊し上げることはできなかった。私がチームの出来をどう評価しているのか、サポーターには知る権利がある。だが選手の評価に関しては別だ。

すべてはジョック・スタインに教わった。彼にはあらゆることを尋《たず》ねたものだ。セルティックで監督を務めていた頃から、スタインはいつも謙虚だった。時には癪《しゃく》にさわるほどだ。ジミー・ジョンストンやボビー・マードックに関して尋ねたときは、戦術や先発選びについて少しは手柄を主張するのではないかと期待していたのだが、彼はこう言うだけだった。「ああ、ジミーはあのとき絶好調だったんだよ」。スタインは決して自分の功績を誇らなかった。一度くらい言ってほしかったのだが——

「あの日4—3—3を選んだのは正解だったね」。だが彼は控えめすぎた。

スタインは車の事故のせいで、アメリカで行われたセルティック・カップに帯同できなかった。大会中、アシスタントコーチのショーン・ファロンは、規律違反があったとして三人の選手を帰国させた。スタインは言った。「私ならそんなことはしなかったよ。ショーンにもそう言った」。ではあなたならどう対応したのか、としつこく尋ねると、スタインは答えた。「ああいうやり方をすると大勢の敵を作る」

「でもサポーターの理解は得られるでしょう」と、私。

「サポーターは二の次だ。あの選手たちには母親がいるんだ。自分の息子が問題児だと思う母親がいるか？　奥さん、きょうだい、父親、友人。そうした連中を敵に回すんだ」。スタインは付け加えた。「問題は内部で解決するべきだ」

熱さと同じくらい、冷たさが効果を持つ場合もある。2010年のアストン・ヴィラ戦で退場させられたナニに、私は一言もかけなかった。あえて追い詰めたのだ。ほんの少しでも慰《なぐさ》めてもらえないかと、ナニは私のほうに視線を投げていた。故意ではないことはわかっていた。TVでこの件について訊かれたときは「脇が甘かった」と言った。ナニは乱暴な選手ではないが、両足でタックルをしたら退場は避けられない。単純明快だ。だが私との関係にしこりを残すような問題ではなかった。熱い試合だったので、誰もが時々やってしまうように愚かなタックルをしたのだ、とだけ私はコメントした。

私はアーセン・ベンゲルにひっきりなしにマインドゲームを仕掛けて、彼の頭を混乱させようとしていると言われていた。あえて挑発したことはないはずだ。ただしメディアが心理戦と捉えるのを承知で、時おり小さな暗示をかけたという意味では、確かにマインドゲームをしていたのかもしれない。

当時アストン・ヴィラの監督だったブライアン・リトルに、試合前の私の発言について電話で訊かれたことがある。

「どういう意味で言ったんだ？」

「いや、意味はない」。私は面食らっていた。「またマインドゲームをしているのかと思ったんだ」と、リトル。受話器を置いたあとも、きっと考えていたのだろう。「ヤツは何を企んでいるんだ？　今度は何を言うつもりだろう？」

ライバルチームを動揺させるのは作戦だったが、意図しないうちに相手を怯えさせていることもあった。まったく気がつかないうちに。

第19章 バルセロナ（2009—11）

私が指揮したマンチェスター・ユナイテッドの前に現れた最強の敵は、間違いなくバルセロナだ。疑いようがない。

バルセロナの選手たちは、勝つために必要な気持ちの強さを備えていた。プレミアリーグの中盤にはパトリック・ヴィエラ、ロイ・キーン、ブライアン・ロブソンといった屈強な戦士たちがいて、彼らも勝利に貪欲だったが、バルセロナには恐るべき小兵が揃《そろ》っていた。身長は170センチ弱だが勇猛果敢で、決してボールを失わず、どんな相手にも怖気《おじけ》づかない。リオネル・メッシ、シャビ、アンドレス・イニエスタの三人の獲得タイトル数には驚くばかりだ。

ウェンブリーで行われた2011年チャンピオンズリーグ決勝を制したバルセロナは、二年前にローマで我々を破ったときから進化していた。2011年は彼らの最盛期で、見事に完成されたプレーを見せた。どちらの試合のあとでも、私は不承不承《ふしょうぶしょう》認めた——ユナイテッドの力に不足はなかったが、相手のほうが一枚上手《うわて》だった。

ローマでの決勝戦の翌日、もう一度試合ができたらどんなによかっただろう。まさに翌日に。スタディオ・オリンピコの雰囲気は素晴らしく、夜は美しかった。マンチェスター・ユナイテッドは2010—11シーズンまでに五度決勝に進出するが、決勝で敗れたのはこの時が最初だった。もっといい試合ができたという思いを抱きながら、銀メダルを受け取るのはつらいものだ。

あのバルセロナに対抗するには、勇敢さが必須だった。1950年代から60年代のレアル・マドリード、1990年代前半のミランのように、バルセロナは一時代を築いたチームだ。メッシの周りに集まった勇者たちは素晴らしい実力を持っていた。偉大なチームだが、羨《うらや》ましいと思ったことはない。敗戦したときは悔しかったが、嫉妬《しっと》したことはない。

どちらの決勝戦でも、もう少し守備的にプレーしていればもっとスペイン王者を追い詰められたかもしれないが、私はその手段で勝ちをつかむだけでは許されない段階に達していた。2008年の準決勝では、自陣深くに引きこもる守備的なアプローチをした。私にとっては拷問《ごうもん》のようなもので、サポーターにも苦しい思いをさせた。以降はポジティブな戦い方で挑もうとしたが、その点にこだわったことが負けにつながったのかもしれない。自陣に引いて守備を固めていたら、欲しかった結果が手に入っていたのではないか。責任を感じているわけではない。ポジティブな戦い方がもっとよい結果につながっていれば、と思っているだけだ。

ローマで我々を下したことで、バルセロナは一気に時代の頂点に駆け上がった。あの試合がきっかけだった。たった一度の勝利が決定的な影響をもたらすことがある。彼らにとっては4シーズンで二度目のチャンピオンズリーグ制覇で、ペップ・グアルディオラのバルセロナはスペインで最初にリーガ、国王杯、チャンピオンズリーグの三冠を達成したチームになった。我々はディフェンディングチャンピオンだったが、現行の大会で初の連覇を果たすことはできなかった。

だがあの「永遠の都」ローマでの試合は、負けるはずではなかった。前年の準決勝で証明したように、バルセロナを封じる方法は存在する。あのメッシにしても止める方法はあるのだ。十二カ月前のアウェイゲームではテベスがストライカーの背後に位置し、ロナウドがセンターフォワードを務めることで、攻撃のエリアを二つ確保した。ロナウドとテベスの飛び出しによって、ボールを持つことができた。

当たり前だが、それでも厳しい試合だった。バルセロナに長時間のポゼッションを許したチームは、いつしか他人事のような気持ちに陥る傾向がある。観客になって、ピッチにボールの軌跡が描かれるのを眺めているだけになるのだ。

本来、少しでもボールを持てたらロナウドがスペースに走り、テベスも入ってきてボールを受けるはずだった。だが彼らは眺めているだけだった。私はハーフタイムにその点を指摘した。「二人とも観客になっているじゃないか。まったくカウンターの気配を感じられない」。我々の戦術は、自陣深く守ってひたすらカウンターを狙うインテル・ミラノとは違う。後半からは攻撃的に行った。

今だから言うが、ローマの決勝戦では宿泊先が大きな誤算だった。最悪の環境だった。レストランには照明がなく、散々待たされた末に出てきた料理は冷めていた。ユナイテッドの専属シェフが帯同していたのだが、まったく相手にされず、無視される始末だった。当日の朝は二、三人の選手が体調不良を訴えていて、特にギグスの状態がよくなかった。何人かは気候に慣れず、やりにくそうにプレーしていた。ギグスに与えられた役割には運動量が不可欠で、少しでも体に異常があればこなせない。バルセロナの守備的ミッドフィールダーのセルヒオ・ブスケツを抑え込み、ストライカーとして前線に飛び出し、なおかつ守備に戻るのは荷が重すぎた。

どれほどコンディション不良で出来が悪くても、ユナイテッドでの功績を考えればライアン・ギグスを批判することなどできない。ローマのあの夜、彼にいつものエネルギーがなかったのはただ残念だ。

しかし開始直後はチームに勢いがあり、ロナウドはまず落ちるフリーキックで、続いて遠くからのシュート二本でバルセロナの守備を三度脅《おびや》かした。ゴールキーパーのヴィクトール・バルデスは緊張したことだろう。だが十分後、我々は痛恨のゴールを許した。中盤の選手の戻りが間に合わず、イニエスタからサミュエル・エトオにパスが通ってしまったのだ。エトオの放ったニアポストをかすめるシュートに、エドウィン・ファン・デル・サールは対応できなかった。

バルセロナは最初メッシが右サイド、エトオが中央、アンリが左サイドにいた。先制点の直前、エトオが右サイドに移り、メッシは中盤から飛び出すストライカーになった。エトオが右に移ったのは、エヴラをマークする仕事がメッシの負担になっていたからだ。隙《すき》を見て前線に走り込むのをやめさせようと、バルサは陣形を変えた。グアルディオラも試合後にその点を認めた。メッシを動かしたのは、エヴラを抑える義務から解放するためだった。

その変更のおかげで、メッシはピッチの中央という得意のポジションに移った。それ以降は一・五列目からプレーして4バックを大いに悩ませた。プレスをかけるか、引いて安全にプレーするか、ディフェンダーは判断に迷ったのだ。

エトオが得点を決め、メッシが移動したことで、バルサは中央の選手が一人増えた。イニエスタとシャビはくるくるとパスを回し、一晩中ポゼッションを保ち続けた。ボール回しでは彼らが優勢だった。その事実を無意味に否定する気はない。

グアルディオラのチームにボールを渡すと、高い代償が待っていた。中盤の選手が多いので、相手チームは観客の立場に戻ってしまうのだ。パスサッカーに対抗しようと、私は後半からアンデルソンに代えてテベスを入れた。テベスはディフェンダーの脇に回り込んだが、わざわざもう一度抜こうとしてボールを引き、結局奪われてチャンスを逃した。決定的なゴールは先制点の六十分後だった。シャビのクロスに、メッシが珍しく頭で合わせたのだ。

後にバルセロナの進化について、オランダ人で元バルセロナ監督のルイス・ファン・ハールと語り合う機会があった。バルセロナの哲学の礎《いしずえ》を築いたのはヨハン・クライフだ。一流の監督で、ピッチを広く使うことや中央を一人増やしたパス回しの考え方の土台を作った。ボビー・ロブソンが去ったあと、バルセロナの経営陣はふたたびオランダに注目して、ファン・ハールとフランク・ライカールトを招聘《しょうへい》した。グアルディオラが植えつけたのはプレッシングという戦術だ。守備側が三秒以上ボールを持ってはいけないという、「三秒ルール」という練習が存在したらしい。

ローマで勝利を収めたあと、グアルディオラは言った。「ヨハン・クライフとカルロス・レシャックという先人たちがいるのは幸運だ。我々はその〝父親たち〟についていった」

私がどうしてもわからなかったのは、なぜバルサの選手たちはあれほどの試合数をこなせたのかということだ。毎試合、ほとんど顔ぶれは変わらなかったはずだ。クラブの成功には周期があって、必ず停滞期が訪れる。バルサは停滞期を抜け出し、レアル・マドリードを猛追した。最強のチームに敗れたというのは、できれば口にしたくないセリフだ。認めるとしたら、これがせいぜいだ――二つの優れたチームが決勝戦で争い、我々は紙一重で敗れた。我々の目的は、ヨーロッパの最強チームと互角だと評されるレベルを維持することだった。

黄金期のバルセロナを破るには、攻撃的なセンターバックが不可欠だった。ファーディナンドとヴィディッチは、スペースを埋めることに専念したいという年齢に差しかかっていた。間違ってはいないし、それでかまわない。だがバルセロナが相手のときは、それでは足りなかった。後ろの状況を気にしないで、ためらわずメッシに寄せられるセンターバックが必要だった。メッシはサイドに逃げることもあるが、それは別にいい。サイドにいるときのメッシは、中央にいるときほど危険ではない。

バルセロナにはピケ、シャビ、イニエスタ、メッシの四人のワールドクラスの選手がいた。ピケは間違いなく、チームで最も低い評価に甘んじている選手だろう。本当は素晴らしい選手だ。ユナイテッドに所属していた若い頃からわかっていた。ヨーロッパの会合で顔を合わせたとき、ピケは過去最高の補強だとグアルディオラも言っていた。テンポを作り、正確にプレーし、チームに自信を与え、後方から楔《くさび》のパスを入れる。我々はストライカーが寄せて先にボールに触れるか奪い取ることで、楔のパスを防いだ。しかし最初の二十~三十分はうまくいっても、やがてバルセロナは得点する。うまく逃げられてしまうのだ。

彼らは誘いの名人だった。川に餌《えさ》を投げて、魚をおびき寄せるのに似ている。時には寄ってこないこともあるが。シャビがイニエスタに送ったボールのスピードを見ると、つい追いつけると思ってしまうのだが、実際は追いつけない。彼らは見た目よりも遠くにいるからだ。パスのスピード、質、角度。行ってはいけない場所に誘い込む罠《わな》だ。バルセロナの選手はその種のだましが抜群にうまかった。

プレミアリーグは何をおいても、外国人選手の労働許可証取得の制限を緩めるべきだろう。もちろん自由放任主義には問題もある。実力のない選手があふれかえることにもなりかねない。だが優秀な選手を発見する力があるビッグクラブには、その自由が与えられるべきだ。エリートに都合のいい考え方かもしれないが、ヨーロッパでの結果が必要ならば、労働許可証に関するルールを変えるという方法を検討するべきだ。EU圏の選手は十六歳から獲得できる（イングランドフットボール協会はEU圏外の外国籍選手の労働許可証取得に、以下の二点の制限を設けている。一・過去二年間、親善試合を除くA代表戦の75％以上に出場していること。二・過去二年間、自国のFIFAランキングの平均順位が七十位以上であること）。

二年後、今度はウェンブリーで決勝戦に臨んだ。ローマのときと同じ戦い方で、うまく試合に入ったが、中央を崩されて3対1というスコアで敗れた。先発はゴールキーパーがファン・デル・サール、4バックにファビオ、ファーディナンド、ヴィディッチ、エヴラ、中盤にギグス、朴智星《パクチソン》、キャリック、バレンシア、前線はルーニーとエルナンデス。

我々はメッシを抑え込むのに失敗した。センターバックがボールを追わず、引いて待っていたがったのだ。しかし試合の準備はこれまでで最も密度が高かった。十日間をかけて練習場で調整した。だが蓋《ふた》を開けてみたらどうだ。練習ではよかった選手が、試合ではさっぱりという場合がある。あの晩のルーニーは期待外れだった。サイドバックの後ろのスペースに走り込むのがルーニーの役割で、エルナンデスには相手を引きずり出すよう指示しておいた。エルナンデスはうまくやった。だが、サイドバックの後ろのスペースを突くことができなかった。あまり手厳しいことは言いたくないが、その晩はバレンシアもどうしたわけかすっかり硬くなっていて、完全に足がすくんでいた。

バルセロナの左サイドバックのアビダルは病気から復帰したばかりで、あまり試合に出場していなかったが、我々はその隙を突くことができなかった。試合数の少なさは我々に有利なはずだった――アビダルとプジョル、どちらが左サイドバックを務めるのかやきもきしていたのだ。決勝戦までのバレンシアは絶好調だった。二、三週間前のウェンブリーではアシュリー・コールを手玉に取り、続いてシャルケのセンターバックを血祭りに上げた。バルセロナと対戦するときは自陣に戻っているほうが楽かもしれないが、メッシにプレスをかけるべきだった。マイケル・キャリックも普段の出来ではなかった。

その夜さっそく話題になったのは、私がディミタール・ベルバトフをベンチ外にしたことだった。代わりにマイケル・オーウェンが控えのストライカーとしてベンチに座った。ベルバトフは明らかに気分を害していて、私も後味が悪い思いをした。ウェンブリーには監督用に、周りを気にせず話ができる快適な部屋がある。私はその部屋にベルバトフを呼んで、決断の理由を説明した――お前はそろそろピークを過ぎてきていて、いつも理想の控え選手とはいえないのだ、と。「終了間際に1点が必要になったら、マイケル・オーウェンのほうがペナルティエリア内でよく動ける」。ベルバトフは納得がいかなかったかもしれなかったが、私には決断を下して、自分の正しさを説明する必要があった。

2008年夏にベルバトフを獲得したのは、アタッキングサードでもボディバランスを失わず、落ち着いてプレーできる選手だったからだ。今いるチームメイトともうまくバランスが取れると思った。だが彼を獲得したせいで、テベスが不満を溜めることになった。控えで出場して、次は先発、そしてまた控え。忘れてはいけないが、テベスは必ず試合の流れを変える選手で、一心不乱にプレーした。だがベルバトフの存在が邪魔だったのは明らかで、他のクラブと駆け引きをする口実をテベス側の人間に与えてしまった。

ベルバトフは意外なほど気が弱かった。カントナやアンディ・コールのように周囲の注目を楽しむところもなければ、テディ・シェリンガムのように自信に満ちたところもなかった。エルナンデスも自信家だった――明るく、前向きな青年だ。ベルバトフも自分の能力を卑下《ひげ》していたわけではなく、問題はプレースタイルだった。ユナイテッドのプレースピードについていけていなかったのだ。そこまで機敏な選手ではなく、ゆっくりとした展開の中、自分のタイミングでエリアに侵入するか、エリアの外にいてパス回しの中心としてプレーするのを好んだ。だが存在価値はあった。2011年の夏には他クラブから打診があったが、その段階で放出するつもりはなかった。前のシーズン、いくつかビッグゲームに出られなかったというだけで、3000万ポンドかけて獲得した選手を放り出すわけがない。残留させて、試合に出すのが正解だった。

ベルバトフはボールを素早く追う練習をしたが、攻撃が途切れると歩いてしまう癖があった。ユナイテッドではそれは許されない。前線に選手が集まっているので、さっさと持ち場に戻らなければ敵にスペースを与えてしまうのだ。選手にはボールを失ったあとに瞬時に反応して、敵を自由にさせないよう要求した。だがベルバトフは素晴らしいプレーをすることもあった。おまけにニッキー・バットに負けない大食漢だった。食事どきは皿に顔をうずめるようにして食べ、料理を持ち帰ることもあった。

仮にベルバトフがベンチ入りしていたとしても、あの夜出場することはなかっただろう。負傷したファビオの代わりにナニを投入した時点で、残る交代枠は二枚になった。スコールズは出すつもりだった。経験豊かな選手にパス回しをコントロールさせる必要があったからだ。そこでキャリックに代えてスコールズを出した。ここ数カ月というもの、我々は引退についてスコールズと話し合っていて、私はあと1シーズンだけプレーするよう説得しようとしていた。だがスコールズにとって、1シーズン二十五試合に出場するだけでは十分ではなかった。その一方で、残り二十五～三十分になると足が動かなくなるとも言っていた。膝《ひざ》に二回メスを入れて、目の不調で何カ月も離脱しながら、まだ高いレベルでプレーしていたのは驚異的だ。

その夏の記念試合でスコールズが決めたゴールは美しかった。ゴールキーパーのブラッド・フリーデルもどうすることもできないロケット砲だった。相手チームの監督のカントナも拍手していた。だが、後にスポーツ番組『トークスポーツ』で、スコールズは現代イングランドサッカーの四番手に過ぎない、と解説者が言うのを聞いた。ガスコイン、ランパード、ジェラードのほうが優れているというのだ。まったくもってナンセンスだ。

決勝戦でまたしてもバルセロナに敗れたあと、私は自問自答した。我々には何が欠けているのだろうか？　一つの事実として、選手の何人かは本来の力を発揮できなかった。おそらく原因は、普段の試合ではたいていポゼッションで優位に立っていたのに、その立場が逆転したことだろう。そのせいで自信と集中が損なわれたのだ。ユナイテッドの選手は受け身に回るとうまくいかない、というのはあながち嘘《うそ》ではない。準決勝でチェルシーと当たったときは、ギグスや朴智星が次々とタックルを仕掛け、ピッチを縦横無尽《じゅうおうむじん》に動いていた。バルセロナ戦ではそうした姿を見ることができなかった。

相手の先発は以下のとおりだ——バルデス、アウヴェス、ピケ、アビダル、マスチェラーノ、ブスケツ、シャビ、イニエスタ、メッシ、ビジャ、ペドロ。

シャビが何本も鋭いパスを出す中からペドロの先制点が生まれたが、ルーニーがギグスと素早いパス交換をして同点弾を決めた。しかし、バルセロナのメリーゴーランドが回り始めたのはそれからだった。中心にいたのはメッシだ。彼とビジャが決めたゴールのせいで、ファン・デル・サールがユナイテッドの一員として最後に出場した試合で、我々の負けが決まった。

私はハーフタイムにミスを犯した。まだ勝つことしか眼中になく、センターバックの背後のスペースへの走り込みを続けるようルーニーに指示した。「それを続けられたら勝てる」と、激励したのだ。ところが、バルセロナと対戦するときの肝心な点を伝え忘れてしまった。多くの場合、バルセロナは後半開始十分以内に試合を決める。選手にそれを言っておかなければいけなかった。最初の十五分は朴智星にメッシをマークさせて、ルーニーを左サイドに張らせるべきだった。その戦術を使っていれば、相手をいなしながらカウンターを仕掛けられたはずだ。ブスケツをフリーにしてしまうので、エリア内に攻め込まれるリスクはあったが、それでも左サイドのルーニーからもっと危険な場面を作れただろう。

後半開始十分でバレンシアを下げるつもりだったが、またファビオの足が攣《つ》ったので考え直さなければいけなくなった。これまで決勝ではおおむね幸運に恵まれてきたが、この夜は運に見放された。ビッグゲームをはじめとする成績を総合的に見たら、ウェンブリーでの敗戦を嘆くのは贅沢《ぜいたく》なのかもしれないが。ちなみにウェンブリーは、ユナイテッドが１９６８年のＵＥＦＡチャンピオンズカップ決勝でベンフィカを下した地だ。

コーナーキックからチャンスが生まれることを期待したが、残念ながらそうはならなかった。だが勝ちが決まっても、バルセロナに調子に乗る様子はなく、勝ち誇るような真似《まね》は決してしなかった。終了の笛が鳴ったあと、シャビは真っ先にスコールズとのユニフォーム交換に向かった。サッカー選手は誰しも、手本となる存在を持つべきだ。「あの人のようになりたい」と、自分に言うのだ。私にとっての手本はデニス・ローだった。一歳半年上の彼を見ながら思ったものだ。「デニスのようになりたい」

敗戦のあと、私はアカデミーでの指導について真剣に考え始めて、ガリー・ネヴィルやポール・スコールズと意見を戦わせた。テクニカルコーチを一人増やすことも考えた。ユナイテッドは常に有望な若手を生み出していて、バルセロナの次世代を上回っている。自信を持って言おう。チアゴ・アルカンタラはウェルベックやクレヴァリーと同等だが、その他の若手は恐るるに足らない。

将来を見据えるのは大事なことだ。我々はあのチャンピオンズリーグ決勝のずいぶん前からフィル・ジョーンズに目をつけていて、2010年の夏にブラックバーンから獲得を試みたが、放出を拒否された。アシュリー・ヤングはギグスの後釜だった。ゴールキーパーの問題は12月に一気に解決した。ダビド・デ・ヘアがユナイテッドで最悪に近いスタートを切ったのは周知のとおりだが、これから成長するだろう。スモーリングとエヴァンスも有望株だ。他にダ・シウヴァ兄弟がいて、ウェルベックとクレヴァリーも力をつけている。ナニは二十四歳、ルーニーは二十五歳。若手がひしめいている。

その夏には五人の選手を放出したが、その中にはウェズ・ブラウンとオシェイが入っていた。ジョーンズが加入したせいで先発が難しくなったからだ。二人とも忠誠心の厚い選手だった。監督業のつらいところは、ユナイテッドにすべてを捧げてきた選手に対して、もう居場所はないと告げなければいけないことだ。雨の中でリーグ優勝パレードを行ったあと、我々はパレードの開始地点の地元の学校に戻った。その場でダロン・ギブソンを呼び出して、自分の将来についてどう考えているのか尋《たず》ねた。この種の話にふさわしい場所ではなかったかもしれないが、ギブソンは私の言いたいことをわかってくれた。彼はその晩から旅行に出る予定だったので、話をしておく必要があったのだ。ウェズ・ブラウンは電話でつかまえるのに苦労した。これだけ経験豊かでクラブに尽くしてくれた選手を売却するのはつらいことだった。

結局三十歳以上の選手五人がクラブを離れ、ハーグリーヴスも去った。代わりにレンタル移籍していたウェルベック、クレヴァリー、マメ・ディウフ、フェデリコ・マケーダが戻ってきて、三人が新しく加入した。チームの平均年齢は二十四歳に下がった。

スコールズとネヴィルにはユースチームやアカデミー、リザーブチームを自由に視察して、若手の実力について評価を下すという任務を課した。彼らにはクラブの将来のために、大きな役割を果たしてもらうつもりだ。ユナイテッドの一員としてやっていくには何が求められるか、誰よりも知っているからだ。トッププレーヤーをコーチとして活用するのは、私が長年温めていた計画だった。

スコールズは常に的確な意見を述べた。確かな目を持っていて、一言でずばりと指摘するのだ。曖昧なことは言わない。我々がファン・ニステルローイと問題を抱えていたときには、揉《も》めごとを起こす選手を放っておいてはいけない、と真っ先に言った。容赦《ようしゃ》のない物言いだった。ネヴィルが尋ねた。

「本気かい、スコールジー（スコールズの愛称）？」からかっていたのだ。

当時のコーチ陣にはブライアン・マックレア、ミック・フェラン、ポール・マクギネス、ジム・ライアン、トニー・ウィーランがいた。全員が元選手か、アカデミーで学んだ経験がある。私はその流れをさらに強化したいと思った。クレイトン・ブラックモアとクイントン・フォーチュンも、アカデミーの発展にいくらか手を貸してくれた。

バルセロナに敗れて以来抱えていた疑問に対する答えが出ると、私は自分に言った。「この次チャンピオンズリーグ決勝でバルセロナと対決するときはジョーンズとスモーリング、あるいはスモーリングとエヴァンスをメッシにぶつけてやろう」。もう好き勝手にさせるものか。

第20章
メディアとの付き合い方

メディアとの付き合い方について最良のアドバイスをくれたのは、当時グラナダＴＶに勤めていた友人のポール・ドハーティだ。彼はある日、私をつかまえて言った。「しばらく君の記者会見を見ていたんだが、一つ言っておきたい。メディアに負けているぞ。心配事をさらけ出してしまっている。鏡に向かって、アレックス・ファーガソンの仮面をつけるんだ」

メディアとうまく付き合おうと思ったら、不安そうな顔を見せてはならない。悩みを明かしたところでチームの役には立たないし、次の土曜の試合に勝つ確率が上がることもない。ドハーティは正しかった。彼にアドバイスを受けるまで、私は監督としての苦悩を吐露《とろ》してしまっていた。だが、会見場は自白を強要される拷問《ごうもん》部屋ではない。私がするべきなのはクラブの名誉を守り、今起きていることをきちんと説明することだった。先手を取って、できるかぎり話をコントロールするのが肝心だ。

記者会見場のドアを開けて世界と向かい合う前には気持ちを落ち着かせて、心の準備をするようにした。経験が役に立った。ある時点からは、金曜の記者会見で求められているセリフが予測できるようになった。時に記者たちはこんなふうに手を組んだ。「いいか、お前はあの件について質問しろ。私は別方向から攻める」。彼らの手の内はすべて読めた。経験の成せる技だ。それに加えて反応の速さも増した。長々と質問されるのは、回答の準備をする時間ができるので好都合だった。むしろ難しいのは短い質問だ。「ひどい試合でしたが、どうしたんですか?」

簡潔な質問をされると、つい延々と答えてしまうことになりかねない。考えをまとめようと時間を稼いでいるうちに、いつの間にか言い訳を並べ立てているのだ。絶対にやってはいけないのはチームの弱点をさらすことで、それを避けるのにも技術がある。三日後に次の試合を控えているとしたら、質問攻めに遭っている最中も試合のことをきちんと頭に留めておくべきだ。大事なのは試合に勝つことで、記者会見で気の利《き》いた答えをすることではない。

もう一つ大事なのは、賢そうな答えをして反対に恥をかかないことだ。私は集中砲火を浴びていても、その点だけは忘れないようにしていた。その種の技術と意識は、何年もかけて身につけた。選手時代、スコットランドサッカー協会から六試合の出場停止を言い渡されたとき、カメラの前で調子よくしゃべったのを覚えている。「スコットランドでは『星室《せいしつ》裁判所』式の意思決定をしているんですよ」（星室裁判所――十五世紀前後、ウェストミンスター寺院の「星の間」に置かれた裁判所。のちに国王の意思に背いた人間を裁く場になり、「星室裁判所」には恣意《しい》的な判断という意味合いが含まれる）。

たちまちスコットランドサッカー協会からクラブに手紙が届いた。気の利いたセリフを言わなければいけないと思うと、つい余計なことを口走ってしまうのだ。私が協会に関して言ったことは間違いではなかったが、釈明の手紙を書く羽目になった。後に監督に訊《き》かれた。「『星室裁判所』の意思が何とかという、あの話はどこから持ってきたんだ？」

スピーチの引用元を隠し通すことはできなかった。「本を読んでいて、ちょうどいいと思ったんです」

周知のとおり、最長最大の争いはBBCとのトラブルで、七年経った2011年の8月にようやくもういいと思えるようになった。私からすると腹の立つことばかりで、「マッチ・オブ・ザ・デイ」の報道もその一部だが、一線を越えたのは2004年5月27日にBBC3で放映された「ファギーと息子」という題のドキュメンタリーだ。中身は私の次男ジェイソンに対する破廉恥《はれんち》な攻撃だった。ヤープ・スタムのラツィオへの移籍と、マッシモ・タイービのレッジーナへの移籍に関して、ジェイソンとエリート・スポーツ・エージェンシーが不正を働いたと報道したのだ。放映に先だってユナイテッドの役員会は、私たち親子もエリート・スポーツ・エージェンシーも後ろ暗いことはしていないと言ったが、ジェイソンは今後クラブの移籍交渉に関わることを禁止された。

根拠のない主張だったというのに、BBCは謝罪を拒否した。

放映後、BBCのピーター・サーモンが面会に来た。私は言った。「あの番組を見て、BBCとして恥ずかしくないと言えるのか」。裁判を起こしてやりたかったが、弁護士とジェイソンは二人とも反対した。グラナダTV時代からの付き合いがあるのでこれ以上の争いはしない、とサーモンも言った。

「BBCはユナイテッドの味方です」

「それは結構」と、私は言った。「では謝ってくれ」。答えはなかった。サーモンが狙っていたのはクレア・ボールディングのインタビューの中で、「ファギーと息子」について私にコメントさせることだった。なぜ私がそんなことをしなければいけないのだ？　最終的にはこれ以上争わないと決めて、ふたたびＢＢＣのインタビューを受けるようになった。もう十分主張したと思った。

　もう少し一般的な話をするなら、スカイテレビジョンの台頭によってメディアを取り巻く環境は大きく変わった。より競争が激しくなり、報道が過熱した。２０１３年4月の、スアレスの噛《か》みつき騒動がどう取り上げられたか思い出してほしい（２０１２―13シーズンのリヴァプール対チェルシー戦の最中、スアレスがチェルシーＤＦのブラニスラヴ・イヴァノビッチの腕に噛みついた）。記者会見でその件に関する質問が出た。私の答えはこう報道された――「ファーガソン、リヴァプールに同情」。スアレスについて、私はこう言ったのだ。「リヴァプールは不満だろうが、観客にカンフーキックを見舞ったカントナは九カ月の出場停止を受けた」。十試合が何だというのか、九カ月を想像してみろと言っていたのだ。ところがメディアによると、私はスアレスの肩を持っているのだった。

　こんな見出しが躍ったこともあった。「ファーガソン、ジョゼ・モウリーニョのチェルシー帰還を予言」。メディアの質問は次のとおりだ。「来シーズン、あなたを最も脅《おびや》かすのは誰ですか？」チェルシーが浮上してくるだろう、報道が正しくてモウリーニョが戻ってくるのならさらに勢いがつくはずだ、と私は答えた。メディアの報道はご覧のとおりだ――ファーガソン曰《いわ》く、モウリーニョはチェルシーに戻ってくる。

　おかげでモウリーニョにメールで弁解する羽目になった。彼から返信が来た。「かまいませんよ。記者会見の様子は見て、事情はわかっています」。テレビでは十分ごとにテロップが流れた。モウリーニョは事実チェルシーに帰還したが、それは別の話だ。

現代のメディアの過剰な取材攻勢をかいくぐるのは至難の業《わざ》だった。最後には、メディアといい関係を築くのは無理だという結論に達した。彼らは激しい重圧にさらされているので、こちらも本音で話すことができない。マンチェスターに来たときもいくぶん警戒していたが、ここ数年のように壁を作る必要は感じなかった。当時のジョン・ビーンやピーター・フィットンといった記者は付き合いやすかった。ビル・ソーントン、デイヴィッド・ウォーカー、スティーヴ・ミラー。いい連中だ。スコットランド出身の古い友人たちもいた。

ひと昔前はツアーの最中、暗くなってからメディアの人間と外出することがあった。ある夜は全員で私の部屋に戻ってきて、すっかりご機嫌のビーンはテーブルに乗ってタップダンスをしていた。別の夜、23時過ぎにベッドの中にいると電話が鳴った。「おい、アレックス！　今夜マーク・ヒューズと一緒にタクシーに乗っていたという噂《うわさ》が本当かどうか、教えてくれ」

ジョン・ビーンだ。私は言った。「それはかなり難しいぞ。マーク・ヒューズは今夜、バイエルン・ミュンヘンの一員としてヨーロッパの試合に出ていたからな」

ジョンが言った。「ああ、そうか。その試合は見ていたよ」

私は受話器を叩きつけた。

ビーンは金曜にふたたび姿を見せた。「いやいや悪かったよ、アレックス。謝罪を受け入れてくれるだろうな」。そして質問をしようと腰を下ろした。

最近の若い記者は、私が就任した頃よりはるかにカジュアルな服装をしている。ジェネレーションギャップかもしれないが、どうもしっくりこない。だが常に編集者にせっつかれるのだから、若手にとっては大変な仕事だ。オフレコという考え方はもはや通用しなくなった。2012―13シーズン、私はオフレコの発言を公表した何人かの記者を出入り禁止にした。ルーニーと私が練習中に口も利かない関係で、クラブの誰もがそれに気づいていると報じた記者も出入り禁止にした――いい加減な記事だ。

すべての記事に目を通していたわけではないが、不正確な記事については広報担当者から報告を受けた。こうした問題への対応には消耗する。昔は裁判を起こしたこともあったが、金を失うだけだった。最後のページに数行の謝罪文が載ったところで、派手な見出しが躍るスポーツ面トップの特集にはかなわない。神経をすり減らすだけ無駄だ。

記者を出入り禁止にするのは、次のような意思表示だった――君たちが勝手に作り上げた物語は認めない。長年マンチェスター・ユナイテッドで結果を残していた私は、ここでも有利だった。もし不調にあえぐ無名の監督だったら、まったく話は違っていただろう。だが大半の場合、記事の裏には私に対する共感があった。憶測や誇張は、メディアの激しい競争の副産物だ。紙のメディアはスカイテレビジョン、ウェブサイト、他のソーシャルメディアと競わなければならないのだ。

プレミアリーグの監督には、メディアをよく知っていて報道に素早く対応できる、経験豊かな広報担当が欠かせない。メディアを止めることはできないが、事実に誤りがあって訂正を求めたい場合、記者を警告するという手段がある。優秀な広報担当がいれば、監督はその雑務から解放されるのだ。スカイニュースは一日二十四時間動き続け、同じ話題を繰り返し報道する。監督にとって、メディア対応はますます難しいものになっている。

例えばアストン・ヴィラの監督のポール・ランバートが、チームの不振に悩んでいるとしよう。記者会見では厳しい質問が矢継ぎ早に飛んでくるはずだ。そんなときの対応を指示できるのは、メディアをよく知っている広報担当だけだ。ユナイテッドが不調に陥っていたとき、ポール・ドハーティに言われた。「緊張している姿を見せたら、必ずつけこまれる。記者会見を始める前に鏡を見て、頬《ほお》をさすり、笑顔を作って、心の準備をするんだ。ヤツらの餌食《えじき》にはなるな」

実に有益なアドバイスだった。それこそ監督のやるべきことだ。あとはだいたいその場の流れに任せて、ベストを尽くすしかない。よく出る質問がこれだ——プレッシャーを感じていますか？ もちろん感じている。だが、見出しに使われるような発言は避けるべきだ。私はチームの練習の前に記者会見を行った。あとで会見をする監督のほうが多いが、私のやり方のほうが練習という考えるべきことがある分、メディアに対して神経質にならずに済む。9時からの記者会見の前には広報担当のフィル・タウンセンドにブリーフィングを受けて、どんな質問をされるか予測した。

タウンセンドのおかげで、ルイス・スアレスの嚙みつき騒動について訊かれるのか、ゴドルフィン厩舎の薬物投与スキャンダルについて訊かれるのか、レヴァンドフスキといった選手の獲得の可能性について訊かれるのか、おおよそつかめた。私はいつも、次の試合に招集可能な選手について話すところから始めた。それから試合に関する話題や、人物について語った。『サンデー』は例えばマイケル・キャリックの好調ぶりについてというように、一つのテーマに沿って記事を書いた。

私はおおむね問題なく記者会見を切り抜けた。しかし最も難しかったのは、納得のいかない判定についてどうコメントするかということだった。審判にも言い分はあるだろうが、あくまで私自身が試合に対して求める水準にもとづいて発言した。おかげで罰金処分を受けたこともある。審判がどのように試合を見ているかは関係ない。監督としては当然、目の前の試合のレベルにふさわしい判定を求めた。全体的に審判はやるべき仕事をしていない。今ではほとんどの審判がフルタイムだといわれるが、デタラメだろう。

ほとんどの審判が十六、七歳という、ほんの若者の頃に笛を吹き始める。試合を裁きたいという彼らの志は尊敬に値する。サッカーにはそうした熱い気持ちが必要だ。イングランドでイタリア人のロベルト・ロセッティのような審判が見たかった。ロセッティは190センチ近い長身で威圧感があり、体格はボクサーのようだった。ピッチを所狭しと駆け回って選手を落ち着かせ、しっかりと試合をコントロールしていた。トップレベルの審判を見ているのは楽しい。審判がきちんと権威を示すのは、見ていて心地よかった。

プレミアリーグの審判は力不足や体重オーバーといった問題があっても、なかなかクビにならない。それぞれ弁護士がついているし、組合も強力だからだ。加えて若い審判が育っていないので、イングランドサッカー協会は今いる審判を手放すまいとしている。

こと審判に関しては、自分の意見を述べずに会見を終わらせるべきだったのかもしれない。次の週は判定に恵まれるかもしれないのだ。一つの判定への不服をまくし立てていると、都合のいいところだけを選んで怒っているように受け取られてしまう。

私は審判委員《レフェリーズ・アソシエーション》会を支持している。アバディーン時代には練習場に審判を招いて、体を絞る手伝いをした。私が求めるレベルは高い。審判は引き締まった体をしているべきだ。現在のプレミアリーグは、その点に関する意識が十分だとはいえないのではないか。走行距離を基準に審判の能力を決めるのはおかしいだろう。問題はピッチをどれだけ素早く移動できるかという点だ。どちらかのチームがカウンターを仕掛けたとき、遅れずにゴール前にたどり着けるだろうか？　ただし審判をかばうなら、２００９年チャンピオンズリーグ準決勝アーセナル戦では、ユナイテッドのゴールが決まったとき、ロセッティ主審は18メートル近く後ろにいた。ゴールには九秒しかかからなかった。つまり90メートルを九秒で走るよう求められていたわけだ。それができるのはウサイン・ボルトくらいだろう。

大雑把《おおざっぱ》な印象だが、イングランドサッカー協会は有名選手に厳しく接しているように見える。そうすると観客が喜ぶからだ。協会が審判に圧力をかけたのか、ウェストハム戦でカメラに向かって悪態をついたルーニーは、三試合もの出場停止を食らった。選手がカメラの前で暴言を吐くのは子どものためによくないから、という理由だった。それはわかるが、カメラに向かって悪態をつく選手など珍しくもないだろう。

イングランドサッカー協会の実権を握っているのが誰なのか、私には最後までよくわからなかった。エクセター・シティの関係者が発言力を持っていたこともある。新会長のグレッグ・ダイクは、意思決定に関わる人間の数を減らすべきだろう。百人の委員会にまともな判断ができるわけがない。こうした委員会は組織をスムーズに機能させるためではなく、「サッカーに貢献した人々」を称《たた》えるために置かれている。構造的な問題だ。意気込んで組織入りした改革者たちも、すっかり牙を抜かれて戻ってくるのだ。

ユナイテッドはビッグゲームでもだいたい礼儀正しく振る舞った。ある新聞はロイ・キーンとヤープ・スタムがアンディ・ダルソー主審に暴言を浴びせたと報じたが、我々は取り合わなかった。私が

「関係ない」と言ったことに、イングランドサッカー協会はいらだったようだ。またあの一件が起きたのはリーグカップであって、FAカップではない。監査役としての協会の機能にはあまり信頼が置けなかった。

2009年秋にアラン・ワイリー主審の体型を批判したのは、審判の体型全般についての問題提起だった。オールド・トラッフォードでサンダーランドと2対2で引き分けたとき、アラン・ワイリーは体重オーバーだった。以下が、私が非難される原因になったセリフだ――「さっきのようにスピードのある試合では、キレのある審判が必要だ。ワイリーはそうではなかった。外国の審判は闘犬のようにスタミナがある。ワイリーは選手に警告を出すのに三十秒もかかっていた。体力の限界だったんだ。まったくバカげている」

のちに私は、ワイリーを個人的に傷つけたのなら謝罪すると言った。私の意図は「試合に関する重要かつ真剣な問題について発言する」ことだった。だがサンダーランド戦の十六日後、不適切な振舞いがあったとして協会から処分を下された。2003年にはベンチ入りを禁止されたことがあり、2007年にもマーク・クラッテンバーグを批判したとしてベンチから締め出された。チェルシーに2対1で敗れたあとはマーティン・アトキンソンを非難したとして、3万ポンドの罰金と五試合のベンチ入り禁止を言い渡された。アラン・ワイリーに関する発言のあと、元審判のジェフ・ウィンターは「FIFA式のスタジアム入り禁止」が適当だろうと言った。

やがて私は、プレミアリーグにはもう長いことトップレベルの審判が不在だと感じるようになった。かつてのグラハム・ポール主審には傲慢《ごうまん》なところがあったが、正しい判定を下すことにかけては右に出る者がなかった。我の強さが笛の吹き方に表れがちで、機嫌が悪いときは扱いが難しかったが、私がユナイテッド時代に出会った審判の中ではベストだった。

アンフィールドの四万四千人、あるいはオールド・トラッフォードの七万六千人の前でアウェイチームにPKを与えれば、ホームの観客は大騒ぎする。それに動揺する審判は少なくない。その点が審判の良し悪しを見分ける基準だ。その場の空気や、観客の大声に流されずに判断ができるかどうか。審判が「ホームチームの味方」だとはよく言われるが、あながち嘘《うそ》ではない。不正を働いているのではなく、観客のどよめきに惑わされるのだ。

最も冷静な笛が吹きにくいのはアンフィールドだろう。観客席との距離が近く、熱気に満ちているからだ。リヴァプールだけではなく、どのスタジアムでもサポーターは審判に圧力をかけようとする。今の観客は四十年前に比べてはるかに熱狂的だ。ならば審判が委員会の人間と一緒に記者会見に出席し、判定について説明することを検討してもいいだろう。2013年3月にオールド・トラッフォードで行われたチャンピオンズリーグ準決勝レアル・マドリード戦を裁いたトルコ人の主審には、ナニの退場について訊いてみたかった。ひどい判定だった。

審判による短時間の記者会見も進歩につながるのではないか。一般論だが、進歩を止めることはできない。サッカーシューズのことを考えてみるといい。私は今どきのシューズにまったく賛成できないが、スポーツ用品メーカーはサッカーに資金をつぎ込んでいるので、やめる気配などない。ピンクやオレンジのシューズを若者たちに買わせるための手練手管《てれんてくだ》は凄《すさ》まじい。選手を獲得する際、多くのクラブがメーカーとの契約を餌《えさ》にする。ナイキやアディダスと契約可能だ、云々《うんぬん》。クラブは移籍にかかった費用を取り戻さなければいけないので、サッカーシューズを利用するのだ。

誰もが納得する判定など存在しない。皆、自分のひいきのチームに対しては偏《かたよ》った見かたをするからだ。だがフルタイムの審判を育てる仕組みは、登録システムを除けばまるでうまくいっていない。本業に携わる一方で、義務づけられたトレーニングを忠実にこなすのは不可能だ。つまりシステムに欠陥があるのだ。毎日セント・ジョージ・パークに顔を出せるフルタイムの審判を育てなければいけない。こう指摘されるかもしれない――ニューカッスルからバートン・アポン・トレントまで、どうやって毎日通勤するんだ？　我々はロンドンから選手を獲得したら、マンチェスターに家を用意する。ロビン・ファン・ペルシーが一例だ。審判のレベルを上げたいのなら、プレミアリーグのクラブのようにプロフェッショナルな環境を整えるべきだ。資金は試合の収益で十分にあるのだから。

あるときプロ審判委員会会長のマイク・ライリーが、そのような方法を取るには資金が足りないと言った。彼の主張が正しいとしたら、テレビ放映権で50億ポンドを儲けているサッカー界に、きちんとしたプロの審判を育てる資金がないということになる。そんなことがあるだろうか。チャンピオンシップに降格したクラブへの補助金の総額を考えてみればいい。審判をプロ化しようというのなら、システムもそれに合わせるべきだ。きちんとやらなければいけない。

チャンピオンズリーグの審判からは、ある種の開き直りが感じられる。次の週末に我々と顔を合わせることはない、と知っているからだ。私は四度決勝に進出したが、まさしくトップレベルだと思えたのは1999年のバルセロナ戦を裁いたピエルルイジ・コッリーナ主審ただ一人だ。

チャンピオンズリーグという大舞台で二度ジョゼ・モウリーニョに敗れたのは、選手ではなく審判のせいだ。2004年のポルト戦の判定は噴飯ものだった。その夜の審判の最悪の判定は、スコールズのゴールを無効にして、我々が2対0とリードを広げる機会を奪ったことではない。終了数分前に抜け出したロナウドを、敵のレフトバックが倒したときのことだ。線審は旗を上げてフリーキックの判定をしたが、審判はプレーオンを指示した。攻め上がったポルトはフリーキックを得て、ティム・ハワードが蹴《け》り、アディショナルタイムに得点した。ヨーロッパで不当な判断をされた経験には事欠かない。

あるときミラン対インテル戦の観戦に行くと、ベテランのインテルの役員が言った。「イングランドとイタリアのサッカーの違いを知っているか？　イングランドでは試合が腐敗しているなどと決して考えない。だがイタリアでは、試合が腐敗していないことなどないと考える」

イングランドサッカーの優れた面を挙げるとしたら、近年になって審判の登録システムが整備されたことだろう。それはいいことだ。選手と審判がより有意義なコミュニケーションを取れるようにもなった。権力のある人間には判断力が必須だが、多くの審判が素早く決断する能力に欠けている。彼らも人間なのだから、間違うことはあるだろう。だが優れた審判は、間違った判断より正しい判断を多く下す。判断を誤るからといって頭から無能だというわけではない。短い時間で正しい判断を下す能力に欠けているだけだ。

選手にしても同じだ。アタッキングサードで差をつけるのは何だろうか？　判断力だ。我々は選手にそのことを繰り返し聞かせた。もう一度監督をするなら、選手全員にチェスを練習させて集中力を培わせるだろう。初心者の頃は1ゲーム終えるのに三～四時間かかるが、上達すると「三十秒チェス」ができるようになる。「三十秒チェス」はすべてに通じる。プレッシャーのかかる状況での素早い判断。それがサッカーのすべてだ。

第21章 十九回目の戴冠

十九回目のリーグ優勝が近づくにつれて、ついにリヴァプールを追い越すのかと訊《き》かれることが増えた。私にしてみれば十八回優勝という彼らの輝かしい記録を破るのも時間の問題だったので、そのシーズンにことさら騒ぐ必要も感じなかった。シーズンそのものに集中したかった。達成すべき目標として、常に意識していたのは認めるが。

私がスコットランドで監督としてスタートを切った1980年代、グレアム・スーネスとケニー・ダルグリッシュの二人が牽引《けんいん》するリヴァプールは、イングランドを代表するチームだった。まぎれもない強豪だった。私はマンチェスターに乗り込んだあとも、アバディーン時代に敗戦を喫したことを忘れていなかった。1980―81シーズンのチャンピオンズリーグでは、アバディーンの本拠地のピットドリーで1対0で敗れた。アンフィールドで行われたセカンドレグでは最初の二十分こそうまくプレーしたが、ハーフタイムまでに2対0のリードを許した。私はドレッシングルームでいつもどおりの指示を出した。するとドゥルー・ジャーヴィーが、一人ずつピッチに戻っていく選手たちに声をかけた。「さあ行くぞ、皆。さっさと2点返せばこっちのものだ」

アンフィールドで二試合合計3対0という状況だったのに、2点くらい簡単に返せると言わんばかりだった。私はジャーヴィーを見て言った。「お前は幸せだな、ドゥルー」。後にチームメイトは、そのセリフを持ち出して散々からかったものだ。「セミプロのチームが相手だと思っていたんだろう」


当時のリヴァプールに1点を先行されたら、もうボールを奪うのは不可能だった。彼らは延々とパスを回した。スーネスがボールを散らし、ハンセン、ローレンソン、トンプソンといったディフェンス陣が余裕を持って対応する。私がユナイテッドの監督に就任した頃もイアン・ラッシュ、ジョン・オルドリッジといった実力派の選手がいた。その後、ジョン・バーンズとピーター・ビアズリーの獲得をきっかけに、リヴァプールはふたたび上昇気流に乗った。

当時、私は言ったものだ。「ヤツらの鼻っ柱をへし折ってやりたい」。実際その言葉を口にした記憶はないのだが、私の発言とされている。どちらにせよ、私が感じていたとおりのことなので、新聞に使われたところで不満はない。ごく最近までマンチェスター・ユナイテッドの至高のライバルは常にリヴァプールだった。歴史的にも、興行的にも、サッカーの質においても。彼らとの試合は緊張感に満ちていた。

我々にとっては1993年のリーグ優勝が突破口で、世紀が変わるまでに五度の優勝を成し遂げた。2000年にあらためてリヴァプールの様子をうかがうと、簡単に復活することはないのがわかった。彼らは長い低迷期にいた。安定して若手を供給することもできていなかった。リヴァプールがふたたび脅威になることはないように思えた。勢いはユナイテッドにあった。十八度目のリーグ優勝を達成してリヴァプールと並んだ日、今までどおりクラブが機能するなら間違いなく彼らの記録を超えるだろうと私は確信した。

ユナイテッドが十九度目の栄冠に輝いた週は、マンチェスター市全体にとって特別な一週間だった。マンチェスター・シティはFAカップ決勝でストークを1対0で下して、1976年のリーグカップ以来となるトロフィーを手に入れた。一方ブラックバーン戦に臨んだユナイテッドは、七十三分のルーニーのペナルティキックで引き分けとリーグ優勝を手にした。私が就任した1986年には、リヴァプールの優勝十六回に対してユナイテッドは七回だった。2011―12シーズン、チェルシーはフェルナンド・トーレスに5000万ポンド、シティはエディン・ジェコに2700万ポンドを費やしたが、我々はハビエル・エルナンデスをたった600万ポンドで手に入れた。

ユナイテッドは2011年2月5日にウルヴァーハンプトンに敗れるまで二十四戦無敗で、シーズンをわずか四敗で終えた。優勝争いの行方を決定したのは、前半に2点を先行されながら結局4対2で勝利した4月上旬のウェストハム戦だ。バレンシア、スモーリング、エルナンデスといった選手たちにとっては初めての栄光で、彼らはこれからもさらに勝利を求めるだろうと私は言った。

そのシーズンの最大の目標はタイトルを獲得することで、十九回目という数字はおまけだった。私が退任するときには二十回目を達成していて、歓喜したファンはその数字をチャントした。私の最後のシーズン、リヴァプールは何度かいい試合を見せたが、リーグ優勝の可能性はまったく感じられなかった。2013年4月、妻のキャシーとグランドナショナルを観戦した帰り、二人のリヴァプールファンが追いかけてきた。「おいファギー、来シーズンはぶっつぶしてやるぞ」。威勢のいい青年たちだった。

「そうしたいなら九人を補強するんだな」と、私。

彼らは青ざめた。「九人だって？」

別の一人が言った。「パブの仲間にこのことを話してやるよ」。エヴァートンのファンだったのだろうか。「九人なんて必要ない」と、また別の一人が元気のない様子で歩き去りながら言った。私はもう少しで叫んでやろうかと思った。「なら、七人だ」。周りには笑いが広がっていた。

その夏、マンチェスター・シティが我々に挑戦状を叩きつける準備を整えているのは知っていた。今や脅威の源はロンドンでもマージーサイドでもなく、匂いを感じられるほど鼻先にあった。我々の前には、同じ市の中で真剣勝負を実現させるだけの資金を持ったオーナーが立ちはだかっていた。ユナイテッドは将来に向けたチーム作りを進め、見返りがあることを期待した。

何よりもエドウィン・ファン・デル・サールの残した大きな穴を埋めなければならなかった。世間ではマヌエル・ノイアーが補強のターゲットだと思われていたが（候補に挙がっていたのは事実だ）、我々は少年だった頃からダビド・デ・ヘアを観察していて、トップクラスのゴールキーパーになると確信していた。

２０１１年の夏にはアシュリー・ヤングも、アストン・ヴィラとの契約が残り一年になっていた。彼には安心して金が出せた。イングランド人で、適応力が高く、左右のサイドと前線でプレーできて、得点力も悪くない。朴智星《パクチソン》が三十一歳という年齢に差しかかり、ギグスも年を取ってきていることを考えると、獲得にはちょうどいいタイミングだった。ギグスには昔のように左サイドを揺さぶることを期待しなかった。

ヤングの移籍金は1600万ポンドだ。妥当な線だろう。契約が切れる年だったことを考えると、わずかに高かったかもしれないが。だが手続きはスムーズに進んだ。

2011―12シーズンのクイーンズ・パーク・レンジャーズ戦のあと、アシュリー・ヤングは批判にさらされた。ダイブをしてショーン・デリーを退場に追い込んだと非難されたのだ。私はヤングを次の試合の招集メンバーから外して、マンチェスター・ユナイテッドの選手が簡単に倒れると言われるようでは困る、と諭《さと》した。PKの判定は厳しすぎたが、ショーン・デリーの退場処分は撤回されなかった。ヤングが二週連続で同じ問題を起こした時点で、我々は歯止めをかけた。簡単にピッチに倒れるのは、私の許すところではなかった。

駆け出しの頃のロナウドにも同じような悪癖があったが、練習中にチームメイトが注意した。あれほどのスピードで走っていれば、軽く触れられただけで倒れてしまうのは事実だが。私たちは何度も話し合いをした。「ファウルを受けたんです」と、ロナウドは言う。「それはそうだが、やりすぎだろう。大げさに振る舞うな」。ロナウドは悪癖を捨てて、選手として成長した。

ルカ・モドリッチは決してダイブをしない現役選手の見本だ。いつもしっかりと両足で立っている。ギグスとスコールズもしなかった。一方ドログバは札付きのダイバーで、2012年にスタンフォード・ブリッジで行われたバルセロナ戦が最悪の例だ。そのチャンピオンズリーグの一試合を除いて、メディアはドログバに甘かった。サッカー界のためにも、五年前に厳しく非難されているべきだったのだ。

フィル・ジョーンズの獲得は、ブラックバーンの監督がサム・アラダイスだった頃からの長期計画だった。FAユースカップでブラックバーンに敗れた次の日、私はアラダイスに電話をかけた。「ジョーンズという若手に興味があるんだが」

アラダイスが笑った。「ダメだ。今度の土曜にトップチームで出場させる」。その言葉に嘘《うそ》はなく、ジョーンズはそのままトップチームに定着した。いわばアラダイスの秘蔵っ子だったのだ。2011年1月の移籍市場でも売却を拒否されたが、それはブラックバーンが降格争いに巻き込まれていたからだ。シーズンが終わる頃にはリヴァプール、アーセナル、チェルシーもジョーンズを狙っていた。代理人は四つのクラブすべてと連絡を取っていたが、十九歳のジョーンズを引き入れるのに成功したのはユナイテッドだった。

獲得した時点では、ジョーンズが最も生きるポジションがどこなのかわからなかったが、後にセンターバックだと気づいた。チームに幅を与えてくれる選手で、ほとんどのポジションでプレーできた。2011年のFAコミュニティ・シールドでは、ハーフタイムにファーディナンドとヴィディッチを下げてジョーンズとエヴァンスを投入し、相手を押し込むように言った。エヴァンスもピッチの中央に切り込むのがうまかった。ヴィディッチとファーディナンドはもう少しプレースタイルが古い。頭がよく、確かな戦術眼を持っていて、相手の裏をかくのが得意な、素晴らしいコンビだったのは間違いない。だが時間が経つうちに、私にはセンターバックの選択肢が増えて、ジョーンズが大事な役割を担うようになった。

エヴァンスには喝《かつ》を入れてやる必要があった。ジョーンズとスモーリングの加入が不満だったらしい。自分がどう評価されているのか気になったのだ。だが彼は自分で実力を証明し、どんどん調子を上げていった。新しい仲間を見て選手が奮起するのは、私にとって嬉《うれ》しいことだった。

もう一人の期待の若手トム・クレヴァリーは、シーズン序盤のボルトン戦で食らった乱暴なタックルのせいで、事実上シーズンを棒に振ってしまった。一カ月後にいったん復帰して、すぐエヴァートン戦に出場したが、怪我《けが》がぶり返して三カ月近く離脱する羽目になった。我々は手術を勧めたが、本人は拒否した。手術を受けたら九カ月の離脱になるはずだった。クレヴァリーは試合に出続けることを望んで、それは吉と出たが、その頃にはスコールズとキャリックも復帰していた。クレヴァリーを毎試合出すことはできなかった。

彼はまさしくクレヴァーな選手だった。頭の回転が速いのだ。運動量が多く、得点力もある。目標を達成して自信を深める必要があったので、ロンドンオリンピック代表に選ばれたのはいいことだった。一方でダレン・フレッチャーはクローン病と闘っていた。2012年夏には手術の可能性もあったが、メスを入れるには体力が必要だった。その問題のせいで12月まで離脱した。前のシーズン、フレッチャーにはリザーブチームで何度かコーチを務めてもらった。その仕事は楽しんでいたようだ。故障のせいでしばらくリザーブチームにいたスコールズは、既にトップチームに復帰していた。フレッチャーはリザーブチームの試合で何度かハーフタイムに指示を出した。非常に効果的だった。

アトレティコ・マドリードから2400万ユーロで移籍してきたデ・ヘアは当時まだ二十歳で、最悪のスタートを切った。ファン・デル・サールやシュマイケルと違い、上半身の筋力に欠けているのは明らかだった。その点を改善するのが急務で、我々は筋肉量を増す目的のプログラムを編み出した。デ・ヘアにとって不運だったのは、2011―12シーズンの開幕戦でファーディナンドとヴィディッチが離脱してしまったことだ。ウェスト・ブロムウィッチ戦は2対1で勝利を収めたが、デ・ヘアはシェーン・ロングの力のないシュートを押さえ損ねて失点した。ペナルティエリア内でウェスト・ブロムウィッチの選手に散々な目に遭わされるのを見て、これは「イングランドへようこそ」という挨《あい》拶《さつ》だな、と私は言った。

ヴィディッチが六週間、ファーディナンドが三週間の離脱だった。こうしてデ・ヘアの前ではスモーリングとジョーンズがプレーすることになった。二人ともまだ若かった。デ・ヘアはよくやっていたが、絶対的な存在と呼ばれるには程遠く、ディフェンス陣をまとめる能力にも問題があった。1月のFAカップでリヴァプールと対戦したときは、コーナーキックから先制を許した。きちんと防げたはずだ。デ・ヘアだけではなく、センターバックを務めていたスモーリングとジョーンズにも非があった。

デ・ヘアがゴール前から飛び出せなかったのはセンターバックのポジショニングが悪かったせいだが、こうした場面の責任を負うのはゴールキーパーだ。4月にエティハド・スタジアムで行われたマンチェスター・シティとの大一番では、コーナーキックのときにジョーンズが邪魔になって飛び出せず、コンパニのゴールを許した。この点は改善が必要だった。しかしシーズンが進むにつれて、デ・ヘアは徐々に効果的なプレーができるようになり、自信も増していった。信じられないようなセーブもあった。我々の直感は正しかった。彼のような世界でも指折りの若手ゴールキーパーがユナイテッドに在籍していることを、私は誇りに思っている。きっと先人たちのように成長するだろう。2013年2月に行われたチャンピオンズリーグ準々決勝ファーストレグのレアル・マドリード戦では、ロナウド、ファビオ・コエントラン、サミ・ケディラのシュートを鮮やかにセーブした。

デ・ヘアは英語ができず、運転の練習もしなければいけなかった。それだけ若かったという証拠だ。

たった二十歳でヨーロッパ大陸からイングランドに来て、苦労しないゴールキーパーはいない。過去二十年ほどの大物ゴールキーパーの移籍を振り返ると、ブッフォンはティーンエイジャーとしてユヴェントスに移籍したその日から輝いていたが、デ・ヘアがユナイテッドに移籍したのと同じような状況でただちに活躍した選手はいない。それでも我々は常に将来を見越して投資していた。デ・ヘアはいずれ超一流のゴールキーパーになるだろう。私の最後のシーズン、彼がPFA年間ベストイレブンに選ばれたのは本当に嬉しかった。

２０１１―12シーズン、ジョーンズは不運にも小さな故障に見舞われ続けた。8得点したヤングは胸を張ってシーズンを振り返れるはずだ。ウィンガーとしては悪くない数字だろう。試合の流れをよく理解して、スタミナもあった。もう少しだけ足が速ければ完全無欠だったが、スピード不足は大きな問題ではなかった。中央に侵入して得意の右足でボールを持ち、プレーするコツを身につけた。中盤でも実力を発揮したが、幸か不幸かそのポジションには多くの選手がいた。私はヤングに満足していた。物静かな青年で、真剣に練習していた。ジョーンズ、ヤング、デ・ヘアの若手三人は優秀だった。

ほんの一時期スコールズのイングランド代表復帰が取り沙汰されたが、現実的な可能性は低かった。キャリア終盤のスコールズは、試合の後半になると疲れてしまった。ライアン・ギグスのようなスタミナはなかったからだ。ふたたび代表戦に出場することへの執着もなかった。２０１２年1月、故障を乗り越えてユナイテッドに復帰してからは、試合にテンポと落ち着きをもたらしてくれた。リズムを作るという点で、スコールズに優るユナイテッドの選手はいない。イングランドサッカー協会が正しかったのは、スコールズに代表復帰を無理強《じ》いしなかった点だ。ファビオ・カペッロのアシスタントコーチが２０１０年のＷ杯前にアプローチしてきたが、ポーランドとウクライナで共催された２０１２年欧州選手権の際は声がかからなかった。

マイケル・キャリックも興味深いケースだ。これまでの代表監督は誰も、彼を中盤で先発させようとしなかった。キャリックは代表のベンチで年月を過ごしたが、２０１２年欧州選手権の最中は、観察者の立場でひと夏過ごす気はなかった。結果的に彼は、その時間を使ってアキレス腱の問題を解決した。

キャリックが不利だったのは、フランク・ランパードやスティーヴン・ジェラードのような華がなかったことだろう。ランパードはチェルシーに多大な貢献をしたが、私に言わせれば代表では十分な結果を残していない。少数派と言われるだろうが、ジェラードも超一流の選手だとは思わない。スコールズとキーンが我々のチームにいた頃は、ジェラードはほとんどシュートを打てなかった。だがイングランド代表では、キャリックは二人のビッグネームの陰に隠れる羽目になった。

ランパードとジェラードを起用するのは、イングランド代表監督にとって頭の痛いことだった。４－４－２のフォーメーションでは共存できなかったからだ。２００６年、ハーグリーヴスが中盤センターで使われていたときのほうがチームはよく機能していた。余談だが、イングランドの敗戦が決まった２００６年のＷ杯準決勝ポルトガル戦のあと、私はスティーヴ・マクラーレンに言ったものだ――ルーニーの退場のあと、十人でＰＫ戦に持ち込んだとき、彼とエリクソンは選手を激励してチームを活気づけるべきだった。逆境に負けなかったことは、ＰＫ戦に臨む選手に力を与えるはずだった。小さなことが物を言う。選手の士気を高められたはずだ。

代表スタッフとは何度か奇妙なやり取りをした。カペッロが辞任したあと、協会から連絡があり、次期監督の話題を口にしないようにと言い渡された。当時は誰もがハリー・レドナップを後任と考えていたので、私も流行に乗って、レドナップなら理想的だと言ってみただけだ。なぜ非難されたのかわからない。おそらく協会はおおかたの予想に反して、レドナップを後任にしないと最初から決めていたのだろう。

私は代表監督就任を二度打診された。2000年から2002年にかけて会長を務めたアダム・クロージアが、2001年のエリクソン就任が決まる前に訪れてきた。最初はそれより前、マーティン・エドワーズがユナイテッドのCEOで、結局ケヴィン・キーガンが就任することになる1999年頃だった。

代表監督就任に心を動かされることはなかった。私のそんな姿を想像できるだろうか？　スコットランド人がイングランド代表監督を務めるなど。私はよく、就任して順位を落としてやろうと冗談を言ったものだ。FIFAランキング百五十位のチームにしてやると。百四十九位はスコットランドだ。

イングランド代表監督には特別な能力がいる――メディアをあしらう能力だ。スティーヴ・マクラーレンは数人の記者だけと親しくなるというあやまちを犯した。それをしてしまったら、排除された90％の連中は監督を引き裂こうとする。一人が好意的な記事を書けば、残りは非難の嵐だ。そんな針の筵《むしろ》に座りたいという気持ちは決して起きなかった。

不滅の三人。(左から)ポール・スコールズ、ライアン・ギグス、ガリー・ネヴィル

2011年11月、私の就任25周年を祝う夕食会で。外国人選手の一部は私のキルト姿に戸惑っていたのではないか

マンチェスター・ダービー中、マンチーニが第四審判に口を出しすぎると思ったのでそう言った。小競り合いが起きたがすぐ元通りになった

ロベルト・マンチーニのシティでの仕事ぶりは尊敬している。私の在任中、多くのシティの監督が去っていった

2012年9月、アンフィールドで行われたヒルズボロの悲劇の追悼式典では、両方のクラブが誠意を尽くした。サー・ボビー・チャールトン（左）とイアン・ラッシュが握手をかわす

メディアは別れの挨拶にヘアドライヤー型の飾りが載ったケーキを用意してくれた。私は記者会見で激しい言葉を使ったが、笑いが生まれたこともあった

この当時はそんな話はなかったが、私の後継者となる男。2013年2月、デイヴィッド・モイーズはエヴァートンを率いて我々の本拠地にやって来た

最後の仕上げ。アストン・ヴィラ戦でロビン・ファン・ペルシーのハットトリックが2012-13シーズンの優勝を決定づける。最高の補強だった

デイヴィッド・ギルがどうやってキャシーに除幕式を引き受けさせたのか、私にはいまだにわからない。妻は銅像の足もとでお辞儀をするのを拒んだ

優勝とともに私の力は強まった。トロフィーが増えるたびに、私は次のトロフィーのことを考えた

銅像が披露されると私は冗談を言った。「これでもう死んでも死なない」

2012-13シーズンの優勝杯がオールド・トラッフォードのピッチで待っている。私の仕事はもうすぐ終わる

2013年5月、オールド・トラッフォードにて。特別なファンと特別な一日。私の監督人生が幕を下ろそうとしていた

キャシーはほとんど観戦に来なかったが、いつも私のそばにいてくれた。リーグ優勝杯との最後の一枚

最後までドラマチック。最終試合のウェスト・ブロムウィッチ戦の前、家族に手を振る。試合は5対5の引き分けだった

ファーガソン一族の未来。大事な孫たちも送別会に参加した

今でも絆は固い。2013年3月、ハーモニー・ロー時代の友人がマンチェスターに集まる

我々と対戦したいチームは？　ハーモニー・ローの毎年の集まりにて。一度チームができたら永遠になくならない

第22章 マンチェスター・シティ

自宅という安息の地に戻ったあと、キャシーが言った。「人生最悪の日だったわ。もうこんなことはたくさん」

2012年5月20日の午後は悲劇的だった。他のクラブのサポーターにとっては、史上最もスリルに満ちたリーグ優勝争いの終幕だっただろう。しかし我々には、絶対的な支配を失ってしまったという苦い思いだけが残った。王座は明け渡さないというユナイテッドの信念を守れなかった。イングランドの新チャンピオンはマンチェスター・シティだった。

私自身も消耗しきっていたが、妻が落胆する気持ちはよくわかった。「キャシー」と、私は言った。「私たちは幸せな人生を送っているし、今までずっと成功を味わってきたじゃないか」

「わかってるわ」と、キャシー。「でも、今日は出かけたくない。このあたりにはシティのファンが多すぎるのよ」

つい忘れてしまうのだが、自分より家族のほうがショックを受けていることがある。私の三人の息子たちは、栄光と挫折の繰り返しに慣れた。孫たちはまだ幼くてわからない。さらに状況を悪くしたのは、私たちの失敗のせいで喜んでいるのがマンチェスター・シティだという点だった。我々は優勝に手をかけていたのに、その手を離してしまった。私は数えきれないほどの失意を味わってきたが、リーグ優勝をシティに譲ったときほどの落胆はなかった。

1986年以降、私はジミー・フリッツェルを皮切りに十四人のシティの監督と対戦してきた。そしてとうとう、街の反対側で指揮を執る監督にタイトルレースで敗れた。しかし一年後、ロベルト・マンチーニは私の引退前に解任されるか、あるいは退任する十四人目のシティの監督になっていた。2013年5月のFAカップ決勝のウィガン戦に敗退したあと、職を解かれたのだ。その頃我々は二十回目のリーグ王者に返り咲いていた。形勢逆転だ。もう彼らに足もとをすくわれたりはしない。

2011―12シーズンが開幕したときは、シティ、チェルシーと優勝を争うことになると思っていた。クラブ史上屈指のスタートを切ったが、やがて故障者が続出して選手を入れ替えなければいけなくなった。8対2で勝ったアーセナル戦は、相手にとってラフバラー・タウンに8対0で負けた1986年以来の最悪の敗戦だった。ユナイテッドは20点取っていたかもしれない。ある時点で私は思った――もうやめてやれ。それ以上の得点はいらない。ベンゲルにとっては屈辱的だった。最初からスタジアムの雰囲気は穏やかとはいえなかったが、そんな中でも我々は素晴らしい試合をした。互いに何度かチャンスを逃したことを考えると、12対4や12対5でもおかしくなかった。

アーセナルは中盤に若手を使っていた。フランシス・コクランという選手だったが、それまでほとんど名前を聞いたことがなく、その後の出場もほとんどなかった。完全に実力不足だった。あの日がっかりさせられたのは、二度足を狙った乱暴なタックルをして、退場になっていても不思議はなかったアルシャヴィンだ。彼は変わってしまった。いつも激しく当たられている選手が反対に当たり始めたら、気をつけたほうがいい。アルシャヴィンの振る舞いにはショックを受けた。まったく試合に貢献できていなかった。敵将としても、そんな姿を見るのは残念なものだ。ついにベンゲルも彼を下げて、若手を出場させた。アーセナルに主力が欠けていたのは周知のとおりで、ファブレガスとナスリがいなければどうしようもなかった。

そうした理由もあって、私はアーセナルを優勝争いのライバルとは目していなかった。センターバックのペア・メルテザッカーは、大型補強とはいえないだろう。あの種の選手はドイツでは珍しくもない。チームの足を引っ張るとは思わなかったが、アーセナルのレベルを一段階引き上げるようにも見えなかった。アーセナルに必要なのは、チームの出来と試合結果に直接貢献できる選手だった。

アーセナルの選手補強にはある傾向ができていた。我々はアーセナルのストライカーのマルアン・シャマクを、ボルドーにいた頃から観察していた。だが現地の優秀なスカウティングチームは、シャマクをまったく評価していなかった。オリヴィエ・ジルーもフランスからアーセナルに加入した。ベンゲルはそのレベルのフランス人選手をよく獲得していたが、フランスサッカーを過大評価しているのではないかという気がした。

我々はアーセナルに8対2で勝利したあと、ホームでシティに6対1で敗れるという失態を演じた。四十分間はユナイテッドの猛攻で、完全に主導権を握っていたのだから、3、4点取っておくべきだった。主審はアシュリー・ヤングに対するマイカ・リチャーズのラフプレーを止めようとせず、五回連続でファウルを見逃した。前半のユナイテッドは試合を隅々までコントロールしていた。ところが後半が始まってまもなく、一人退場処分を受けてしまった。映像を見れば、先にマリオ・バロテッリがジョニー・エヴァンスを引っ張っているのだが、退場させられたのは直後にバロテッリを倒したエヴァンスのほうだった。

2対0になってから交代出場させたフィル・ジョーンズは前線に突進した。スコアが3対1になるとサポーターは熱狂した。おなじみの逆転劇が迫っていた。フレッチャーの鮮やかなゴールをきっかけに我々は攻め込んだが、最後の七分間で3失点してしまった。自分で自分の首を絞めたのだ。

屈辱的な結果にも思えるが、実際のところは我々の自滅だった。試合を通して、シティが優位に立っている時間帯はなかったはずだ。3対0の時点でシティに攻める必要がなくなったのは事実だが、敵を切り裂くようなサッカーはできていなかった。

終了間際の一連の流れはとんだ恥さらしだった。茶番劇だ。こうして私はリオ・ファーディナンドが昔のスピードを発揮することに賭けるのをやめた。最も走力があった頃のファーディナンドは、パスを出すよう相手を誘っておいてからボールを奪った。だがこの日の試合ではダビド・シルバに同じことを試みて、走り負けてしまっていた。ファーディナンドにとって分岐点になる試合だった。

デ・ヘアは呆然としていた。六本のシュートが目の前を飛んでいき、どれにも手を出すことができなかったのだ。その頃チームへの貢献度を高めていたウェルベックも、怪我《けが》をしてしまった。

終了の笛が鳴ったあと、選手たちには深く反省するように言った。それから守備の立て直しに集中した。穴が開いたところをふさぐ必要があった。修繕作業のおかげでバックスが落ち着き、安定して試合に臨めるようになった。練習中、選手には正しいポジションに戻り、集中力を高め、より真剣に守備に取り組むよう指導した。

　6対1の敗戦のせいでシティとは9ポイント差がついてしまったが、元日には3ポイント差まで詰めていた。しかしホームでブラックバーンに敗れたのは、相当な痛手だった。たまたま私の七十歳の誕生日でもあった。だが、こうしたことには慣れている。五十歳の誕生日には4対1でクイーンズ・パーク・レンジャーズに敗れたのだ。ブラックバーン戦の直前、夜遅くまで遊び回ってげっそりして練習に現れたエヴァンス、ギブソン、ルーニーの三人は試合に招集しなかった。キャリックとギグスは負傷していた。こうした事情のせいで、しかたなくラファエウと朴智星《パクチソン》を中央で起用した。ブラックバーンは好調だった。我々は2対2の同点に追いついたが、相手のコーナーキックにデ・ヘアがきちんと対応できず、グラント・ハンリーに決勝弾を許した。


　その頃ユナイテッドでは、スタジアムの一角をサー・アレックス・ファーガソン・スタンドと名づける準備が秘密裏に進んでいた。ピッチに出ていくと、サンダーランドとユナイテッドの両チームの選手が、私の就任二十五周年を祝って花道を作っていた。元ユナイテッドのブラウン、バーズリー、リチャードソンは満面の笑みを浮かべて、私を称《たた》えてくれていた。幸せなことだ。言われたとおりに私は、センターサークルにいたデイヴィッド・ギルのところへ歩いていった。ギルが足もとに置いていた何かに目を奪われた。贈呈式でも行うつもりなのだろうか。すると南側スタンドを向くように言われた。計画を知っていたのはギルと工事に関わった業者だけのようで、完全に内密に行われていた。

　ギルはスピーチをしてから私の顔を北側スタンドに向けて、そこに刻まれた文字を指した。生きていれば何度か「自分にはもったいない」と思って、体がむずむずするような瞬間が訪れる。このときがそうだった。ギルは二十五周年を称えるのに何がいいか、ずっと知恵を絞ってくれていた。これがその結果だ。ギルには他にも驚くようなことを言われていた。「君の銅像を作ろうと思うんだが、退任するまで待ったほうがいいか？」そのときの会話はギルのこんなセリフで終わった。「ぜひとも何かしたいんだが、何をしたらいいのかわからない」。彼がたどり着いた答えに、私は身が縮む思いだった。ユナイテッドの監督として千四百十試合をこなしたところだった。その瞬間があったからといって、引退を真剣に考えたわけではない。だが2011―12シーズンの最終節のあと、選手たちには言った。「そろそろかもしれない。もう1シーズン務めたら終わりだ」。私は消耗していた。シティとの最終節の残り一分で力尽きてしまったのだ。

チャンピオンズリーグをグループステージで敗退したのは私の責任だ。大会を甘く見ていた。これまでは楽々と通過していたので、今回も問題がないと思っていた。もちろん公の場でそう口にしたりはしなかったが。

アウェイでベンフィカと対戦したときは主力を二、三人温存したが、それでも引き分けを手にして、内容もよかった。次のバーゼル戦では2対0とリードして試合を優位に進めていたはずが、終わってみれば3対3の引き分けだった。バーゼルはグループステージ第一戦に勝利していたので、既に我々を2ポイント上回っていた。我々はクルジュ相手の二連戦に勝ったが、ベンフィカとバーゼルはまだ前を走っていた。

内容は悪くなかったが、ベンフィカとはホームでも引き分けに終わり、バーゼルに負けたらグループステージ敗退という状況になってしまった。スイスのピッチは柔らかすぎて、前半にヴィディッチが大きな怪我をした。結局フライとシュトレラーという優秀なストライカーを擁したバーゼルに2対

1で敗れた。3対3に終わったオールド・トラッフォードでの試合では、ユナイテッドの選手たちは守備の意識が薄く、ボールを追って戻ろうとしていなかった。

リーグカップでは、若手主体のユナイテッドによく対応してきたクリスタルパレスに敗れた。今ではすっかりおまけの大会と考えられているリーグカップだが。FAカップでも、せっかく早い段階でマンチェスター・シティを下したのに四回戦で敗退してしまった。こうして目標はプレミアリーグ制覇になり、ヨーロッパリーグに全力を傾けるわけにもいかず、3月上旬のホームのアスレティック・ビルバオ戦を3対2で落として敗退した。ヨーロッパリーグで優勝してクラブの力を示したかったが、この大会でのホームの戦績は一勝四敗と振るわなかった。

クラブは不安に包まれていた。チャンピオンズリーグをグループステージで敗退し、マンチェスター・シティに6対1で敗れ、リーグカップもホームのクリスタルパレス戦を落として敗退した。我々は壁にぶつかっていた。だが壁を乗り越えるのは我々の得意とするところだ。リーグ制覇に賭けるだけのエネルギーと能力があった。ブラックバーン戦を除けば、その後のチームは絶好調だった。1月から3月上旬の間にアウェイでアーセナルとトッテナムを破り、リヴァプールにも勝ち、チェルシーと引き分けた。

2月、スアレスとエヴラの一件が再燃した。オールド・トラッフォードでの試合で、スアレスがエヴラとの握手を拒否したのだ。私は火曜に選手を集めて言っておいた。「いいか、大人の対応をするんだぞ」。彼らはあまりその気になれないようだった。私は自分の意見を貫いた――相手より大人として振る舞うように、と。やがて彼らも納得して、握手という儀式を受け入れた。最年長のファーディナンドは、ジョン・テリーとアントン・ファーディナンドの騒ぎを思い出していたことだろう。金曜には選手たちも割り切っていた。エヴラが最初に手を差し出す予定だった。

あの場面の映像は何回か確認した。スアレスはエヴラの前を通り過ぎるときに足を速めているように見えた。誰も気づかないと思っていたのではないか。スアレスに無視されたエヴラは腹を立てて、何か言った。一瞬の出来事だったが、問題は尾を引いた。

試合前のケニー・ダルグリッシュのTVインタビューを見るかぎり、スアレスはエヴラとの握手を了承していたようだった。リヴァプールほどの名門なら、こうした問題が起きたら何らかの処置をするべきだが、スアレスはそのまま試合に出た。私はスアレスを「リヴァプールの恥」と呼び、「放出するほうが利口だ」と言った。試合が終わって引き上げるとき、わざわざスアレスの近くで勝利を祝ったエヴラも叱責《しっせき》した。

事の始まりはアンフィールドで、エヴラが表情に怒りをにじませてドレッシングルームの隅に座っていた。「どうした?」と、私は訊《き》いた。

「スアレスに肌の色を侮辱《ぶじょく》されたんです」と、エヴラ。

すぐ主審に報告しなくてはいけない。私はエヴラを連れて審判の控え室に行き、主審に申し出た。

「パトリス・エヴラが人種差別発言を受けたと言っている」

第四審判のフィル・ダウドが、我々の説明をすべて記録した。主審のアンドレ・マリナーは、何かがあったのには気がついていたが何だったのかはわからないということだった。エヴラによると暴言は一度ではなかった。その後、審判団はケニー・ダルグリッシュを呼んだ。しばらくして酒を飲んでいると、ジョン・ヘンリーもやってきた。彼と顔を合わせるのは初めてだったが、向こうはあまり口を利《き》かなかった。スティーヴ・クラークの息子が飲み物を注いでいた。昔の仲間がさらに何人か加わった。

その場では、それ以上の話はしなかった。だがメディアは事件を大々的に報じた。リヴァプールがスアレスを支持するTシャツを着たのは、あれほど地位のあるクラブにしてはまったくバカげていたとしか言いようがない。ユナイテッドはきちんと対応した。我々に非がないことがわかっていたせいもある。うかつに話さないようイングランドサッカー協会に何度か釘《くぎ》を刺されたが、リヴァプールは黙っていられなかった。デイヴィッド・ギルなら、監督がこんなふうに振る舞うのを許しはしなかっただろう。ボビー・チャールトンも同様だ。彼らは経験豊かで、世の中のことをよく知っている。リヴァプールにはダルグリッシュに忠告できる人間がいないようだった。

聴聞会の席でスアレスは、エヴラを「小さな黒人《ネグリート》」と呼んだと言った。専門家によれば、友人を「ネグリート」と呼ぶのは問題ないが、口論の最中に親しくもない相手をそう呼ぶのは許されないという。その場合は人種差別発言に当たる。

オールド・トラッフォードでの握手拒否騒動の五日後に行われたヨーロッパリーグのアヤックス戦には、エヴラを招集しなかった。気の休まらない日々が続いていて、休養が必要だったからだ。だがエヴラはタフガイだ。私は何度か彼の精神状態を確認したが、そのたびにエヴラは言った。「大丈夫です。俺は何も悪いことをしていません。きちんと対応したと思っています。スアレスが俺に言ったのは、絶対に許されないことです」

純粋に自分のために闘っていたのであって、黒人選手を代表した大がかりな政治的闘争をしているつもりはない、とも言っていた。

ダルグリッシュは不愉快でならなかったのだろう。問題はリヴァプールにピーター・ロビンソンがいなかったことではないか。ロビンソンならスアレスの一件をこんな形で処理しなかったはずだ。若い役員はダルグリッシュを崇拝していて、誰もこんなふうに忠告しようとしなかった。「監督、しっかりしてください。このままではまずいですよ。リヴァプールの名誉に傷がつきます」。だがそれはそれとして、ダルグリッシュが毅然《きぜん》とした態度でヒルズボロの悲劇に向き合ったことは、誰も否定できないだろう。後に人種差別という政治的な問題に巻き込まれようと、あのとき彼が勝ち取った尊敬は揺るがない。

銅像の除幕式を特等席から眺めたあと、私はさらに2011年FIFA会長賞を受賞するという名誉にあずかった。祝賀会では隣にペップ・グアルディオラがいて、後ろにはメッシ、シャビ、イニエスタの、バルセロナの三銃士が座っていた。彼らと同席できたのは誇らしかった。私が一人で座っていると、三人がやってきて握手を求めた。シャビが言った。「スコールズの具合はいかがですか?」受賞スピーチでメッシは、バロンドールはシャビかイニエスタに与えられるべきだと言った。「彼らのおかげで僕はここにいます」。謙虚な青年だ。

素晴らしい夜だった。FIFA会長のゼップ・ブラッターは温かい言葉をかけてくれて、ゴードン・ブラウン、トニー・ブレア、ジョゼ・モウリーニョ、エリック・カントナ、ロナウドとデイヴィッド・ベッカムのビデオメッセージが流された。賞の目的は、私がユナイテッドに捧げた二十五年間を称えることだった。私は「人生のたそがれ」でこのような賞をもらって光栄に思う、と言った。シーズン最後だったことを考えれば、間違いではなかった。

シティに対しては優位に立っていると思っていたので、マインドゲームは仕掛けなかった。一方シティのパトリック・ヴィエラは、ユナイテッドが2012年1月にスコールズを現役復帰させたのは弱気のあらわれだと言った。そのシーズンは勢いを保っていたが、ウィガンに敗れた。内容もよくなかった。致命傷になったのは4月22日のホームのエヴァートン戦で、残り七分まで4対2とリードしていたが、パトリス・エヴラのシュートがポストを叩いたあと、エヴァートンの逆襲に遭って失点した。5対2になるはずが4対3になってしまった。4対4で終了したとき、リーグ優勝の芽はなくなったと思った。シティはウルヴァーハンプトン戦に快勝して、勝ち点差を3に縮めた。シティのホームでのマンチェスター・ダービーが迫っていた。我々は自滅したわけだ。アウェイのシティ戦が難しいのはよくわかっていた。おそらく相手は試合を殺すためにテンポを下げて、我々の陣内でファウルをし、ナスリかシルバにボールを渡してドリブルをさせるだろう。その頃のシティは細かな戦法を身につけていた。

エティハド・スタジアムでの試合では、繰り返し中央に入っていってルーニーをサポートするよう左右のサイドの選手に言っておいた。朴智星はヤヤ・トゥーレと対面させて、絶えず彼と競らせるようにした。その点に関して朴智星を上回る選手はいない。体格ではトゥーレに遠く及ばず、おまけに相手は絶好調だったが、猛烈な攻め上がりという脅威を減らさなければいけなかった。だが私はあやまちを犯した。その晩のナニは最悪の出来だった。交代で出場したバレンシアははるかにましだったが、シティは1点を取って守りを固めた。ハーフタイム直前、ダビド・シルバのコーナーキックにスモーリングが対応できず、ヴァンサン・コンパニにヘディングでのゴールを許したのだ。非常に残念だった。

前半二十分まではいい流れだった。高いポゼッションを保ち、惜しい場面がいくつかあった。我々は相手の攻撃の選択肢を絞ろうとしていた。サバレタがタッチライン際でプレーしてコーナーキックをもぎ取っていたが、クリシーのサイドでは何も起こらなかった。すべてサバレタだった。そしてコーナーキックにしてやられた。

前半を0対0で凌《しの》いでいたら、試合はユナイテッドのものだっただろう。後半には朴智星に代えてウェルベックを投入するという手に打って出た。だがナイジェル・デ・ヨングが真後ろからウェルベックを削って、シーズンを棒に振る怪我を負わせた。その後、ウェルベックはイングランド代表戦でやっと復帰した。足首を狙ったタックルに対して、デ・ヨングはイエローカードをもらっただけだった。

試合中ずっと、ロベルト・マンチーニは第四審判に向かってまくし立てていた。第四審判のマイク・ジョーンズは気が強いとはいえない。デ・ヨングがウェルベックにタックルを見舞うと、マンチーニは飛んでいって選手の弁護をした。いい加減にしろ、と私は言った。それがあの小競り合いの真相だ。マンチーニが第四審判を操ろうとするのに、私はうんざりしていた。審判を呼びつけて話をさせ、ホームのサポーターを煽《あお》ろうとしていたのだ。主審のアンドレ・マリナーはマイク・ジョーンズに任せていた。その試合で決定的な働きをしたのは間違いなくヤヤ・トゥーレだ。1対0に終わったあの夜、最高の選手だった。まさに輝いていた。

いさかいが尾を引くことはなく、私はマンチーニと酒を飲んだ。フランク・シナトラを除く世界中の人間が私のオフィスにいるのではないかというくらい、ごった返していた。まさに芋洗《いも》いだ。私はマンチーニに言った。「まったく困ったもんだ。こんなに込んだ部屋では話もできない」

シティを指揮するマンチーニを見ていて驚かされたのは、カルロス・テベスの扱いだ。あれは監督の権威を示すチャンスで、テベスを放り出すべきだったと思う。だがドイツでのチャンピオンズリーグ戦のあと、アルゼンチンに三カ月帰国してゴルフを楽しんでいたテベスは、平然と戻ってきてリーグ優勝の力になりたいと言った。

テベスの合流を許したのは焦りのあらわれだった。あるいはシェイク・マンスールが介入して、騒ぎを収めたのだろうか。マンチーニはこう言っていたはずだが——「テベスは二度と私のチームでプレーしない」。エディン・ジェコやバロテッリが不満を訴えて、三カ月姿を消したとしよう。彼らはテベスと同じ扱いを受けただろうか？　マンチーニは自ら災いを招いたのだ。監督としての立場を危うくしてしまった。

一部の選手やスタッフがマンチーニを嫌っているという話を聞いたが、マンチーニは好かれるためにそこにいるのではない。結果さえ出ていれば、彼の戦術は正当化される。マンチーニは選手をうまく選んで、能力と年齢のバランスが取れたチームを作った。おそらく三十歳以上の選手と、二十四歳以下の選手を避けていたのだろう。ほぼ全員が二十四～二十八歳の間だった。ほとんどが最盛期で、つまり理論上は二～三年チームを変えなくてもいいということだった。

マンチーニの戦術はイタリア仕込みだった。先制するとすかさず5バックを敷くのも珍しくなかった。1点だって与えないという守備重視のメンタリティだ。おかげで我々は何度か苦杯を舐めた。

リーグ優勝を半ば諦《あきら》めたとはいえ、まだ得失点差という要素が残っていた。我々はスウォンジーとサンダーランド相手の残り二試合で、その差を詰めようとした。だがスモーリングとギグスは決定機を外した。前半だけで5点取れていたはずだ。後半にはルーニーとクレヴァリーが、簡単なシュートを失敗した。5対0で勝っていたら、得失点差で5点先行していたはずだ。サンダーランド戦では相手ゴールキーパーのシモン・ミニョレが驚異的な出来で、信じられないセーブを連発した。我々はポストを二度叩き、ルーニーのシュートはバーを叩いた。8対0で勝っていてもおかしくなかった。得失点差でリーグ優勝を果たしていたら、さぞかし盛り上がったことだろう。

最終戦ではバレンシアのクロスを受けたルーニーのシーズン34点目が、ユナイテッドの唯一の得点だった。サポーターは素晴らしかった。私はスカイスポーツの若いキャスターに何度も目をやったが、シティは2対1のままだと繰り返し言われた。残り時間はどれくらいだろう？　アディショナルタイム五分。だが私にはわかっていた。シティは二分五秒の間にジェコとアグエロが決めて、2点取った。ジェコの得点は九十一分十五秒。続いてアグエロがクイーンズ・パーク・レンジャーズのディフェンスに突っ込んでいき、マリオ・バロテッリとパス交換をしてゴールに叩き込んだ。四十四年間で初のタイトルだ。時計は九十三分二十秒を指していた。

我々は三十秒間だけチャンピオンだった。試合終了の笛が鳴ったときはチャンピオンだったのだ。公平な言い方をするなら、選手たちは失敗したことがわかっていた。言い訳はできない。私は選手たちに言った。「胸を張ってドレッシングルームから出るんだ。恥ずかしく思うことはない。気落ちしているところを見せるな」。彼らは私の言葉を受け止めてくれた。インタビューでは前向きなセリフが聞けた。私は自分のするべきことをした――シティを称えたのだ。何も苦痛ではなかった。

シティ対クイーンズ・パーク・レンジャーズの試合を振り返って嘆いてもしかたがない。私がユナイテッドに着任してから、このチームは何度でも立ち上がってきたのだ。これからもそれは変わらない。夏の間、私は一つの疑問を抱えていた。シティはさらに強くなるのだろうか？　彼らはリーグ優勝を果たして自信をつけていた。未熟な若手のいない、経験豊かなチームで、全員が二十代半ばだ。資金には問題がない。スタッフの数と年俸はファイナンシャル・フェアプレー（欧州各国のサッカークラブの財政健全化を目指して２０１１年にＵＥＦＡが導入したルール。赤字経営に陥ると処罰の対象となる）に抵触する危険があったが。私は自分のチームのことを考えた。次のシーズンは故障者を抱えずにやっていけるだろうか？

我々のチームにはかつてのポール・スコールズが欠けていた。彼のような影響力のあるゲームメーカーが必要だった。世間はモドリッチを推していたが、ベルバトフのあとではトッテナムと交渉をするのは気が進まなかった。

ラファエウは非常に優秀な選手に成長していたが、よくミスをした。一部の選手はどうしてもミスがなくならない。もともとの性格なのだが、学習する選手もいる。ラファエウはバイエルン・ミュンヘン戦で退場させられたあと、危険なプレーが格段に減った。非常に競争心が強く、身軽かつ攻撃的で、自信を持っている。試合に対する姿勢はどこまでも前向きだった。ユナイテッドに一つ足りなかったのはレフトバックの控えで、パトリス・エヴラはシーズン四十八～五十試合に出場していた。そのポジションを補強する必要があった。

私は記者会見でサポーターに向けて言った。「今回のような出来事には慣れたほうがいい。新生マンチェスター・シティは、これから何度となく我々の前に立ちはだかるだろう」。繰り返し対戦することになり、すべての試合が緊張感に満ちた展開になる。次のシーズンのチャンピオンズリーグは、マンチェスター・シティと同じグループステージに入りたかったた。チームに火がついただろうからだ。2012―13シーズンに関しては、あらゆることに目を配り、グループを首位で勝ち抜くためにいっそう真剣に取り組んだ。

プレミアリーグの最終節を前に、私はミック・フェランとドイツに飛んでドイツカップ決勝を観戦し、香川真司《かがわしんじ》、ロベルト・レヴァンドフスキ、マッツ・フンメルスの様子を確かめた。私はフェランに言った。「ミック、明日シティが優勝をさらうとしたら、後半に得点する場合だけだ。クイーンズ・パーク・レンジャーズを崩すのは一筋縄ではいかない。クイーンズ・パーク・レンジャーズが勝ち点を手にしても驚かないが、シティが終盤に得点したら我々のリーグ優勝はないだろう」

我々は89ポイントでシーズンを終えた。二位のチームとしては史上最多だ。当初は守備の安定感が今ひとつだという声も多かったが、ヴィディッチが離脱するという不運もあった。だが、エヴァンスとファーディナンドのコンビが熟成すると、順位を一気に上げた。得失点差は十分で、89ポイントは立派な成績だった。しかしリーグカップ、FAカップ、チャンピオンズリーグを早々に敗退したので、不本意なシーズンという見方をされてもしかたがなかった。

私は落胆していたが、意欲を失ったわけではなかった。チームにはこれから間違いなく伸びる選手がいた。ラファエウ、ジョーンズ、スモーリング、デ・ヘア、クレヴァリー、ウェルベック、エルナンデス。将来が期待できる若者たちだ。問題はスコールズの後継者だった。あの種の選手は探して見つかるものではない。好調なアンデルソンなら部分的に穴を埋めただろう。我々は香川真司と、クルーの若手のニック・パウエルの獲得を目論んでいた。本職のセンターバックが五人と、加えてバレンシアとナニがいた。ヤングはサイドの選択肢を増やしてくれた。問題のありかはわかっていた。マンチェスター・シティ、あの「うるさい隣人たち《ノイジー・ネイバー》」だ。ヨーロッパの試合で結果を出してくれないだろうか、そちらに気を取られるほうが我々にとっては都合がいい、とひそかに思っていた。

　火曜には予定どおりベルファストに行って元ユナイテッドのゴールキーパー、ハリー・グレッグの記念試合に参加した。選手をやる気にさせるのは大変だったが、蓋《ふた》を開けてみればいい刺激になった。ハリー・グレッグは立派な選手で、スタジアムの雰囲気も素晴らしかった。落胆を振り払ういいきっかけになった。

　あの失意の最終戦のおまけが、私の体調不良だった。私はベルリンに飛んでドルトムントとバイエルンのドイツカップ決勝を観戦し、それからサンダーランドとマンチェスターに降り立ち、続いてベルファストでハリー・グレッグスの記念試合、帰宅、グラスゴーという行程をこなした。グラスゴーではレンジャースの会合で話し、土曜にはニューヨーク行きの便が予約されていた。

　グラスゴーでひげを剃っているとき、鼻血に気づいた。血がぽたぽたと垂れていた。いつまでも出血が止まらないので、病院に行って処置をしてもらった。医者は飛行機に乗ってもかまわないと言ったが、二日間出血が止まらなかったので、ニューヨーク行きをキャンセルした。金曜、土曜、日曜と医者が訪ねてきた。不快な経験だったが、最後には収まった。

　選手時代はよく試合中にぶつかって鼻血を出したものだ。だが今回は出血の量が違った。原因は続けざまに飛行機に乗って、何度も気圧の変化にさらされたことだと診断された。

　ささやかな警告だった。張り切りすぎると、限界を超えてしまうのだ。

第23章
私の家族

キャシーはいつも寝ずに待っていた。私の帰宅が午前2時や3時になっても、お帰りなさいと必ず声をかけてくれた。「先に寝ていてもいいいんだぞ」。帰り道、私はよく電話をかけて言った。「別にいいのよ」と、キャシー。「帰るまで待ってるわ」。四十七年間、妻の返事は変わらなかった。

私は家庭生活に何の不安も持たず、サッカーの仕事に打ち込むことができた。キャシーは素晴らしい女性だ。妻にオールド・トラッフォードの私の銅像の除幕式を引き受けさせたデイヴィッド・ギルは天才だ。私では、そんな注目を浴びる舞台には連れ出せなかっただろう。

一つだけ言えるのは、キャシーが昔から決して変わらなかったということだ。母親で、祖母で、主婦であること。それが彼女の人生だ。友人の輪を広げようとはしない。人付き合いを避けているわけではなく、家族や数人の親しい友人と過ごすほうが好きなのだ。試合の観戦にもめったに来なかった。結婚したばかりの頃の私たちは、週末になるとグラスゴーの友人たちと連れだってダンスパーティに行った。グラスゴーの仲間と一緒にいる妻は楽しそうだった。だがマンチェスターに引っ越してからは、ほとんど社交の場に出ていかなくなった。人目を引く場所に行きたいともまるで言わないので、会合や食事にはだいたいたい私が一人で出かけた。

自宅にゲートがあると、保守党の政治家が投票依頼にやって来たときに便利だ。地元の保守派がインターフォン越しに呼びかけてくると、キャシーは言った。「あいにくですが、ミセス・ファーガソンは外出しています。私は家政婦です」。あらゆる意味で、彼女は自分のルーツを忘れなかった。

三十二歳で現役を引退したあと、私はグラスゴーにパブを構え、同時にセント・ミレンの監督を務めた。当時の私の一日は練習場のあるラブ・ストリートから始まった。11時までそこにいて、それから14時半頃までパブで過ごし、そのあとは帰宅することも、もう一度ラブ・ストリートに行くこともあった。それからまたパブに戻り、そのあとようやく帰宅した。

こうしたわけで、幼い頃の息子たちとはほとんど顔を合わせる時間がなかった。子育てはキャシーに任せていた。大人になってからの息子たちは妻より私を頼ることのほうが多かったが、いつも母親にかぎりない愛情と尊敬の念を抱いていた。

アバディーンに引っ越したのは私にとっていいことだった。もうパブの経営に縛られることもなく、家族五人の時間を持てたからだ。私はずっと家にいて、試合があるときだけ出かけた。ダレンはボールボーイを務め、マークは友人を誘ってやって来た。当時それほどサッカーに興味がなかったジェイソンは、母親に連れられて来た。

だがジェイソンは十三、四歳になってからサッカーを始めて、結局スコットランド・ボーイズ・クラブ代表としてウェールズ代表と対戦した。なかなか才能があった。選手としては遅咲きで、読書が好きな、とても頭のいい少年だった。家族がマンチェスターに越したあとも、アバディーンに残って勉強を続けた。やがて私たちに合流して、ユナイテッドのBチームで数年プレーした。

ダレンには天性の才能があり、左足は素晴らしかった。マークも優秀な選手で、アバディーンのリザーブチームの試合に何度か出場した。そのあと大学に進学し、さらにシェフィールドの高等教育機関《ポリテクニック》で土地経済学の学位を取った。マークは金融界で大きな成功を収めた。息子三人とも成功者だ。全員志が高く、母親のキャシーも賢くて意志が強い。

私はよく父親似だと言われたが、本当に親しい人間は意志の強い母親のほうに似ていると言った。父親も意志が弱いわけではなかったが、もっと控えめだった。いい母親の例に洩《も》れず、私の母親は一家のリーダーで、家庭を動かしていた。キャシーも家族に関する決断をすべて引き受け、私たち夫婦はそれで満足していた。

ダレンが十四歳のとき、ブライアン・クラフが電話をかけてきて、ノッティンガム・フォレストに入団させたいと言った。しかしクラフの言動には怪《あや》しいところが多かった。まず絶対に私の電話に出ようとしなかった。電話を取るのはいつもアシスタントのロン・フェントンだった。アバディーン時代、私はイングランドに足を運んで、UEFAカップのノッティンガム・フォレスト対セルティック戦を観戦した。ピッチは石のように固く、霜が降りていた。私はフェントンとそこそこ親しかった。役員用ラウンジに顔を出すと、フェントンが言った。「アレックス、ウチの監督に会ったか」。まだこれからで、話をするのを楽しみにしていた。

フェントンの紹介で挨拶《あいさつ》をかわしたあと、クラフが尋《たず》ねた。「試合の感想は?」

勝利にふさわしかったのはセルティックだ、と私は言った。しかし次戦のセルティック・パークではフォレストが勝つだろう、とも。「おい君、もう十分だろう」。そう言って、クラフは部屋を出ていった。アーチー・ノックスが笑い出した。

結局ダレンはユナイテッドに残った。問題はトップチームでの居場所だった。私が後にダレンを売却したことを、キャシーは今でも許していない。ユナイテッドが初めてリーグを制覇したシーズン、ダレンは開幕から十五試合に先発したが、スコットランドU-21の試合でハムストリングに重度の断裂を起こして三カ月離脱した。つまり2月まで戻ってこられなかったわけで、その間にブライアン・ロブソンが復帰した。チームメイトにはニール・ウェブ、ミック・フェラン、ポール・インスといった名前もあった。そのあとロイ・キーンが375万ポンドで移籍してきた。キーンの加入が、ダレンのトップチームでのキャリアに終止符を打った。

ダレンは私のオフィスにやって来て、行き詰まりを感じていると言った。環境を変えなければいけない、と。チームに息子がいる監督の立場にも敏感だった。そこで我々はダレンをウルヴァーハンプトンに売却した――安定しないクラブだが、可能性は高く、サポーターの規模も大きかった。

私はダレンの試合を何度も見に行った。間違いなくチームで一番の選手だったが、グラハム・ターナーの解任を皮切りに、クラブは次々と監督を解任した。グラハム・テイラー、マーク・マッギー、コリン・リー。マッギーが就任すると、ダレンの出場機会は減り始めた。

ダレンはスパルタ・ロッテルダムに移籍して、輝きを取り戻した。しかし休暇中に監督が去り、新しい監督には評価してもらえなかった。そこでレクサムに戻って、チームに落ち着いた。キャリアの終盤に差しかかる頃、ピーターバラのバリー・フライが私に電話をかけてきてダレンの近況を訊《き》いた。ダレンはピーターバラの監督に就任し、チームをチャンピオンシップに昇格させたが、そこは選手たちには荷が重すぎた。会長と緊張が高まり、ダレンは辞任してプレストンに行ったが、散々な結果に終わった。そのあとふたたびピーターバラで指揮を執って、手腕を発揮した。

ダレンの目標はパス・アンド・ムーブ主体の洗練されたサッカーだったが、リーグ最下位のチームには難題だった。降格圏のチームはなりふりかまわず挑んでくるからだ。予算、会長、選手。若き日の私と同じ葛藤《かっとう》に直面するダレンを見るのはつらかった。私は何度もファーガソン家のモットーを言って聞かせた。〈ドゥルキウス・エクス・アスペリス〉――「困難の先の甘美」。若い監督にアドバイスするとしたら、とにかく準備を整えておくことだろう。スタートを切るなら早いほうがいい。監督バッジを取るのを四十歳まで先延ばしにしても意味はない。

私は短期間で指導者資格を取らせるシステムに真っ向から反対していた。恥ずかしいやり方だ。オランダやイタリアでは資格を手にするまでに四、五年かかる。なぜ長期間の厳しい審査があるかというと、監督として直面する問題に免疫をつけさせるためだ。ダレンは8000ポンドを投じてウォーリック・ビジネス・スクールで資格を取った。イングランドサッカー協会は有名選手を特例で監督に仕立てることで、きちんと資格を取るために財産をはたいた多くの人々をあざむいている。

息子たちが幼い頃の私は家を空けてばかりで、仕事一筋だったが、罪悪感に苦しむことはなかった。誰がどこにいようと私たちには深い絆《きずな》があったし、兄弟も仲がよかったからだ。今でも密に連絡を取っている。息子たちは三人とも忙しい。四六時中気の抜けない仕事をしているマークは、特に顔を合わせるのが難しかった。マークのいる世界では小さな数字が物を言い、数秒目を離しただけで売買のチャンスを逃してしまう。それが株式市場だ。

息子たちが全員、立派に育ったのはキャシーの功績だ。いつも頼れる母親だった。私にとっても、何時に玄関の鍵を開けようと常にそこにいてくれる存在だった。

第24章 ウェイン・ルーニー

2004年8月、エヴァートン戦の終了直後のことだ。エヴァートンの会長のビル・ケンライトは泣いていた。私のオフィスの椅子《いす》に座って泣いていた。その場にいたのは監督のデイヴィッド・モイーズ、デイヴィッド・ギル、ケンライト本人、そして私だった。悲しみに暮れるエヴァートンの会長は、やがて電話をしたいと申し出た。涙ながらに彼は言った。「母さんに電話しなければ」「ヤツらがあの子を奪おうとしているんだ。あの子を奪おうとしている」。電話の相手に訴えてから、ケンライトは私に受話器を差し出した。「あの子をタダでさらっていこうなんて思わないことね。5000万ポンドの価値があるんだから」と、女性の声が言った。大したものだ。「ハッタリだろう」と言って、私は笑った。「何のゲームのつもりだ?」だが彼らは本気だった。エヴァートンの名前を出すだけで、ケンライトの目は潤《うる》んだ。とても人がよく、これ以上なく感情の起伏が激しい男だった。

デイヴィッド・モイーズが意味ありげに私を見ていた。一瞬、ケンライトは芝居をしているのかと思った。何といっても演劇の世界の出身なのだから。彼らを相手にしながらふと、ルーニーのメディカルレコードを確認しなければと思った。我々が気づいていないだけで、実は故障を抱えているのではないか？　そうではなく、移籍金を吊り上げるための策略なのだろうか？　いやはや、何とも奇妙な状況だった。あの少年にはひょっとして足が一本しかなかっただろうか？　私は大がかりなペテンに巻き込まれそうになっているのか？

イングランドで最も将来が嘱望された選手の獲得交渉は、永久に続いたといっても大げさではないだろう。ケンライトはルーニーの価値を知っていた。最も押しが強かったのはモイーズだ——私が彼の立場でもそうしたはずだ。だがモイーズは現実主義者だ。ルーニーを売却すればクラブが十分な移籍金を受け取れることも、エヴァートンの財政状況が楽ではないことも承知していた。公式な移籍金は2500万ポンド強で、条件次第では追加の支払いが発生する。エヴァートンにはそのカンフル剤が必要だった。ケンライトが泣きやんで交渉が終わると、2004年8月31日、移籍市場が閉まる七時間前にルーニーは電話口で契約に合意した。

ユナイテッド入団が決まったとき、ルーニーは四十日近く試合から離れていて、練習も数回しかできていなかった。加入から二十八日後の、チャンピオンズリーグのホームのフェネルバフチェ戦でデビューさせるのが妥当だろうと考えた。慎重なアプローチに徹したのは大正解だった。その試合は6対2の大勝で、ルーニー自身はハットトリックを決めたのだ。

衝撃的なデビュー戦のあとでルーニーはやや調子を崩し、周りの選手のレベルに追いつくため練習しなければならなかった。数週間というもの、フェネルバフチェ戦の再現は見られなかったが、それも無理はなかった。

しかし私の期待はまったく変わらなかった。ルーニーは誰もが羨《うらや》むような才能に恵まれていたが、少年から一人前の男に成長するための時間が必要だった。真面目でひたむきに練習し、試合に出ることを強く望んだ。その段階では一日中練習しなければいけなかったが、決して手を抜かなかった。何日休んでも平気なタイプの選手とは違って、キレを保つためにはハードな練習をこなさなければいけなかった。怪我《けが》で数週間離脱すると、すぐにコンディションが落ちるのだ。彼はがっちりとした体つきで、足の幅が広い。その足の形も、あの頃中足骨を痛めていた理由の一つなのかもしれない。

我々は直感的にルーニーの能力を見抜いていたが、それが間違いではなかったとわかるのに時間は必要なかった。度胸があって逆足の精度も悪くない――本当ならもっと左足を使ってプレーできるはずだ。我々はだいたい二十四歳で選手を獲得して、二十六歳でピークを迎えるのを期待した。もっと早く加入したルーニーにしても、成長ぶりを見ていると、やはりピークを迎えるのは二十六歳だと自信を持って予測できた。彼のような体格の選手が、スコールズやギグスのように三十代半ばまでプレーできるとはどうしても思えなかったが、２０１０年10月にルーニーが契約延長のサインをしたとき、キャリア終盤はミッドフィールダーを務めたらいいのかもしれない、という考えが芽生えた。

エヴァートンにいた十代前半のルーニーの印象は、次の一言でまとめられるだろう――子どもの中でプレーする大人だった。ユナイテッドのアカデミーのスカウティングチームは、いつもルーニーを高く評価していた。クラブが初めて獲得を試みたのは十四歳のときだ。5月最終週という抜け穴を利用すれば、他のアカデミーから若い選手を獲得できた。しかしルーニーはエヴァートンに残りたがった。十六歳のとき、エヴァートンの練習生になる前にふたたび接触してみたが、今度も拒否された。

生粋《きっすい》のエヴァートンっ子だったのだ。

ルーニーの成長を追っていたのはジェフ・ワトソンとジム・ライアンの二人で、アカデミー同士で試合をするたびに、その実力に舌を巻いていた。十六歳のとき、ルーニーはFAユースカップ決勝でアストン・ヴィラと対戦した。

新アシスタントのウォルター・スミスは言った。「今すぐ獲得しましょう」。スミスの意見ははっきりしていた。今まで目にした中で最高の逸材だという。それで我々の気持ちも決まった。そうこうするうちにルーニーは十六歳でデビュー戦を迎え、アーセナル相手にあの鮮やかなゴールを決めた。

エヴァートン時代にはオーストラリア戦でイングランド代表最年少出場を果たし、スヴェン・ゴラン・エリクソンは彼を欧州選手権予選の大一番のトルコ戦に抜擢した。そしてルーニーは2003年9月6日のマケドニア戦で、十七歳と三百十七日で代表初ゴールを決めた。つまりユナイテッドに加入したときには、既に全国的に注目される選手だったというわけだ。

初めて会ったルーニーは私が予想していたほど強気な性格ではなく、むしろシャイだった。移籍金の額が莫大で、すっかり注目の的になっていることへの戸惑いもあったのだろう。やがてシャイなところはなくなり、練習場では我が物顔に振る舞った。練習試合の審判、味方。誰が相手でもそうだった。気の毒なのは審判たちだ。トニー・ストラドウィック、フェラン、メウレンステーンは私に向かって口々に言った。「一番偉いんだから、あなたが笛を吹いたらどうなんですか」

私は答えた。「練習試合で吹く気はないさ」

ロイ・キーンがまたしても不機嫌で、敵、味方、審判、およそ生命あるものすべてに当たり散らしていた日、ファウルの笛を吹く審判のジム・ライアンは完全に腰が引けていた。彼は笛を手にしたまま、私のほうを向いて言った。「ロイのチームに勝ってほしいもんですよ」

「くだらない」と、私は笑いを噛《か》み殺しながら言った。

「そうだけど、さもないとドレッシングルームで半殺しにされる」。我々は一度、よそから審判を雇うことまで考えた。


ルーニーを何度かきつく叱《しか》ったのは事実だ。私に雷を落とされると、ルーニーはドレッシングルームで怒り狂った。一発お見舞いしてやりたいとでもいうように、両目がぎらぎらと燃えた。しかし次の日になると、申し訳なさそうな顔をしていた。頭を冷やせば、誰が正しいのかきちんとわかったのだ——私はいつでも正しいんだよ、とよくルーニーをからかったものだ。こんなときルーニーはこう訊《き》く。「来週、試合に出してくれますか？」

「さあ、どうかな」と、私は言うのだった。

私が見たかぎり、彼は飲み込みが早いとはいえなかったが、試合に対する天性のセンスがあった。サッカーというものを直感的に理解していたのだ。まさにダイヤモンドの原石だった。おまけにサッカー選手なら誰もが欲しがる、生まれついての度胸とエネルギーを備えていた。一日中でも走っていられる能力は、そうお目にかかれるものではない。練習場でトレーニングをしているときは、新しい戦術やメソッドの理解に時間がかかった。ルーニーは反射的に、今までに学んだスタイルに戻ろうとした。自分のやり方を信じていたのだ。

当時のルーニーには、頭ごなしに命令する必要などなかった。試合中に無駄なタックルをしたことはあるし、かんしゃくを起こしたこともある。だがピッチ外では何も心配がなかった。私の問題は自分自身がセンターフォワードだったせいで、どうしてもセンターフォワードに対する目が厳しくなったことだ。監督にはこんな思い上がりが許される――私ほど優れた選手は、今のチームにはいない。あいにくだが、現役時代の私にかなう選手などいないのだ。監督はその思い上がりを選手に押しつける。同様に選手も、目の前の監督よりも自分のほうがリーダーとして優れていると思い込む。実際に監督を務めてみるまでの話だが。

攻撃の選手たちが、かつて私がやっていたはずのことをしていないように見えると、頭に血がのぼった。彼らは私の夢だった。彼らを見ているとこう思うのだ――お前たちは私だ、と。人間は他人の中に自分の姿を見るものだ。

私はロイ・キーンやブライアン・ロブソンの中に自分自身を見た。スコールズ、ニッキー・バット、ガリーとフィルのネヴィル兄弟の中にも垣間《かいま》見ることがあった。チームは監督の個性を反映する。決して諦《あきら》めないという考え方こそ偉大な信仰で、かつ哲学だ。私は決して諦めなかった。どんな状況でも、必ず救いの道はあると思っていた。

マンチェスター・ユナイテッドに平穏はなかった。いつも波乱が起きているのが、私にとっては日常だった。タブロイド紙『ニュース・オブ・ザ・ワールド』に私生活を暴露されて、2010年夏の終わりにルーニーの世界に危機が忍び寄っていたときも、私のオフィスで軍事戦略が練られることはなかったし、浮き足立った空気もなかった。

ニュースが広がった日の午前中、ルーニーが私からの電話を待っていたのはわかっていたが、私はあえて黙っていた。こういった点に関して、私は自制心が強い。電話をかけて、いわば肩を抱いて慰《なぐさ》めてやることもできたかもしれないが、それがいい方法だとは思わなかった。

ルーニーが初めてこの種のスキャンダルに見舞われたのは十七歳のときで、そのときは若さに免じて大目に見てやったが、今回はそれから七年も経っていた。しかしルーニーの妻のコリーンは動じなかった。彼女はものごとを冷静に解決する力を持っている、と私は常々思っていた。

南アフリカW杯の最中、ルーニーを見ているとどうにも穏やかではない気分にさせられた。大会中、何かに心を乱されているのがはっきりとわかった。直前のシーズンにはプレミアリーグ最優秀選手賞とFWA年間最優秀選手賞を受賞したというのに、南アフリカでのルーニーはどこか様子がおかしかった。ケープタウンでアルジェリアとスコアレスドローに終わったあと、ルーニーはTVカメラに向かって言った。「自国のファンにブーイングされるとは、いい気分だよ」。結局イングランドは決勝トーナメント一回戦で敗退し、ルーニー自身は四試合に出場して無得点だった。

ルーニーを反省させる必要があった。だがそのための最善の方法は何も言わず、慰めの言葉もかけず、自分で考えさせることだった。9月のアウェイのエヴァートン戦を招集外にしたのは、観客の罵《ば》声《せい》を浴びさせないようにするためで、ルーニーは安心していた。私が彼にとって最善のことをしていると知っていたからだ。監督の仕事とは、最もいいパフォーマンスを引き出せるように、個々の選手の性格に合わせた対応をすることだ。

道徳を振りかざすことなら誰でもできるが、無分別というあやまちを犯さない人間はいない。私はルーニーに説教をしようとは思わなかった。だが2010年8月14日、ルーニーは契約更新に応じないと言った。青天の霹靂《へきれき》だった。W杯のあとで腰を落ち着けて新しい契約について話し合うことは、前々から決まっていたからだ。

騒ぎが大きくなってきた頃、デイヴィッド・ギルが電話をかけてきて、ルーニーの代理人のポール・ストレットフォードから移籍の意思を告げられたと言った。ルーニーによると、ユナイテッドはタイトルを狙う意欲に欠けているらしい。前のシーズンにリーグカップとリーグを勝ち取り、チャンピオンズリーグの決勝に進出したというのに。

近々ルーニーが面会にやってくる、とギルが言った。10月に行われた会談では、ルーニーは借りてきた猫のようだった。何を言うべきか、あらかじめ指示されているようにも見えた。根本的な不満は、我々が十分な野心を持っていないことだという。

私は尋《たず》ねた。「ここ二十年間、我々がリーグ優勝を争わなかったことがあったか？　過去三、四年の間に、何度チャンピオンズリーグの決勝に進出した？」

私は彼に、我々が野心を欠いているなどというのはナンセンスだ、と伝えていたのだ。その夏、ヴェルダー・ブレーメンからレアル・マドリードに移籍したメスト・エジルを獲得するべきだった、とルーニーは主張した。お前に選手補強に口を出す資格などない、と私は返した。彼の仕事はピッチに出ていいプレーをすることで、私の仕事はしっかりとしたチームを作ることだ。私はきちんと義務を果たしていた。

翌日の10月20日にはチャンピオンズリーグの試合があった。ブルサスポルと対戦する二時間前、ルーニーが声明を発表した。「先週デイヴィッド・ギルと面会しましたが、私が将来のチームに対して求めていることを保証してはもらえませんでした。そこで私は、契約延長の書類にサインをしないと告げました。サー・アレックスの発言にも関心を持っていましたが、昨日の彼の言葉の一部は意外でした」

「私と代理人が新契約をめぐってクラブと何度も交渉した、というサー・アレックスの発言はすべて事実です。8月に会談したとき、クラブが今後もトップクラスの選手を補強するだけの能力を持っていることを証明してほしい、と私は言いました」

「私はマンチェスター・ユナイテッドに心からの敬意を払っています。そうしないわけがあるでしょうか？　このクラブには輝かしい歴史があります。特にここ六年間の成績は素晴らしく、私はその期間に在籍していたことを誇りに思います」

「私にとって大切なのはトロフィーを勝ち取ることです。サー・アレックスのもとで、クラブは常にそれを達成してきました。そのためもあって、私の質問は正当なものだったと思います」

「このところ難しい時期が続いたとはいえ、サー・アレックスには常に大きな恩義を感じています。彼は素晴らしい監督にしてアドバイザーで、私が十八歳でエヴァートンからの移籍に合意したその日から支えてくれました」

「マンチェスター・ユナイテッドのためにも、サー・アレックスが永久に監督を続けることを望みます。彼は唯一無二の天才です」

何が言いたいのかよくわからなかったが、おそらく私やファンとの関係を修復しようとしていたのだろう。私としては、彼が気を変えて納得して残留しようとしているのだと思いたかった。

ブルサスポル戦のあとの記者会見では、揃《そろ》い踏みしたメディアの前で、私の感じていたことを言った――このところのルーニーはどうかしている、と。

「前にも話したが、プレミアリーグ三連覇は大きな栄誉で、あと1ポイントで四連覇という新記録を達成するところだった。ところが思ったとおりにはいかず、我々は失望して、何かを変えようと思った。だが我々には何の問題もない――自信を持って言おう。クラブの組織はしっかりしていて、このクラブにふさわしいスタッフと監督、CEOがいる。マンチェスター・ユナイテッドにはただの一つも欠けたところがない。我々は今後も前進する」

テレビではこう言った。「会談の席で、ルーニーは代理人の言葉を繰り返した。移籍したいのだと。私は答えた。『一つだけ覚えておけ――クラブに敬意を払うんだ。たわごとは聞きたくない。クラブを敬え』。今、メディアで報道されていることは非常に残念だ。ルーニーが加入した瞬間から、我々は全力で彼を支えてきた。いつでも盾となって彼を守り、問題があればアドバイスを与えてきた。もちろんウェイン・ルーニー一人ではなく、すべての選手に対してそうだ。それがマンチェスター・ユナイテッドというクラブだ。我々は監督、選手、クラブの三者間の忠誠と信頼によって、歴史と伝統を築いてきた。それがサー・マット・バスビーの時代までさかのぼる、このクラブの土台だ。ライアン・ギグスやポール・スコールズといったすべての選手のように、ルーニーもその恩恵を受けてきた。それが我々の存在価値だ」

グレイザー・ファミリーとの電話会談ではクラブの将来設計が話題になり、結果としてルーニーはおそらく国内でも屈指の高給取りになった。次の日、ルーニーが謝罪にやって来た。私は言った。

「謝る相手はサポーターだろう」

チームメイトの反応はまちまちだった。うんざりしている選手も、あまり気にしていない選手もいた。だがルーニーにとってはマイナスの事件だった。年俸アップを告げられた瞬間に引き下がった金の亡者、という印象を与えてしまったからだ。世間はそう受け取ったが、それでも私はルーニーが金を問題にしていたわけではなかったと思う。ほとぼりはすぐ冷めた。しかしサポーターの間には、うっすらとした不信感が残った。

得点しているかぎりルーニーは安泰だったが、不調に陥るとそれとなく昔の恨《うら》みが蒸し返された。クラブに対するサポーターの思い入れは、時に選手の予想を上回る。極端な場合、サポーターは自分たちがクラブを所有していると考える。五十年間、クラブを応援してきたサポーターもいるのだ。まさに人生そのものだ。選手がクラブを裏切ったということになれば、彼らは容赦《ようしゃ》しない。

マンチェスター・ユナイテッドを離れたいという選手はごく少数だった。ギグスやスコールズといったある世代の選手たちは、キャリアのすべてをユナイテッドに捧げた。だから選手が移籍を強く求めたり、補強の方針に異を唱えたりするとサポーターは違和感を覚えるのだ。

２０１１年の冬にはルーニー、ジョニー・エヴァンス、ダロン・ギブソンが夜遊びをしたとして、規律違反の処分を下す羽目になった。サウスポートのホテルで、クリスマスの翌日に５対０でウィガンを沈めたことを祝ったらしい。次の日の練習には、揃って疲れきった顔をして現れた。私はジムで調整している三人のもとに行って、一週間分の給料が剝奪《はくだつ》されること、土曜のブラックバーン戦は召集外になることを告げた。ルーニーには落とし穴があった。素晴らしい才能があったが、コンディション不良に足をすくわれる危険が人一倍大きかったのだ。ロナウドやギグスが自己管理を徹底したように、ルーニーも自分と戦わなければいけなかった。２０１２年欧州選手権の直前、イングランドサッカー協会が一週間の休みを与えたのは失敗だった。その間にルーニーはキレを失ってしまった。ユナイテッドでも数週間試合に出ないと、シャープな動きを取り戻すのに四～五試合かかった。欧州選手権の初戦のウクライナ戦は、ユナイテッドで最後にプレーしてから一カ月以上経っていた。

私はルーニーに一切甘い顔をしなかった。少しでもコンディションが落ちれば叱り飛ばした。話は単純だ——調子が悪ければ、試合には出さない。どの選手だろうと、コンディションの問題についてはそうやって対処した。私が引退間際だからだといって、手綱を緩めるつもりはなかった。

ルーニーは試合中に何度も息を呑むようなプレーを見せたが、私の最後のシーズンでは数試合欠場したり、途中交代したりということがあった。敵をかわすのに手間取るなど、かつての鋭さをいくらか失ってしまったように見えたからだ。しかしそれでも決定的な仕事ができた。アストン・ヴィラ戦でファン・ペルシーに出した鮮やかなパスはタイトル獲得を決定づけ、マンチェスター・シティ戦でのオーバーヘッドも素晴らしかった。彼の名声にふさわしい瞬間だった。だが時間が経つにつれて、私の目にはルーニーが九十分の試合をこなすのに苦心しているように映り始めた。疲れが出るのも早くなってきていた。アストン・ヴィラ戦で途中交代させたのは、非常にスピードのある若いチームが相手で、運動量は向こうが上回り、交代選手もルーニーに走り勝っていたからだ。リーグ優勝の翌日、ルーニーはオフィスにやって来て移籍を求めた。何試合かに欠場し、何試合かに交代出場する状況には不満だったのだ。代理人のポール・ストレットフォードも、ギルに電話で同じことを言った。

サッカー選手は十人十色だ。キャリアを通して一つのクラブに留まることを望む選手もいれば、アーセナルを去ったファン・ペルシーのように、新天地での挑戦を求める選手もいる。だが試合に出て力を発揮したいという気持ちがルーニーから失われることはないだろう。彼の将来はモイーズに託した。オールド・トラッフォードでさらに素晴らしいパフォーマンスを見せてくれることを期待している。

第25章

最終シーズン

傑出した個の能力を持つ選手がユナイテッドに来るのは珍しくなかったが、それでもロビン・ファン・ペルシーの素晴らしい才能を生かせるようになるにはしばらく時間がかかった。チームで最も賢い選手でさえ、彼の脚力にはすぐに合わせられなかった。スコールズとマイケル・キャリックという、パサーとしては傑出していた二人も、最初はファン・ペルシーのスピードに合わせるのに苦労していた。

私がユナイテッドの監督として迎えた最後のシーズン、チームを牽引《けんいん》したのはファン・ペルシーだった。我々はプレミアリーグで初めて、下部リーグとの対戦を除く開幕からの三十試合中二十五試合に勝った。シーズンが終わってみれば、二十回目のリーグ優勝というご褒美《ほうび》を手にしていた。四試合を残した時点でマンチェスター・シティからトロフィーを奪い返したのだ。ファン・ペルシーは私にとって最後の大型補強で、いくつか素晴らしいゴールを決め、既に十分優れたチームにカントナが加わったような効果をもたらしてくれた。

2012―13シーズンの序盤、チームに悪癖があったとしたら、ピッチの中央でボールを回しすぎることだった。選手はボールの感触を確かめるようにパスをつないでいた。ファン・ペルシーが加入すると、やがて敵のディフェンスを貫くアーリーパスこそ必要だとわかった。その戦法が使えるようになるまで、我々はファン・ペルシーの並外れた走力とストライカーとしての本能を生かすことができなかった。

だが我々は手遅れにならないうちに学習した。例えば攻撃的ミッドフィールダーの位置でボールを受けたウェイン・ルーニーは、ファン・ペルシーが動き出して、スペースを探し、そこに飛び込んでいくのを確信できるようになった。ファン・ペルシーはまさに私の期待どおりの仕事をしてくれた。プレシーズンはアーセナルで過ごし、ドイツでケルン相手に二十一分プレーしただけだったので、ややコンディションが落ちていた。コンディション調整のプログラムはできあがっていたが、すぐに好調になってもらう必要があった。私は初日から彼に感心しきりだった。

入団後まもなくファン・ペルシーには伝えた。「遠慮しないで仲間に指示を出せ。お前はアーセナルでリーダーだったんだろう。ボールが回ってこなかったら、文句を言え」。彼は予想よりおとなしい性格だったが、強烈な左足を持っていて、シュートの勢いにキーパーは身動きできなかった。よく訊《き》かれたのが、どうしてセンターフォワードの彼にコーナーキックを蹴《け》らせるのかということだ。蹴ったのは右からのコーナーキックだけで、左からのときはペナルティエリア内に位置していた。理由は右からのコーナーキックが抜群にうまかったからだ。そのシーズン、ハワード・ウィルキンソンが目にしたという研究によると、リーグ全体でセットプレーからの得点が減っているとのことだった。だが2011―12シーズンの前半、我々はコーナーキックから10点取った。

以前からいた選手たちは、決してファン・ペルシーをよそ者扱いしなかった。アーセナルの選手が自分たちの縄張りに踏み込んできた、などとは思わなかったのだ。私の指揮したユナイテッドは非常にオープンな集団で、新加入の選手に求めたのはチームの目標に向かって全力を尽くすことと、ドレッシングルームの伝統を守ることだけだった。ベロンが加入したとき、全員が練習を中断して握手を求めたのは忘れられない。彼らはいつも模範的な振る舞いをした。中でも特に温かい歓迎を受けたのは、トップレベルでは欠くことのできない、難しいゲームに勝利をもたらしてくれる選手だったはずだ。

サッカー界の誰もが気づいていたように、私もファン・ペルシーのアーセナルとの契約がもうすぐ切れると知っていたが、アーセナルが新しい契約を提示して彼を残留させるだろうと思っていた。ところが2011―12シーズンの終盤、ファン・ペルシーが北ロンドンに留まる可能性は低いとわかってきた。

やがてファン・ペルシーの代理人から連絡があった。既にマンチェスター・シティと連絡を取っているが、我々との話し合いにもやぶさかでないというメッセージだった。しばらくしてシティに加入する気がないことがわかり、我々とユヴェントスの競争だとはっきりした。ファン・ペルシーをトリノに呼び寄せようと、ユヴェントスは桁《けた》違いの年俸を提示したという噂《うわさ》だった。

私は頭を整理した。選手が移籍を希望するとしたら二つ理由がある。一つはタイトル獲得のため。もう一つは金のため。私にはファン・ペルシーがユヴェントスに加入したがる理由がわかった。ユヴエントスは力のあるチームで、年俸の額も天文学的だったのだ。一方で我々の条件も、ファン・ペルシーを高く評価していると示すのに十分だった。我々は熱心に彼を勧誘した。

続いて我々は、予定している移籍金の額についてアーセナルに打診した。しかし4月以降、デイヴィッド・ギルがアーセナルのCEOのイヴァン・カジディスに何度電話をかけても、アーセナルは選手の納得する新契約を提示できるはずだと言われるだけだった。しばらくその状態が続き、私が直接ベンゲルに電話したほうがいいという話になった。当然ながら、移籍に関してはベンゲルが最終的な決定権を持っていたからだ。その頃にはファン・ペルシーの移籍願望は明らかだった。

案の定ベンゲルはこう主張した。シティやユヴェントスから3000万ポンドが手に入るというのに、なぜユナイテッドに売らなければいけないのか？　選手自身がシティのほうのマンチェスターに移ることを望んでいない、と私は指摘した。ベンゲルの反論は、シティが法外なオファーをしたらファン・ペルシーも断れないだろう、ということだった。

その可能性は十分あった。

ベンゲルとの話し合いは紳士的に進み、刺々《とげとげ》しい空気はなかった。互いに経験豊富な監督として、現実を見据えた話をしていたのだ。問題はベンゲルが、自分の抱える最高の選手に対しては3000万ポンドかそれ以上欲しいと思っていたことだ。何週間も膠着《こうちゃく》状態が続き、私はもう二、三回ベンゲルに電話をかけた。

やがてアーセナルを含めた誰もが、ファン・ペルシーは契約更新に応じないと理解して、それを受け入れた。移籍先はユヴェントスかマンチェスター・ユナイテッドだった。クラブは外国に売りたがっていたが、本人はただひたすらユナイテッドへの移籍を望んでいた。私が知っている話では、ファン・ペルシーはベンゲルと面会して、ユナイテッドが希望の移籍先だと告げたらしい。デイヴィッド・ギルからカジディスへのオファーは2000万ポンドだった。2500万ポンドは出さないぞ、と私はベンゲルに言った。ベンゲルは呆《あき》れ返っていた。ファン・ペルシーほどの選手を獲得しようというのに、2500万ポンドまで金額を引き上げるのをしぶるなど信じられなかったのだ。

私は繰り返した——2500万ポンドは出さない。ベンゲルに上限を尋《たず》ねられたので、2200万ポンドと答えた。するとベンゲルは2250万ポンドの移籍金に、契約中にチャンピオンズリーグかプレミアリーグで優勝したら追加で150万ポンド、と言ってきた。

交渉成立。

どうやらベンゲルは、マンチェスター・シティに売却することにならなくてほっとしていたようだった。シティには既にコロ・トゥーレ、ガエル・クリシー、エマニュエル・アデバヨール、サミル・ナスリを引き抜かれていたのだ。おそらくベンゲルはシティのクラブ運営の方針に批判的なのだろう。私とは長年の間に何度も衝突したが、ユナイテッドのあり方には賛同していたのだと思う。実際にそう言っていたこともある。ファン・ペルシーについてベンゲルが語っていたのを覚えている。「あれほどの選手を獲得するのはめったにないことだ」

我々はカントナやクリスティアーノ・ロナウド、ギグスを獲得したことがあるのだが。しかしベンゲルは正しかった。ファン・ペルシーの動きの質と走り出しのタイミングはずば抜けていた。サッカー選手にふさわしい体格にも恵まれていた。

ファン・ペルシーの年俸は十分な額だったとはいえ、それまでに比べると少し減ってしまった。しかし彼は、自分が成功を収めるのに最もふさわしいと思ったクラブを選んだのだ。新加入の選手として臨んだ記者会見の席で、自分の中の小さな男の子《リトルボーイ》が「ユナイテッドに行きたい」と叫んでいた、と打ち明けた。後に彼は、オランダではどの子どももマンチェスター・ユナイテッドでプレーすることを夢見ていると言った。

十六歳のとき私が偵察に行ったことをファン・ペルシーは知っていた。フェイエノールトで頭角を現すと、アーセナルが我々に先んじて引き抜いていったが、ユナイテッドのユニフォームを着ることはオランダの子どもにとっての夢なのだ、と彼は強調した。ユナイテッドの若手にも感心していた。ベテランのギグスとスコールズがいる一方で、エルナンデスとダ・シウヴァ兄弟、エヴァンス、ジョーンズ、スモーリング、ウェルベックといった若手も揃《そろ》っていた。三十一歳のキャリックはユナイテッドの選手として最高のシーズンを過ごしていた。素晴らしいパフォーマンスをした選手は、チームでの自分の価値にあらためて気がつき、さらに成長を遂げるものだ。キャリックがまさにそうだった。

ファン・ペルシーは落ち着いたクラブに来たことを知っていた。前のシーズンのシティは素晴らしかったが、無風状態とは縁遠かった。常に何かしらの火種を抱えていて、誰かが一騒動起こしたり、監督と衝突したりしているのだ。アルゼンチンでゴルフをしたがったテベスのように。シティがリーグ優勝を果たしたのはヤヤ・トゥーレ、セルヒオ・アグエロ、ヴァンサン・コンパニ、ジョー・ハートという四人の中心選手の力だった。ダビド・シルバも前半戦は素晴らしかった。クリスマス以降は少々影が薄くなってしまったが。

ストライカーについて、私はいつもこう言っている——カントナやアンディ・コールもそうだったが、いったん点が取れなくなると二度と取れないという気になってしまうのだ。そのシーズンの3月、一時的にゴールから遠ざかったファン・ペルシーは全体的に調子が悪く、気持ちも落ち込んでいた。だが4月14日のストーク戦で得点した瞬間、ふたたび火がついた。

長年の間に私は、マンチェスター・ユナイテッドの歴史に残るゴールを目撃した。カントナは二、三回、鮮やかなループシュートで観客を沸かせた。ルーニーがシティ戦で決めたオーバーヘッドには息を呑んだ。完璧な技術だった。あの忘れられないシュートはゴールエリア内ではなく、ゴールから13メートルほど離れたところから打たれたのだ。おまけに彼が飛び込んでいったとき、たまたま選手に当たって浮いたボールだった。ナニのクロスがシティの選手に当たったので、ルーニーは空中で体勢を整え直さなければならなかったが、鮮やかにやってのけた。間違いなく最高のゴールだ。

3対0の勝利に終わる4月22日のアストン・ヴィラ戦でファン・ペルシーが決めた、リーグ優勝を確定するゴールも素晴らしかった。背中越しに飛んできたルーニーのロングパスを、ボレーシュートで叩き込んだのだ。普通の選手なら、練習中に百回試して一回決めるのがやっとだろう。だがファン・ペルシーは何度でも決めることができた。首と頭を縮め、視線も下に向けてボールの落下点に入り込む。アーセナル時代にエヴァートンと対戦したときも、同じ鮮やかなテクニックがよく似たゴールを生んでいた。ファン・ペルシーは最高の補強で、移籍一年目のシーズンは26ゴールを記録した。ホーム12点、アウェイ14点だ。そのうち十七回は左足、八回は右足、一回はヘディングだった。26ゴールという記録が認められて、彼はプレミアリーグの得点王に与えられるゴールデンブーツ賞を二年連続で受賞した。

加入した時点でファン・ペルシーは二十八歳だったが、我々は若い選手に対しても信頼を与え続けた。2012年7月に加入したニック・パウエルには、前の年の11月から目をつけていた。地元のクルー・アレクサンドラの左サイドとして試合に出るようになった頃はまだ十七歳で、筋力もなかった。だがユナイテッドのアカデミーのスカウティングチームは彼の名前に丸印をつけて、定期的に観察した。観戦に行ったジム・ローラーは、可能性は感じたがどのポジションが適切なのかわからず、やや激しさにも欠けると言った。

そこで私は弟のマーティンに二度偵察させた。マーティンの意見では、間違いなく光るものは持っているが、完成形には程遠いということだった。続いてミック・フェランが何試合か観戦した。最後に私の出番が来た。クルー対オルダーショット戦が始まって五分経つと、私はミックに言った。「ヤツは本物だぞ、ミック。本物だ」。私の琴線《きんせん》に触れたのは、ボールタッチと視野の広さだった。

パウエルは試合中、相手のディフェンスに少しだけ近づき、肩越しにちらりと様子をうかがってからセンターフォワードに浮き球を送って、ゴールのお膳立てをした。続いてヘディング、さらに切り替えの早さを披露した。帰り道、私はミックに言った。「ダリオ・グレイディに電話をしようと思う」。当時のクルーの監督で、今は役員を務めている。

「昨日の試合に来ていたな」と、グレイディ。

「あのパウエルという選手だが、率直に訊きたい。だいたいいくらで手放す？」

グレイディが言った。「600万ポンド」

私は笑って、冗談はよせと言った。だが結局、その金額を念頭に置いて交渉の準備を進め、トップチームとイングランド代表にデビューした場合の追加の支払金の額も決めた。シーズンのプレーオフが終わるまで、パウエルは移籍の話を知らなかった。彼はいつか必ずイングランド代表になるだろう。

前線でも中央でもプレーできるし、非常に機敏で、両足がうまく使えて、エリア外からのシュートも得意だ。2012年の冬にはウィルスに感染し、ガールフレンドが大きな車の事故を起こすという不幸に見舞われた。彼は淡々としているが――いつの間にかスイッチを切ってしまうのだ――間違いなく一流だ。

香川真司《かがわしんじ》もその夏の補強の成功例だった。ドイツで1シーズン終えた時点では、我々はまだ獲得に動かなかった。急成長を見せた選手に対しては、そのレベルを維持できるか確認したいのだ。香川がいた当時のドルトムントは非常に優れたチームで、2013年のチャンピオンズリーグを制する力があるようにも見えた。結局ドルトムントは決勝に進出したが、バイエルン・ミュンヘンに敗れた。香川を見てまず気づいたのは、サッカーIQの高さだった。私はミック・フェランと一緒に2012年夏のドイツカップ決勝の観戦に行き、偶然だがドルトムント市長夫妻の隣の席に座った。市長の足もとはスニーカーだった。ドイツ首相のアンゲラ・メルケルと、ドイツ代表監督のヨアヒム・レーヴも近くにいた。メルケル首相に挨拶《あいさつ》しながら私は思った。「我ながら、ずいぶん出世したものだ」

座席の下に隠れようとしても無駄だった――どのみち、私が来ていることを皆知っていた。

その夏、ファン・ペルシーかロベルト・レヴァンドフスキのどちらか、そして香川真司を獲得することにグレイザー・ファミリーは賛成していた。ユナイテッドの黄金期にはたいてい四人の一流のストライカーがいた。四人全員に信頼を感じさせるのは難問で、さまざまな交渉術を駆使する必要があった。しかしドルトムントはレヴァンドフスキの売却を拒否した。体格に恵まれ、走力もあるストライカーだったのだが。

もう一人加入したのが、オランダのフィテッセに所属していたアレクサンデル・ビュットネルだ。ファビオがクイーンズ・パーク・レンジャーズにちょうどレンタル移籍したところで、能力のある若いレフトバックは何人かいたが、経験があってエヴラの控えになれる選手が必要だった。そこでビュットネルに白羽の矢が立った。彼は常にボールを求め、シュートを打ち、相手ディフェンダーと競り合った。２５０万ユーロという移籍金は破格の安値だった。攻撃的で、意志が強く、そこそこ機敏で、クロスの精度も高かった。

シーズン前半は守備が砂の砦《とりで》のようだったこともあった。あまりにも失点の多いことが私には不満だったが、１月以降は立ち直った。ゴールキーパーの状況は複雑だった。ダビド・デ・ヘアは歯の問題に見舞われて、痛む奥歯を二本抜く手術を受ける羽目になった。彼が離脱していた数試合の間、アンデルス・リンデゴーアはファーストチョイスのキーパーの役割を見事に果たした。ガラタサライ戦とウェストハム戦のどちらもいい出来だった。おかげでリンデゴーアにも公平に接するつもりだ、というデ・ヘアにメッセージを送ることができた。しかし12月1日、レディング相手に4対3という危うい勝利を収めたあとはデ・ヘアが復帰して、後半戦を通して好調を保った。特に1対1に終わった2月のレアル・マドリード戦は出色《しゅっしょく》の出来だった。

私はハビエル・エルナンデスに対する期待も失っていなかった。彼の問題は疲労の蓄積だった。３シーズン続けて、夏の間ずっと代表でプレーしていたのだ。だが我々とメキシコサッカー協会の関係は良好だった。会談に訪れたサッカー協会会長、オリンピック委員会会長、それにコーチ陣に、私はエルナンデスのメディカルレコードを見せた。問題はエルナンデスが二度のW杯予選とオリンピックに出るのを許すかという点だった。

エルナンデスは言った。「できれば予選二試合を休んで、オリンピックでプレーしたいと思っています。優勝のチャンスがありますから」。冗談を言っているのかと思った。

彼は続けた。「準々決勝でブラジルと当たらなければ、メキシコが優勝です」

補強に努める一方で、我々は大金を投じてキャリントンに最新のメディカルセンターを建設した。手術を除けば何でもできる設備だ。足治療医、歯科医師、CTスキャン担当の技師、あらゆる専門家が集まっていた。すべてが揃っていること以外にも、選手の怪我《けが》がすぐに知れ渡らないというメリットがあった。これまでは選手を病院に行かせると、たちまち街中を噂が駆けめぐった。我々はその状況に手をこまねいていなかった。メディカルセンターこそ、最高の補強の一つだったかもしれない。

そのシーズンを揺るがした事件についても触れておくほうがいいだろう。後に公式に否定されるのだが、10月28日、スタンフォード・ブリッジで我々が3対2で勝った試合で、主審のマーク・クラッテンバーグがチェルシーの複数の選手に人種差別発言をしたと言われたのだ。まず試合そのものについて話そう。ディ・マッテオのチェルシーにはファン・マタ、オスカル、エデン・アザールがいて、彼らをどう抑えるか、我々は対策を迫られた。非常に勢いがあって、洗練されたプレーを披露するトリオだった。中盤センターのラミレスとジョン・ミケル・オビも脅威だった。我々は彼らが攻め上がったあとの右サイドに狙いを定めて、マタのスペースを消すようにした。

素晴らしい試合だったが、終了間際の騒動がすべてを台無しにした。フェルナンド・トーレスが退場処分を受けると、ディ・マッテオのアシスタントのスティーヴ・ホランドが私を罵倒《ばとう》した。私は面食らって彼の顔を見た。第四審判のマイク・ディーンも、何を言われているのかわかっていない様子だった。トーレスは前半のクレヴァリーへのタックルで、とっくに退場になっているべきだった。

エルナンデスが決勝点を決めると、プラスチック製の座席が次々と投げ込まれてキャリックの足に当たり、ライターや硬貨も飛んできた。今でも私は、クラッテンバーグへの非難は観客の問題行動をごまかすための煙幕だったのではないかと思っている。

試合の二十分後、スタッフを連れて一杯飲みに行くと、小さな部屋にはチェルシーの会長のブルース・バックとCEOのロン・グーレイ、ディ・マッテオ夫妻がいた。張りつめた空気が漂っていた。何かがおかしかった。我々は入口のところで足を止めて、詮索《せんさく》しないほうがいいと決めた。

料理にはカバーがかけられたままで、ワインも栓が抜かれていなかった。「自由に食べてくれ」と言って、彼らは部屋を出ていった。

我々のスタッフが、ジョン・ミケル・オビがジョン・テリーとディ・マッテオに付き添われて審判の控え室に駆け込むのを目にしていた。クラッテンバーグが問題発言をしたとオビに吹き込んだのが誰だったのかはわからないが、騒ぎを大きくしようとしていたのだろう。事件のほぼ直後に、問題発言を報告したとメディアに告げたのは、チェルシーの勇み足だったのではないか。弁護士なら腰を落ち着けて言ったはずだ。「明日まで待とう」

ブラニスラヴ・イヴァノヴィッチの退場も理に適ったものだった。トーレスに関しても、確かにエヴァンスは足をかけていたが、簡単に倒れすぎだろう。クラッテンバーグの位置を見たら、なぜシミュレーションの判定を下したかわかるはずだ。トーレスは一歩踏み出して、そのまま倒れた。全速力で駆けている選手を転ばせるにはつま先で触れるだけで十分だが、それにしてもトーレスはあっさり倒れた。なぜホランドは、私がクラッテンバーグを脅《おど》して退場にさせたと思ったのか、まったくわからない。数日後ディ・マッテオも、私が審判に対して影響力を持ちすぎていると発言した。

審判とは最後まで争いが絶えなかった。現役時代は八度退場させられた。スコットランドで監督をしていた頃は三、四回ベンチ入りを禁じられた。イングランドに来てから罰金を科された回数は数えきれない。いつも何らかの問題が起きていた。だが私は見たままを口にしていただけだ。わざと審判を窮地に陥れようとしたことなどない。

私に言わせれば、トップレベルの審判が選手に人種差別発言をするなど考えられない。私はマーク・クラッテンバーグに電話をかけた。「はからずも、この問題の当事者になってしまって心苦しく思っている」。協会から聴聞会に呼び出されるのを覚悟していたが、幸いそうはならなかった。我々はマンチェスター空港に降り立つまで、この件に関して何も知らなかった。クラッテンバーグが潔白だと判断するまでに、協会は恐ろしく時間をかけたが、二日で結論が出せたはずだ。

2013年1月以降はリーグで勢いを増して、マンチェスター・シティにつけいる隙《すき》を与えなかった。私は引退を決めていたが、アストン・ヴィラ戦に勝ってリーグ優勝を決めるまで解放感と安心は味わえなかった。優勝は決まっていたようなものだが、4月にホームスタジアムで目標を達成できたのは何とも素晴らしかった。有終の美を飾ったのだ。私は相変わらずチームを引き締め続け、しっかりと試合の準備をした。ユナイテッドのプロ意識は少しも揺るがなかった。

一つだけ残念だったのは、チャンピオンズリーグの決勝トーナメント一回戦でレアル・マドリードに敗れたことだ。トルコ人主審のジュネイト・チャキルが、正当なタックルをしたナニを退場させるという信じられない一幕があった。スペインで行われたファーストレグでは、最初の二十分の猛攻を耐えたあとは素晴らしい試合をした。6点取ることもできたはずだ。ふたたびジョゼ・モウリーニョ対策を立て、エネルギーも十分で、相手のゴールキーパーに三、四回ぎりぎりのセーブを強《し》いた。しっかりと対策を立て、エネルギーも十分で、相手のゴールキーパーに三、四回ぎりぎりのセーブを強《し》いた。一方のデ・ヘアはほとんど仕事がなかった。

ナニは五十六分に、ボールを取ろうとジャンプしてアルバロ・アルベロアと軽く接触したのだが、それだけで一発退場させられた。それから十分間というもの、我々は抗議した。あの判定は暴挙だ。まもなくレアル・マドリードのモドリッチが得点して、セルヒオ・ラモスのオウンゴールを帳消しにし、六十九分にロナウドがとどめを刺した。だが我々は最後の十分間で5点だって取れたはずだ。最悪の試合だった。

私はひどく気分を害していたので、試合後の記者会見は欠席した。レアル・マドリードを倒していたら、我々が優勝する可能性もかなり高かっただろう。セカンドレグはルーニーを欠場させた。シャビ・アロンソを徹底的にマークして、試合から消す選手が必要だったからで、朴智星《パクチソン》が若ければうってつけだった。ミラン時代のアンドレア・ピルロのパス成功率は75%だったが、若き日の朴智星がマークにつくと、その数字は急激に悪くなった。あの日のユナイテッドがシャビ・アロンソを押さえようとしたら、ダニー・ウェルベックに任せるしかなかった。もちろんルーニーの得点力を犠牲にするのはわかっていたが、シャビ・アロンソを潰《つぶ》して、彼を消すメリットを生かさなければいけなかった。

ロナウドはどちらの試合でも素晴らしかった。マドリードで試合をしたときは我々のドレッシングルームにやって来て、選手たちと言葉をかわしていた。昔の仲間を懐かしんでいたのだろう。オールド・トラッフォードでの試合のあとで、私が退場の場面の映像を観ていると、ロナウドが現れて慰《なぐさ》めの言葉をかけてくれた。マドリードの選手たちも、退場が理不尽だったのはわかっていた。メスト・

エジルは我々の選手の一人に、モウリーニョのチームは危うく難を逃れたと打ち明けた。クリスティアーノ・ロナウドはゴールを祝わなかった。それでよかったのだ。さもなければ私が彼の首を絞めていただろう。ロナウドとの間に何も問題はない。気持ちのいい青年だ。

我々にタイトルを明け渡したマンチェスター・シティについて、私があれこれ考えた末に思ったのは、シティには四十四年間で初めて優勝したことの重みを理解している選手が十分にいなかったのではないか、ということだった。一部の選手は明らかに、ユナイテッドに競り勝っただけで満足していた。すっかり気をよくしてしまったのだ。ふたたび優勝することが次の大きな課題なのだが、シティはプレミアリーグ史上最もドラマチックな最終節で勝ち取ったものを守るだけの精神状態になかった。

1993年に初めてリーグ優勝を遂げたあと、私はチームが気を緩めないようにした。たるみきったチームを想像するだけでぞっとした。これからも成長を続けて、支配力を強めようと誓った。私は1993年のメンバーに言った。

「世の中には休暇を与えられても、グラスゴーから40キロ離れた、海岸沿いのソルトコートという小さな街に行くだけで満足する人々がいる。そこにさえ行きたくないという人々もいる。家にいるか、公園の池で鳥やアヒルが泳ぐのを眺めているだけで十分なのだ。だが、中には月に行きたいと思う人間もいる」

「およそ人生を左右するのは、どれだけ野心があるかということなのだ」

訳者あとがき

サー・アレックス・ファーガソン。タッチライン際で赤ら顔に厳しい表情を浮かべ、腕時計を叩いて敵チームを威嚇《いかく》し、怒りが沸騰《ふっとう》するとただでさえ聞き取りにくいスコットランド訛《なま》りの英語で猛烈にまくし立てる、イングランドサッカー界随一のキャラクター。92年組と呼ばれる黄金世代を育成し、二度のチャンピオンズリーグ優勝を成し遂げた希代の名将。

本書では2013年5月に引退のときを迎えたそのファーガソン元監督が、マンチェスター・ユナイテッドで過ごした年月を振り返り、胸の内を率直に語っています。いささか率直すぎて本国では物議も醸しましたが、この自伝は2013年度英国内最多売上部数を記録しました。

幾度も逆境を乗り越えてきた二十七年間から浮かび上がってくるファーガソン元監督のいちばんの凄《すご》さは、チームに絶対的な勝者のメンタリティを植えつけたその手腕でしょう。トップレベルの試合に勝つには豊富な資金、優秀な選手、的確な戦術が欠かせませんが、あと一つ「必ず勝てる」と信じる強い精神力も必要です。敗色濃厚な試合の終盤でも諦《あきら》めずにチームを鼓舞し、懐疑的なメディアと舌戦を繰り広げ、時には「舐《な》められてたまるか」と選手たちに喝《かつ》を入れる。そんな指揮官の姿を目《ま》の当たりにした選手たちの頭に「ユナイテッドは負けない。最後までクロスを上げ続ければ、きっと相手ゴールに吸い込まれるはずだ」という信念が刷り込まれたのは、想像に難くありません。このメンタリティこそ、ファーガソン時代のユナイテッドの強さの根本だったのでしょう。

他にも本書の中で際立つのが、ビッグクラブのリーダーとしてのマネジメント術です。たとえ相手がデイヴィッド・ベッカムのような超人気選手だろうと、組織を乱す者には一切容赦《ようしゃ》しません。このあたりはだいぶ辛辣《しんらつ》な語り口になっているので、選手のファンの方は抵抗を覚えるかもしれませんが、あくまでファーガソン元監督の視点から語られたストーリーとして読んでいただければと思います。

また、本書には日本の誇る香川真司《かがわしんじ》選手の名前も登場します。ファーガソン元監督のような超一流に日本人選手が認められる時代になったと思うと、感慨深いものがあります。ドルトムント時代の香川選手が注目された理由が「サッカーIQの高さ」というのも、体格では外国人選手に劣る日本人選手に、これから目指すべき方向を教えてくれているのではないでしょうか。

一方、案の定といえばそうでしょうが、これだけのカリスマが去ったマンチェスター・ユナイテッドは２０１３―14シーズンの開幕から不調に苦しみ、デイヴィッド・モイーズ新監督はなかなかサポーターの信頼を得られずにいました。業《ごう》を煮やした一部サポーターの発案で、第三十二節アストン・ヴィラ戦のキックオフ直後に“Wrong One Moyes Out”（ふさわしくない者、モイーズは去れ）という横断幕を吊した飛行船がオールド・トラッフォードの上空を飛ぶという、クラブの歴史に残る珍事まで起きたほどです。第三十五節エヴァートン戦で2対0の完敗を喫し、チャンピオンズリーグ出場権も消滅した数日後、モイーズ監督はリーグ戦四試合を残してあえなく解任となりました。また、チームを支えてきた選手の一人、リオ・ファーディナンドも今シーズン限りでのユナイテッド退団を発表、ファーガソン元監督の胸中はいかばかりでしょう。

来季は誰が監督を務めるのか、移籍市場の動向は。ユナイテッドの逆襲はあるのか。すべてが未知数ですが、ファーガソン元監督に言わせればそれもまた「ユナイテッドの歴史の一日」なのでしょう。

来季のプレミアリーグの一層の盛り上がりと、来たるブラジルW杯が素晴らしい大会となることを願って。

２０１４年5月　小林玲子

SENIOR PLAYING CAREER [選手時代]

1958–60 Queen's Park [クイーンズ・パーク・レンジャーズ]

出場試合数:31

ゴール数:15

1960–64 St Johnstone [セント・ジョンストン]

出場試合数:47

ゴール数:21

1964–67 Dunfermline Athletic [ダンファームライン・アスレティック]

出場試合数:131

ゴール数:88

1967年3月15日、ハムデン・パークにて　スコティッシュリーグ代表(0)対　フットボール・リーグ代表(3)の試合に出場

スコットランド代表選手によるサマー・ツアー(1967年5月13日～ 6月15日)に参加:イスラエル戦、香港選抜チーム戦、オーストラリア戦(3試合)、オークランド・イレブン戦、バンクーバー・オールスターズ戦7試合に出場、10ゴール。

1967–69 Rangers [グラスゴー・レンジャーズ]

出場試合数:66

ゴール数:35

1967年9月6日、ベルファストにて　スコティッシュリーグ代表(2)対　アイルランドリーグ代表(0)の試合に出場、1ゴール。

1969–73 Falkirk [ファルカーク]

出場試合数:122

ゴール数:49

73–74 Ayr United [エール・ユナイテッド]

出場試合数:22

ゴール数:10

合計

出場試合数:415

ゴール数:218

(スコティッシュリーグ、スコティッシュカップ、スコティッシュリーグカップ、及びヨーロッパにおける試合のみ)

MANAGERIAL CAREER [監督就任以降]

June–October 1974 East Stirlingshire [イースト・スターリングシャー]

October 1974–May 1978 St Mirren [セント・ミレン]

1975-76:4位(ディビジョン1)

1976-77:優勝(ディビジョン1)

1977-78:8位(プレミア・ディビジョン)

1978–86 Aberdeen [アバディーン]

■1978-79シーズン|スコティッシュ・プレミアディビジョン|

	試合数	勝	分	負	得点	失点	勝点
ホーム	18	9	4	5	38	16	22
アウェイ	18	4	10	4	21	20	18
合計	36	13	14	9	59	36	40

リーグ最終順位:4位
スコティッシュカップ:準決勝進出
スコティッシュリーグカップ:決勝進出
UEFAカップウィナーズカップ:2回戦進出

■1979-80シーズン|スコティッシュ・プレミアディビジョン|

	試合数	勝	分	負	得点	失点	勝点
ホーム	18	10	4	4	30	18	24
アウェイ	18	9	6	3	38	18	24
合計	36	19	10	7	68	36	48

リーグ最終順位:優勝
スコティッシュカップ:準決勝進出
スコティッシュリーグカップ:決勝進出
UEFAカップ:1回戦出場

■1980-81シーズン|スコティッシュ・プレミアディビジョン|

	試合数	勝	分	負	得点	失点	勝点
ホーム	18	11	4	3	39	16	26
アウェイ	18	8	7	3	22	10	23
合計	36	19	11	6	61	26	49

リーグ最終順位:2位　　ドライボロカップ:優勝
スコティッシュカップ:4回戦進出
スコティッシュリーグカップ:4回戦進出
ヨーロピアン・チャンピオンズ・クラブズ・カップ:2回戦進出

■1981-82シーズン｜スコティッシュ・プレミアディビジョン｜

	試合数	勝	分	負	得点	失点	勝点
ホーム	18	12	4	2	36	15	28
アウェイ	18	11	3	4	35	14	25
合計	36	23	7	6	71	29	53

リーグ最終順位:2位
スコティッシュカップ:優勝
スコティッシュリーグカップ:準決勝進出
UEFAカップ:準々決勝進出

■1982-83シーズン｜スコティッシュ・プレミアディビジョン｜

	試合数	勝	分	負	得点	失点	勝点
ホーム	18	14	0	4	46	12	28
アウェイ	18	11	5	2	30	12	27
合計	36	25	5	6	76	24	55

リーグ最終順位:3位
スコティッシュカップ:優勝
スコティッシュリーグカップ:準々決勝進出
UEFAカップウィナーズカップ:優勝

■1983-84シーズン｜スコティッシュ・プレミアディビジョン｜

	試合数	勝	分	負	得点	失点	勝点
ホーム	18	14	3	1	46	12	31
アウェイ	18	11	4	3	32	9	26
合計	36	25	7	4	78	21	57

リーグ最終順位:優勝
スコティッシュカップ:優勝
スコティッシュリーグカップ:準決勝進出
UEFAカップウィナーズカップ:準決勝進出
UEFAスーパーカップ:優勝

■1984-85シーズン｜スコティッシュ・プレミアディビジョン｜

	試合数	勝	分	負	得点	失点	勝点
ホーム	18	13	4	1	49	13	30
アウェイ	18	14	1	3	40	13	29
合計	36	27	5	4	89	26	59

リーグ最終順位:優勝
スコティッシュカップ:準決勝進出
スコティッシュリーグカップ:2回戦進出
ヨーロピアン・チャンピオンズ・クラブズ・カップ:1回戦出場

■1985-86シーズン｜スコティッシュ・プレミアディビジョン｜

	試合数	勝	分	負	得点	失点	勝点
ホーム	18	11	4	3	38	15	26
アウェイ	18	5	8	5	24	16	18
合計	36	16	12	8	62	31	44

リーグ最終順位:4位
スコティッシュカップ:優勝
スコティッシュリーグカップ:優勝
ヨーロピアン・チャンピオンズ・クラブズ・カップ:準々決勝進出

■1986-87シーズン(1986年8月～11月1日)｜スコティッシュ・プレミアディビジョン｜

	試合数	勝	分	負	得点	失点
ホーム	7	4	2	1	12	3
アウェイ	8	3	3	2	13	11
合計	15	7	5	3	25	14

スコティッシュリーグカップ:4回戦進出
ヨーロピアンカップウィナーズカップ:1回戦出場

■総合成績

	試合数	勝	分	負	得点	失点
リーグ	303	174	76	53	589	243
スコティッシュカップ	42	30	8	4	89	30
リーグカップ	63	42	9	12	148	45
ヨーロッパ	47	23	12	12	78	51
ドライボロカップ	4	3	0	1	10	5
総計	459	272	105	82	914	374

■アレックス・ファーガソン在任中の
ヨーロッパの試合におけるアバディーンの戦績　A=アウェイ　H=ホーム

◎1978-79シーズン　カップウィナーズカップ
第1ラウンド　マレク・ドゥプニサ(ブルガリア)(A)2-3、(H)3-0、2試合合計:5-3
第2ラウンド　フォルトゥナ・デュッセルドルフ(西ドイツ)(A)0-3、(H)2-0、2試合合計:2-3

◎1979-80シーズン　UEFAカップ
第1ラウンド　アイントラハト・フランクフルト(西ドイツ)(H)1-1、(A)0-1、2試合合計:1-2

◎1980-81シーズン　ヨーロピアンカップ
第1ラウンド　オーストリア・メンフィス(オーストリア)(H)1-0、(A)0-0、2試合合計:1-0
第2ラウンド　リヴァプール(H)0-1、(A)0-4、2試合合計:0-5

◎1981-82シーズン　ＵＥＦＡカップ
第1ラウンド　イプスウィッチ・タウン（Ａ）1-1、（Ｈ）3-1、2試合合計：4-2
第2ラウンド　ＦＣアルジェシュ・ピテシュティ（ルーマニア）（Ｈ）3-0、（Ａ）2-2、2試合合計：5-2
第3ラウンド　ハンブルガーＳＶ（西ドイツ）（Ｈ）3-2、（Ａ）1-3、2試合合計：4-5

◎1982-83シーズン　カップウィナーズカップ
予選ラウンド　シオン（スイス）（Ｈ）7-0、（Ａ）4-1、2試合合計：11-1
第1ラウンド　ディナモ・ティラナ（アルバニア）（Ｈ）1-0、（Ａ）0-0、2試合合計：1-0
第2ラウンド　レフ・ポズナン（ポーランド）（Ｈ）2-0、（Ａ）1-0、2試合合計：3-0
準々決勝　バイエルン・ミュンヘン（西ドイツ）（Ａ）0-0、（Ｈ）3-2、2試合合計：3-2
準決勝　ワーテルシェイ（ベルギー）（Ｈ）5-1、（Ａ）0-1、2試合合計：5-2
決勝〈於イェーテボリ、スウェーデン〉レアル・マドリード（スペイン）2-1（延長戦）

◎1983-84シーズン　ＵＥＦＡスーパーカップ
ハンブルガーＳＶ（西ドイツ）（Ａ）0-0、（Ｈ）2-0、2試合合計：2-0

◎カップウィナーズカップ
第1ラウンド　アクラネス（アイスランド）（Ａ）2-1、（Ｈ）1-1、2試合合計：3-2
第2ラウンド　ＳＫベーフェレン（ベルギー）（Ａ）0-0、（Ｈ）4-1、2試合合計：4-1
準々決勝　ウーイペシュト・ドージャ（ハンガリー）（Ａ）0-2、（Ｈ）3-0（延長）、2試合合計：3-2
準決勝　ポルト（ポルトガル）（Ａ）0-1、（Ｈ）0-1、2試合合計：0-2

◎1984-85シーズン　ヨーロッパカップ
第1ラウンド　ディナモ・ベルリン（東ドイツ）（Ｈ）2-1、（Ａ）1-2、2試合合計：3-3（PK戦5-4で敗退）

◎1985-86シーズン　ヨーロッパカップ
第1ラウンド　アクラネス（アイスランド）（Ａ）3-1、（Ｈ）4-1、2試合合計：7-2
第2ラウンド　セルヴェット（スイス）（Ａ）0-0、（Ｈ）1-0、2試合合計：1-0
準々決勝　ＩＦＫイェーテボリ（スウェーデン）（Ｈ）2-2、（Ａ）0-0、2試合合計：2-2
（アウェイゴール方式により敗退）

◎1986-87シーズン　カップウィナーズカップ
第1ラウンド　シオン（スイス）（Ｈ）2-1、（Ａ）0-3、2試合合計：2-4

HONOURS [獲得タイトル]

European Cup Winners' Cup
ＵＥＦＡカップウィナーズカップ　優勝：1983

Scottish Premier Division
スコティッシュ・プレミアディビジョン　優勝：1980、1984、1985

Scottish Cup
スコティッシュカップ　優勝：1982、1983、1984、1986

Scottish League Cup
スコティッシュリーグカップ　優勝：1985-86

European Super Cup
ＵＥＦＡスーパーカップ　優勝：1983

Drybrough Cup
ドライボロカップ　優勝：1980

October 1985–June 1986 Scotland ［スコットランド代表］

■国際試合総計

	試合数	勝	分	負	得点	失点
ホーム	3	2	1	0	5	0
アウェイ	7	1	3	3	3	5
総計	10	3	4	3	8	5

■結果

1985年	10月	東ドイツ（親善試合、ホーム）	0-0
1985年	11月	オーストラリア（W杯　プレーオフ、ホーム）	2-0
1985年	12月	オーストラリア（W杯　プレーオフ、アウェイ）	0-0
1986年	1月	イスラエル（親善試合、アウェイ）	1-0
1986年	3月	ルーマニア（親善試合、ホーム）	3-0
1986年	4月	イングランド（ルース・カップ、アウェイ）	1-2
1986年	4月	オランダ（親善試合、アウェイ）	0-0
1986年	6月	デンマーク（W杯、メキシコ・シティ）	0-1
1986年	6月	西ドイツ（W杯、ケレタロ）	1-2
1986年	6月	ウルグアイ（W杯、メキシコ・シティ）	0-0

1986–2013 Manchester United ［マンチェスター・ユナイテッド］

■1986-87シーズン｜ディビジョン1（今日のプレミア・リーグに相当）｜

◉ユナイテッド戦績（アレックス・ファーガソン着任前）

	試合数	勝	分	負	得点	失点	勝点
ホーム	7	3	1	3	12	8	10
アウェイ	6	0	3	3	4	8	3
合計	13	3	4	6	16	16	13

リーグカップ：3回戦進出

◉ユナイテッド戦績（アレックス・ファーガソン着任後）

	試合数	勝	分	負	得点	失点	勝点
ホーム	14	10	2	2	26	10	32
アウェイ	15	1	8	6	10	19	11
合計	29	11	10	8	36	29	43
シーズン総合成績	42	14	14	14	52	45	56

リーグ最終順位：11位
FAカップ：4回戦進出

■1987-88シーズン バークレイズ・リーグ

	試合数	勝	分	負	得点	失点	勝点
ホーム	20	14	5	1	41	17	47
アウェイ	20	9	7	4	30	21	34
合計	40	23	12	5	71	38	81

リーグ最終順位:2位
FAカップ:5回戦進出
リーグカップ:5回戦進出

■1988-89シーズン バークレイズ・リーグ

	試合数	勝	分	負	得点	失点	勝点
ホーム	19	10	5	4	27	13	35
アウェイ	19	3	7	9	18	22	16
合計	38	13	12	13	45	35	51

リーグ最終順位:11位
FAカップ:6回戦進出
リーグカップ:3回戦進出

■1989-90シーズン バークレイズ・リーグ

	試合数	勝	分	負	得点	失点	勝点
ホーム	19	8	6	5	26	14	30
アウェイ	19	5	3	11	20	33	18
合計	38	13	9	16	46	47	48

リーグ最終順位:13位
FAカップ:優勝
リーグカップ:3回戦進出

■1990-91シーズン バークレイズ・リーグ

	試合数	勝	分	負	得点	失点	勝点
ホーム	19	11	4	4	34	17	37
アウェイ	19	5	8	6	24	28	23
合計	38	16	12	10	58	45	59*

＊1ポイント剥奪

リーグ最終順位:6位
FAカップ:5回戦進出
リーグカップ:決勝進出
UEFAカップウィナーズカップ:優勝
FAチャリティ・シールド:同時優勝

■1991-92シーズン|バークレイズ・リーグ|

	試合数	勝	分	負	得点	失点	勝点
ホーム	21	12	7	2	34	13	43
アウェイ	21	9	8	4	29	20	35
合計	42	21	15	6	63	33	78

リーグ最終順位:2位
FAカップ:4回戦進出
リーグカップ:優勝
UEFAカップウィナーズカップ:2回戦進出
UEFAスーパーカップ:優勝

■1992-93シーズン|プレミアリーグ|

	試合数	勝	分	負	得点	失点	勝点
ホーム	21	14	5	2	39	14	47
アウェイ	21	10	7	4	28	17	37
合計	42	24	12	6	67	31	84

リーグ最終順位:優勝
FAカップ:5回戦進出
リーグカップ:3回戦進出
UEFAカップ:1回戦出場

1992–93 FA Premier League [プレミアリーグ]

	試合数	ホーム 勝	分	負	得点	失点	アウェイ 勝	分	負	得点	失点	勝点
1. マンチェスター・ユナイテッド	42	14	5	2	39	14	10	7	4	28	17	84
2. アストン・ヴィラ	42	13	5	3	36	16	8	6	7	21	24	74
3. ノーリッチ・シティ	42	13	6	2	31	19	8	3	10	30	46	72
4. ブラックバーン・ローヴァーズ	42	13	4	4	38	18	7	7	7	30	28	71
5. クイーンズ・パーク・レンジャーズ	42	11	5	5	41	32	6	7	8	22	23	63
6. リヴァプール	42	13	4	4	41	18	3	7	11	21	37	59
7. シェフィールド・ウェンズデイ	42	9	8	4	34	26	6	6	9	21	25	59
8. トッテナム・ホットスパー	42	11	5	5	40	25	5	6	10	20	41	59
9. マンチェスター・シティ	42	7	8	6	30	25	8	4	9	26	26	57
10. アーセナル	42	8	6	7	25	20	7	5	9	15	18	56
11. チェルシー	42	9	7	5	29	22	5	7	9	22	32	56
12. ウィンブルドン	42	9	4	8	32	23	5	8	8	24	32	54
13. エヴァートン	42	7	6	8	26	27	8	2	11	27	28	53
14. シェフィールド・ユナイテッド	42	10	6	5	33	19	4	4	13	21	34	52
15. コヴェントリー・シティ	42	7	4	10	29	28	6	9	6	23	29	52
16. イプスウィッチ・タウン	42	8	9	4	29	22	4	7	10	21	33	52
17. リーズ・ユナイテッド	42	12	8	1	40	17	0	7	14	17	45	51
18. サウサンプトン	42	10	6	5	30	21	3	5	13	24	40	50
19. オールダム・アスレティック	42	10	6	5	43	30	3	4	14	20	44	49
20. クリスタル・パレス	42	6	9	6	27	25	5	7	9	21	36	49
21. ミドルズブラ	42	8	5	8	33	27	3	6	12	21	48	44
22. ノッティンガム・フォレスト	42	6	4	11	17	25	4	6	11	24	37	40

リーグ順位表の掲載はユナイテッド優勝シーズンのみ

■1993-94シーズン | カーリング・プレミアシップ |

	試合数	勝	分	負	得点	失点	勝点
ホ ー ム	21	14	6	1	39	13	48
アウェイ	21	13	5	3	41	25	44
合 計	42	27	11	4	80	38	92

リーグ最終順位:優勝
FAカップ:優勝
リーグカップ:決勝進出
ヨーロピアン・チャンピオンズ・クラブズ・カップ:2回戦進出
FAチャリティ・シールド:優勝

1993–94 FA Carling Premiership [カーリング・プレミアシップ]

	試合数	ホーム 勝	分	負	得点	失点	アウェイ 勝	分	負	得点	失点	勝点
1. マンチェスター・ユナイテッド	42	14	6	1	39	13	13	5	3	41	25	92
2. ブラックバーン・ローヴァーズ	42	14	5	2	31	11	11	4	6	32	25	84
3. ニューカッスル・ユナイテッド	42	14	4	3	51	14	9	4	8	31	27	77
4. アーセナル	42	10	8	3	25	15	8	9	4	28	13	71
5. リーズ・ユナイテッド	42	13	6	2	37	18	5	10	6	28	21	70
6. ウィンブルドン	42	12	5	4	35	21	6	6	9	21	32	65
7. シェフィールド・ウェンズデイ	42	10	7	4	48	24	6	9	6	28	30	64
8. リヴァプール	42	12	4	5	33	23	5	5	11	26	32	60
9. クイーンズ・パーク・レンジャーズ	42	8	7	6	32	29	8	5	8	30	32	60
10. アストン・ヴィラ	42	8	5	8	23	18	7	7	7	23	32	57
11. コヴェントリー・シティ	42	9	7	5	23	17	5	7	9	20	28	56
12. ノーリッチ・シティ	42	4	9	8	26	29	8	8	5	39	32	53
13. ウェストハム・ユナイテッド	42	6	7	8	26	31	7	6	8	21	27	52
14. チェルシー	42	11	5	5	31	20	2	7	12	18	33	51
15. トッテナム・ホットスパー	42	4	8	9	29	33	7	4	10	25	26	45
16. マンチェスター・シティ	42	6	10	5	24	22	3	8	10	14	27	45
17. エヴァートン	42	8	4	9	26	30	4	4	13	16	33	44
18. サウサンプトン	42	9	2	10	30	31	3	5	13	19	35	43
19. イプスウィッチ・タウン	42	5	8	8	21	32	4	8	9	14	26	43
20. シェフィールド・ユナイテッド	42	6	10	5	24	23	2	8	11	18	37	42
21. オールダム・アスレティック	42	5	8	8	24	33	4	5	12	18	35	40
22. スウィンドン・タウン	42	4	7	10	25	45	1	8	12	22	55	30

■1994-95シーズン | カーリング・プレミアシップ |

	試合数	勝	分	負	得点	失点	勝点
ホ ー ム	21	16	4	1	42	4	52
アウェイ	21	10	6	5	35	24	36
合 計	42	26	10	6	77	28	88

リーグ最終順位:2位
FAカップ:決勝進出
リーグカップ:3回戦進出
UEFAチャンピオンズリーグ:グループステージ敗退
FAチャリティ・シールド:優勝

■1995-96シーズン｜カーリング・プレミアシップ｜

	試合数	勝	分	負	得点	失点	勝点
ホーム	19	15	4	0	36	9	49
アウェイ	19	10	3	6	37	26	33
合計	38	25	7	6	73	35	82

リーグ最終順位:優勝
FAカップ:優勝
リーグカップ:2回戦進出
UEFAカップ:1回戦出場

1995–96 FA Carling Premiership ［カーリング・プレミアシップ］

	試合数	ホーム 勝	分	負	得点	失点	アウェイ 勝	分	負	得点	失点	勝点
1. マンチェスター・ユナイテッド	38	15	4	0	36	9	10	3	6	37	26	82
2. ニューカッスル・ユナイテッド	38	17	1	1	38	9	7	5	7	28	28	78
3. リヴァプール	38	14	4	1	46	13	6	7	6	24	21	71
4. アストン・ヴィラ	38	11	5	3	32	15	7	4	8	20	20	63
5. アーセナル	38	10	7	2	30	16	7	5	7	19	16	63
6. エヴァートン	38	10	5	4	35	19	7	5	7	29	25	61
7. ブラックバーン・ローヴァーズ	38	14	2	3	44	19	4	5	10	17	28	61
8. トッテナム・ホットスパー	38	9	5	5	26	19	7	8	4	24	19	61
9. ノッティンガム・フォレスト	38	11	6	2	29	17	4	7	8	21	37	58
10. ウェストハム・ユナイテッド	38	9	5	5	25	21	5	4	10	18	31	51
11. チェルシー	38	7	7	5	30	22	5	7	7	16	22	50
12. ミドルズブラ	38	8	3	8	27	27	3	7	9	8	23	43
13. リーズ・ユナイテッド	38	8	3	8	21	21	4	4	11	19	36	43
14. ウィンブルドン	38	5	6	8	27	33	5	5	9	28	37	41
15. シェフィールド・ウェンズデイ	38	7	5	7	30	31	3	5	11	18	30	40
16. コヴェントリー・シティ	38	6	7	6	21	23	2	7	10	21	37	38
17. サウサンプトン	38	7	7	5	21	18	2	4	13	13	34	38
18. マンチェスター・シティ	38	7	7	5	21	19	2	4	13	12	39	38
19. クイーンズ・パーク・レンジャーズ	38	6	5	8	25	26	3	1	15	13	31	33
20. ボルトン・ワンダラーズ	38	5	4	10	16	31	3	1	15	23	40	29

■1996-97シーズン｜カーリング・プレミアシップ｜

	試合数	勝	分	負	得点	失点	勝点
ホーム	19	12	5	2	38	17	41
アウェイ	19	9	7	3	38	27	34
合計	38	21	12	5	76	44	75

リーグ最終順位:優勝
FAカップ:4回戦進出
リーグカップ:4回戦進出
UEFAチャンピオンズリーグ:準決勝進出
FAチャリティ・シールド:優勝

1996–97 FA Carling Premiership [カーリング・プレミアシップ]

	試合数	ホーム 勝	分	負	得点	失点	アウェイ 勝	分	負	得点	失点	勝点
1. マンチェスター・ユナイテッド	38	12	5	2	38	17	9	7	3	38	27	75
2. ニューカッスル・ユナイテッド	38	13	3	3	54	20	6	8	5	19	20	68
3. アーセナル	38	10	5	4	36	18	9	6	4	26	14	68
4. リヴァプール	38	10	6	3	38	19	9	5	5	24	18	68
5. アストン・ヴィラ	38	11	5	3	27	13	6	5	8	20	21	61
6. チェルシー	38	9	8	2	33	22	7	3	9	25	33	59
7. シェフィールド・ウェンズデイ	38	8	10	1	25	16	6	5	8	25	35	57
8. ウィンブルドン	38	9	6	4	28	21	6	5	8	21	25	56
9. レスター・シティ	38	7	5	7	22	26	5	6	8	24	28	47
10. トッテナム・ホットスパー	38	8	4	7	19	17	5	3	11	25	34	46
11. リーズ・ユナイテッド	38	7	7	5	15	13	4	6	9	13	25	46
12. ダービー・カウンティ	38	8	6	5	25	22	3	7	9	20	36	46
13. ブラックバーン・ローヴァーズ	38	8	4	7	28	23	1	11	7	14	20	42
14. ウェストハム・ユナイテッド	38	7	6	6	27	25	3	6	10	12	23	42
15. エヴァートン	38	7	4	8	24	22	3	8	8	20	35	42
16. サウサンプトン	38	6	7	6	32	24	4	4	11	18	32	41
17. コヴェントリー・シティ	38	4	8	7	19	23	5	6	8	19	31	41
18. サンダーランド	38	7	6	6	20	18	3	4	12	15	35	40
19. ミドルズブラ*	38	8	5	6	34	25	2	7	10	17	35	39
20. ノッティンガム・フォレスト	38	3	9	7	15	27	3	7	9	16	32	34

＊3ポイント剝奪

■1997-98シーズン | カーリング・プレミアシップ |

	試合数	勝	分	負	得点	失点	勝点
ホーム	19	13	4	2	42	9	43
アウェイ	19	10	4	5	31	17	34
合計	38	23	8	7	73	26	77

リーグ最終順位:2位
FAカップ:5回戦進出
リーグカップ:3回戦進出
UEFAチャンピオンズリーグ:準々決勝進出
FAチャリティ・シールド:優勝

■1998-99シーズン | カーリング・プレミアシップ |

	試合数	勝	分	負	得点	失点	勝点
ホーム	19	14	4	1	45	18	46
アウェイ	19	8	9	2	35	19	33
合計	38	22	13	3	80	37	79

リーグ最終順位:優勝
FAカップ:優勝
リーグカップ:5回戦進出
UEFAチャンピオンズリーグ:優勝

1998–99 FA Carling Premiership ［カーリング・プレミアシップ］

	試合数	ホーム 勝	分	負	得点	失点	アウェイ 勝	分	負	得点	失点	勝点
1. マンチェスター・ユナイテッド	38	14	4	1	45	18	8	9	2	35	19	79
2. アーセナル	38	14	5	0	34	5	8	7	4	25	12	78
3. チェルシー	38	12	6	1	29	13	8	9	2	28	17	75
4. リーズ・ユナイテッド	38	12	5	2	32	9	6	8	5	30	25	67
5. ウェストハム・ユナイテッド	38	11	3	5	32	26	5	6	8	14	27	57
6. アストン・ヴィラ	38	10	3	6	33	28	5	7	7	18	18	55
7. リヴァプール	38	10	5	4	44	24	5	4	10	24	25	54
8. ダービー・カウンティ	38	8	7	4	22	19	5	6	8	18	26	52
9. ミドルズブラ	38	7	9	3	25	18	5	6	8	23	36	51
10. レスター・シティ	38	7	6	6	25	25	5	7	7	15	21	49
11. トッテナム・ホットスパー	38	7	7	5	28	26	4	7	8	19	24	47
12. シェフィールド・ウェンズデイ	38	7	5	7	20	15	6	2	11	21	27	46
13. ニューカッスル・ユナイテッド	38	7	6	6	26	25	4	7	8	22	29	46
14. エヴァートン	38	6	8	5	22	12	5	2	12	20	35	43
15. コヴェントリー・シティ	38	8	6	5	26	21	3	3	13	13	30	42
16. ウィンブルドン	38	7	7	5	22	21	3	5	11	18	42	42
17. サウサンプトン	38	9	4	6	29	26	2	4	13	8	38	41
18. チャールトン・アスレティック	38	4	7	8	20	20	4	5	10	21	36	36
19. ブラックバーン・ローヴァーズ	38	6	5	8	21	24	1	9	9	17	28	35
20. ノッティンガム・フォレスト	38	3	7	9	18	31	4	2	13	17	38	30

■1999-2000シーズン｜カーリング・プレミアシップ｜

	試合数	勝	分	負	得点	失点	勝点
ホーム	19	15	4	0	59	16	49
アウェイ	19	13	3	3	38	29	42
合計	38	28	7	3	97	45	91

リーグ最終順位：優勝
FAカップ：不参加
リーグカップ：3回戦進出
UEFAチャンピオンズリーグ：準々決勝進出
インターコンチネンタル・カップ：優勝
FIFAクラブワールドカップ：グループステージ3位

1999–2000 FA Carling Premiership ［カーリング・プレミアシップ］

	試合数	ホーム 勝	分	負	得点	失点	アウェイ 勝	分	負	得点	失点	勝点
1. マンチェスター・ユナイテッド	38	15	4	0	59	16	13	3	3	38	29	91
2. アーセナル	38	14	3	2	42	17	8	4	7	31	26	73
3. リーズ・ユナイテッド	38	12	2	5	29	18	9	4	6	29	25	69
4. リヴァプール	38	11	4	4	28	13	8	6	5	23	17	67
5. チェルシー	38	12	5	2	35	12	6	6	7	18	22	65
6. アストン・ヴィラ	38	8	8	3	23	12	7	5	7	23	23	58
7. サンダーランド	38	10	6	3	28	17	6	4	9	29	39	58
8. レスター・シティ	38	10	3	6	31	24	6	4	9	24	31	55
9. ウェストハム・ユナイテッド	38	11	5	3	32	23	4	5	10	20	30	55
10. トッテナム・ホットスパー	38	10	3	6	40	26	5	5	9	17	23	53
11. ニューカッスル・ユナイテッド	38	10	5	4	42	20	4	5	10	21	34	52
12. ミドルズブラ	38	8	5	6	23	26	6	5	8	23	26	52
13. エヴァートン	38	7	9	3	36	21	5	5	9	23	28	50
14. コヴェントリー・シティ	38	12	1	6	38	22	0	7	12	9	32	44
15. サウサンプトン	38	8	4	7	26	22	4	4	11	19	40	44
16. ダービー・カウンティ	38	6	3	10	22	25	3	8	8	22	32	38
17. ブラッドフォード・シティ	38	6	8	5	26	29	3	1	15	12	39	36
18. ウィンブルドン	38	6	7	6	30	28	1	5	13	16	46	33
19. シェフィールド・ウェンズデイ	38	6	3	10	21	23	2	4	13	17	47	31
20. ワトフォード	38	5	4	10	24	31	1	2	16	11	46	24

■2000-01シーズン｜カーリング・プレミアシップ｜

	試合数	勝	分	負	得点	失点	勝点
ホーム	19	15	2	2	49	12	47
アウェイ	19	9	6	4	30	19	33
合計	38	24	8	6	79	31	80

リーグ最終順位：優勝
FAカップ：4回戦進出
リーグカップ：4回戦進出
UEFAチャンピオンズリーグ：準々決勝進出

2000–01 FA Carling Premiership ［カーリング・プレミアシップ］

	試合数	ホーム 勝	分	負	得点	失点	アウェイ 勝	分	負	得点	失点	勝点
1. マンチェスター・ユナイテッド	38	15	2	2	49	12	9	6	4	30	19	80
2. アーセナル	38	15	3	1	45	13	5	7	7	18	25	70
3. リヴァプール	38	13	4	2	40	14	7	5	7	31	25	69
4. リーズ・ユナイテッド	38	11	3	5	36	21	9	5	5	28	22	68
5. イプスウィッチ・タウン	38	11	5	3	31	15	9	1	9	26	27	66
6. チェルシー	38	13	3	3	44	20	4	7	8	24	25	61
7. サンダーランド	38	9	7	3	24	16	6	5	8	22	25	57
8. アストン・ヴィラ	38	8	8	3	27	20	5	7	7	19	23	54
9. チャールトン・アスレティック	38	11	5	3	31	19	3	5	11	19	38	52
10. サウサンプトン	38	11	2	6	27	22	3	8	8	13	26	52
11. ニューカッスル・ユナイテッド	38	10	4	5	26	17	4	5	10	18	33	51
12. トッテナム・ホットスパー	38	11	6	2	31	16	2	4	13	16	38	49
13. レスター・シティ	38	10	4	5	28	23	4	2	13	11	28	48
14. ミドルズブラ	38	4	7	8	18	23	5	8	6	26	21	42
15. ウェストハム・ユナイテッド	38	6	6	7	24	20	4	6	9	21	30	42
16. エヴァートン	38	6	8	5	29	27	5	1	13	16	32	42
17. ダービー・カウンティ	38	8	7	4	23	24	2	5	12	14	35	42
18. マンチェスター・シティ	38	4	3	12	20	31	4	7	8	21	34	34
19. コヴェントリー・シティ	38	4	7	8	14	23	4	3	12	22	40	34
20. ブラッドフォード・シティ	38	4	7	8	20	29	1	4	14	10	41	26

■2001-02シーズン｜バークレイカード・プレミアシップ｜

	試合数	勝	分	負	得点	失点	勝点
ホーム	19	11	2	6	40	17	35
アウェイ	19	13	3	3	47	28	42
合計	38	24	5	9	87	45	77

リーグ最終順位：3位　UEFAチャンピオンズリーグ：準決勝進出
FAカップ：4回戦進出
リーグカップ：3回戦進出

■2002-03シーズン｜バークレイカード・プレミアシップ｜

	試合数	勝	分	負	得点	失点	勝点
ホーム	19	16	2	1	42	12	50
アウェイ	19	9	6	4	32	22	33
合計	38	25	8	5	74	34	83

リーグ最終順位：優勝　UEFAチャンピオンズリーグ：準々決勝進出
FAカップ：5回戦進出
リーグカップ：決勝進出

2002–03 Barclaycard Premiership ［バークレイカード・プレミアシップ］

	試合数	ホーム 勝	分	負	得点	失点	アウェイ 勝	分	負	得点	失点	勝点
1. マンチェスター・ユナイテッド	38	16	2	1	42	12	9	6	4	32	22	83
2. アーセナル	38	15	2	2	47	20	8	7	4	38	22	78
3. ニューカッスル・ユナイテッド	38	15	2	2	36	17	6	4	9	27	31	69
4. チェルシー	38	12	5	2	41	15	7	5	7	27	23	67
5. リヴァプール	38	9	8	2	30	16	9	2	8	31	25	64
6. ブラックバーン・ローヴァーズ	38	9	7	3	24	15	7	5	7	28	28	60
7. エヴァートン	38	11	5	3	28	19	6	3	10	20	30	59
8. サウサンプトン	38	9	8	2	25	16	4	5	10	18	30	52
9. マンチェスター・シティ	38	9	2	8	28	26	6	4	9	19	28	51
10. トッテナム・ホットスパー	38	9	4	6	30	29	5	4	10	21	33	50
11. ミドルズブラ	38	10	7	2	36	21	3	3	13	12	23	49
12. チャールトン・アスレティック	38	8	3	8	26	30	6	4	9	19	26	49
13. バーミンガム・シティ	38	8	5	6	25	23	5	4	10	16	26	48
14. フラム	38	11	3	5	26	18	2	6	11	15	32	48
15. リーズ・ユナイテッド	38	7	3	9	25	26	7	2	10	33	31	47
16. アストン・ヴィラ	38	11	2	6	25	14	1	7	11	17	33	45
17. ボルトン・ワンダラーズ	38	7	8	4	27	24	3	6	10	14	27	44
18. ウェストハム・ユナイテッド	38	5	7	7	21	24	5	5	9	21	35	42
19. ウェスト・ブロムウィッチ・アルビオン	38	3	5	11	17	34	3	3	13	12	31	26
20. サンダーランド	38	3	2	14	11	31	1	5	13	10	34	19

■2003-04シーズン｜バークレイカード・プレミアシップ｜

	試合数	勝	分	負	得点	失点	勝点
ホーム	19	12	4	3	37	15	40
アウェイ	19	11	2	6	27	20	35
合計	38	23	6	9	64	35	75

リーグ最終順位：3位
FAカップ：優勝
リーグカップ：4回戦進出
UEFAチャンピオンズリーグ：決勝トーナメント1回戦進出
FAコミュニティ・シールド：優勝

■2004-05シーズン｜バークレイズ・プレミアシップ｜

	試合数	勝	分	負	得点	失点	勝点
ホーム	19	12	6	1	31	12	42
アウェイ	19	10	5	4	27	14	35
合計	38	22	11	5	58	26	77

リーグ最終順位：3位
FAカップ：決勝進出
リーグカップ：準決勝進出
UEFAチャンピオンズリーグ：決勝リーグ1回戦進出

■2005-06シーズン｜バークレイズ・プレミアシップ｜

	試合数	勝	分	負	得点	失点	勝点
ホーム	19	13	5	1	37	8	44
アウェイ	19	12	3	4	35	26	39
合計	38	25	8	5	72	34	83

リーグ最終順位：2位　　UEFAチャンピオンズリーグ：決勝トーナメント1回戦進出
FAカップ：5回戦進出
リーグカップ：優勝

■2006-07シーズン｜バークレイズ・プレミアシップ｜

	試合数	勝	分	負	得点	失点	勝点
ホーム	19	15	2	2	46	12	47
アウェイ	19	13	3	3	37	15	42
合計	38	28	5	5	83	27	89

リーグ最終順位：優勝　　UEFAチャンピオンズリーグ：準決勝進出
FAカップ：決勝進出
リーグカップ：4回戦進出

2006–07 Barclays Premiership［バークレイズ・プレミアシップ］

		ホーム					アウェイ					
	試合数	勝	分	負	得点	失点	勝	分	負	得点	失点	勝点
1. マンチェスター・ユナイテッド	38	15	2	2	46	12	13	3	3	37	15	89
2. チェルシー	38	12	7	0	37	11	12	4	3	27	13	83
3. リヴァプール	38	14	4	1	39	7	6	4	9	18	20	68
4. アーセナル	38	12	6	1	43	16	7	5	7	20	19	68
5. トッテナム・ホットスパー	38	12	3	4	34	22	5	6	8	23	32	60
6. エヴァートン	38	11	4	4	33	17	4	9	6	19	19	58
7. ボルトン・ワンダラーズ	38	9	5	5	26	20	7	3	9	21	32	56
8. レディング	38	11	2	6	29	20	5	5	9	23	27	55
9. ポーツマス	38	11	5	3	28	15	3	7	9	17	27	54
10. ブラックバーン・ローヴァーズ	38	9	3	7	31	25	6	4	9	21	29	52
11. アストン・ヴィラ	38	7	8	4	20	14	4	9	6	23	27	50
12. ミドルズブラ	38	10	3	6	31	24	2	7	10	13	25	46
13. ニューカッスル・ユナイテッド	38	7	7	5	23	20	4	3	12	15	27	43
14. マンチェスター・シティ	38	5	6	8	10	16	6	3	10	19	28	42
15. ウェストハム・ユナイテッド	38	8	2	9	24	26	4	3	12	11	33	41
16. フラム	38	7	7	5	18	18	1	8	10	20	42	39
17. ウィガン・アスレティック	38	5	4	10	18	30	5	4	10	19	29	38
18. シェフィールド・ユナイテッド	38	7	6	6	24	21	3	2	14	8	34	38
19. チャールトン・アスレティック	38	7	5	7	19	20	1	5	13	15	40	34
20. ワトフォード	38	3	9	7	19	25	2	4	13	10	34	28

■2007-08シーズン|バークレイズ・プレミアリーグ|

	試合数	勝	分	負	得点	失点	勝点
ホーム	19	17	1	1	47	7	52
アウェイ	19	10	5	4	33	15	35
合計	38	27	6	5	80	22	87

リーグ最終順位:優勝
FAカップ:6回戦進出
リーグカップ:3回戦進出
UEFAチャンピオンズリーグ:優勝
FAコミュニティ・シールド:優勝

2007–08 Barclays Premier League [バークレイズ・プレミアリーグ]

	試合数	ホーム 勝	分	負	得点	失点	アウェイ 勝	分	負	得点	失点	勝点
1. マンチェスター・ユナイテッド	38	17	1	1	47	7	10	5	4	33	15	87
2. チェルシー	38	12	7	0	36	13	13	3	3	29	13	85
3. アーセナル	38	14	5	0	37	11	10	6	3	37	20	83
4. リヴァプール	38	12	6	1	43	13	9	7	3	24	15	76
5. エヴァートン	38	11	4	4	34	17	8	4	7	21	16	65
6. アストン・ヴィラ	38	10	3	6	34	22	6	9	4	37	29	60
7. ブラックバーン・ローヴァーズ	38	8	7	4	26	19	7	6	6	24	29	58
8. ポーツマス	38	7	8	4	24	14	9	1	9	24	26	57
9. マンチェスター・シティ	38	11	4	4	28	20	4	6	9	17	33	55
10. ウェストハム・ユナイテッド	38	7	7	5	24	24	6	3	10	18	26	49
11. トッテナム・ホットスパー	38	8	5	6	46	34	3	8	8	20	27	46
12. ニューカッスル・ユナイテッド	38	8	5	6	25	26	3	5	11	20	39	43
13. ミドルズブラ	38	7	5	7	27	23	3	7	9	16	30	42
14. ウィガン・アスレティック	38	8	5	6	21	17	2	5	12	13	34	40
15. サンダーランド	38	9	3	7	23	21	2	3	14	13	38	39
16. ボルトン・ワンダラーズ	38	7	5	7	23	18	2	5	12	13	36	37
17. フラム	38	5	5	9	22	31	3	7	9	16	29	36
18. レディング	38	8	2	9	19	25	2	4	13	22	41	36
19. バーミンガム・シティ	38	6	8	5	30	23	2	3	14	16	39	35
20. ダービー・カウンティ	38	1	5	13	12	43	0	3	16	8	46	11

■2008-09シーズン|バークレイズ・プレミアリーグ|

	試合数	勝	分	負	得点	失点	勝点
ホーム	19	16	2	1	43	13	50
アウェイ	19	12	4	3	25	11	40
合計	38	28	6	4	68	24	90

リーグ最終順位:優勝
FAカップ:準決勝進出
リーグカップ:優勝
UEFAチャンピオンズリーグ:決勝進出
FIFAクラブワールドカップ:優勝
FAコミュニティ・シールド:優勝

2008–09 Barclays Premier League [バークレイズ・プレミアリーグ]

	試合数	ホーム 勝	分	負	得点	失点	アウェイ 勝	分	負	得点	失点	勝点
1. マンチェスター・ユナイテッド	38	16	2	1	43	13	12	4	3	25	11	90
2. リヴァプール	38	12	7	0	41	13	13	4	2	36	14	86
3. チェルシー	38	11	6	2	33	12	14	2	3	35	12	83
4. アーセナル	38	11	5	3	31	16	9	7	3	37	21	72
5. エヴァートン	38	8	6	5	31	20	9	6	4	24	17	63
6. アストン・ヴィラ	38	7	9	3	27	21	10	2	7	27	27	62
7. フラム	38	11	3	5	28	16	3	8	8	11	18	53
8. トッテナム・ホットスパー	38	10	5	4	21	10	4	4	11	24	35	51
9. ウェストハム・ユナイテッド	38	9	2	8	23	22	5	7	7	19	23	51
10. マンチェスター・シティ	38	13	0	6	40	18	2	5	12	18	32	50
11. ウィガン・アスレティック	38	8	5	6	17	18	4	4	11	17	27	45
12. ストーク・シティ	38	10	5	4	22	15	2	4	13	16	40	45
13. ボルトン・ワンダラーズ	38	7	5	7	21	21	4	3	12	20	32	41
14. ポーツマス	38	8	3	8	26	29	2	8	9	12	28	41
15. ブラックバーン・ローヴァーズ	38	6	7	6	22	23	4	4	11	18	37	41
16. サンダーランド	38	6	3	10	21	25	3	6	10	13	29	36
17. ハル・シティ	38	3	5	11	18	36	5	6	8	21	28	35
18. ニューカッスル・ユナイテッド	38	5	7	7	24	29	2	6	11	16	30	34
19. ミドルズブラ	38	5	9	5	17	20	2	2	15	11	37	32
20. ウェスト・ブロムウィッチ・アルビオン	38	7	3	9	26	33	1	5	13	10	34	32

■2009-10シーズン｜バークレイズ・プレミアリーグ｜

	試合数	勝	分	負	得点	失点	勝点
ホーム	19	16	1	2	52	12	49
アウェイ	19	11	3	5	34	16	36
合計	38	27	4	7	86	28	85

リーグ最終順位：2位
FAカップ：3回戦進出
リーグカップ：優勝
UEFAチャンピオンズリーグ：準々決勝進出

■2010-11シーズン｜バークレイズ・プレミアリーグ｜

	試合数	勝	分	負	得点	失点	勝点
ホーム	19	18	1	0	49	12	55
アウェイ	19	5	10	4	29	25	25
合計	38	23	11	4	78	37	80

リーグ最終順位：優勝
FAカップ：準決勝進出
リーグカップ：5回戦進出
UEFAチャンピオンズリーグ：決勝進出
FAコミュニティ・シールド：優勝

2010–11 Barclays Premier League ［バークレイズ・プレミアリーグ］

	試合数	ホーム 勝	分	負	得点	失点	アウェイ 勝	分	負	得点	失点	勝点
1. マンチェスター・ユナイテッド	38	18	1	0	49	12	5	10	4	29	25	80
2. チェルシー	38	14	3	2	39	13	7	5	7	30	20	71
3. マンチェスター・シティ	38	13	4	2	34	12	8	4	7	26	21	71
4. アーセナル	38	11	4	4	33	15	8	7	4	39	28	68
5. トッテナム・ホットスパー	38	9	9	1	30	19	7	5	7	25	27	62
6. リヴァプール	38	12	4	3	37	14	5	3	11	22	30	58
7. エヴァートン	38	9	7	3	31	23	4	8	7	20	22	54
8. フラム	38	8	7	4	30	23	3	9	7	19	20	49
9. アストン・ヴィラ	38	8	7	4	26	19	4	5	10	22	40	48
10. サンダーランド	38	7	5	7	25	27	5	6	8	20	29	47
11. ウェスト・ブロムウィッチ・アルビオン	38	8	6	5	30	30	4	5	10	26	41	47
12. ニューカッスル・ユナイテッド	38	6	8	5	41	27	5	5	9	15	30	46
13. ストーク・シティ	38	10	4	5	31	18	3	3	13	15	30	46
14. ボルトン・ワンダラーズ	38	10	5	4	34	24	2	5	12	18	32	46
15. ブラックバーン・ローヴァーズ	38	7	7	5	22	16	4	3	12	24	43	43
16. ウィガン・アスレティック	38	5	8	6	22	34	4	7	8	18	27	42
17. ウルヴァーハンプトン・ワンダラーズ	38	8	4	7	30	30	3	3	13	16	36	40
18. バーミンガム・シティ	38	6	8	5	19	22	2	7	10	18	36	39
19. ブラックプール	38	5	5	9	30	37	5	4	10	25	41	39
20. ウェストハム・ユナイテッド	38	5	5	9	24	31	2	7	10	19	39	33

■2011-12シーズン｜バークレイズ・プレミアリーグ｜

	試合数	勝	分	負	得点	失点	勝点
ホーム	19	15	2	2	52	19	47
アウェイ	19	13	3	3	37	14	42
合計	38	28	5	5	89	33	89

リーグ最終順位：2位
FAカップ：4回戦進出
リーグカップ：5回戦進出
UEFAチャンピオンズリーグ：グループステージ敗退
UEFAヨーロッパリーグ：決勝トーナメント2回戦進出
FAコミュニティ・シールド：優勝

■2012-13シーズン｜バークレイズ・プレミアリーグ｜

	試合数	勝	分	負	得点	失点	勝点
ホーム	19	16	0	3	45	19	48
アウェイ	19	12	5	2	41	24	41
合計	38	28	5	5	86	43	89

リーグ最終順位：優勝
FAカップ：6回戦進出
リーグカップ：4回戦進出
UEFAチャンピオンズリーグ：決勝リーグ1回戦進出

2012–13 Barclays Premier League [バークレイズ・プレミアリーグ]

	試合数	ホーム 勝	分	負	得点	失点	アウェイ 勝	分	負	得点	失点	勝点
1. マンチェスター・ユナイテッド	**38**	**16**	**0**	**3**	**45**	**19**	**12**	**5**	**2**	**41**	**24**	**89**
2. マンチェスター・シティ	38	14	3	2	41	15	9	6	4	25	19	78
3. チェルシー	38	12	5	2	41	16	10	4	5	34	23	75
4. アーセナル	38	11	5	3	47	23	10	5	4	25	14	73
5. トッテナム・ホットスパー	38	11	5	3	29	18	10	4	5	37	28	72
6. エヴァートン	38	12	6	1	33	17	4	9	6	22	23	63
7. リヴァプール	38	9	6	4	33	16	7	7	5	38	27	61
8. ウェスト・ブロムウィッチ・アルビオン	38	9	4	6	32	25	5	3	11	21	32	49
9. スウォンジー・シティ	38	6	8	5	28	26	5	5	9	19	25	46
10. ウェストハム・ユナイテッド	38	9	6	4	34	22	3	4	12	11	31	46
11. ノーリッチ・シティ	38	8	7	4	25	20	2	7	10	16	38	44
12. フラム	38	7	3	9	28	30	4	7	8	22	30	43
13. ストーク・シティ	38	7	7	5	21	22	2	8	9	13	23	42
14. サウサンプトン	38	6	7	6	26	24	3	7	9	23	36	41
15. アストン・ヴィラ	38	5	5	9	23	28	5	6	8	24	41	41
16. ニューカッスル・ユナイテッド	38	9	1	9	24	31	2	7	10	21	37	41
17. サンダーランド	38	5	8	6	20	19	4	4	11	21	35	39
18. ウィガン・アスレティック	38	4	6	9	26	39	5	3	11	21	34	36
19. レディング	38	4	8	7	23	33	2	2	15	20	40	28
20. クイーンズ・パーク・レンジャーズ	38	2	8	9	13	28	2	5	12	17	32	25

■まとめ

FIFA CWC＝FIFAクラブワールドカップ、IC＝インターコンチネンタル・カップ
スーパーカップ＝UEFAスーパーカップ、中立地での試合はアウェイゲームに含まれる。

ホーム	試合数	勝	分	負	得点	失点	勝点
リーグ	517	370	95	52	1098	354	1205
FAカップ	53	38	9	6	105	35	
ヨーロッパ	109	70	27	12	238	95	
リーグカップ	44	36	3	5	95	40	
スーパーカップ	1	1	0	0	1	0	
合計	724	515	134	75	1537	524	

アウェイ	試合数	勝	分	負	得点	失点	勝点
リーグ	518	255	143	120	848	576	908
FAカップ	67	42	13	12	125	58	
ヨーロッパ	114	49	33	32	142	108	
リーグカップ	53	26	7	20	83	67	
FIFA CWC	5	3	1	1	10	7	
IC	1	1	0	0	1	0	
スーパーカップ	2	0	0	2	1	3	
コミュニティ・シールド	16	4	7	5	22	22	
合計	776	380	204	192	1232	841	
総計	1500	895	338	267	2769	1365	2113

■アレックス・ファーガソン在任中における マンチェスター・ユナイテッドの国際試合

◎1999-2000シーズン　インターコンチネンタル・カップ
〈於東京、日本〉ＳＥパルメイラス（ブラジル）1-0

◎ＦＩＦＡクラブ・ワールド・チャンピオンシップ
グループステージ（リオデジャネイロ、ブラジル）クラブ・ネカクサ（メキシコ）1-1、
ＣＲ ヴァスコ・ダ・ガマ（ブラジル）1-3、サウス・メルボルン（オーストラリア）2-0、
（グループ3位で終了）

◎2008-09　ＦＩＦＡクラブワールドカップ
準決勝〈於横浜、日本〉ガンバ大阪（日本）5-3
決勝〈於横浜〉ＬＤＵキト（エクアドル）1-0

■アレックス・ファーガソン在任中における マンチェスター・ユナイテッドのヨーロッパでの戦績

◎1990-91シーズン　カップウィナーズカップ
第1ラウンド　ペーチＭＦＣ（ハンガリー）（Ｈ）2-0、（Ａ）1-0、2試合合計：3-0
第2ラウンド　レクサム　（Ｈ）3-0、（Ａ）2-0、2試合合計：5-0
準々決勝　モンペリエ（フランス）（Ｈ）1-1、（Ａ）2-0、2試合合計：3-1
準決勝　レギア・ワルシャワ（ポーランド）（Ｈ）3-1、（Ａ）1-1、2試合合計：4-2
決勝〈於ロッテルダム、オランダ〉FCバルセロナ（スペイン）2-1

◎1991-92シーズンＵＥＦＡスーパーカップ
レッドスター・ベオグラード（ユーゴスラビア）（Ｈ）1-0

◎カップウィナーズカップ
第1ラウンド　アティナコス（ギリシャ）（Ａ）0-0、（Ｈ）2-0、2試合合計：2-0
第2ラウンド　アトレティコ・マドリード（スペイン）（Ｈ）0-3、（Ａ）1-1、2試合合計：1-4

◎1992-93シーズンＵＥＦＡカップ
第1ラウンド　トルペド・モスクワ（ロシア）（Ｈ）0-0、（Ａ）0-0、2試合合計：0-0
（ＰＫ戦4-3で敗退）

◎1993-94シーズン　ＵＥＦＡチャンピオンズリーグ
第1ラウンド　キシュペスト・ホンヴェード（ハンガリー）（Ａ）3-2、（Ｈ）2-1、2試合合計：5-3
第2ラウンド　ガラタサライ（トルコ）（Ｈ）3-3、（Ｈ）0-0、2試合合計：3-3
（アウェイゴール方式により敗退）

◎1994-95シーズン　ＵＥＦＡチャンピオンズリーグ
グループステージ　ＩＦＫイェーテボリ（スウェーデン）（Ｈ）4-2、ガラタサライ（トルコ）（Ａ）0-0、ＦＣバルセロナ（スペイン）（Ｈ）2-2、ＦＣバルセロナ（Ａ）0-4、ＩＦＫイェーテボリ（Ａ）1-3、ガラタサライ（Ｈ）4-0、（グループステージ3位にて終了）

◎1995-96シーズン　UEFAカップ
第2ラウンド　ロートル・ヴォルゴグラード（ロシア）（A）0-0、（H）2-2、
（アウェイゴール方式により敗退）

◎1996-97シーズン　UEFAチャンピオンズリーグ
グループステージ　ユヴェントス（イタリア）（A）0-1、ラピード・ウィーン（オーストリア）（H）2-0、フェネルバフチェ（トルコ）（A）2-0、フェネルバフチェ（H）0-1、ユヴェントス（H）0-1、ラピード・ウィーン（A）2-0、（グループステージ2位通過）
準々決勝　ポルト（ポルトガル）（H）4-0、（A）0-0、2試合合計：4-0
準決勝　ボルシア・ドルトムント（ドイツ）（A）0-1、（H）0-1、2試合合計：0-2

◎1997-98シーズン　UEFAチャンピオンズリーグ
グループステージ　コシツェ（スロヴァキア）（A）3-0、ユヴェントス（イタリア）（H）3-2、フェイエノールト（オランダ）（H）2-1、フェイエノールト（A）3-1、コシツェ（H）3-0、ユヴェントス（A）0-1、（グループステージ2位通過）
準々決勝進出　モナコ（フランス）（A）0-0、（H）1-1、（アウェイゴール方式により敗退）

◎1998-99シーズン　UEFAチャンピオンズリーグ
予選ラウンド2　LKSウッチ（ポーランド）（H）2-0、（A）0-0、2試合合計：2-0
グループステージ　FCバルセロナ（スペイン）（H）3-3、バイエルン・ミュンヘン（ドイツ）（A）2-2、ブレンビー（デンマーク）（A）6-2、ブレンビー（H）5-0、FCバルセロナ（A）3-3、バイエルン・ミュンヘン（H）1-1、（グループステージ2位通過）
準々決勝　インテル・ミラノ（イタリア）（H）2-0、（A）1-1、2試合合計：3-1
準決勝　ユヴェントス（イタリア）（H）1-1、（A）3-2、2試合合計：4-3
決勝　（バルセロナ、スペイン）バイエルン・ミュンヘン　2-1

◎1999-2000シーズン　UEFAスーパーカップ
（モナコ、フランス）ラツィオ（イタリア）0-1

◎UEFAチャンピオンズリーグ
グループステージ1回戦　クロアチア・ザグレブ（クロアチア）（H）0-0、シュトゥルム・グラーツ（オーストリア）（A）3-0、マルセイユ（フランス）（H）2-1、マルセイユ（A）0-1、クロアチア・ザグレブ（A）2-1、シュトゥルム・グラーツ（H）2-1、（グループ1位通過）
グループステージ2回戦　フィオレンティーナ（イタリア）（A）0-2、バレンシア（スペイン）（H）3-0、ジロンダン・ボルドー（フランス）（H）2-0、ジロンダン・ボルドー（A）2-1、フィオレンティーナ（H）3-1、バレンシア（A）0-0、（グループ1位通過）
準々決勝　レアル・マドリード（スペイン）（A）0-0、（H）2-3、2試合合計：2-3

◎2000-01シーズン　UEFAチャンピオンズリーグ
グループステージ1回戦　アンデルレヒト（ベルギー）（H）5-1、
ディナモ・キエフ（ウクライナ）（A）0-0、PSVアイントフェーン（オランダ）（A）1-3、
PSVアイントフェーン（H）3-1、アンデルレヒト（A）1-2、ディナモ・キエフ（H）1-0、
（グループ2位通過）
グループステージ2回戦　パナシナイコス（ギリシャ）（H）3-1、
シュトゥルム・グラーツ（オーストリア）（A）2-0、バレンシア（スペイン）（A）0-0、
バレンシア（H）1-1、パナシナイコス（A）1-1、シュトゥルム・グラーツ（H）3-0、
（グループ2位通過）
準々決勝　バイエルン・ミュンヘン（ドイツ）（H）0-1、（A）1-2、2試合合計：1-3

◎2001-02シーズン　ＵＥＦＡチャンピオンズリーグ
グループステージ1回戦　リール・メトロポール(フランス)(Ｈ)1-0、デポルティーボ・ラ・コルーニャ(スペイン)(Ａ)1-2、オリンピアコス(ギリシャ)(Ａ)2-0、デポルティーボ・ラ・コルーニャ(Ｈ)2-3、オリンピアコス(Ｈ)3-0、リール・メトロポール(Ａ)1-1、(グループ2位通過)
グループステージ2回戦　バイエルン・ミュンヘン(ドイツ)(Ａ)1-1、
ボアヴィスタ(ポルトガル)(Ｈ)3-0、ナント(フランス)(Ａ)1-1、ナント(Ｈ)5-1、
バイエルン・ミュンヘン(Ｈ)0-0、ボアヴィスタ(Ａ)3-0、(グループ1位通過)
準々決勝　デポルティーボ・ラ・コルーニャ(Ａ)2-0、(Ｈ)3-2、2試合合計:5-2
準決勝　バイヤー・レーヴァークーゼン(ドイツ)(Ｈ)2-2、(Ａ)1-1、
2試合合計:3-3(アウェイゴール方式により敗退)

◎2002-03シーズン　ＵＥＦＡチャンピオンズリーグ
予選ラウンド3　ザラエゲルセグ(ハンガリー)(Ａ)0-1、(Ｈ)5-0、2試合合計:5-1
グループステージ1回戦　マッカビ・ハイファ(イスラエル)(Ｈ)5-2、
バイヤー・レバークーゼン(ドイツ)(Ａ)2-1、オリンピアコス(ギリシャ)(Ｈ)4-0、
オリンピアコス(Ａ)3-2、マッカビ・ハイファ(Ａ)0-3、
バイヤー・レバークーゼン(Ｈ)2-0、(グループ1位通過)
グループステージ2回戦　バーゼル(スイス)(Ａ)3-1、
デポルティーボ・ラ・コルーニャ(スペイン)(Ｈ)2-0、ユヴェントス(イタリア)(Ｈ)2-1、
ユヴェントス(Ａ)3-0、バーゼル(Ｈ)1-1、デポルティーボ・ラ・コルーニャ(Ａ)0-2、
(グループ1位通過)
準々決勝　レアル・マドリード(スペイン)(Ａ)1-3、(Ｈ)4-3、2試合合計:5-6

◎2003-04シーズン　ＵＥＦＡチャンピオンズリーグ
グループステージ　パナシナイコス(ギリシャ)(Ｈ)5-0、ＶｆＢシュトゥットガルト(ドイツ)(Ａ)1-2、グラスゴー・レンジャーズ(スコットランド)(Ａ)1-0、グラスゴー・レンジャーズ(Ｈ)3-0、パナシナイコス(Ａ)1-0、ＶｆＢシュトゥットガルト(Ｈ)2-0、(グループ1位通過)
準々決勝　ポルト(ポルトガル)(Ａ)1-2、(Ｈ)1-1、2試合合計:2-3

◎2004-05シーズン　ＵＥＦＡチャンピオンズリーグ
予選リーグ3　ディナモ・ブカレスト(ルーマニア)(Ａ)2-1、(Ｈ)3-0、2試合合計:5-1
グループステージ　リヨン(フランス)(Ａ)2-2、フェネルバフチェ(トルコ)(Ｈ)6-2、
スパルタ・プラハ(チェコ)(Ａ)0-0、スパルタ・プラハ(Ｈ)4-1、リヨン(Ｈ)2-1、
フェネルバフチェ(Ａ)0-3、(グループ2位通過)
決勝進出リーグ1回戦　ACミラン(イタリア)(Ｈ)0-1、(Ａ)0-1、2試合合計:0-2

◎2005-6シーズン　ＵＥＦＡチャンピオンズリーグ
予選リーグ3　デブレツェニ(ハンガリー)(Ｈ)3-0、(Ａ)3-0、2試合合計:6-0
グループステージ　ビジャレアル(スペイン)(Ａ)0-0、ベンフィカ(ポルトガル)(Ｈ)2-1、
リール・メトロポール(フランス)(Ｈ)0-0、リール・メトロポール(Ａ)0-1、
ビジャレアル(Ｈ)0-0、ベンフィカ(Ａ)1-2、(グループ4位で終了)

◎2006-07シーズン　ＵＥＦＡチャンピオンズリーグ
グループステージ　セルティック(スコットランド)(Ｈ)3-2、ベンフィカ(ポルトガル)(Ａ)1-0、ＦＣコペンハーゲン(デンマーク)(Ｈ)3-0、ＦＣコペンハーゲン(Ａ)0-1、
セルティック(Ａ)0-1、ベンフィカ(Ｈ)3-0、(グループ1位通過)
決勝リーグ1回戦　リール・メトロポール(フランス)(Ａ)1-0、(Ｈ)1-0、2試合合計:2-0
準々決勝　ローマ(イタリア)(Ａ)1-2、(Ｈ)7-1、2試合合計:8-3
準決勝　ＡＣミラン(イタリア)(Ｈ)3-2、(Ａ)0-3、2試合合計:3-5

◎2007-08シーズン　ＵＥＦＡチャンピオンズリーグ
グループステージ　スポルティング・リスボン（ポルトガル）（Ａ）1-0、ローマ（イタリア）（Ｈ）1-0、ディナモ・キエフ（ウクライナ）（Ａ）4-2、ディナモ・キエフ（Ｈ）4-0、スポルティング・リスボン（Ｈ）2-1、ローマ（Ａ）1-1、（グループ1位通過）
決勝リーグ1回戦　リヨン（フランス）（Ａ）1-1、（Ｈ）1-0、2試合合計：2-1
準々決勝　ローマ（イタリア）（Ａ）2-0、（Ｈ）1-0、2試合合計：3-0
準決勝　ＦＣバルセロナ（スペイン）（Ａ）0-0、（Ｈ）1-0、2試合合計：1-0
決勝〈於モスクワ、ロシア〉チェルシー　1-1（ＰＫ戦6-5で勝利）

◎2008-09シーズン　ＵＥＦＡチャンピオンズリーグ
グループステージ　ビジャレアル（スペイン）（Ｈ）0-0、オールボーＢＫ（デンマーク）（Ａ）3-0、セルティック（スコットランド）（Ｈ）3-0、セルティック（Ａ）1-1、ビジャレアル（Ａ）0-0、オールボーＢＫ（Ｈ）2-2、（グループ1位通過）
決勝リーグ1回戦　インテル・ミラノ（イタリア）（Ａ）0-0、（Ｈ）2-0、2試合合計：2-0
準々決勝　ポルト（ポルトガル）（Ｈ）2-2、（Ａ）1-0、2試合合計：3-2
準決勝　アーセナル（Ｈ）1-0、（Ａ）3-1、2試合合計：4-1
決勝〈於ローマ、イタリア〉FCバルセロナ（スペイン）0-2

◎2009-10シーズン　ＵＥＦＡチャンピオンズリーグ
グループステージ　ベシクタシュ（トルコ）（Ａ）1-0、ＶｆＬヴォルフスブルク（ドイツ）（Ｈ）2-1、ＣＳＫＡモスクワ（ロシア）（Ａ）1-0、ＣＳＫＡモスクワ（Ｈ）3-3、ベシクタシュ（Ｈ）0-1、ＶｆＬヴォルフスブルク（Ａ）3-1、（グループ1位通過）
決勝リーグ1回戦　ACミラン（イタリア）（Ａ）3-2、（Ｈ）4-0、2試合合計：7-2
準々決勝　バイエルン・ミュンヘン（ドイツ）（Ａ）1-2、（Ｈ）3-2、2試合合計：4-4
（アウェイゴール方式により敗退）

◎2010-11シーズン　ＵＥＦＡチャンピオンズリーグ
グループステージ　グラスゴー・レンジャーズ（スコットランド）（Ｈ）0-0、バレンシア（スペイン）（Ａ）1-0、ブルサスポル（トルコ）（Ｈ）1-0、ブルサスポル（Ａ）3-0、グラスゴー・レンジャーズ（Ａ）1-0、バレンシア（Ｈ）1-1、（グループ1位通過）
決勝リーグ1回戦　マルセイユ（フランス）（Ａ）0-0、（Ｈ）2-1、2試合合計：2-1
準々決勝　チェルシー（Ａ）1-0、（Ｈ）2-1、2試合合計：3-1
準決勝　シャルケ04（ドイツ）（Ａ）2-0、（Ｈ）4-1、2試合合計：6-1
決勝　〈於ウェンブリー〉FCバルセロナ（スペイン）1-3

◎2011-12シーズン　ＵＥＦＡチャンピオンズリーグ
グループステージ　ベンフィカ（ポルトガル）（Ａ）1-1、ＦＣバーゼル（スイス）（Ｈ）3-3、オツェルル・ガラツィ（ルーマニア）（Ａ）2-0、オツェルル・ガラツィ（Ｈ）2-0、ベンフィカ（Ｈ）2-2、ＦＣバーゼル（Ａ）1-2、（グループ3位で終了）

◎UEFAヨーロッパリーグ
ラウンド32　ＡＦＣアヤックス（オランダ）（Ａ）2-0、（Ｈ）1-2、2試合合計：3-2
ラウンド16　アスレティック・ビルバオ（スペイン）（Ｈ）2-3、（Ａ）1-2、2試合合計：3-5

◎2012-13シーズン　ＵＥＦＡチャンピオンズリーグ
グループステージ　ガラタサライ（トルコ）（Ｈ）1-0、ＣＦＲクルジュ（ルーマニア）（Ａ）2-1、ブラガ（ポルトガル）（Ｈ）3-2、ブラガ（Ａ）3-1、ガラタサライ（Ａ）0-1、ＣＦＲクルジュ（Ｈ）0-1、（グループ1位通過）
ラウンド16　レアル・マドリード（スペイン）（Ａ）1-1、（Ｈ）1-2、2試合合計：2-3

HONOURS [獲得タイトル]

European Champion Clubs' Cup/UEFA Champions League
ヨーロピアン・チャンピオン・クラブズ・カップ／ＵＥＦＡチャンピオンズリーグ
優勝：1999、2008　決勝進出：2009、2011

European Cup Winners' Cup
ＵＥＦＡカップウィナーズカップ　優勝：1991

FA Premier League
プレミアリーグ
優勝：1993、1994、1996、1997、1999、2000、2001、2003、2007、2008、2009、2011、2013
2位：1995、1998、2006、2010、2012

FA Cup
ＦＡカップ
優勝：1990、1994、1996、1999、2004
決勝進出：1995、2005、2007

Football League Cup
フットボールリーグカップ
優勝：1992、2006、2009、2010
決勝進出：1991、1994、2003

Intercontinental Cup
インターコンチネンタル・カップ
優勝：1999

FIFA Club World Cup
ＦＩＦＡクラブワールドカップ
優勝：2008

European Super Cup
ＵＥＦＡスーパーカップ
優勝：1991

FA Charity/Community Shield
ＦＡチャリティ／コミュニティ・シールド
優勝：1993、1994、1996、1997、2003、2007、2008、2010、2011　（リヴァプールとの）同時優勝：1990

以下のリストはアレックス・ファーガソンが指揮したマンチェスターユナイテッドで、2012-13シーズン終了時までにトップチームの試合に出場した全選手の名前である。

テベス、カルロス
デ・ラエト、リッチー
トゥイス、マイケル
トシッチ、ゾラン
ドナキー、マル
トムリンソン、グレアム
董方卓(ドン・ファンジョウ)
ナニ
ナルディエッロ、ダニエル
ネヴィル、ガリー
ネヴィル、フィル
ネヴランド、エリック
ノットマン、アレックスア
パーカー、ポール
ハーグリーヴス、オーウェン
バーズモア、ラッセル
バーズリー、フィル
バーンズ、ピーター
バーンズ、マイケル
パウエル、ニック
朴智星(パク・チソン)
バット、ニッキー
パリスター、ガリー
バルテズ、ファビアン
バレンシア、アントニオ
ハワード、ティム
ヒーリー、デイヴィッド
ヒギンボザム、ダニー
ピケ、ジェラール
ピュー、ダニー
ヒューズ、マーク
ビュットネル、アレクサンデル
ピルキントン、ケヴィン
ファーガソン、ダレン
ファーディナンド、リオ
ファン・デル・サール、エドウィン
ファン・デル・ホウ、レイモンド
ファン・ニステルローイ、ルート
ファン・ペルシー、ロビン
フェラン、ミック
フェルミール、マルニク
フォーチュン、クイントン
フォスター、ベン
フォルラン、ディエゴ
フライアーズ、エゼキエル
ブラウン、ウェズ
ブラジル、デレク
ブラックモア、クレイトン
ブラン、ローラン
ブルース、スティーヴ
プルニエ、ウィリアム
ブレイディー、ロビー
フレッチャー、ダレン
ブロンクヴィスト、イェスパー
ベイリー、ガリー
ベッカム、デイヴィッド
ベベ
ベリオン、ダヴィッド
ベルグ、ヘニング
ベルバトフ、ディミタール
ベロン、フアン・セバスティアン
ポグバ、ポール
ボスニッチ、マーク
ポセボン、ロドリゴ
ホッグ、グレイム
ポボルスキー、カレル
ホワイトサイド、ノーマン
マーシュ、フィル
マーティン、リー・A
マーティン、リー・R
マイオラナ、ジュリアーノ
マグラー、ポール
マケーダ、フェデリコ
マッキー、コリン
マックギボン、パトリック
マックレア、ブライアン
マヌーショ
ミュルリン、フィリップ
ミラー、リアム
ミルン、ラルフ
メイ、デイヴィッド
モーゼス、レミ
モラン、ケヴィン
モリソン、ラヴェル
ヤング、アシュリー
ヨーク、ドワイト
ヨンセン、ロニー
ラーション、ヘンリク
ラチュブカ、ポール
ラッテン、ポール
リー、キーラン
リカルド
リチャードソン、キーラン
リンチ、マーク
リンデゴーア、アンデルス
ルーニー、ウェイン
レイトン、ジム
ロシュ、リー
ロッシ、ジュゼッペ
ロナウド、クリスティアーノ
ロビンス、マーク
ロブソン、ブライアン

MANCHESTER UNITED PLAYERS UNDER ALEX FERGUSON

[アレックス・ファーガソンのもとで出場したマンチェスター・ユナイテッドの選手]

アーウィン、デニス
アップルトン、マイケル
アルビストン、アーサー
アンダーソン、ヴィヴ
アンデルソン
イーグルス、クリス
イーバンクス=ブレイク、シルヴァン
インス、ポール
ウィットワース、ニール
ヴィディッチ、ネマニャ
ウィルキンソン、イアン
ウィルソン、デイヴィッド
ウィルソン、マーク
ウートン、スコット
ウェバー、ダニー
ウェブ、ニール
ウェルベック、ダニー
ウェレンス、リッチー
ウォールワーク、ロニー
ウォルシュ、ガリー
ウォレス、ダニー
ウッド、ニッキー
エイモス、ベン
エインセ、ガブリエル
エヴァンス、ジョニー
エヴラ、パトリス
エッカーズリー、アダム
エッカーズリー、リチャード
エルナンデス、ハビエル
オーウェン、マイケル
オケイン、ジョン
オシェイ、ジョン
オブライエン、リアム
オベルタン、ガブリエル
オルセン、イェスパー
カーティス、ジョン
ガートン、ビリー
香川真司
カルキン、ニック
カンチェルスキス、アンドレイ
カントナ、エリック
キーン、ウィル
キーン、マイケル
キーン、ロイ
ギグス、ライアン
ギブソン、コリン
ギブソン、ダロン
ギブソン、テリー
キャスパー、クリス
キャリック、マイケル
キャロル、ロイ
キャンベル、フレイザー
ギル、トニー
ギレスピー、キース
キング、ジョシュア
クシュチャク、トマシュ
クック、テリー
クライフ、ジョルディ
グラハム、デイニオル
グリーニング、ジョナサン
グレイ、デイヴィッド
クレヴァリー、トム
クレッグ、マイケル
クレベルソン
コール、アンディ
コール、ラーネル
ゴラン、アンディー
サハ、ルイ
シーリー、レス
シヴェベーク、ヨン
シェリンガム、テディ
ジェンバ=ジェンバ、エリック
シャープ、リー
シュマイケル、ピーター
ショークロス、ライアン
ジョーンズ、デイヴィッド
ジョーンズ、フィル
ジョーンズ、リッチー
ジョルディッチ、ボヤン
ジョンソン、エディ
シルヴェストル、ミカエル
シンプソン、ダニー
スールシャール、オーレ・グンナー
スコールズ、ポール
スタム、ヤープ
スチュアート、マイケル
ステープルトン、フランク
ストラカン、ゴードン
スペクター、ジョナサン
スミス、アラン
スモーリング、クリス
ソーンリー、ベン
ターナー、クリス
タイービ、マッシモ
ダヴェンポート、ピーター
ダ・シウヴァ、ファビオ
ダ・シウヴァ、ラファエウ
ダックスバリー、マイク
タニクリフ、ライアン
ダブリン、ディオン
チェスター、ジェイムス
チャドウィック、ルーク
ティアニー、ポール
デイヴィス、サイモン
デイヴィス、ジミー
ディウフ、マメ・ビラム
ティム、マッズ
デ・ヘア、ダビド

アレックス・ファーガソン自伝《じでん》

2014年6月15日　第1刷発行

著　者
アレックス・ファーガソン
訳　者
小林玲子
発行者
中村　誠
DTP
株式会社キャップス
印刷所
図書印刷株式会社
製本所
図書印刷株式会社
発行所
株式会社日本文芸社
〒101-8407　東京都千代田区神田神保町1-7
TEL.03-3294-8931［営業］，03-3294-8920［編集］
Printed in Japan　112140530-112140530Ⓝ01
ISBN978-4-537-26083-0
URL http://www.nihonbungeisha.co.jp/
（編集担当・村松）

BARCLAYS

MADE POSSIBLE.